大象曼舞
后冷战时期的印度周边外交

肖军 —— 著

社会科学文献出版社
SOCIAL SCIENCES ACADEMIC PRESS (CHINA)

目 录

导 论 ··· 001
  一 选题要义 ·· 001
  二 研究现状与资料概述 ·· 004
  三 本书的研究思路、研究方法和创新探索 ····························· 017

第一章 政治文化传统与印度国家安全战略与外交 ······················ 022
  第一节 具有二元特征的传统政治文化的形成 ························· 024
  第二节 印度传统政治文化中的和平主义与现实主义 ·············· 027
  第三节 殖民时期的二元政治文化 ·· 031
  第四节 政治文化传统在印度外交思想中的体现 ···················· 034
  第五节 冷战结束以来印度外交政策的调整 ··························· 038

第二章 步履艰难的印巴和平进程 ·· 044
  第一节 逐步缓和的印巴关系（2003年4月至2008年11月） ······ 045
  第二节 孟买恐怖袭击事件使和平进程受挫 ··························· 047
  第三节 孟买袭击事件后印巴关系的新进展 ··························· 049
  第四节 印巴双边关系取得新进展的动因 ······························ 054
  第五节 莫迪执政以来的印巴关系 ·· 058
  第六节 制约印巴关系发展的因素 ·· 062

第三章 印度与伊朗关系 ·· 068
  第一节 冷战时期波澜起伏的双边关系 ································· 069
  第二节 冷战结束以来的印伊关系 ·· 071
  第三节 伊朗核问题与印伊关系前景 ····································· 085

第四章　印度与阿富汗关系 …… 102

- 第一节　冷战时期的印阿关系 …… 103
- 第二节　"9·11"事件前的印阿关系 …… 105
- 第三节　"9·11"事件后的印阿关系 …… 107
- 第四节　双边关系增进的动因 …… 129
- 第五节　印度"软实力"投放的困境 …… 136

第五章　印度对华战略认知演变与中印双边政治关系 …… 151

- 第一节　冷战时期的印度对华战略认知 …… 151
- 第二节　冷战结束以来印度对华战略认知演变 …… 154
- 第三节　促进印度对华战略认知变迁的若干因素 …… 160
- 第四节　冷战结束以来中印双边政治关系 …… 167
- 第五节　制约印度对华战略认知深入的主要因素 …… 181

第六章　印度与南盟关系 …… 183

- 第一节　冷战时期印度与南盟关系 …… 183
- 第二节　"古杰拉尔主义"的诞生与南盟的发展 …… 186
- 第三节　印度与南盟关系 …… 193
- 第四节　印度发展与南盟关系的动因及制约因素 …… 207

第七章　"东向政策"与印度东盟战略伙伴关系 …… 217

- 第一节　冷战结束前的印度东盟关系 …… 217
- 第二节　印度实施并升级"东向政策"的缘由与东盟的战略认知 …… 219
- 第三节　印度东盟双边合作的具体内容 …… 234

第八章　印度与海合会关系 …… 249

- 第一节　印度的能源现状与能源政策 …… 250
- 第二节　印度与海合会的能源合作 …… 254
- 第三节　印度与海合会开展能源合作面临的挑战 …… 275

第九章　印度与中亚国家关系 …………………………………… 282
第一节　印度与中亚国家关系现状 ………………………………… 282
第二节　印度对中亚的地缘战略认知 ……………………………… 295
第三节　印度在中亚面临的地缘战略挑战及前景 ………………… 302

结　语 …………………………………………………………………… 305

参考文献 ………………………………………………………………… 309

后　记 …………………………………………………………………… 335

导 论

随着综合实力的增强,印度外交政策的影响已经不再局限于南亚,而是辐射到了周边地区甚至全球。与此同时,印度的崛起对当代国际关系的影响已经不再是一种假设,而是成为具有战略意义的现实。印度以其领土幅员、人口总量、科技水平、经济规模、军事实力、追寻"成为世界大国"的政治抱负和拥有的核能力,在国际社会中越来越具有重要地位。与此同时,印度深厚的传统文化底蕴为印度构建国家大外交提供了思想基础。冷战结束后,印度逐步实施新经济改革,为国家的发展注入了强劲动力。伴随着印度的逐步崛起,它也在构建自己的周边安全战略,不断拓展周边外交。

一 选题要义

冷战结束后,随着国际与地区形势的变化以及印度综合国力的提升,印度为了维护国家利益和实现战略诉求调整了外交政策。通过周边外交政策的实施,印度丰富了其外交政策的内容。印度有一个相对较大的外交网络来反映印度与世界的联系,尤其是在邻近区域:中亚、中东、东非、东南亚和印度次大陆。[1] 本书在探讨印度的周边外交时主要探讨印度与巴基斯坦、伊朗(与印度隔阿拉伯海相望)、阿富汗、中国、南亚区域合作联盟(南盟)、东南亚国家联盟(东盟)、海湾国家(海合会)以及中亚等国家和地区的外交关系。印度与上述国家和地区的有效互动在很大程度上影响着印度的外交成效,也影响着印度在地区事务中的权力投射。务实外交、经济外交以及重新定位与大国的外交关系就成为后冷战时期印度外交政策

---

[1] "List of diplomatic missions of India", April 24, 2014, http://en.wikipedia.org/wiki/List_of_diplomatic_missions_of_India,, 2014-05-25.

的主要内容。印度此举旨在拓宽外交空间，从而为实现大国抱负创造条件。印度新经济政策的实施为增进印度与周边国家和地区的经济联系奠定了基础。随着经济联系的越发密切，印度与周边国家和区域在各层次的互动不断增强。互动关系的增强对印度的外交和安全理念产生了重大影响，也推动了印度希冀借助周边外交的施展来树立负责任地区大国形象的进程。与之同时，剖析和阐述印度的传统战略文化和政治文化有益于理解印度周边外交的定位与政策抉择。本书探讨的印度的传统战略文化和政治文化主要是古代和争取民族独立时期的印度的战略政治思想传统。

同时，伴随印度在国际社会中的地位提升，印度通过周边外交来实现国家战略利益诉求之时，不仅要做一个积极的参与者，也需要在诸多地区问题中表明自己的立场。印度需要强调自己独立自主的外交原则，在周边国家和地区问题阐明自己的政策主张；印度也需要借助大国的力量以及地区和国际机制的规制通过多边合作来维护自身的战略利益。

印度与巴基斯坦的关系对印度周边外交政策的实践是重要考验。后冷战时期，两国都在不断找寻缓和关系的渠道，这为和平进程的开启创造条件。然而，突如其来的孟买恐怖袭击事件中断了来之不易的印巴和平进程。通过两国的共同努力以及国际促和因素的推动，两国重启和平进程。尽管印巴两国在诸多方面不断加强合作改善与增进双边关系。但是，克什米尔症结、现实安全忧虑以及两国认知分歧的存在使得印巴关系仍难以取得实质性的进展。

后冷战时期，印度与伊朗关系不断推进。就印度而言，伊朗在伊斯兰世界中的地位和丰富的石油天然气资源是印度开展周边外交不可或缺的重要环节。随着国际社会尤其是美国对伊朗核问题的高度关注，在一定程度上制约着印度与伊朗的双边关系。但是，印伊双方出于各自的战略需求也在找寻密切双边关系的渠道：印度希冀借助伊朗的地区影响力增进与伊斯兰世界的关系，伊朗也希冀借助印度的力量缓解国际制裁的压力。面对美国的压力，印度已经开展"平衡"外交，既不损美国在伊朗核问题上的颜面，又能继续发展与伊朗的双边关系。

在发展与阿富汗关系方面，印度希冀通过"软实力"外交不断拓展在阿富汗的战略影响。增进与阿富汗的关系不仅有益于印度维护自身的战略利益，而且能增进与其他大国的利益互动。

发展与中国的关系是印度周边外交的重点之一。后冷战时期，随着战略认知变迁，印度不断深化与中国的双边关系。印度希冀借助中国不断崛起的力量来实现印度的战略诉求。中国也认识到在地区和国际事务中影响力不断增强的印度是中国必须高度重视的国家。为推动双边关系继续维持良好的发展态势，两国都在致力于建设互信机制。然而，印度对中国的领土图谋制约着两国关系向纵深发展。在印度看来，增进与中国关系对印度具有重大的现实意义，从而使中印关系的前景增添了较多乐观因素。

印度清楚地认识到南盟在印度周边外交中有着重要地位。印度与南盟关系的走向影响着印度的切身利益。随着印度对南盟战略认知的变迁，印度希冀通过实施"古杰拉尔主义"来改善并增进与南盟各国关系。在印度不断增进与南盟的合作关系时，仍有限制因素制约着印度与南盟关系向前发展。但是，南盟各国已经认识到增进与印度关系对南盟国家经济社会发展的重要性。与此同时，印度也在探寻推动南盟向前发展的途径。印度与南盟所进行的增进合作渠道为印度密切与南盟关系提供了动力。

为促进对外经贸关系发展和寻求战略依托，印度在后冷战时期不断重视发展与东盟的关系并提出与升级了"东向"政策。印度希冀借助东盟平台获得经济利益，提升地区影响力，扩大在亚太的战略空间。

印度与海合会国家关系向前发展既能满足印度日益增长的能源需求，又能扩大印度在海湾地区事务中的发言权。印度为增进与海合会国家的关系不断调整外交政策旨在维护国家的能源安全。

中亚在印度的地缘战略中有着重要地位。中亚地区国家的后发势头深刻地影响着印度的外交政策和战略安全考量。印度为维护自身利益和扩大地区影响力，不断加强与中亚国家在政治、经贸和防务方面的合作。

对印度周边外交的研究具有现实价值。第一，综合国力不断提升的印度在国际社会中的地位也在不断提高。印度不仅是一个崛起中的大国，也是中国的重要邻邦。加强对印度的研究可以丰富中国学术界对大国的研究范畴，增强对中国重要邻邦的外交政策认知。第二，印度与中国具有相似的国情，加强对印度周边外交的研究可以使中国在实施对外政策时从中借鉴经验并吸取教训。第三，加强对印度周边外交的研究可以增进中国各界对印度的了解，管窥印度在后冷战时期所取得外交成就。中国作为一个崛起中的大国，不能忽视一个具有深厚文化底蕴和一个正在壮大的印度。不断深化对印度的研究有利于中国在发展对印关系时把握向度与增进维度。

因此,剖析后冷战时期的印度周边外交,认知印度外交政策的重点不仅对我们了解印度提供了可资参考的文本,也为拓宽与印度交流的渠道提供了方便,更为我国现代化建设营造良好的周边环境提供了有力支撑。

二 研究现状与资料概述

冷战结束后,随着印度综合国力的增强和国际地位的提升,对印度的安全战略与外交政策的研究逐渐受到学术界的重视。

中国学术界对印度的研究主要集中于印度的大国战略、印度文化、印度经济、印度的核军备化、印度与大国关系的互动、印度与巴基斯坦、印度在南亚政治安全格局中的动态发展趋势、印度与国际机制以及中印两国战略与发展态势等方面,而对印度传统政治文化与战略文化的探讨稍显薄弱,对印度周边外交的研究仍需深入。

中国学术界涉及后冷战时期的印度周边外交研究具有代表性的著作有:《当代印度》(雷启淮主编,2000)、《关注印度——崛起中的大国》(马加力,2002)、《21世纪印度外交新论》(吴永年,2004)、《当代印度对外关系研究》(陈继东,2005)、《文明的力量崛起》(胡志勇,2006)、《印度史》(林承节,2006)、《跨越喜马拉雅障碍:中国寻求了解印度》(张敏秋编著,2006)、《二战后南亚国家对外关系研究》(孙士海主编,2007)、《当代印度外交》(马孆,2007)、《冷战后中印外交关系研究(1991-2007)》(陈宗海,2008)、《当代中印关系评述》(王宏纬,2009)、《列国志·印度》(孙士海、葛维钧主编,2010)、《印巴关系研究》(陈继东、晏世经,2010)、《南亚问题面面观》(吴永年,2015)、《当代印度的东南亚政策研究》(余芳琼,2015)、《印度大国外交》(龙兴春,2016)、《印度洋地区发展报告2016》(汪戎主编,2016)、《印度》(任佳、李丽著,2016)、《印度崛起与东方外交》(李涛,2016)、《印度东向政策研究》(孙现朴,2018)、《新兴国家外交决策》(张历历,2018)、《当代中印关系研究:理论创新与战略选择》(叶海林,2018)。

国内学术界涉及印度周边外交的论文也较为丰富。整体论及印度外交思想和外交政策的作品包括:《略论尼赫鲁思想的基本内容》(尚劝余,1992)阐述了尼赫鲁的哲学、政治、经济、社会和外交思想。《印度教民族主义的兴起与印度政治》（朱明忠，1998）剖析了印度教民族主义兴起对印度现当代政治的影响。《印度独立后思想文化的发展特点》（薛克翘，2004）分析了独立后的印度在不同时期的思想文化特征。《论21世纪初印度外交战略的调整》（吴永年，2004）通过分析印度的外交实践来阐述21世纪印度外交战略的调整。《印度国际政治思想刍议》（宋德星，2006）分析了印度在制定外交政策时不仅受到国家利益的影响，也受到印度的传统哲学影响，并分析了传统哲学对现当代印度外交的具体影响。《印度外交政策的新调整》（孙士海，2007）阐述了后冷战时期印度根据国内外形势的变迁调整了外交政策。《印度外交战略的新调整》（马加力，2007）阐述了随着综合国力的上升，印度为实现大国抱负而调整外交政策。《"冷战"后印度外交政策调整的内因分析》（闫向莉，2012）阐述了冷战结束后随着国内外情势的变化，印度适时调整了外交政策，并分析了产生这种变化的缘由。《冷战后印度"摇摆国家"的身份建构》（刘红良，2015）分析了后冷战时期印度重建其外交身份。《印度外交理念的演进与莫迪政府外交变革初探》（任远喆，2017）分析了印度外交的转型与升级冲击了南亚地区乃至印太地区的原有秩序，也阐述了未来印度外交面临的制约因素。《大国权势：印度外交战略的不改初心》（宋德星，2018）集中分析了印度在崛起的过程中逐渐确立起了以大国和扩展中的邻居为对象的两大类外交模式。

在印巴关系方面，《"9·11"事件后的印巴关系与南亚地区安全》（张力，2002）在阐述"9·11"事件对南亚地区形势影响的基础上厘清印巴关系发展态势以及分析了未来的印巴关系。《论印巴危机的根源、现状与发展趋势》（吴永年，2002）从多方视角阐述印巴危机的缘由。《印度教民族主义与印巴关系》（邱永辉，2003）阐述了印度教民族主义对印巴关系的影响。《核学习与印巴核威慑的稳定性分析》（章节根，2004）阐述了印巴两国的稳定态势正是两国核学习的结果。《调整中的中印巴三角关系》（李昕，2007）剖析了随着冷战的结束及国际情势的变化，中印巴三角关系出现了乐观变化，并分析了中印巴三角关系的未来趋势。《印巴全面对话任重道远》（范名兴，2007）阐述了印巴两国关系发展的态势，分析了两国关系在向前发展中存在的问题。《近年来起伏跌宕的印巴关系》（陈继东，2011）阐述了孟买恐怖袭击事件后印巴两国恢复友好的历程，并展望了未来的印巴关系。《印巴关系缓和现状与前景》（李群英，2011）阐述了在孟买恐怖袭击事件后印巴两国和平进程的发展历程，同时阐述了印巴两国关系发展中存在的症结。《印巴关系回暖及其前景》（杜冰、李莉，2012）阐述了印巴在推动和平进程向前发展的过程中两国在诸多方面取得的成就，并阐述了两国关系发展的动因与制约因素。《新时期印巴和平进程的演进与前景》（周绍雪，2013）分析了2004年至2013年的10年间印巴关系取得的积极进展，并分析了未来印巴关系发展的制约因素。《试析莫迪执政以来的印巴关系与"单边解耦"》（刘红良，2018）集中分析了莫迪政府对巴基斯坦政策存在的"单边解耦"特征。

就印度伊朗关系而言，《回顾与前瞻：1947年以来的印度伊朗关系》（赵兴刚，2004）阐述了印伊双边关系的发展历程，剖析制约两国关系发展的因素。《伊朗核问题与大国关系》（王冀平、洪邮生、吉利强，2004）涉及了印度在伊朗核问题上的互动。《印度独立以来与伊朗的关系》（朱明忠，2004）阐述了独立后印度与伊朗发展外交关系的曲折历程。《试析印度在伊朗核问题中的平衡外交》（赵建明，2009）分析了印度在伊朗核问题上如何通过施展"平衡"外交来维护国家利益。《强制外交与伊朗核问题》（任远喆，2012）在阐述强制外交概念的基础上分析了西方国家的强制外交难以对伊朗奏效，并阐述了西方国家和伊朗在伊朗核问题上展开的多边协商。《1979年以来伊朗和印度的关系》（张婧，2015）分析1979年以来的印伊双边关系发展态势以及前景。《开发恰巴哈尔港的背后：印度向西，伊朗向东》（秦天，2016）主要分析了莫迪执政后印伊双边关系的发展态势及动因。

在印度与阿富汗关系方面，《近现代时期的阿富汗中立外交》（黄民兴，2002）阐述了近现代阿富汗实施中立外交的原因。《后塔利班时代印度在阿富汗的战略利益》（时宏远，2009）剖析了印度通过诸多举措来增进与阿富汗的关系，旨在实现印度在阿富汗的多元化战略利益。《印度与阿富汗建立战略伙伴关系》（王世达，2011）剖析了印度与巴基斯坦在阿富汗的博弈。《印度与阿富汗关系中的中亚因素》（A. 高希、韩冬涛，2012）从多方面剖析了印度增进与阿富汗关系的战略意图以及阿富汗对印度涉足中亚的重要性。《印度—阿富汗战略伙伴关系：进展、影响与前景》（张春燕、朱宇凡，2013）分析了战略伙伴关系的达成对推动印度与阿富汗双边关系向纵深发展的重要性。《新世纪印度对阿富汗政策的特点、动因与走向》（史骏，

2015）分析了进入21世纪后印度与阿富汗双边关系的发展态势以及印度的战略意图。《印度对阿富汗的发展援助政策研究》（赵春珍、龚伟，2018）分析了印度对阿富汗援助政策的两重性特征，并阐述了印度所面临的挑战。

就中印关系而言，《试析发展中印关系的几大障碍》（张敏秋，2002）阐述了中印两国关系中存在安全问题、领土边界问题，也分析了中巴关系对中印关系的影响。《文化交流在中印关系中的作用》（赵伯乐，2003）分析了中印两国如何利用文化交流来增进两国关系。《论中印关系现状及战略机遇》（吴永年，2003）分析了中印关系向前发展面临的机遇与挑战。《中印关系——新型的大国关系》（赵伯乐，2005）阐述了中印双边关系发展的特点。《中印关系与印度对华政策及其战略思维》（张力，2005）剖析了后冷战时期中印两国在诸多方面取得的成就，也阐述了中印两国关系中的制约因素。《国际体系均衡与中印共同崛起》（赵干城，2006）剖析了中印两国的崛起对国际均衡的重要意义。《21世纪中印关系面临的挑战》（尚劝余，2006）在阐述中印关系发展历程的基础上分析了中印关系发展的动因及存在的问题。《冷战后中印关系的特点与态势》（陈宗海，2007）在论述中印关系发展进程的基础上，剖析了后冷战时期中印关系发展的特点。《中印战略对话：探索中印战略互动机制及其制约》（张力，2009）阐述了中印两国展开的战略对话对中印双边关系健康发展的重要性。《中印关系的确定性和不确定性》（张贵洪，2010）阐述了推动中印关系健康发展的动因，也剖析了中印双边关系发展的制约因素。《中印关系的发展历程及前景展望》（郑瑞祥，2011）在阐述中印两国关系发展历程的基础上对中印关系的前景做出了判断。《中印关系走向成熟及其原因探析》（李莉，2013）分析了中印两国关系发展虽然面临制约因素但已走向成熟，也分析了影响未来两国关系发展的主要因素。《国际秩序演变中的中印战略关系与南亚安全》（仇华飞，2016）分析了中印两国面临国际秩序转变的机遇与挑战。《中印关系的新趋势与新挑战》（林民旺，2017）分析了莫迪政府上台以来的中印关系发展态势，并分析了推动未来两国关系发展应当注意的事项。

在印度与南盟关系方面：《南亚区域合作联盟——一个步履蹒跚的区域合作组织》（张敏秋，1998）剖析了南盟成立的原因和南盟发展面临的困境。《南盟自由贸易区：落后地区的融合》（刘小雪，2004）分析了南盟成员国借助地区合作机制来发展本国经济。《南亚区域合作联盟的发展及一体化构想》（杨永红，2004）剖析了南盟欲推进一体化建设的缘由。《印度与南亚区域合作联盟关系的演变》（马嬺，2006）以冷战结束为节点阐述了冷战前后印度与南盟关系的发展情况，剖析了印度在南盟中的责任。《对印度与南亚区域合作联盟的思考》（时宏远、赵旭峰，2007）阐述了印度是南盟发展的关键，并剖析了南盟发展的条件。《南盟地区的反恐合作机制及其影响》（王伟华，2009）论述了恐怖主义在南盟的活动现状，并指出了地区合作是南亚地区反恐的重要举措。《南亚区域合作的历史动因及南盟的建立》（龙兴春，2011）阐述了南盟成立的各种推动因素。《南亚地区安全：多重层次分析视角》（杨思灵，2016）集中阐述了南亚国家各自的战略诉求。《南亚区域合作的历程、成效及挑战》（曹峰毓、王涛，2017）分析了南盟所取得的成就和未来发展面临的挑战。

在探析印度与东盟关系方面，《东向政策与大国平衡：印度东盟认知的改变》（陈建荣，2006）阐述了印度与东盟相互战略认知的转变推动了两者关系的发展。《冷战后印度与东盟关系的变化及其原因》（赵洪，2006）阐述了由于政治因素的影响，印度在冷战时期没能增进与东盟关系。随着冷战的结束，迅速增进的印度与东盟关系对地区和国际态势有着重大影响。《印度推动印度—东盟自由贸易区建设的动因探析——基于国际政治经济学的分析》（郭秋梅，2010）从国际政治经济学角度来阐述印度与东盟的关系。《东向政策框架下的印度与东盟经贸关系》（余芳琼，2012）分析了随着"东向"政策的实施，印度不断增进与东盟的经贸合作关系。《印度"东向"政策的新思考》（张贵洪，2012）阐述了印度与东盟关系发展的态势，分析印度与东盟关系发展的动因。《印度—东盟贸易合作潜力分析》（陈利君、刘紫娟，2016）集中阐述了印度与东盟双边贸易的互补性与合作潜力。《印度与东盟国家海洋合作：进展、动因及影响》（刘思伟，2016）阐述了印度与东盟海洋安全合作取得的成效与面临的制约，并分析了其对地区形势的影响。《印度"东向行动"政策：高调难掩困境》（胡潇文，2018）阐述了莫迪政府对印度在东盟地区利益和角色的新定位，并分析了印度大国情怀面临的困境。

在印度与海合会国家关系方面，《石油：印度与海湾国家的纽带》（项红梅，2002）阐述了印度与海湾国家能源合作的增进对两者关系发展的重要影响。《印度与中东关系的发展前景展望》（赵兴刚，2004）分析了印度发展中东关系的机遇和挑战。《印度对西亚政策的演变》(马嬰,2008)在阐述印度与西亚不同历史时期关系的基础上分析了印度对西亚的政策变化及缘由。《论印度与中东关系的嬗变》(王历荣、时宏远,2011)阐述了印度与海合会关系发展的历程。《试析印度与海合会的军事与安全合作》(李益波,2012)阐述了印度与海合会国家增进军事合作的过程和军事合作的内容,以及印度发展与海合会国家军事关系的缘由。《印度与海合会经贸关系的发展现状》(李益波,2013)阐述了印度与海合会国家经贸合作的内容。《浅议冷战后印度与沙特关系的变化》(时宏远,2016)集中分析冷战结束后印度与沙特关系增进的缘由。

印度与中亚关系方面,《印度的中亚战略及其对中国的影响》(张诚,2007)分析了印度不断扩大在中亚地区影响力的问题,提出了中国增进与中亚国家关系的举措。《中亚能源合作演化博弈分析》(孙文娟,2011)以博弈理论为视角分析了中亚国家在开展对外能源关系时的战略偏好。《试析冷战后印度中亚政策的演变》(周明,2012)阐述了后冷战时期印度与中亚国家在各个阶段的关系,剖析了印度介入中亚事务的缘由及制约因素。《印度与中亚的经济合作:回顾与展望》(张静、赵永平,2012)阐述了印度与中亚经贸关系的发展历程,并分析了印度发展与中亚关系的战略意义。《大国博弈与中亚国家的立场》(赵长庆,2014)分析了大国在中亚的博弈以及中亚国家对大国在中亚扩大战略影响的认知。《印度"连接中亚政策"的战略评析》(王志,2017)分析了印度发展与中亚国家关系面临的机遇与挑战。

国外对后冷战时期印度周边外交的研究比较丰富。印度国内就有诸多研究外交安全和战略的机构;西方国家的研究机构,主要是美国和英国的研究机构。印度国防研究分析所(IDSA)出版有《战略分析》(*Strategic Analysis*)、《战略数据》(*Strategic Digest*)、《亚洲战略评论》(*Asian Strategic Review*);印度世界事务委员会(ICWA)出版有《印度季刊》(*India Quarterly*)、《外交报告》(*Foreign Affairs Reports*);印度政策研究中心(ICPR)的主要目标是提供思想和创造性方面的方案来解决当前具有迫切性的问题,致力于外交、国内政治、经济、社会与教育等方面的研究;印度和平与冲突研究所(IPCS)出版非常有影响的《战略评论》(*Strategic Reviews*);印度三军协会(又被称为印度联合服务机构,USII)的研究内容主要是军事问题；印度德里政策团体（IDPC）旨在为印度的政治稳定、经济繁荣发展、国家安全战略提供参考，研究内容包括国家安全、国际政治经济关系，国内社会问题；尼赫鲁大学国际研究院从跨学科视角来研究印度以及国际事务并致力于为印度培养国际问题研究和外交方面的人才。

其他还有诸多涉及印度的研究机构，如南亚分析集团、史汀生研究中心、印度观察者研究会、斯德哥尔摩国际和平研究所等。另外研究印度国家安全战略的报纸有《印度时报》(*Indian Times*)、《印度》(*The Hindu*)、《印度斯坦时报》(*Hindustan Times*)、《印度快报》(*Indian Express*) 等。

印度和西方对印度研究的著述比较丰富，难以进行全面检索，只能择其要者和本书在撰写过程中参考的著作，按所涉及议题作分类介绍。

整体上分析印度外交与安全战略的著作有J.N.迪克西特的《跨越国界：印度外交政策的五十年》(Jyotindra Nath Dixit, *Across Borders, Fifty years of India's Foreign Policy*, 1998)。作为资深的外交家且生前担任曼莫汉·辛格政府的安全顾问，迪克西特在该书中分析了印度自独立以来的边境外交政策，并对印度未来的外交政策提出了建议。该著作从跨境运动的视角剖析了印度与巴基斯坦以及中国的关系。V.P.杜特的《变化世界中的印度外交政策》(V. P. Dutt, *India's Foreign Policy in a Changing World*, 1999) 指出随着后冷战时期世界格局的变迁，印度应当采取更务实的外交政策，这样才能有效维护国家利益，提升印度在国际舞台上的地位。史蒂芬·P.科恩的《印度：新兴大国》(Stephen P. Cohen, *India: Emerging Power*, 2001) 探讨了随着综合国力的提升印度在地区事务中作用已经越发明显，美国需要从战略高度来审视与印度的外交关系。I.k.古杰拉尔的《延续与改变：印度的外交政策》(I. K. Gujral, *Continuity and Change: India's Foreign Policy*, 2003) 在全面剖析了印度自独立以来的外交政策的基础上，剖析了后冷战时期印度根据变迁的国际局势所采取的灵活外交政策。而另一本与之相似的著作是G.K.巴布的《印度外交政策：延续与变迁》(G. K. Babu, *India's Foreign Policy: Continuity and Change*, 2008) 分析了后冷战时期印度与周边国家及大国的外交关系。C.拉贾·莫汉的《印度外交政策的转型》(C. Raja Mohan, *India's Foreign Policy Transformation*, 2011) 阐述了20世纪80年代以来印度外交政策的变化，分析了进入21世纪后印度的外交政策不应局限于南亚，也不应当和巴基斯坦相提并论，而是要以大国姿态开展多边外交。美国甘古利主编《印度外交政策研究分析：回顾与展望》（高尚涛译，2015）系统分析了印度独立以来的外交政策。迪普·K. 达塔·拉伊的《现代印度外交的制定：对欧洲中心主义的批判》（Deep K. Datta Ray, *The Making of Modern Indian Diplomacy: A Critique of Eurocentrism*, 2015）对以欧洲为中心的外交模式进行了批判，承认印度独立外交及其实践的合法性。米沙·汉塞尔《印度外交政策的理论化》（Mischa Hansel, *Theorizing Indian Foreign Policy*, 2017）分析了印度外交的独特性，使我们重新考虑非西方背景下包括联合政府、战略文化以及主权等概念的意义。

在印度战略文化方面，甘地·J. 罗伊的《古代印度的外交政策》（Gandhi Jee Roy, *Diplomacy in Ancient India*, 1981）通过分析印度古代外交中的"法"（dharma）和考底利耶的理论（Kautilya's theory），认为印度的外交虽因时而变，但深受"法"和"考底利耶主义"的影响。M.S. 帕德西的《从历史和概念的视角推导印度的地区霸权战略》（Manjeet Singh Pardesi, *Deducing India's Grand Strategy of Regional Hegemony from Historical and Conceptual Perspectives*, 2005）从印度的历史和现当代的战略认识角度分析了印度的政策具有地区霸权传统的特点，认为印度的历史传统和当代的战略认知使得印度制定了地区霸权的大战略。萨蒂什·钱德拉的《印度历史上的国家、社会与文化》（Satish Chandra, *State, Society, and Culture in Indian History*, 2012）探讨中世纪和现代印度在国家、社会和文化之间的复杂联系，讨论了诸如政教分离、复合文化、社会多元化等问题。G.D. 巴科什的《印度军事力量的崛起：印度战略文化的演变》（G. D. Bakshi, *the Rise of Indian Military Power: Evolution of an Indian Strategic Culture*, 2015）是关于印度军事的史诗性作品，阐述了印度战争方式与印度战略文化之间的关系。R.M. 阿比杨卡尔的《印度外交：超越战略自治》（Rajendra M. Abhyankar, *Indian Diplomacy: Beyond Strategic Autonomy*, 2018）阐述了独立后印度外交政策的演变历程与印度外交政策的内容，分析了影响与塑造印度外交政策的因素。

关于印度巴基斯坦关系的著作，伊恩·塔尔博特的《印度和巴基斯坦》（Ian Talbot, *India and Pakistan*, 2000）分析了英殖民统治时期和后殖民时期的印巴关系，介绍了在南亚次大陆当代史中的重大问题，探讨了民族的缔造与精英阶层的关系。麦塔卜·阿里·沙巴的《印巴关系的新进展》（Mehtab Ali Shab, *New Thaw in Indo-Par Relations*, 2003）阐述了冷战结束后印度和巴基斯坦两国关系发展的历程，并着重分析了两国之间缓和关系的举措以及和平进程的动因和障碍。卡尔·因德弗斯和S. 阿米尔·拉蒂夫的《印度与巴基斯坦：实际进展与收益》（Karl F. Inderfurth and S. Amer Latif, *India and Pakistan: Practical Steps, Transformational Benefits*, 2012）分析了印巴两国关系发展的历史，指出印巴两国关系在新世纪的新特征，认为经贸关系的提升对两国关系发展有着重大影响。K. 萨塔西瓦姆《不安的邻国：印度、巴基斯坦和美国外交政策》（Kanishan Sathasivam, *Uneasy neighbors: India, Pakistan and US foreign policy*, 2017）分析了第三次印巴战争对后来的印巴地缘政治关系的影响。辛格·索兰德的《恐怖主义：印巴关系中的一个主要刺激因素》（Singh Surender, *Terrorism: A Major Irritant in India-Pakistan Relations*, 2017）分析了印巴之间的深层敌意继续影响印巴双边关系发展。越发频繁的恐怖主义活动是印巴关系发展的一个危险因素。索兰德在该著作中分析了恐怖主义是如何成为印巴关系发展中的主要障碍。A. K. 辛格的《印巴关系：是时候挑战现状了》（A. K. Singh, *India-Pakistan Relations: Time to Challenge the Status Quo*, 2018）分析了应该如何定义印巴关系，阐述并分析了未来的印巴关系。

在印度与伊朗关系方面，阿布多尔马吉德·西萨卡特和阿明·马哈茂迪的《能源在印伊关系中的作用》（Abdolmajid Yazdanpanah Sisakht & Armin Mahmoudi, *The Role of Energy in Iran and India Relations*, 2012）阐述了印度和伊朗能源合作的历程，剖析了能源在印伊两国发展关系中的作用以及两国能源合作面临的制约因素。印度阿斯本研究所的《印度的伊朗困境：印度外交政策的严峻考验》（Aspen Institute India, *India's Iran conundrum: A Litmus Test for India's Foreign Policy*, 2012）阐述了印度为应对21世纪面临的能源安全挑战需要增进与伊朗在能源安全上的合作，也分析了增进与伊朗关系对印度涉足阿富汗的重要性。R. M. 乔希的《印度与伊朗贸易：问题与挑战》（Rakesh Mohan Joshi, *India and Iran Trade: Issues and Challenges*, 2015）探讨了印度与伊朗在贸易与投资方面的新机遇与新挑战。S. N. 凯蒂的《应对差异：印美关系中的伊朗因素》（Sumitha Narayanan Kutty, *Dealing with Differences: The Iran Factor in India-U. S. Relations*, 2019）考察了印美战略伙伴关系的发展，并分析了伊朗因素对印美互动关系的有限影响。

在印度与阿富汗关系方面，巴萨拉特·侯赛因的《塔利班倒台前后的印阿关系》（Basharat Huaasin, Indo-Afghan Relations: Pre-and-Post Taliban Development, 2004）阐述了2001年塔利班政权倒台前后的印阿双边关系。在塔利班倒台后，印度迅速恢复并发展与阿富汗的友好关系，积极支持阿富汗重建，推动阿富汗的和平进程，从而不断扩大印度在阿富汗的利益存在。V. 钱德拉的《印阿关系：趋势与挑战》（Vishal Chandra, Indo-Afghan Relations: Trends and Challenges, 2008）剖析了随着塔利班政权在阿富汗的倒台，印度采取了诸多举措来增进与阿富汗的双边关系，从而不断扩大印度在阿富汗的战略影响。但是，由于塔利班等基地组织的存在，大国的角逐和巴基斯坦等因素的影响，使得印度在发展对阿关系时面临诸多挑战。拉妮·D. 马伦与迦叶·阿罗拉的《印度与阿富汗的发展合作以及"阿富汗-印度友谊大坝"》（Rani D Mullen & Kashyap Arora, Indian development cooperation with Afghanistan and the "Afghan-India Friendship Dam", 2016）阐述了自2001年以来，印度与阿富汗在包括基础设施建设等诸多方面不断增进合作。印度加强了与阿富汗的关系。坦维·佩特的《软实力，战略阐述与国家认同：重新评估2011年之后的印度与阿富汗关系》（Tanvi Pate, Soft power, strategic narratives, and state identity: Re-assessing India-Afghanistan relations post-2011, 2018）阐述了印阿两国于2011年签署的"战略伙伴关系"协定提升了印度在阿富汗的"软实力"，在比较2011~2014年和2015~2017年印度与阿富汗关系的基础上指出印度明显增强了在阿富汗的"软实力"投射。

在中印关系方面，J. M. 马利克的《21世纪的中印关系：持续的竞争》（J. Mohan. Malik, India-China Relations in the 21st Century: the Continuing Rivalry, 1999）从多方面对21世纪的中印关系进行了预测与展望，认为中印两国在国家战略和发展模式上都存在竞争。B. M. 谢恩戛帕的《中印关系：从冲突到后冷战阶段》（B. M. Chengappa, India China Relations: from the Post Conflict Phase to Post Cold War Phase, 2004）阐述了中印两国关系发展的历程。随着冷战的结束，中印两国继往开来，秉持合作是两国关系的大局，应不断夯实增进两国关系的合作基础。但是，两国间存在的根本性矛盾将制约两国关系进一步发展。B. 珀可哈玛的《中印关系：维度与视角》(Bhawna Pokhama, *India-China Relations*: *Dimensions and Perspectives*, 2009)阐述了中印两国自建交以来在政治、经济、军事等方面的关系发展历程，指出了两国曾拥有友好合作的历史。冷战结束后，在两国高层领导的直接推动下，两国之间达成了增进关系的若干共识。达尔莎娜·M. 巴鲁阿与 C. 拉贾·莫汉的《连通性与区域一体化：中印合作的前景》(Darshana. M. Baruah & C. Raja Moham, *Connectivity and Regional Integration*: *Prospects for Sino-Indian Cooperation*, 2017)探讨了印度对中国"一带一路"倡议的认知，提出中印两国应该在区域基础设施发展领域减少竞争进而促进两国在更广阔的领域展开合作。苏米特·甘古利的《有争议的边界，武装冲突，周期性危机和地区竞争：中印关系的过去和未来》(Sumit Ganguly, *Of Disputed Borders*, *Armed Conflict*, *Periodic Crises*, *and Regional Rivalry*: *The Past and the Future of Sino-Indian Relations*, 2018)利用新资料来探究中印两国之间的边界纷争，并探讨了中印两国竞争的演变历程。

在印度与南盟关系方面，穆罕默德·贾姆希德·伊克巴尔的《南盟：缘起、成长、潜力和成就》(Muhammad Jamshed Iqbal, *SAARC*: *Origin*, *Growth*, *Potential and Achievements*, 2006)分析了在 21 世纪随着全球化和地区主义的盛行，印度需要利用南盟来维护国家利益和拓展战略空间。随着印度对南盟战略认知的转变，印度不断夯实与南盟合作的基础。在南盟各国的共同努力下，南盟不断推陈出新，取得了丰硕的成果。由于南盟所具有的发展条件，南盟各国对南盟的未来发展充满了信心。P. 穆尔蒂的《超越古杰拉尔主义》(Padmaja Murthy, *The Gujral Doctrine and beyond*, 2008)分析了在"古杰拉尔主义"提出后，印度对南盟各国的外交政策所发生的转变。印度希冀在新的政策指导下，与南盟各国发展积极的外交关系，借此提升其在南亚地区的国家形象，实现印度的大国抱负。拉特纳·瓦德拉的《印度与南盟国家贸易关系研究》(Ratna Vadra, *A Study on India's Trade Relationship with SAARC Countries*, 2012)分析了印度与南盟各国的经贸关系。虽然印度与南盟各国的整体贸易水平并不高，但是经贸关系的发展为印度增进与南盟各国的关系奠定了基础。同时，该书剖析了印度与南盟国家尤其是不丹和尼泊尔等国在经贸合作上的成功案例。萨蒂什·库马尔·拉纳和 V. 寇尔的《关于印度在南亚的区域主义意义与区域合作》(Satish Kumar Rana & Varinder Kour, *Significance of Regionalism and Regional Cooperation in South*

Asia with Reference to India, 2013) 阐述了地区主义的概念和地区主义发展对各国经济社会发展的重要性, 并以欧盟和东盟为例剖析南盟进行区域整合的途径。比斯瓦那斯·古普塔的《印度与南盟国家社会经济合作的空间探索》(Biswanath Gupta, Space Exploration by India and Socio-economic Cooperation with SAARC Countries, 2016) 探讨了印度在社会经济领域取得的巨大成就, 并探讨了印度与南盟国家之间合作的机遇。克里斯蒂安·瓦格纳的《印度在南亚的双边安全关系》(Christian Wagner, India's Bilateral Security Relationship in South Asia, 2018) 阐述了自2000年以来印度几乎与所有南亚邻国加强了安全合作关系, 也探讨了自2013年以来不断倡导印度是南亚与印度洋安全提供者的理念, 同时探讨了印度与南亚其他国家增进安全合作的途径应该是磋商而不是对抗。

在印度与东盟方面, 沙卡利·苏丹拉纳姆的《东盟的政治与安全: 印度-东盟的合作前景》(Shankari Sundararaman, Politics and Security in Southeast Asia: Prospects for India-ASEAN Cooperation, 2004) 指出了东盟在政治和安全议题上对印度的重要性。随着印度与东盟相互认知的不断增进, 两者在各个层面展开了合作。该作者的另一著作《印度-东盟关系: 在变迁区域中寻求机遇》(Shankari Sundararaman, India-ASEAN Relations: Searching for Opportunities in a Shifting Regional Scenario, 2008) 叙述了印度与东盟发展关系的历程, 阐述两者后冷战时期在各层次合作方面取得的丰硕成果。印度不断增进与东盟在"10+3"、"10+1"、东亚峰会、地区安全合作等议题上的合作。印度希冀借助东盟平台推进印度的亚太战略从而为实现印度的大国抱负做必要准备。

在探讨印度与海湾阿拉伯合作委员会国家关系时, 斑希德哈尔·普拉丹的《印度西亚政策的转变动因》(Bansidhar Pradhan, Changing Dynamics of India's West Asia Policy, 2004) 阐述了随着对能源资源的需求不断攀升, 印度需要发展与能源资源丰富的西亚国家之间的能源合作。同时, 随着综合国力的提升, 印度需要拓展其外交空间, 树立负责任地区大国形象。在此背景下, 印度不断发展与西亚国家的关系。萨米尔·普拉丹的《印度在海湾的经济政治存在: 海湾视角》(Samir Pradhan, India's Economic and Political Presence in the Gulf: A Gulf Perspective, 2009) 剖析了印度出于诸多因素考量, 不断夯实与海湾国家在政治、经济尤其是在能源方面的合作,这不仅增进了印度与海湾国家的关系，也拓展了印度在海湾地区的战略影响。基努·泽查利·欧曼和库尔希德·伊玛目的《印度"西向"政策及其对印度—海湾合作委员会关系的影响》（Ginu Zacharia Oommen & Khurshid Imam, *India's "Look West" Policy and Its Impact on India-GCC Relations*, 2010）分析了随着经济社会的发展，印度对能源的需求不断增长。为了增进与海湾国家的能源合作，印度于2005年提出了"西向"政策，这表明印度对海合会的高度重视，更表明印度希冀扩大在海湾地区的影响力。塔米兹·艾哈迈德的《印度与海湾合作委员会经济关系中的投资和合资企业：机遇与挑战》（Talmiz Ahmad, *Investments and Joint Ventures in India-GCC Economic Ties: Opportunities and Challenges*, 2013）分析了印度与海湾合作委员会合作的历程。同时，该书阐述了印度与海合会的关系既存在机遇也面临挑战。印度与海合会国家毗邻的地理位置、能源合作的推进、经贸关系的增进与军事合作的提升都是两者深化合作的动因。但是，大国的角逐、动荡的海湾局势与海湾国家国内潜在的不稳定因素是印度增进与海湾国家关系面临的挑战。大卫·布鲁斯特的《印度和波斯湾：被困在外还是自愿待在外面？》（David Brewster, *India and the Persian Gulf: Locked out or Staying Out?*, 2016）分析了冷战时期受国际局势的影响，印度与波斯湾地区国家只能发展有限的关系，后冷战时期波斯湾成为印度对外战略的重要地区。

就印度与中亚国家关系而言，这方面的著作如拉哈夫·夏尔马的《印度在中亚》（Raghav Sharma, *India in Central Asia*, 2009）阐述了印度发展与中亚国家关系的历程和动因，指出了中亚国家作为"天然延伸的邻居"在印度的战略部署中的重要地位，剖析了印度发展与中亚国家关系的制约因素。马琳·拉吕埃勒的《映射中亚：印度的认知与战略》（Marlene Laruelle, *Mapping Central Asia: Indian Perceptions and Strategies*, 2011）分析了印度发展与中亚国家关系的历程，阐述了印度对中亚的战略认知和印度在中亚的战略利益诉求，剖析了印度增进与中亚国家关系面临的机遇和挑战，指出中亚作为"丝绸之路"的枢纽是印度必须慎重对待的地区。史托布丹的《印度与中亚：解开能源结》（P. Stobdan, *India and Central Asia: Untying the Energy Knot*, 2016）分析了印度始终认为自己与中亚在地理位置上接近，并认为中亚丰富的能源储备能满足印度的能源需求。该书指出莫迪总理对中亚的访问为印度增进与中亚国家的能源合作提供了新动力,也分析了印度应该慎重处理对中亚有影响的俄罗斯因素。拉奥·克里希纳·普拉萨德的《从能源政治的视角来透视印度与中亚的关系》(Msr Rao Krishna Prasada, *A Study on India and Central Asia Relations through the Eye of Energy Politics*, 2018)研究了印度对中亚的能源需求,分析了中国因素对印度在中亚的影响,提出印度应通过多元方式来增进与中亚国家的能源合作。

国内外学术界对印度在后冷战时期的安全战略和外交的诸多研究,以及国内对后冷战时期的印度周边外交的研究,为本书的撰写提供了广阔空间。

三 本书的研究思路、研究方法和创新探索

本书的撰写主要依循历史发展的脉络,结合相应的国际关系理论来论及后冷战时期印度与周边重要国家和地区的外交关系。

第一章主要探究传统政治文化和战略文化对印度现当代外交的影响。从"曼荼罗"与"法胜"相融合的政治思想,到殖民统治时期争取国家独立的民族抗争政治意识;从维护国家主权与独立自主的政治觉悟,到实现大国崛起的政治抱负,无不彰显印度政治文化的源远流长和博大精深。印度丰富的政治文化遗产对现当代印度的经济社会,甚至对政治层面的安全战略和外交都有着深刻影响。通过精英阶层的学习、认知和理念展示,现当代印度的安全战略和外交实践蕴含传统政治文化的精髓。传统政治文化也是冷战结束以来印度审视国际局势、地区安全形势和国内社会发展的重要参量。研究并提炼印度政治文化的精髓是我们探究冷战后时期印度展开周边外交必不可缺的起点。

第二章主要分析后冷战时期的印巴关系。自独立以来,印巴之间已经进行过三次大规模战争。时至今日,两国仍在印巴边境线部署大量兵力。冷战结束以后,随着国际形势的变迁,两国都在探寻"和平进程"的渠道。但是,两国在克什米尔问题的纷争、反恐怖主义问题上的龃龉、战略上的不信任和彼此间的猜疑并未消除,双方之间的根本矛盾并没有解决。但是,印巴两国都在寻求缓和双边关系的途径。在国际社会的促使下,在印巴两国的共同努力下,两国已在可能的领域展开了诸多合作。

第三章探讨了印度与伊朗关系及伊朗核问题。冷战结束后,印伊两国

不断提升各个领域的合作。进入21世纪，双边关系中的伊朗核问题成为挥之不去的难题。目前，印度在伊朗核问题上主张伊朗有和平利用核能的权力，但是不能研发核武器，希望通过政治协商与谈判来解决伊朗核问题。为了回应美国的制裁号召，不损伤印美战略合作伙伴关系，印度逐渐减少了从伊朗的能源进口。但是，印度不能漠视伊朗在地区安全和地缘政治中扮演的重要角色。为了维护国家利益和实现地区战略意图，印度又在不断加强与伊朗的合作。印度试图在美国与伊朗之间施展"平衡"外交，既能维护与美国战略合作伙伴关系，又能增进与伊朗在各个领域尤其是能源领域的合作。

第四章主要关注印度在阿富汗的"软实力"外交。在"9·11"事件发生后不久，美国对阿富汗的塔利班政权进行了军事打击。在塔利班倒台后，印度迅速恢复与阿富汗过渡政府的正常外交关系。此后，印度参与诸多有关阿富汗问题的国际会议，并在阿富汗重建问题上发挥积极作用。出于国家利益、战略利益以及经济利益等因素的考量，印度不断增进与阿富汗的关系。印度在人道主义援助、基础设施建设、教育文化交流以及投资方面不断扩大在阿富汗的"软实力"影响。但是，受到美国与巴基斯坦等因素的制约，限制了印度的硬实力发挥。印度在阿富汗有限"硬实力"的投放也限制着印度"软实力"的发挥。

第五章主要考察后冷战时期的中印关系。冷战结束后，在一定程度上对印度造成了打击和损伤。印度觉得自己也成为冷战的"失败者"。面对国内呼吁经济改革的呼声和国际相互依存不断加深的现实，印度政府实施了新经济改革。比中国经济改革晚10余年的印度，希望通过增进与中国的关系，为国内改革营造良好的周边环境。1993年，拉奥总理的访华对中印关系具有里程碑意义。之后，瓦杰帕伊政府进行了5次核试验，使得中印关系遭受挫折。进入21世纪后，中印两国虽存在诸多分歧但整体上保持着双边关系的平稳发展。两国政府首脑的互访提升了两国的政治互信。两国军方领导的互访增进了两国的防务合作关系。两国议会和主要政党的互访加强了两国间的相互了解。就印度而言，增进与中国的关系既来自印度国内因素的推动，也是印度对地区和全球发展趋势的审慎思考。

第六章主要探索印度与南盟关系。印度自独立以来就视南亚地区为自己的"势力范围"。但是，在南盟成立的初期，印度并没有给予南盟足够的重视。冷战结束后,印度认识到增进与南盟的关系有利于印度国家利益的实现从而不断增进与南盟在各个领域的合作。然而,仍有诸多限制因素制约着印度与南盟关系的未来走势。

第七章以印度的"东向"政策的实施为背景分析印度与东盟的战略合作伙伴关系。在冷战时期,由于战略认知的差异,印度对东盟并没有给予太多关注。冷战结束后,印度实施了新经济政策,不断扩大对外交往与合作,尤其是不断增进与世界主要国家和地区的经济联系。在增进与东盟的合作方面,印度实施并升级了"东向"政策。随着对印度战略认知的深入,东盟也加大了对印度合作的力度,双方不仅在经济上务实合作,在防务安全领域的合作也在不断跟进。印度与东盟于2012年12月达成的《战略合作伙伴关系协定》使得双边关系提升到了一个更高水平。

第八章旨在分析印度与海湾阿拉伯国家合作委员会的能源合作关系。冷战结束后,印度为促进经济发展制定并实施了"东向"政策。随着经济改革的深入,为给经济发展提供动力,印度因势而提出了"西向"政策。而能源安全合作是印度"西向"政策的主要内容之一。有着丰富能源储备的海合会成为印度实施能源外交政策的重点对象。为促进能源合作,双方不断夯实合作基础,拓宽合作渠道。印度增进与海合会的能源合作关系,不仅能保障印度的能源供给,促进经济发展,也为印度扩大在海湾地区的影响力创造了条件。

第九章从地缘战略视角分析印度与中亚关系。伴随着苏联解体,中亚五国诞生,在这个被麦金德视为"心脏"地带的地缘政治区域引起了国际社会尤其是大国的高度关注。中亚不仅拥有丰富的石油天然气等自然资源,而且具有特殊的战略位置。随着美国以反恐之名向中亚渗透,这片区域的重要性越发突出。从地理位置来讲,印度虽不与中亚直接接壤,但印度视中亚为"延伸的邻居"。随着综合国力的提升,印度通过增进与中亚国家在各个领域的合作来扩大印度在中亚的战略影响。但是,印度在中亚仍面临诸多挑战。

本研究涉及的方法主要包括:第一,注重对印度方面的资料收集与整理,利用现代传媒手段,多渠道、宽领域、多角度地掌握信息来充实研究内容。本研究侧重在批判的基础上分析和利用印度方面的研究成果,包括专著、期刊论文、研究机构报告、政府文档、报刊及网络资料。

第二，本研究注重多学科研究方法的综合，在坚持历史学传统的叙述方法的同时，又注重融合政治学基本分析方法，从传统政治文化与战略文化的视角剖析古代印度的外交理念。同时，本研究注重结合国际关系研究的基本分析方法，从国际、地区、国家、社会四个维度进行考察。本研究也尝试运国际关系理论对后冷战时期的周边外交进行解读，包括现实主义的国家与国家互动、地区（结构）与国家互动以及地缘政治学（从地缘战略视角分析印度与中亚关系），自由主义的经贸合作、能源合作、"软实力"外交（印度在阿富汗开展的"软实力"外交），建构主义的战略认知方法论等。

第三，本研究注重从历史嬗变和从学科前沿的动态性中解读后冷战时期的周边外交。本研究所涉及的内容较为庞杂，辐射面也较广，具有较强的针对性，影响分析的因素比较复杂，这就需要在对影响印度周边外交的各种因素进行综合考察的基础上进行取舍。本研究既需要对冷战时期和后冷战时期的国际环境、地区局势进行整体把握，又需要把握印度外交政策的历史嬗变，然而诸多重大事态已经或正在发生改变就需要从动态中把握后冷战时期的印度周边外交。

本研究的新意主要体现在以下几方面。第一，该研究在选题上具有探索性。随着中国综合国力的提升，中国政府对周边外交给予了相当重视。中国发展与印度的外交关系具有大国外交、周边外交和发展中国家外交的特征，因此国际地位不断提升的印度自然是中国政府发展对外关系必须高度关注的对象。一般而言，学术研究和政策分析总是服务于一定目的，即使是对纯理论的研究也希冀能给政策分析提供新的视角和分析框架。目前，对印度的研究已成为中国学术界的前沿性研究领域。目前，国内学术界对印度的安全战略和双边外交政策的研究较多，而对从整体上把握印度周边外交的研究仍有待深入。因此，选择印度周边外交作为研究内容具有探索性。

第二，在对文献资料的发现、收集与整理过程中注重解读西方国家已有的研究成果，强调对文献资料的挖掘。在充分利用印度学者和西方学者的研究成果之时，本研究注重使用资料的客观性和平衡性，旨在保证研究成果的客观性和前沿性。例如，对印度与伊朗关系的评估，分析了印度在伊朗核问题上的立场及取舍对印度国家利益和国际核不扩散机制的影响；

对印度在阿富汗的战略影响也做出客观的分析，剖析了印度在阿富汗"软实力"外交的有限性。

第三，在谋篇布局上开辟了新思路。本研究首先选择了巴基斯坦、伊朗、阿富汗和中国四国来剖析印度与周边重要国家的双边关系，然后选择南盟、东盟、海合会与中亚四个主要地区来阐述印度周边区域外交。这样的选择既能在内容上客观准确地紧扣主题又能反映出各部分的基本观点，在结构的安排上也注重了形式多样与上下和谐。

第四，对后冷战时期的印度周边外交做了比较全面和深入的分析。本研究剖析了印度的传统政治文化和战略文化对现当代印度外交的影响，注重研究印度与巴基斯坦、伊朗、阿富汗及中国等重要周边国家的双边关系，也注重研究印度与南盟、东盟、海合会及中亚地区的互动关系，其中不乏新探索。例如，从战略认知变迁视角分析中印关系，从权力结构失衡的角度探讨印度与南盟关系，从地缘战略视角剖析印度与中亚关系，这些都增强了研究的深度。

第五，本研究在批判和继承的基础上借鉴了政治学和国际关系的研究方法。本研究结合政治学的相关理论方法对印度的战略文化进行解读，利用国际关系理论的分析方法（如结构现实主义的"结构-单元"互动论，新自由主义的制度合作论，建构主义的认知论）来分析印度与周边地区间的关系。

第六，本研究在写作的过程中注重基础研究和应用研究的结合。本研究从历史传统、发展进程和现实情况探讨了印度战略文化对现当代印度外交的影响。本研究没有割裂冷战时期印度与周边国家和地区的外交关系，而是对冷战时期的国际与地区的总体特征给予了解读。同时，本研究对后冷战时期的印度周边外交中的主要议题给予了追踪分析，对印度的外交行为给予了具体阐述。

第一章　政治文化传统与印度国家安全战略与外交

　　一国安全战略和外交政策的制定既是基于一国国家实力和利益以及当时的国际环境，也受到一国传统政治文化潜移默化的影响。在对外交往中，国家外交政策以本国利益作为基点。虽然作为整体的国家利益是客观存在的，但是当国家生存受到直接威胁时，何为国家利益则主要取决于国家领导集团的主观判断。外交行为受到领导人思想意识的支配，而领导人的外交思想不仅是对外部环境的反应，也是该国家的传统政治文化观念形态的反映。国际政治包含着不同国家之间的利益协调和冲突，也充满着不同思想原则的相互撞击。因此研究一个国家特别是大国的外交政策，必须联系该国的政治传统、历史进程、价值观念，以及该国更广义的传统文化。

　　作为一个具有悠久历史文化底蕴的正在崛起的大国，现当代印度的国家安全战略和外交思想深受传统政治文化的影响。印度的传统政治文化在漫长的历史传承中不断深化，内容不断丰富。从"曼荼罗"与"法胜"相融合的政治思想，到反抗殖民统治的民族抗争政治意识，到维护国家主权与独立自主的政治觉悟，再到实现大国崛起的政治抱负，无不彰显印度政治文化的源远流长和博大精深。印度丰富的政治文化遗产对现当代印度社会、经济甚至政治层面的安全战略和外交都有着深刻影响。南亚次大陆特有的地理特征和特殊文化传统构成的印度政治文化对现当代印度社会有着深刻影响。对印度精英阶层的政治思想和政治抱负有着根深蒂固影响的传统政治文化也是冷战结束以来印度审视国际局势、地区安全和国内社会的重要参量。政治文化作为潜在的影响人们政治行为的心理因素有着丰富的内涵和外延。

　　"政治文化"一词是美国政治科学家阿尔蒙德（Gabriel Abraham Almond）

于20世纪50年代末在现代经验政治科学之中率先使用。阿尔蒙德认为"每种政治文化都植根于特定模式导向的政治行为"①。根据阿尔蒙德的观点，政治文化是一个民族在特定时期流行的一套政治态度、政治信仰和情感，它是本民族的历史和当代的社会、经济和政治活动进程所促成的。② 维巴（Sidney Verba）指出，"一个社会的政治文化为人们提供了参与政治的主观意向"③。派伊（Lucien W. Pye）认为，"不能脱离心理因素谈论政治文化。政治文化是政治系统中存在的政治主观因素，包括一个社会的政治传统、政治意识、民族精神和气质、政治心理、个人价值观、公众舆论等，能够决定政治系统的价值取向，规范个人的政治行为，使政治系统保持一致"④。同时，波维（Andrew Bove）认为，"政治文化是对需求风险的修正"⑤。

与政治文化难以割舍的战略文化也是考量一国，尤其是大国对外政策的重要指标。有关国家安全政策的经典著作可以追溯到古希腊修昔底德的《伯罗奔尼撒战争史》和中国春秋时期孙武的《孙子兵法》。近代的克劳塞维茨更进一步认为，"战争和作战策略是对道德和物质力量的衡量。战略的目标不仅仅是在战场上消灭敌人，而是要消除敌对民族的士气"⑥。乔里恩·豪沃思（Jolyon Howorth）认为，"学者们试图用战略文化的概念解释国家安全政策的连续性及变化。此外，研究战略文化的学者试图创建一个框架，目的就是解释为什么国家选择此种政策（而不是别的政策）"⑦。建构主义学派认为，"国家身份是一种社会结构现象。这种认知为国家的政策选择

---

① Gabriel Abraham Almond, "Comparative Political Systems," Journal of Politics 18; quoted in Pye and Verba, (eds), *Political Culture and Political Development*, New Jersey: Princeton University, 1991, P.7.
② 〔美〕加布里埃尔·A. 阿尔蒙德、〔美〕小 . G. 宾厄姆·鲍威尔：《比较政治学：体系、过程和决策》，曹沛霖译，上海译文出版社，1987，第29页。
③ Sidney Verba, "Comparative Political Culture", in Lucien W. Pye and Sindey Verba (eds), *Political Culture and Political Development*, New Jersey: Princeton University, 1991, P.513.
④ Lucien W. Pye, *Aspects of Political Development*, Boston: Little Brown, 1986, p.9.
⑤ Andrew Bove, "The Limits of Political Culture: An Introduction to G. W. F. Hegel's Notion of Bildung", IWM Junior Visiting Fellows Conferences, Vol. XII/6 © 2002, http://www.iwm.at/publ-jvc/jc-12-06.pdf., 2012-12-16.
⑥ Karl von Clausewitz, "*On War*", ed. and trans. by Michael Howard and Peter Paret, New York: Alfred A. Knopf, 1993, P.26.
⑦ Jolyon Howorth, "Saint-Malo plus Five: An Interim Assessment of ESDP", Policy Papers No7, November 2003, http://www.notre-europe.asso.fr/Policy7-en.pdf., 2011-11-09.

提供了一个'恰当的逻辑选择'"①。瓦莱丽·赫德森（Valerie M. Hudson）认为，"文化作为分享认知、交流和行动的进化体系，塑造了国家的短期和长期行为。在国家行动的那一刻，文化提供情境定义的规则，揭示动机并促成成功战略的制定"②。约翰斯顿（Alastair Iain Johnston）认为，"战略文化是由论证结构、语言文字、类比、隐喻等构成的集合体。战略文化就是国家在国际政治事务中掩盖其真实意图，确定地位和发挥武力效用，建立普遍持久且现实有效的大战略偏好"③。

就印度的政治文化与战略文化而言，罗德尼·琼斯（Rodney W. Jones）认为"独立后的印度战略文化也植根于印度古代文化及其宗教遗产。大多数战略观察员从印度的战略文化剖析其地缘政治和国家利益"④。坎蒂·巴杰帕伊（Kanti Bajpai）认为，"独立后，印度的战略文化，是首任总理尼赫鲁经过酝酿后发酵的。随着冷战的结束，印度战略学界至少有三个不同的学派，即尼赫鲁主义、新自由主义与超现实主义"⑤。

第一节　具有二元特征的传统政治文化的形成

独立后，印度的外交战略和治国方略都深受开国总理尼赫鲁的影响。尼赫鲁本人不仅领导了印度的独立运动，而且在治理国家、开拓外交战线等方面都为印度做出了巨大贡献，是后继者难以逾越的高峰。尼赫鲁的外交思想既具有浓厚的理想主义色彩，又镌刻着明显的现实主义痕迹。"尼赫鲁外交思想是基于两个互相联系的基本概念：一是民族利益与国际利益

---

① Jacques E. C. Hymans, *The Psychology of Nuclear Proliferation*, Cambridge: Cambridge University Press, 2006, p. 17.
② Valerie M. Hudson, eds. *Culture and Foreign Policy*, Boulder: Lynne Rienner, 1997, pp. 28 - 29.
③ Alastair Iain Johnston, *Cultural Realism: Strategic Culture and Grand Strategyin Chinese History*, Princeton: Princeton University Press, 1995, p. 36.
④ Rodney W. Jones, "India's strategic culture", 31 October, 2006, http://www.fas.org/irp/agency/dod/dtra/india.pdf, 2012 - 04 - 03.
⑤ 尼赫鲁主义认为国家间应当和平共处；新自由主义认为国家的经济合作至关重要；超现实主义认为国家的对抗不可避免，应加强国家军事能力建设。具体参见：Kanti Bajpai, "Indian Strategic Culture", Chapter 11, http://kms1.isn.ethz.ch/serviceengine/Files/ISN/101069/ichaptersection_singledocument/01e74d56 - d2f2 - 43b3 - 8a13 - 7f0e6fec4099/en/11.pdf, 2012 - 08 - 28.

的辩证统一，二是现实主义和理想主义的和谐结合。"① 但是，印度外交思想的本质还是现实主义的。印度外交政策时常以"理想主义"的面纱展现于世人，可是一旦深究其内涵，印度的外交政策是以寻求印度的国家利益为其首要目标。"如果抓住主权国家、国家利益这一基本点，再复杂的现象背后的本质东西也会显现出来。"② 尼赫鲁的外交思想理念的形成与发展并非凭空产生，而是秉承了印度传统政治文化又结合了印度当时的国内外情势。尼赫鲁本人于1958年在人民院做报告时指出，"印度的内外政策并不是我自己凭空创造出来的。印度的政策产生于印度所处的环境，产生于印度惯有的传统思想，产生于印度的整体精神，产生于在争取民族独立时期印度人民的心理，产生于当今印度所处的世界环境。这些年来，我仅仅是作为代表国家外交政策的外交部部长偶尔参与其中。我确信，无论谁负责印度外交事务；无论哪个政党执掌权力，印度外交政策都不会有太大偏差"③。

独立后，与其他大国相比，印度的政治文化与外交思想结合并受制于国内政治文化的影响更加明显。是什么原因造成印度政治文化呈现出二元特性，本书将给出以下几种解释。

第一，印度独特的地理特征与悠久的历史传承，使其政治文化中既充满了自豪感，也包含着危机感与不安全感。南亚次大陆位于亚洲的南部边缘地带，东、西、南三面环海，北部有喜马拉雅山做屏障，把南亚次大陆与外界隔离。这种相对封闭的地理环境使得印度政治文化的发展不易受到外来文化的侵袭。在古代，印度北部与喜马拉雅山相连，陆地西部则有恒河右岸的阿富汗和俾路支斯坦高地，其他地区被大海包围。印度的地理环境影响了印度的历史和文化。印度的地理位置直接或间接培养了印度人民的宽容精神。广阔的土地及其气候影响了印度人的思想，广阔的空间为新移民提供了缓慢的渗透空间，并允许每个地方沿着自己的路线不受阻碍地发展。印度对外的地理隔离和自然边界赋予了印度团结意识。印度的地理

---

① 尚劝余：《尼赫鲁——印度不结盟外交的缔造者》，引自张敏秋主编《跨越喜马拉雅障碍：中国寻求了解印度》，重庆出版社，2006，第155页。
② 袁明：《国际关系史》，北京大学出版社，2005，第13页。
③ Nehru, "Reply to Debate on Foreign Affairs in the Lok Sabha", December 9, 1958, in *India's Foreign Policy*, *Selected Speeches*, New Delhi: Publications Division, 1961, P.39.

位置解释了印度文化的基础,即在多样性中统一。同时,印度人对土壤、动植物、河流与山谷充满的热爱,丰富了人们的生活,由此而激发了人们的地理意识以及人们为满足社会生活而追寻必要领土的努力。①

历史上,在南亚次大陆内部,王国之间的征伐不断。在征伐中,孔雀王朝战胜列国,形成了南亚次大陆史上第一个统一的国家。在阿育王时代,孔雀王朝的文化高度繁荣,而孔雀王的"法胜"思想更是表明了印度人的自信和自豪。然而,南亚次大陆也在不断遭受外来势力侵袭。从最早的雅利安人入侵开始,印度不断地被外来势力征服。特别是英殖民者的入侵,对印度的传统文化形成了极大冲击,使得印度政治文化充满了危机感和不安全感。

第二,种姓制度对印度政治文化"二元性"的产生有相当的影响,也对社会稳定发挥了重要作用。"最重要的变化表现在社会生活中,它就是种姓制度的建立。……依社会地位高低是婆罗门、刹帝利、吠舍和首陀罗。……种姓制此后经历了发展、深化,存在了相当长的时期,对印度社会的各个方面产生了极其重要的影响。"② 由于种姓制度的存在且影响之深,印度的政治文化传统也就深深镌刻上了种姓制度的烙印。"由于种姓制度规定婆罗门、刹帝利和吠舍可以在举行入教礼仪后获得'再生',即精神上的再生和血统、宗教上的承认,从而成为'再生'者。首陀罗则没有这种资格"③,这样就造成了印度社会的二元对立。"按世袭职业分划等级和强调各自特定社会角色的种姓制度如同一张深不可测、巨大无比的网络,将每一位社会成员包纳在内,无力自拔……这种趋势的不断强化导致整个社会越来越僵化、封闭和停滞。"④ 这种有严格规定且长期存在的种姓制度,使得印度社会、政治文化的"二元性"较为稳定。

第三,执政者出于维持统治的需要,催生了印度"二元性"政治文化的诞生。执政者一方面建立庞大的暴力机器来实施权术并维护统治;另一方面认识到思想统治的重要性。从考底利耶《政事论》在政治文化上体现

---

① "Geographical Influence on Indian Culture", May 23, 2011, https://www.indianetzone.com/50/geographical_influence_on_indian_culture.htm, 2019-02-01.
② 雷启淮主编《当代印度》,四川人民出版社,2000,第43页。
③ 孙士海、葛维钧主编《印度》,社会科学文献出版社,2010,第69页。
④ 雷启淮主编《当代印度》,第50页。

的现实主义倾向到阿育王理想主义——"法胜"思想的诞生,均体现出印度政治文化"二元性"的特征。"这源于考底利耶主义与阿育王思想传统之间明显的价值分野"。①

第四,作为思想文化基础的"超自然中心主义"的存在,使得印度教的信徒缺乏对君主的忠诚和拥戴。由于婆罗门教的发展,印度民众开始对超自然神的崇拜。赵建国先生在阐述其影响时指出,"这导致个别神如因陀罗脱开其自然的属性转向了人格化的超自然的性质方面,而个别超自然的神就成了民族宗教最受崇拜的神……"② 由于民众对超自然神的崇拜,使得"超自然中心主义"成为印度民众思想文化的基础;又由于民众对超自然神的崇拜,使得民众缺乏对君主的拥护和爱戴。这种局面的存在导致了执政者在考虑中央集权的同时,必须兼顾民众对宗教崇拜的需求。这也是导致印度政治文化"二元性"存在的一个因素。

第五,就政治文化传统而言,印度在历史上并没有完全形成统一的国家,使得民众缺乏对国家整体概念的认识,也就更谈不上对国家的崇敬。这样,印度本身的分裂性和多元性就相当明显。即使是后来的英国殖民者的入侵也没有完全改变南亚次大陆的这种局面。权威中心与普通民众的间隙始终存在,这种二元化的社会结构使得印度的政治文化呈现出明显的"二元性"特征。

第二节 印度传统政治文化中的和平主义与现实主义

作为历史悠久的文明古国,印度以其博大的文化内涵彰显于世,从而形成了具有印度特色的传统文化,这其中最典型的是"法胜"思想和"考底利耶主义"。

---

① 宋德星:《现实主义取向与道德尺度——论印度战略文化的二元特征》,《南亚研究》2008年第1期。
② 赵建国:《印度中期神话与超自然神的崇拜》,《中山大学学报》(社会科学版)2000年第4期。

一 "法胜"思想

公元前261年阿育王在征服羯陵伽的战争中,看到了自己在试图扩大帝国疆域、寻求更多财富、贪图更大的权力之时,所造成的杀戮和困苦。战争、抱负、驱逐以及动荡造成的大量死亡让阿育王感到震惊,这使他的认识发生了重大转变。阿育王此时感到非常的悲痛,而就在此时他果断提出放弃他自己所主张的"赢得正义"的想法,转而把"正义"归入治国的理念中。在这场战争的前两年阿育王就宣称自己是佛教徒,但是他对佛教的承诺却不冷不热。羯陵伽战争结束后,阿育王立即投身于将佛教原则应用于他庞大的帝国管理。阿育王在帮助佛教传播方面发挥了至关重要的作用。阿育王认为正义是一切胜利中最伟大的胜利,人民需要唤醒隐藏在心中的"佛",即正义。在与佛教高僧经过长谈后,阿育王认识到佛教所提倡的正义、赞扬正义和维护正义在治理国家中的重要性。这就是阿育王倡导的"法胜"思想。

在倡导"法胜"思想之后,他宣布帝国将不再主动发动战争,即使是在不得已的情况下发动战争也要尽量减少不必要的伤亡。阿育王把佛教的教义纳入治国理念中来,并下令将他的诏令和"正法"的精神刻在崖壁和石柱上。他倡导的正法,包括以下这些基本内容:对人要仁爱慈悲,包括孝敬父母,善待亲戚朋友和其他人,对动物也要尊重它们的生命,因为它们也是众生平等的一部分;要多做有助于公众的好事,如修桥造路、种树建亭等;要对其他宗教宽容,给予耆那教、婆罗门教、阿耆昆伽教应有的地位,禁止不同教派之间的互相攻讦和冲突。阿育王认为人们对"达摩"(虔诚法)的热心遵行极为重要。他对"达摩"的解释是"父母必须服从;对众生一视同仁予以尊重,此点必须坚持;必须说真话。这些就是本分'法'的美德。"① 阿育王提倡"每个人都应当在所有场合,并以一切方式对别的教派给以充分的尊重"②。足见佛教对阿育王有着深刻的影响,同时阿育王希望他的臣民也能接受他的宗教信仰。阿育王在他的法令中谈及国家道德和个人道德。在国家道德层面,阿育王希望有一个更为公正和

---

① 〔印〕辛哈·班纳吉:《印度通史》,张若达、冯金辛等译,商务印书馆,1964,第88页。
② D. C. Sircar, *Inscriptions of Ashoka*, New Delhi, 1957, p.49.

仁爱的社会与政府；在个人道德层面，阿育王希望每个人都能践履公正与仁爱的法则。这两种道德都充满了同情、温和、宽容以及尊重所有生命的佛教价值观。为了让民众贯彻自己的政治理想，他在所统治范围内树起许多石柱，刻上诏文，表明自己的决心，希望获得人民的支持。这些诏文是用多种文字写成的，被称为"阿育王诏谕"。他的思想经整理，最终写成《论事》。

二 考底利耶主义

印度是一个拥有悠久历史和璀璨文明的大国。古印度诞生了许多圣哲先贤，而这些贤哲之人的思想是印度文明的重要组成部分。印度古代的文明并没有因历史的发展而泯灭，而是深深地镌刻在印度人民的心灵深处。这些思想的传承对当今的印度理所当然地形成了潜移默化的影响。在公元前3000年以前，古代印度人民就创造了源于印度河的以哈拉帕文化和莫亨佐达罗文化为代表的印度河文明。公元前2000年左右，雅利安人用武力进入南亚次大陆，与当地的印度人民一起创造了丰富灿烂的印度文化。公元前六世纪至公元前五世纪，古代印度社会出现过如同中国春秋战国时期百家争鸣的文化繁荣局面。这些都为印度后来强大帝国的出现奠定了基础，也对印度形成博大精深的思想和文化产生了强大的影响力。

在发展的历史长河中，印度经历了无数的战争，也形成了众多的王朝。古代印度对其周边事态表现出极大的担忧，这种局面直到公元前4世纪旃陀罗笈多的出现才被打破。在孔雀王朝时期印度的武力使得众多的周边国家和王朝臣服，而此时孔雀王朝出了位贤能的大臣，名叫考底利耶（Kautilya）。考底利耶认为："国家的安全对其他社会体和个体公民的安全而言是必要的条件。"① 考底利耶假定，未来的征服者即国王的终极目标是征服整个印度次大陆（Bharatavarsha），然后依据"达摩"（教法）来施行统治。为了实现这一目标，致力扩张的国家与试图自卫的国家之间会不断发生纷争，没有中间道路可走，很难维持现状，因此战争与征服便成为家常便饭。② 这位被后人称为"印度的马基雅维利"的彻底的现实主义者，在其著作《治国安

---

① A. P. Rana, *The Imperatives of Nonalignmet*, New Delhi: Macmillan, 1976, p. 36.
② Hartmut Scharfe, *The State in Indian Tradition*, Leiden: E. J. Brill, 1959, p. 203.

邦术》（*The Arthashastra*，又称《政事论》）中的治国要义包括内政、外交、民政、军事、经济、法律和科学等。《政事论》对外关系的中心思想是在王国的中心区和边缘地区拥有力量强大的首府和地区的省会，而这些首府和省会足以压服帝国周围和近邻地区的王国。考底利耶倡导国家在对外关系中国家与国王可以遵循欺骗法则，提出在对外交往中国家可以采取非伦理的方式和伎俩。而国王求得生存的唯一途径就是成为一个无上权势的征服者。只有规模和权势庞大，且国内不存在任何不稳定因素的国王才能遏制外来入侵者。为了巩固王国的地位，在对外方面，他提出了"曼荼罗"（意为"远交近攻"）地缘政治思想。《政事论》呈现在人们面前的是一套"法令森严"的政治制度。"皇帝、他的军队、他的官吏、出色的各部组织、在边远省区内拥有副王身份的皇亲、组织良好的侦探制度——所有这些在世人面前显露出一副十分周密而雷厉风行的画面。关于这一切，有一种坦率的现实主义看法。"① 他认为国家主要是为了维护政治、经济和军事利益，外交政策只是为了服务国家利益，因为每个国家都采取行动来实现自身权力和利益的最大化。② 同时，他也认为外交政策手段包括了欺骗、对大国的绥靖、对小国的抑制、虚伪、经济行贿、减轻冲击、冷漠无情、保密并要随时准备冒险。③

"考底利耶主义"的形成和发展对印度的影响是显而易见的，在其发展的历史长河中印度的历代执政者难免会受其熏陶，从而影响印度的外交政策。考底利耶的著作及其思想对1947年获得独立的印度发展对外关系产生了深远影响。印度独立后的首任总理尼赫鲁在《印度的发现》中指出，"为了达到他的目的，阇那迦（考底利耶的别名）随便什么都做得出来；他是毫无顾忌的；但是他极聪明地了解：假使所用的手段不适合目的，结果就可能失败。在克劳塞维茨好久以前，据说阇那迦曾经讲过，战争只是使国家政治继续的另一种手段。战争必须经常贯彻政策上较大的目的，而不可使战争本身变成目的；政治家的目标必须经常要使战争的结果是为了国家

---

① 〔印〕辛哈·班纳吉：《印度通史》，张若达、冯金辛等译，商务印书馆，1964，第85页。
② Mithun Howladar, "Political thoughts of Kautilya: An overview", International Journal of Multidisciplinary Research and Development, Volume 4, Issue 3, March 2017, p.79.
③ Gandhi Jee Joy, *Diplomacy in Ancient India*, New Delhi: Janaki Prakashan Patna, 1981, p.194.

的改善，而不是只为战败和消灭敌人。如若战争是两败俱伤的话，那就是政治手腕的破产"①。考底利耶认为在一个无序的社会中，实力强大对于处理国与国的关系十分重要，而要处理好这种关系就得坚持"实力至上"的观念。考底利耶在《政事论》中提出的六原则，其中一条就是"国王应该发展国家，增加实力和资源，一边进行征服战争（不这样做，就是等着被别人征服）"。② 在考底利耶看来，国力强大的孔雀王朝居于他所描绘地缘政治版图的中心地带。这对后来南亚次大陆的统治者产生了巨大影响。

第三节 殖民时期的二元政治文化

在英殖民统治时期，随着民族独立运动的兴起，以提拉克和甘地为首的精英阶层提出了关于民族独立的思想主张。这些思想不仅对印度的独立起着指导作用，也深刻地影响着独立后印度的外交思想。

一 甘地的"非暴力主义"

作为印度民族独立运动的一位伟大的领导人，莫罕达斯·甘地是一位具有浓郁宗教色彩的政治活动家。他注重寻求政治与宗教的结合，并提出了"神即真理"的主张。甘地说："我把信神作为唯一真理。"③ 甘地1909年所著的《印度自治》一书体现了他勾画的理想蓝图。如何才能实现真理呢？甘地提出了"非暴力"学说。甘地将大量精力投入实现印度自由的政治斗争中。甘地认为实现国家完全独立并不仅仅是要消除殖民统治，而是要实现国家在政治、社会和经济等方面的自由，实现"在任何意义上的自由"④。1941年12月，随着政治危机的沸腾，甘地写了一本关于如何通过诚实的非暴力手段来实现印度"完全独立"的著作。

---

① 〔印〕贾瓦哈拉尔·尼赫鲁：《印度的发现》，齐文译，世界知识出版社，1956，第144~145页。
② Kishan S. Rana, *Inside Diplomacy*, New Delhi: Manas Publication, 2000, p.41.
③ Brown, Judith M., *Modern India: the Origins of an Asian Democracy*, New Delhi: Oxford University Press, 1985, p.204.
④ Venu Madhav Govindu, "A larger freedom", December 7, 2018, https://indianexpress.com/article/opinion/columns/a-larger-freedom-m-k-gandhi-non-violence-david-hardiman-freedom-struggle-5482216/, 2019-01-29.

甘地从人性和印度教本身的特性来阐述他的非暴力主张。他指出,"非暴力(即爱)是人的本性,是人类的法则;非暴力是印度教的特性,是印度文明的传统"①。在针对英国的殖民统治问题上,甘地指出,"没有自身完善,即使把政权夺回来,也不会改变现行社会状况。而印度实现了精神完善,英国就统治不下去了,就会归还印度的政治自主权"②。甘地希望通过印度自身的完善来感化英国殖民统治者。1918年,当获知"罗拉特"委员会报告书后,甘地认为,"有自尊心的人决不能屈从这些建议……如果当局不顾人民反对,把这些建议变成法律,就应当马上进行非暴力抵抗"③。1919年3月,当"罗拉特法"被通过后,甘地号召群众进行罢工,停止工作。但是,这场运动最终还是演变成了暴力冲突,酿成了骇人听闻的阿姆利则惨案。甘地不仅对英殖民当局的行为表示愤慨,也对人民的暴力斗争表示不安。甘地说:"在人民还没有取得这样的资格以前,我便号召他们发动文明的不服从运动,这个错误在我看来,就像喜马拉雅山那么大。"④ 此后,甘地领导了多次"非暴力不合作"运动。

甘地的思想不仅仅影响着印度的独立运动,而且对独立后的印度内外政策有相当深刻的影响。尼赫鲁评价甘地:"他像一股强有力的新鲜气流,使我们振作起来,深长地松了口气;他像一道亮光,穿透黑暗,并拨去了我们眼睛上的翳障;他像一阵旋风。最重要的是激起了人民运用思想。甘地总是在那里,象征着不妥协的真理……影响着印度千百万人民。"⑤

二 提拉克的"斯瓦拉吉主义"

提拉克是印度资产阶级的卓越领导人,他不仅深谙印度古代的传统思想,而且对西方的政治理念相当熟悉。他主张对印度传统文化进行革新以适应印度独立运动的需要。英国的伊恩(Ian Copland)评价说,"提拉克通过言语和文章来促进印度的'复兴'"。⑥

---

① 林承节:《殖民统治时期的印度史》,北京大学出版社,2004,第292页。
② 林承节:《印度史》,人民出版社,2006,第338页。
③ 〔印〕莫罕达斯·甘地:《甘地自传》,杜危、吴宗耀译,商务印书馆,1985,第398页。
④ 同上书,第411页。
⑤ 〔印〕尼赫鲁:《印度的发现》,齐文译,世界知识出版社,1956,第472~475页。
⑥ Ian Copland, *India 1885-1947: The Unmaking of an Empire*, London: Pearson Education Limited, 2001, p. 43.

在民族独立问题上，提拉克试图通过引入印度教的宗教象征主义和援引古代印度历史上马拉塔人反抗穆斯林统治斗争的传统来扩大民族主义运动（当时主要限于上层阶级）。因此，提拉克组织了两个重要活动：一个是1893年号召印度教徒来崇拜象头人身神的甘奈希（Ganesh），一个是1895年4月他在《狮报》上发表文章来纪念17世纪的民族英雄希瓦吉（Shivaji）并为修复希瓦吉墓进行募捐。同年6月，提拉克在《狮报》上发表文章，号召人们要像希瓦吉那样来争取印度的自治。提拉克提出："斯瓦拉吉（Swaraj，即自治）是我们与生俱来的权利，我们将拥有它。"① 提拉克的这一口号迅速在南亚次大陆传播开来。这样，印度各地的激进派就有了斗争目标，开始在"斯瓦拉吉"旗帜下，携起手来共同战斗。②

提拉克认为在争取民族独立的道路上，仅仅靠说服是不能成功的，应当用战斗的方式。提拉克说："没有一个人靠乞求能得到什么东西……当鼻子没有被捏住的时候，嘴巴是不会张开的……温和派认为，政治权力可以靠说服赢得。我们认为'斯瓦拉吉'只能通过强大的压力获得。"③ 提拉克一方面利用国大党来进行合法的斗争；另一方面，为了争取民族独立，主张广泛发动群众，建立革命组织，准备武装斗争。

提拉克为了实现自己的政治主张，也为了能吸引广大人民群众，积极从印度古代典集中寻求依据。他用《薄伽梵歌》中克里希那的教导宣传武装斗争的思想，号召人们准备积极的斗争。1897年，提拉克发动了纪念甘奈希节的活动。这一活动引起了印度民众的注意，但是提拉克领导的民族独立运动使其很快与英殖民政府发生冲突。英殖民政府起诉提拉克煽动叛乱，并在同年将提拉克送入监狱。然而，英殖民政府的审判却使得提拉克获得了"亲爱的人民领袖"（Lokamanya）头衔。英国学者指出："提拉克发动在马哈拉施特拉举行的纪念象头人身神——甘奈希，变成了披着宗教外衣来反对英国统治的宣传论坛。"④

在寇松勋爵于1905年分割孟加拉时，提拉克非常强烈地支持孟加拉人

---

① Masselos, Jim, *Indian Nationalism: a History*, New Delhi: Sterling Publishers Private Ltd., 1985, p.115.
② 林承节:《殖民统治时期的印度史》，北京大学出版社，2004，第212页。
③ 多维尔:《剑桥印度史》（第6卷），剑桥大学出版社，1937，第607页。
④ B. G. Tilak, *Address Given By B. G. Tilak During The Shivaji Festival*, Poona, 1897, p.56.

废除分治并主张强烈抵制英国货物，这很快成为一场席卷全国的运动。在面对英殖民政府的殖民政策时，提拉克指出："印度爱国者的任务并不容易，但印度爱国者不应该被困难所吓倒，因为人的品格发展包括征服人类创造的困难。吠陀理想与爱国理想之间没有冲突。印度人的目标应该是成为大英帝国有价值的成员，拥有与其他成员国相同的权利。"[1] 1906年，提拉克提出了消极抵抗计划，他希望该计划能破坏英国的统治进而使印度获得独立。对于温和的印度国大党成员而言，提拉克的做法太强硬了。1907年，在苏拉特（现在的古吉拉特邦）举行的国大党会议上，提拉克与温和派发生分歧致使国大党分裂。此后，英殖民政府以提拉克利用民族分裂主义势力来煽动恐怖主义的罪名将他驱逐到缅甸的曼德勒服刑。在此之后，秘密革命组织都很尊崇提拉克，并希望提拉克能指导他们的武装斗争。尼赫鲁也高度评价提拉克对印度民族独立运动的重要影响，并称提拉克为"印度革命之父"。

第四节　政治文化传统在印度外交思想中的体现

一　坚持"印度中心观"不动摇

印度从独立以来就矢志不移地为成为世界大国而奋斗。尼赫鲁曾提出："印度以它现在的地位是不能在世界上扮演二等角色的。要么做一个有声有色的大国，要么销声匿迹，中间地位不能引动我，我也不相信中间地位是可能的。"[2] 美国的斯蒂夫·科恩指出，"即使是来自次大陆外部的征服者，后来也都以印度中心观来看世界"[3]。与此同时，印度对传统文化的自信与自豪也为其努力成为世界大国奠定了文化基础。这种观点就其思想渊源而言来自印度政治文化传统中的"印度应居于世界等级结构的最高层——一种婆罗门的世界观"[4]。印度认为，"自己代表的不仅是一个国家，还是一种文明，可以有重要的东西提供给其他国家……因而独立后的印度在新兴民

---

[1] "Bal Gangadhar Tilak on nationalism and patriotism", September 16, 2010, https://www.bearve.net/blog/speeches/bal-gangadhar-tilak-on-nationalism-and-patriotism, 2019-01-29.
[2] 〔印〕贾瓦哈拉尔·尼赫鲁：《印度的发现》，齐文译，世界知识出版社，1956，第57页。
[3] Stephen P. Cohen, "India: Emerging Power", New Delhi: Oxford University Press, 2001, p.92.
[4] George Tanham, "India's Strategic Culture", Washington Quarterly, 1992 (4), p.130.

族国家中应该具有特殊的地位"①。这种对文化的自信与自豪,尤其是对自身文明的深刻内省,孕育了印度的大国观。

传统政治文化中的大国观对印度外交影响颇深。尼赫鲁指出,"除了美国、苏联和中国之外,世界上还有许多先进的、高度文明的国家。但是如果你窥测未来,假如一切正常,没有战争之类的事情发生,第四个国家显然是印度"②。印度要谋求成为世界大国,进行了诸多努力和尝试。印度认为成为世界大国的条件之一就必须是一个名副其实的核大国。为此,印度继1974年进行核试验后于1998年进行了五次核试爆,成为真正意义上的核国家。印度认为拥有联合国安全理事会常任理事国席位也是成为世界大国的重要条件,因而印度正在为此展开坚持不懈的努力。印度的达特(V. P. Dutt)在阐述政治文化传统与印度大国抱负的关系时指出,"争取印度在这个世界上的地位被看作是一场持续的斗争,其重要性不可低估"③。印度欲图成为世界大国的外交实践与其政治文化传统中的"印度中心观"有着密不可分的联系。

二 视南亚次大陆为外交关键,不容他国染指南亚的地区外交思想

视南亚次大陆为印度化世界的重点是印度精英层的共识,他们认为南亚次大陆无论在地理上还是文化上都是一个整体。早在印度独立以前,尼赫鲁就拟建立一个"大印度联邦"。当然,这种思想的形成在一定程度上受到英殖民统治时期"英国治下的次大陆"观念影响,但更能在印度文化传承中找到思想渊源。印度作为一个具有悠久历史文化传承的国度,外交思想的形成不能脱离南亚次大陆的地理环境。美国的科恩指出,"南亚次大陆作为一个独特的地缘政治区域,在自然地理、文化、社会、政治以及(在一定程度上还有)宗教信仰方面都与周边区域相隔离"④。

---

① J. N. Dixit, *Across Borders, Fifty Years of India's Foreign Policy*, New Delhi: Picus Books, 1988, p. 21.
② Jawaharlal, Nehru, "Jawaharlal Nehru Speeches: Vol. Ⅲ: March1953 – August 1957", New Delhi: Publications Division, 1958, p. 264.
③ V. P. Dutt, *Ndia's Foreign Policy in a Changing World*, New Delhi: Vikas Publishing House Pvt. Ltd., 1999, p. 28.
④ Saul Bernard Cohen, *Geopolitics of the World System*, Rowman & Littlefield Publishers, Inc. 2003, p. 321.

独立后，印度把南亚各国视为势力范围不容其他国家染指，而视阿富汗和中国西藏为缓冲区从而保证印度的安全。当西藏解放后，印度表现出极大不安，积极拉拢周边小国，试图把邻国的外交政策纳入自己的外交需要中。尼赫鲁对小国的看法是，"小的民族国家是注定要灭亡的，它可能成为一个文化上的自治地区而苟延残喘，但是不可能成为一个独立的政治单位"①。英·甘地指出："印度将不干涉此地区任何国家的内政，除非被要求这样做，但同时也不能容忍外部大国进行干涉；如果有的国家需要外部的帮助对付内部的危机，则应首先在区内（即向印度）寻求帮助。"②印度积极发展与周边小国的友好关系，难以容忍地区内国家的挑战，谋求对巴基斯坦的军事优势，维持印度在南亚地区的中心地位。同时，防止他国干涉南亚地区事务，从而实现南亚地区是"印度化的世界"。"古杰拉尔主义"指出，"印度的力量和规模会被南亚其他国家积极地视为一种财富"③。独立以来，印度历届政府的地区政策表明南亚地区仍是印度外交的关键。

三 形成以防御而非扩张为重点的国家安全外交理念

独立以来，印度在国家安全观上采取的是防御战略。尼赫鲁指出，"印度不需要什么国防。我们没有看到什么军事威胁，军队应该放弃，警察已经足够满足我们的安全需要"④。尼赫鲁认为国家和人民之间应当增进彼此间的了解，从而能维持世界的和平。尼赫鲁认为国际体系中不存在超越国家的权威。在尼赫鲁看来，国际体系的无政府状态虽然导致了冲突和战争的发生，但是印度在对外交往中是不愿意诉诸武力的。"威胁或使用武力或采取强制性的进攻方式将适得其反。双方使用武力都只能伤害或削弱彼此。所有的问题都可以通过协商解决。印度虽然保留了足够的武装力量，但是印度不应该让邻国感到畏惧。"⑤正是在这一思想的指导下，印度在独立后的一段时间里坚持发展有限的国防力量。

---

① 〔印〕贾瓦哈拉尔·尼赫鲁:《印度的发现》，齐文译，世界知识出版社，1956，第712页。
② Sandy Gordon, "India's Rise to Power", New York: St. Martin's Press, 1995, p. 269.
③ I. K. Gujral, *Continuity and Change: India' Foreign Policy*, New Delhi: Macmillan India Ltd., 2003, p. 54.
④ Harish Kapur, *India's Foreign Policy 1947–1992: Shadows and Substance*, New Delhi: Sage Publications, 1993, pp. 22–23.
⑤ Nancy Jetly, *India's Foreign Policy: Challenges and Prospects*, New Delhi: Vikas, 1999, p. 45.

尼赫鲁相信印度和包括巴基斯坦在内的邻居都能和平共处。印度与小国几乎不会发生战争。① 在中印发生边界冲突前，尼赫鲁认为，"中印两国代表了两个古老的文明。在几千年的联系中，中印两国没有发生武装冲突。在现当代，中印两国成为朋友。中印两国的友好关系对亚洲的和平与安全都是至关重要的"。② 随着国内外形势的变迁，印度外交安全观也在适时而变，但是防御性安全理念仍然发挥着重大作用。

四 坚持"不结盟"外交思想

印度政治文化传统方面关于道德、平等的认识以及强调和谐与非暴力的思想使得印度外交思想具有和平、和谐、道义的特征。独立后，印度提出的"不结盟"思想就源于印度政治文化传统中道义观的和谐、非暴力、平等、正义与仁爱等理念。尼赫鲁曾指出，"我认为我们从阿育王、甘地和其他思想家与政治家那里继承下来的方法和哲学——即'自己生存，也要别人生存'、非暴力、宽容、共存的哲学是解决我们现时代各种问题唯一可行的办法"③。在探究"不结盟"思想渊源时，印度精英阶层坚信"印度哲学和文化传统的基础是宽容，并坚信无人能独占真理，强调用法（达摩）创造和维护和谐，用非暴力求和平"④。"就政治层面来讲，不结盟是对印度这一哲学和文化传统的解读。"⑤

独立后，印度坚信"非暴力"思想也能在国际关系中发挥重要作用。印度就主张反对殖民主义和种族主义，反对战争，争取各国间的谅解，增进各国间的团结与友谊，维护世界和平。尼赫鲁认为不结盟植根于印度传统文化和价值观念中的道义法则。

为了能使"不结盟"的思想深入第三世界国家，印度等国组织召开了第一次亚非关系会议。正如英国学者指出，"第一次亚非会议是印度对这种

---

① Rasheeduddin Khan, "Fundamentalism/Communalism in South Asia", World Focus, Vol. 14, No. 11–12, November-December 1993, p. 23.
② J. N. Dixit, "Chinese Checkers", Telegraph, May 4, 1999.
③ 朱明忠：《尼赫鲁》，台湾东大图书公司，1999，第43页。
④ 马嬿：《当代印度外交》，上海世纪出版集团，2007，第16页。
⑤ Cao-Huy Thuan, "The Role and Essence of Indian Non-Alignment", In Philippe Brailard and Mohammad-Reza Djalili (eds.), The Third World and International Relations. London: Frances Pinter (Publishers), 1986, p. 102.

自我理解角色的彩排，其载体是反对殖民主义斗争的承诺和对日益受冷战支配的世界中不结盟概念的依恋"①。无论是尼赫鲁的"不结盟"，还是英·甘地政府提出的"积极不结盟"都表明印度秉持个性、坚持和平的理念。时至今天，具有和谐统一、主张用非暴力求和平的"不结盟"思想仍然指导着印度的外交实践。②

第五节　冷战结束以来印度外交政策的调整

冷战结束后，由于国际社会的相互依存不断加大、国家间的竞争与合作日益密切，国家尤其是大国都在集中精力发展经济，致力于提升综合国力。与此同时，随着印度国内倡导经济革新的呼声日益高涨，印度开始实施新经济改革。伴随经济改革而来的是印度外交政策的调整。

一　经济外交成为主要内容

在冷战期间，印度在美苏之间左右逢源，获得了丰厚的外援。印度的康德桑杰·贾（Nalini Kant Jha）指出，"一般而言，一国的经济形势决定了他对外援的依赖程度"③。寻求大量外援与印度政府提出的实现经济的自主与自力更生理念相违背。冷战结束后，随着国际社会的交流日益频繁，经贸交往已成为各国外交的重要内容之一。当中国经济迅速发展、"亚洲四小龙"经济腾飞之时，印度经济发展却滞后不前。在此情形下，印度政府顺应国内社会的呼吁实施了新经济改革。随着新经济改革的不断深入，印度不仅减少了对外援的依赖，而且展开了对外援助。在新经济改革的推动下，印度私营经济实现了飞速发展。

随着印度私营经济的不断发展，代表各企业利益团体利益的行业协会对政府经济政策的影响不断深入。一个突出的例子就是印度在世界贸易组织和其他国际性商务谈判中，行业协会起的作用很大——在政府的牵头下，

---

① Ian Talbot, *India and Pakistan*, London: Arnold Publishers, 2000, p.174.
② 肖军：《论政治文化传统与印度外交思想的二元性》，《南亚研究》2012年第3期。
③ Nalini Kant Jha, *Domestic Imperatives in India's Foreign Policy*, New Delhi: South Asian Publishers, 2002, p.14.

汽车问题由汽车协会来谈，棉花问题由棉花协会来谈。①

国内的教派民族主义和商业利益团体敦促政府积极拓展经济发展的渠道。因此，维护经济发展已成为历届政府制定对外政策的重要参考，展开经济外交是历届政府外交政策的重点。印度为了能更有利地展开经济外交，专门成立了经济司。各驻外使馆工作人员配合国家外交政策的需要，把开展经贸合作作为其工作的重要内容。

为了拓展经济外交渠道，印度积极发展与东盟的关系，近年来与韩国、日本的关系也在不断增进。印度原总理瓦杰帕伊曾指出，"无论从地缘战略、经济利益和政治利益考虑，东盟地区都是印度对外政策的重点"②。2011年11月举行的第六届东亚峰会，印度总理曼莫汉·辛格提出深化与东盟的关系是印度"东向"政策的关键。③

印度虽然与中亚五国不直接接壤，但是一直认为自己是中亚"延伸的邻国"，在中亚地区有着重要的战略和经济利益，并且宣称中亚的安全与自己的安全息息相关。④ 近年来，印度在经济、能源等方面都加强与中亚五国的合作。

随着经济发展力度的深入和发展面的拓宽，印度正在寻求更广阔的能源市场，而中东丰富的石油资源正好弥合了印度经济发展的能源缺口。"印度领导人在很久以前就意识到，印度需要中东地区的石油。"⑤ 印度与海湾国家发展友好关系，一方面可以获得便捷的石油供应；另一方面可以扩大印度贸易出口。印度在2010年就成为海湾阿拉伯国家合作委员会成员国最大的贸易伙伴。

印度不仅展开与东盟、中亚、中东的经济外交，在地区层面也在积极展开与非洲、拉美、亚太的经济合作，与大国间的经济合作也在不断深化。

---

① 袁南生：《感受印度》，中国社会科学出版社，2006，第241页。
② Bhagyashree. Garakar, "Vajpayee signals closer ties with ASEAN", The Straits Times, April 15, 2002.
③ 毛晓晓：《东亚系列峰会：印度总理说深化与东盟关系是印度"东向"政策的关键》，2011-11-18，http：//www.xjklmy.com/news/news.asp？id=552712，2018-11-17。
④ 孙士海、江亦丽主编《二战后南亚国家对外关系研究》，方志出版社，2007，第293页。
⑤ Tanvi Madan, "Energy Security Series: India", Report of the Brooking Institution, November 2006, p. 4.

二 大国抱负

悠久灿烂的历史文化培育了印度人民的自信心和自豪感,同时孕育了印度的大国理念。在英殖民统治时期,尼赫鲁在结合印度传统文化、实现民族独立需求以及在对印度未来发展道路的憧憬基础上提出了印度要做"有声有色"的大国。印度在大国理念的影响下,意图成为南亚地区首屈一指的大国。

冷战结束后,印度经济实力的不断增长夯实了大国理念的基础;印度教民族主义的迅速复兴与发展,为大国梦想的实现提供了动力。后冷战时期印度的国家战略目标是"称雄南亚——争当军事强国——争夺21世纪一流大国地位"。① 因此,印度历届政府把军事力量的强大作为印度实现大国追求的重要参量。同时,印度认为核武器是成为世界大国的重要标准,不顾国际社会的反对于1998年5月进行了第五次核试爆。印度教民族主义政府为什么要迫不及待地进行核试验呢?主要是出于国内政治的需要,它试图通过核试验激起民众的民族主义情绪,赢得各界的支持。②

进入21世纪后,印度为实现大国崛起,制定了更明确的外交政策。拉贾·莫汉指出,印度未来的外交政策包括两个方面:"第一,印度的主要目标是崛起成为亚洲主要大国间不可缺少的平衡力量;第二,加强与美国的战略合作可以增加印度未来的外交选择,但是印度不能成为美国联盟的小伙伴。"③ 冷战结束后,印度历届政府的对外政策略显不同,但是争取成为世界大国却是印度政府共同的目标。

三 倡导并实施"广结善缘"的战略自主外交

冷战时期,印度为了成为独立于美苏两大阵营以外的第三股力量,实施了"不结盟"的对外政策。虽是"不结盟",印度还是有选择性地发展与

---

① 胡志勇:《文明的力量崛起》,新华出版社,2006,第102页。
② 朱明忠:《印度教民族主义的兴起与印度政治》,载《当代亚太》1998年第8期。
③ C. Raja Mohan, "Indian Foreign Policy", from *Indian Foreign Policy: Continuity and Change*, Published by Rajkumar for Academic Excellence, Delhi Laser Typeset at Sahib Computer Service, 2008, p. 34.

美苏两大阵营的关系，与苏联的关系尤为密切。印度对外政策明显体现为"左右逢源"，但在一定程度上有"抵触西方"的痕迹。

冷战结束后，民主模式的变迁也深刻地影响着印度外交政策。印度的甘古利和穆克吉（Sumit Ganguly & Rahul Mukherji）认为在中央形成的强大的地方政党势力和弱势的联盟政府，影响着印度外交政策的制定。同时，甘古利和穆克吉认为瓦杰帕伊总理于1998年宣布核试验时称美国是印度的"天然盟友"，这是印度人民党民族主义思想的崛起，以及明确反对尼赫鲁遗产的体现。① 但有印度学者认为印度在崛起为世界主要的经济体和政治大国之时需寻求平衡。那就是重新审视"不结盟"的魅力和更明确强调战略自主。②

冷战结束后，印度不仅深化与美国的经济合作，在军事合作方面也在不断跟进。两国不仅在民用核能合作方面达成协议，也在战略高科技合作上取得共识。虽然印度与包括美国在内的西方国家的关系在不断深化，但是印度仍然怀抱积极的热情加入金砖国家组织（BRICS）与上海合作组织，并且是主张"世界多极化"的主要国家之一。印度在世界经济中的分量影响着印度在国际机制中的地位。印度对世界的认知观点具有持久性，特别是对战略自主的要求，使得其不太愿意与美国发展更紧密的关系而是采取更为谨慎的"多边外交"。③

四 理想主义与现实主义相结合的务实外交

冷战时期，印度对外政策主要是实施"不结盟"的理想主义政策。但是，随着国际形势的变化，更为重要的是印度国内政治的变迁，"不结盟"的理想主义政策需要与时俱进。甘古利等人认为，"随着冷战的终结，印度'不结盟'的外交政策看似十分灵巧但却十分虚伪"④。印度学者经过两年的

---

① Sumit Ganguly & Rahul Mukherji, *India since 1980*, New York: Cambridge University Press, 2011, p.110.
② Sunil Khilnani et al., "Nonalignment 2.0: A Foreign and Strategic Policy for India in the Twenty First Century", Center for Policy Research, Working Paper, January 2012, http://www.cprindia.org/sites/default/files/NonAlignment%202.0_1.pdf., 2012-05-03.
③ Sumit Ganguly & Rahul Mukherji, *India since 1980*, New York: Cambridge University Press, 2011, p.113.
④ Ibid., p.119.

研究，于 2012 年提出印度外交政策将围绕"不结盟 2.0"①展开。新版的"不结盟"描绘了印度理想主义和现实主义相结合的务实外交蓝图。

印度学者指出，"随着农业资本主义的崛起，跨地区、跨部门工业的多元化，富农阶层的兴起，服务技术资本的面世与发展，中产阶级规模进一步扩大，以及文化的传播，促使印度民主模式变迁。据 2011 年统计数据显示，目前印度的识字人口已经达 74%。印度社会基于贫困转向带来的变迁，展示了印度社会需要在政治、社会以及经济领域进行变革。随着印度社会的变迁，务实的外交政策更为迫切"。②辛哈（Aseema Sinha）认为，"国内政治的变迁植根于全球社会。印度的所有政党在受到世界相互依存以及印度在全球中所处位置的影响，有着不同的政见。目前，随着经济的发展，印度开始改变其外交和安全政策。印度需要新的外交政策分析框架，要求此框架能清晰地阐释影响印度外交政策的原因和结果"③。

冷战结束后，随着国际局势的变化，尤其是印度国内社会民主模式的变迁，印度结合道义与国家利益来制定自己的外交政策，不断增强与国际社会的联系，采取举措不断缓和与周边国家的关系。

印度不断深化与美国的关系，不仅展开了对美经济、军事外交，而且从战略高度加强与美国的战略合作伙伴关系。两国在包括民用核合作、战略高科技合作等诸多问题上达成共识。进入 21 世纪以来，印度政府特别是辛格政府与莫迪政府在不断深化与美关系的同时，受到国内社会的牵制。当辛格政府向人民院提交《印美核协议》时，遭到了人民院的抵制，从而引发了政府的生存危机。印度学者认为，"这个协议意味着印度与美国将形

---

① 所谓的印度"不结盟 2.0"外交是 2012 年由苏尼尔、库马尔和梅塔等人提出来的。题为"不结盟 2.0：印度在 21 世界的外交和战略政策"。该文分为 7 章来论述印度在 21 世纪的外交和战略选择。该文主要分析印度与主要国家、地区及国际机制的互动关系。同时，分析了印度国内情势，评估了印度的"硬实力"，分析了印度外交面临的挑战。具体参见：Sunil Khilnani, Rajiv Kumar, Pratap Bhanu Mehta, Lt. Gen. (Retd.), Prakash Menon, Nandan Nilekani, Srinath RaghavanShyam Saran, Siddharth Varadarajan, "non-alignment 2.0: a foreign and strategic policy for India in the twenty first century", Printed in India, 2012, http://ris.org.in/images/RIS_images/pdf/NonAlignment.pdf, 2013-03-03。
② Anirudh Krishna, "Escaping Poverty and Becoming Poor: Who Gains, and Who Loses, and Why?", New Delhi, World Development 32. No. 1, 2004, pp. 121-136.
③ Aseema Sinha, "A Story of Four Revolutions: Mechanisms of Change in India", Asia Policy, July14, 2012, http://www.nbr.org/publications/element.aspx?id=604, 2012-07-09.

成'准联盟'关系"①。包括印度左派在内的部分精英对莫迪政府不断推进与美关系也颇有微词,担心美印关系的增进会损及印度的安全和印度的自主战略。

在经济社会发展的影响下,印度需要从国家利益的视角审视其外交政策,从而使其外交的务实成分更为明显。印度与世界主要大国实施全方位外交,对资源丰富的国家和地区展开紧密的经贸往来,也在不断利用文化外交提升自身的"软实力"。同时,印度不断增进与国际组织的关系。"印度在处理复杂的国际关系时首先考虑的是自己的利益,而不再是"见义勇为"的"愤世嫉俗者"。② 随着外交政策的转变,印度不断夯实与周边国家和地区的外交关系,旨在为促进本国经济社会发展创造良好的周边环境,为实现印度的大国战略奠定坚实的基础。周边外交实践不仅丰富了印度外交政策的内涵,也为树立印度作为负责任的地区国家形象觅寻到了契合点。

---

① Zorawar Daulet Singh, "Turning Point for India's Foreign Policy", Asia Times Online, December 12, 2008, http://ww w/atimes/com/atimes/South_Asia/JL12Df011 html, 2013-01-02.
② 孙士海:《印度外交战略的新调整》,《当代世界》2007年第7期。

第二章 步履艰难的印巴和平进程

1947年，印巴分别成为独立的国家。但是，两国之间的龃龉、纷争与冲突，使得两国之间爆发了三次战争。长期以来，印巴两国都在边境上部署重兵，提防对方的军事行动。2019年2月，印控克什米尔地区发生了一起自杀性爆炸袭击，造成40余名印度军警死亡，几日后印度士兵与一伙武装分子发生枪战。印度认为上述事件与巴基斯坦有着内在关联并对巴基斯坦政府进行指责，召回驻巴大使。2月19日，巴方也召回驻印大使。巴基斯坦总理伊姆兰·汗（Imran Khan）希冀双方通过对话来实现和解的意图并没有得到印度的有效回应。2月26日，印度战机在巴控克什米尔一侧实施空袭，导致印巴关系再次紧张。

20世纪90年代前后是一段不平凡的时期。此时，东欧剧变、苏联解体，国际局势发生了重大变革，美国成为世界唯一的超级大国。冷战结束后，印巴之间的关系有所缓和，但是，克什米尔问题的纷争、水资源问题上的龃龉、战略上的不信任和彼此间的猜疑等仍然存在，双方之间的根本矛盾并没有解决。尽管印巴之间有文化、社会、历史和地理方面的联系，但是两国之间的冲突使得彼此渐行渐远。两国基本上处于排他性的状态。尽管两国都在为和平进程做出积极努力，但一些核心问题仍然难以解决。巴基斯坦建议冷却两国之间的矛盾，但是印度不接受巴方的建议。在印度看来，巴基斯坦的和平建议和热情是一种软弱的表现。

因此，英国的巴瑞·布赞（Barry Buzan）在《地区安全复合体与国际安全结构》一书中对南亚地区安全结构分析时指出，"在南亚由冷战强加的影响不是那么大，而仅仅是强化了原本已经非常强劲的国内和地区模式，因此冷战结束没有给南亚的安全态势带来巨大的变革也就不足为奇了。但是我们也不能简单说，自1990年以来南亚的一切'基本照旧'。南亚地区安全复合体虽有实质上的连续性，但也有迹象表明，它正在迈向较为激进的变革"。①

继 1988 年印度总理拉吉夫·甘地访问巴基斯坦后,在接下来的三年里两国总理利用国际会议等场合先后进行了 6 次会晤。1991 年,印巴交换《互不攻击对方核设施协定》批准书,使该协定正式生效。但是,印巴之间的冲突与矛盾仍然存在。1992 年 5 月,两国之间发生了相互驱逐外交官事件。同年 12 月,在印度北方邦发生了印度教教徒捣毁巴布里清真寺的事件。这激起了巴基斯坦民众的强烈抗议和巴政府的严厉谴责,使得印巴之间的冲突再次升级。1995 年 2 月,当一批穆斯林武装分子进入印度阿姆利则的瓦里圣寺时,印度军队对其进行了包围并发生武装冲突,从而导致印巴关系再度紧张。1999 年的卡吉尔冲突,险些酿成又一次战争,使得印巴关系急转直下。但是,在国际社会的推动下,印巴两国都在寻求缓和双边关系的途径。

第一节 逐步缓和的印巴关系(2003 年 4 月至 2008 年 11 月)

在印度独立早期,巴基斯坦就提出了改善印巴关系的"和平倡议"。阿里·汗在巴基斯坦议会中提出了《和平宣言》(也称《非战宣言》)。此后,巴基斯坦建议印巴两国通过协商、调停、仲裁等和平方式解决两国之间的争端。如 1966 年的《塔什干宣言》,1972 年的《西姆拉协定》,1988 年达成的《互不攻击对方核设施协定》《军事演习的预先通知协定》《军事行动的预先通知协定》《部队调动的预先通知协定》,以及 1991 年两国达成的《禁止太空破坏协定》。

冷战结束后,印巴之间实质性的和平进程是由巴基斯坦总理谢里夫(Mian Muhammad Nawaz Sharif)和印度总理古杰拉尔(Inder Kumar Gujral)于 1997 年倡导的。两国于 1998 年召开了和平对话圆桌会议,并于 1999 年达成了《拉合尔宣言》。但是,随后爆发的卡吉尔冲突和印度 IC-814 飞机被劫持事件导致印巴两国和平进程中断。

---

① 〔英〕巴瑞·布赞、〔丹〕奥利·维夫:《地区安全复合体与国际安全结构》,潘忠岐、孙霞、胡郑力译,上海世纪出版集团,2010,第 102~103 页。

2001年"9·11"事件后,印度趁美国在全球展开反恐的契机对巴基斯坦发难,希望国际社会能将巴基斯坦列为恐怖主义国家。2001年12月,印度议会遭受恐怖袭击加剧了印巴两国间的争端,使得和平进程停滞不前。2001年7月,瓦杰帕伊(Atal Bihari Vajpayee)总理与巴基斯坦总统穆沙拉夫(Pervez Musharraf)在阿格拉举行会谈,商讨彼此关切的问题。但是,双方在围绕克什米尔等问题上的分歧较大,会晤没有取得实质性进展。同年10月,印控克什米尔地区遭到恐怖主义袭击,导致30余人死亡,多人受伤。同年12月,印度议会遭到恐怖主义袭击,印度举国震怒。印度将矛头直指巴基斯坦,认为是巴基斯坦支持恐怖主义组织对印发动袭击,要求巴基斯坦对此次袭击事件负责。这两次恐怖袭击事件促使印度将印巴两国外交关系由大使级降为代办级,导致两国间的航运和陆路联系中断,印巴边界大举陈兵。两国之间的战争有一触即发之势。

印巴两国都是核武器国家,外界普遍担忧印巴之间的对抗可能会导致难以预料的后果,希望两国能罢兵言和。同时,印巴两国也有改善与增进双边关系的意愿。在此背景下,印巴利用各种场合在诸多方面不断增进共识与加强信任。

2003年4月18日,印度总理瓦杰帕伊到印巴都甚为敏感的克什米尔地区视察,外界揣测这会导致印巴冲突。但是,出乎意料的是瓦杰帕伊总理在记者招待会上提出希望开创印巴关系的新时期。在处理印巴关系方面,巴基斯坦也调整了相关政策,"不再坚持其长期以来要求首先解决克什米尔问题才能讨论其他问题的立场,而是提倡就所有未决问题进行全面对话"[①]。巴基斯坦总理扎法鲁拉·汗·贾迈利(Mir Zafarullah Khan Jamali)"邀请瓦杰帕伊总理访问巴基斯坦,并保证他将会受到热烈的欢迎"[②] 5月2日,瓦杰帕伊在人民院宣布,"印度将恢复与巴基斯坦的大使级外交关系"。几个小时后,巴基斯坦也宣布恢复与印度的大使级外交关系。[③] 同年5月26日,

---

[①] Sayed by Mehtab Ali Shab, "New Thaw in Indo-Par Relations", South Asia Politics, August, 2003, p. 18.

[②] 《印巴关系改善》,《环球时报》2003年5月9日第4版。

[③] "India-Pakistan Peace Process since April 2003", South Asia Programme, the International Institute for Strategic Studies (IISS), London, March 14, 2010, http://www.iiss.org/EasysiteWeb/getresource.axd?AssetID=809&type=Full&servicetype=Attachment, 2010-06-05.

印度宣布重开德里到拉合尔的公路交通，并释放了70名渔民和60名民事犯罪分子。9月4日，巴基斯坦释放了269名印度渔民。印巴两国领导人希望能在印巴边界"实际控制线"停火，恢复航运和增进交流。

2004年1月，在南亚区域合作第12届联盟峰会期间，印巴两国总理举行了会谈，两国总理同意在同年2月启动旨在解决两国所有分歧的全面对话框架。2005年2月，印巴经济合作联合委员会首次在印度举行。同年，两国展开了第二轮全面对话，促进了两国经贸关系的发展和双边外交关系的进一步改善。2005年4月，巴基斯坦总统穆沙拉夫利用在印度看板球比赛之机与印度总理辛格举行会谈。两国领导人在会谈后重申两国的和平进程不可逆转。2005年11月，印巴正式开放第一个在克什米尔控制线地区的边境通道。2007年2月，两国正式签署了《降低意外使用核武器风险协议》。2008年，两国首次开通跨越克什米尔控制线的贸易。2008年，印巴启动了多次全面对话，在建立信任措施、解决历史遗留问题、发展经贸合作、促进人文交流与加强人员沟通等诸多领域进行磋商，旨在消除误解与增进互信。

第二节　孟买恐怖袭击事件使和平进程受挫

2008年11月26日，在孟买发生的连环恐怖袭击事件不仅重创了印度金融中心，而且孟买的反恐怖主义部队也遭受袭击，使得印度举国震惊。印度指责巴基斯坦境内的"虔诚军"（Lashkar-e-Taiba）制造了此次连环恐怖袭击。印度随后中断了与巴基斯坦持续了五年的全面对话，使得双边关系陷入低谷，甚至走向了战争的边缘。巴基斯坦一方面澄清发生在孟买的恐怖袭击与巴方无关；另一方面，积极寻求恢复与印度的正常关系。但是印度政府面临来自国内的压力，没有对巴基斯坦的呼吁做出积极回应。

印巴对孟买恐怖袭击的认识不同。一方面，印度认为巴基斯坦应为此次恐怖袭击负责，要求巴方加大打击国内涉嫌制造孟买恐怖袭击事件的组织及个人的力度，阻止巴境内的极端组织对印度进行渗透破坏，以便两国重新建立互信；另一方面，印度要求巴方有效制止激进分子向印控克什米尔的渗透活动。

孟买恐怖袭击事件的发生激起了印度国内的"反巴"情绪并导致了印

度教教徒与穆斯林之间的冲突,甚至部分印度人叫嚣越境打击巴境内的恐怖分子。在此之后,印度政府否定了越境军事行动,但是开始考虑暂停与巴基斯坦正在进行的双边会谈。① 2008 年 12 月 16 日,印度外交部高级官员表示巴基斯坦涉嫌卷入孟买恐怖袭击事件,暂停印巴之间的对话进程。只有巴基斯坦采取有力措施打击境内的恐怖分子,才能恢复印巴间的"正常关系"。印度国防部长安东尼(A. K. Antony)表示,印度并不打算采取军事行动。②

当孟买恐怖袭击事件发生后,巴基斯坦总统扎尔达里(Asif Ali Zardari)表示巴政府将全力与印度当局合作打击孟买恐怖袭击事件的恐怖分子。巴基斯坦领导人坚持认为,"他们将和印度一道打击恐怖主义,并将迅速采取行动打击巴境内任何卷入孟买恐怖袭击事件的组织,希望能加强与印度的双边接触,但反对'指责与下意识的警告行为'"③。孟买恐怖袭击事件发生的第三天,巴方就派遣三军情报局艾哈迈德·舒亚·帕夏(Ahmed Shuja Pasha)中将到新德里与印度国家安全顾问纳拉亚南(M. K. Narayanan)以及印度情报局等机构的领导会谈。12 月 2 日,巴外长建议印巴双方联合调查孟买恐怖袭击事件,并重申印巴两国的合作意愿。在内外压力的推动下,巴基斯坦政府对巴境内的宗教与军事极端组织展开打击。12 月 7 日,巴基斯坦安全部队对巴控克什米尔地区的"虔诚军"进行了打击,逮捕了 6 名涉嫌卷入孟买恐怖袭击事件的恐怖分子。在随后的日子里,巴安全部队继续打击了"虔诚军"和其他激进的军事组织,共逮捕了 53 人。达瓦慈善会(Jamaat-ud-Dawa)发言人声称,该会中的大多数领导人被政府拘留。巴基斯坦官员拒绝将这些被拘留人员引渡到印度,声称对这些被拘留者的任何指控都必须在巴基斯坦法院进行。④ 之后,巴基斯坦要求联合国对达瓦慈善会进行制裁,并要求冻结达瓦慈善会领导人哈菲兹·赛义德(Hafez Saeed)的银行账户。12 月 10 日,联合国宣布达瓦慈善会为恐怖组织。

---

① "Pranab Rules Out Military Action," Hindu (Madras), December 3, 2008.
② "Pranab, Antony Want Pakistanto Act," Hindu (Chennai), December 17, 2008.
③ "Pakistan Wants India Tension Defused after Attack," Reuters, November 28, 2008; http://www.mofa.gov.pk/Press_Releases/2008/Nov/PR_367_08.htm. 2012-08-04.
④ "Zardari Rules Out Returning Fugitives," Hindu (Chennai), December 4, 2008.

巴基斯坦强烈谴责孟买恐怖主义并全力配合印度展开调查。但是，印巴间的敌意萦绕于彼此间，并且由孟买恐怖袭击事件导致两国间的不信任，使得展开了近五年的印巴和平进程受阻。面对来自国内民众的压力，印巴双方都在努力防止紧张局势升级。印度对巴基斯坦政府打击"达瓦慈善会"表示欢迎，并要求巴政府全面镇压"虔诚军"。巴基斯坦政府认为印度将克服目前的困难来增进印巴双边关系并对恢复印巴和平进程表示乐观。

第三节 孟买袭击事件后印巴关系的新进展

2009 年，在印度举行大选后，国大党领导的团结进步联盟（United Progress Allies）重新执政，印巴关系再次提上日程。2009 年 5 月，印度对巴方在调查 2008 年发生在孟买的恐怖袭击一事所做的努力表示肯定。同年，两国领导人利用参加"上海合作组织"和"不结盟"运动首脑峰会等举行会谈。这对缓和并恢复印巴关系产生了积极影响。

2010 年 2 月初，印度政府提议印巴双方开始外务秘书级对话，巴政府表示欢迎。之后，随着两国间的交流不断加强，两国关系逐步升温。印巴两国在政治互信、反恐合作、经贸合作以及能源合作等领域取得新进展。

一 密切高层交流以期实现政治互信

两国高层领导人利用各种场合进行交流，旨在冰释前嫌与增进互信。2009 年 6 月，印度总理辛格与巴基斯坦总统扎尔达里利用出席"上海合作组织"会议之机，进行了坦诚的交谈。这对印巴关系缓和提供了重要契机。两国在叶卡捷琳堡会谈后不久，印度就宣布推进印巴关系缓和的"路线图"；两国外务秘书很快举行了会谈，对巴方所采取的惩罚孟买事件元凶的行动进行评估。[①] 2009 年 7 月，印巴首脑利用出席第十五次"不结盟"运动会议的契机进行交谈，双方对增进双边关系持积极态度。2010 年 4 月，两国总理在参加南亚国家联盟组织会议期间认为两国应尽快恢复

---

① 陈继东、晏世经：《印巴关系研究》，四川出版集团、巴蜀书社，2010，第 245~246 页。

双边经常性对话。2011年，印巴两国首脑展开了"板球外交"，并在出席南盟峰会期间展开磋商，对增进两国领导人的交流、扩大共识与深化双边关系奠定了坚实基础。2011年2月，两国外务秘书再次会晤，确定了两国以后各层级的对话，以便增进信任。在此之后，印巴外务秘书在新德里的会晤旨在促进和平进程，并开启一个由2008年孟买恐怖袭击造成的印巴信任赤字的"良好开端"。① 印度官员认为，"双方将回顾展开对话以来的双边关系进展，并试图开拓未来的道路。印度将以开放的心态和前瞻性的方式讨论两国既存的问题"②。为了筹备印巴两国外长的会谈，两国外务秘书进行了充分准备。印度外务秘书拉奥（Nirupama Rao）指出，印巴两国外长的会谈"是一个表达政治意愿，希望增进与巴基斯坦对话的过程。印度和巴基斯坦两国已经保持这种悬而未决的时间太长了。印度不认为这个对话过程使彼此都能得到回报，但这却是一个非常务实的决策"③。在此背景下，2011年7月，两国外长在新德里举行会谈，同意"两国的旅游者和宗教朝拜者都可以通过印巴在克什米尔的实际控制分界线进入对方国家"④。2012年4月8日，巴基斯坦总统对印度进行了短暂的私人访问。这是巴基斯坦总统七年来的首次访印，受到了两国社会及世界的普遍关注，也标志着双边关系迈向新台阶。

2012年9月8日，印度外长克里希纳（Somanahalli Mallaiah Krishna）与巴基斯坦外长希娜·拉巴尼·哈尔（Hina Rabbani Khar）在伊斯兰堡举行正式会晤，发表了两国联合声明，内容涉及跨境旅游、跨境贸易、农业、科技与教育等诸多项目。

二 双方在反恐议题上不断增进交流与合作

孟买恐怖袭击事件发生后，印度指责巴基斯坦应为此次恐怖袭击事件

---

① Elizabeth Roche: "Pakistan secretary talks to prepare ground for ministers", 26 July 2011, http://www.iiss.org/whats-new/iiss-in-the-press/press-coverage-2011/july-2011/india-pakistan-secretary-talks-to-prepare-ground-for-ministers/? locale=en, 2011-08-01.
② Elizabeth Roche: "Pakistan secretary talks to prepare ground for ministers".
③ Sandeep Dikshit: "6-month spadework done to resume talks with Pakistan", The Hindu, February 11, 2011, http://www.thehindu.com/news/national/article1413514.ece, 2011-02-15.
④ 毛晓晓：《印巴放宽对克什米尔地区的旅游贸易限制》，2011-07-28, http://news.xinhuanet.com/world/2011-07/28/c_121731356.htm, 2011-07-30。

负责，使得本已缓和的印巴关系跌入低谷。双方虽然都在寻求关系正常化的渠道与途径，但是双方围绕孟买恐怖袭击事件的争执与矛盾阻碍着双边关系的正常发展。印巴双方要恢复正常关系，就不得不审慎地对待孟买恐怖袭击事件导致的影响。

2009 年，巴基斯坦对塔利班两次用兵，显示其反恐的决心。这使得印度对巴基斯坦的观念有所转变，促使两国可以在反恐议程上找到恢复两国关系的契机。2009 年 7 月，印巴两国总理欲利用参加埃及"不结盟"运动峰会之机，持积极态度讨论增进双边关系的议题。"但是，辛格总理因此在印度国内遭到国大党成员和反对党的强烈抗议。国大党中一些主要成员坚持认为，只有巴基斯坦加大力度打击恐怖分子，两国才可以恢复和谈。"①2010 年 6 月，印度内政部长奇丹巴拉姆（Palaniappan Chidambaram）与巴基斯坦内政部长马利克（Rehman Malik）利用南盟召开内政部长会议的契机，商谈两国在反恐议题上的合作。马利克指出，"巴基斯坦联邦调查局和印度中央调查局调查人员将就有关恐怖主义的事项展开交流，其中包括 2008 年印度孟买连环袭击"。奇丹巴拉姆表示，"印度对此抱有信心"②。2011 年 3 月，印巴双方就安全与反恐议题再次进行了对话，两国发表联合声明表示，"双方同意在印度和巴基斯坦内政部之间设立一条电话热线，分享关于恐怖威胁的即时信息"。声明强调："印巴双方重申了它们将以所有形式打击恐怖主义的决心，同时重申有必要把犯下恐怖主义的罪行者绳之以法。"③

三 经贸发展为两国互利合作奠定基础

为了提升两国的经贸关系，促进双边关系友好发展。巴基斯坦于 2011 年 10 月决定给予印度最惠国待遇。巴基斯坦外长希娜·哈尔指出，"巴方寻求的不仅是实现印巴双方的整体关系正常化，更要在对双方来讲具有长

---

① 田宝剑：《国际观察：印巴关系迎来"转暖"时刻》，2010-04-30，http：//news.xinhuanet.com/world/2010/04/30/c_1266683.htm，2010-06-08。
② 《印巴宣布合作反恐》，2010-06-27，http：//news.qq.com/a/20100627/000753.htm，2010-06-28。
③ 曹昆：《印巴设立反恐热线 分享关于恐怖威胁的即时信息》，2011-03-30. http：//www.chinanews.com/gj/2011/03-30/2939785.shtml，2011-04-01。

久意义的诸多议题上取得进展"①。巴基斯坦政府经济协调委员会于 2011 年 11 月 12 日发表声明称，决定解除对印度 12 种商品进口的限制。巴方官员指出，"这 12 种商品包括机械、皮革和纺织工业原料等。这一决定被认为是巴推动给予印度最惠国待遇的具体举措之一，两国经贸关系正在逐步实现正常化"②。印度方面也做出了积极回应。辛格总理利用出席南盟会议之机，与巴基斯坦总理吉拉尼（Syed Yousaf Raza Gilani）举行会谈，商讨印度给巴基斯坦最惠国待遇事宜。印度方面指出，为了与巴方给予印度最惠国待遇相匹配，印度宣布与巴方建立与贸易有关的信任措施。辛格总理就此指出："印巴过去在尖锐问题上的争论浪费了很多时间，现在是开启印巴关系新篇章的时候了。"③

为了促进边贸经济的发展，也为了改善双边关系，印巴两国外务秘书于 2012 年 9 月进行了会晤。双方达成了签证政策，决定八类签证将发布。签证项目包括外交、非外交、36 小时过境访问、旅游签证、媒体和商务签证等。④ 为促进两国贸易发展、加强经济合作与提升双边关系，国大党领导的联合政府于 2012 年 8 月以法律的形式允许巴基斯坦公民和企业可以在印度投资（不包括国防、空间和原子能）。印度工业促进部门表示政府已经制定政策并决定允许巴基斯坦公民和企业在印度允许的范围内进行投资，除了国防、空间和原子能。巴基斯坦的公民和公司能以合资和参与投资等方式在印度进行投资，包括房地产、股票市场、能源和其他行业。但是，这些投资须在筛选和审查后才能进行。⑤

---

① "Pakistan to grant MFN status to India", *The News*, October 12, 2011, http://www.thenews.com.pk/NewsDetail.aspx? ID = 24451&title = Pakistan-to-declare-India-Most-Favoured-Nation: -Khar, 2011-10-13.

② 牟宗琮：《巴基斯坦为印度商品进口松绑》，《人民日报》2011 年 11 月 14 日第 21 版。

③ P. K. Radh Krishnan, "Manmohan's return gift for Pakistan's MFN gesture", *The Hindu*, November 10, 2011, http://www.thehindu.com/news/national/article2614291.ece? homepage = true, 2011-11-10.

④ "Pak, India agree on 8 visa categories", *The News*, September 7, 2012, http://www.thenews.com.pk/article-66696-Pak, -India-agree-on-8-visa-categories, 2012-09-08.

⑤ Sujay Mehdudia, "Now, Pakistanis can invest in India", *The Hindu*, August 1, 2012, http://www.thehindu.com/business/Economy/article3712510.ece? homepage = true, 2012-08-01.

四　寻求能源合作的突破

印巴两国虽然在边境问题上存在军事紧张局势以及缺乏深层次的战略互信，但是在经贸领域和能源领域却积极推进合作。2012年3月，在韩国举行"第二届核安全峰会"期间，印度政府决定向巴基斯坦提供5000兆瓦的电力以满足巴方紧缺的电力资源。严重的电力短缺不仅制约巴基斯坦的工业，也影响着人们的正常生活，这为印度向巴基斯坦提供救助创造了机会。印度电力可以很容易通过旁遮普省边界输送到巴基斯坦，不需要过多的基础设施。① 此后，印巴两国商讨了克什米尔地区的水电项目开发议题。

作为迅速发展的大国，印度对能源的需求也与日俱增。1989年，伊朗与印度商讨铺设天然气管道问题，但是由于巴基斯坦拒绝借道过境而搁浅。2012年10月，印巴两国石油部长就天然气管道的铺设举行会晤，希望此管道于2018年前投入使用。巴基斯坦石油部长表示，"从政治层面上，印度和巴基斯坦都希望尽快启动该管线项目，以满足两国的能源需求。印巴两国正在讨论该管线的经济问题以及解决该问题的举措"②。

2012年5月，印度、巴基斯坦以及土库曼斯坦签订了铺设1800千米天然气管道的协议。亚洲开发银行东亚局局长克劳斯·格汉索尔（Klaus Gerhaeusser）表示，"这是一个前所未有的真正的具有历史性时刻的区域合作"③。

2012年10月，巴基斯坦方面表示，对于该国将在未来两个月里开发的60个石油天然气勘探区，其中一些可能提供给印度公司合作开采。两国石油领域的官员就此将举行会晤。④

---

① Alok Bansal, "Indian Power for Pakistan: A Step in the Right Direction", April 9, 2012, http://www.ipcs.org/article/india/indian-power-for-pakistan-a-step-in-the-right-direction-3602.html, 2012-04-10.
② 《印巴天然气管线力争在2018年前投用》，2012-10-18, http://info.china.alibaba.com/detail/1059069401.html, 2012-11-02。
③ Lu Hui, "Pakistan, India, Turkmenistan sign key gas pipeline project", May 23, 2012, http://news.xinhuanet.com/english/world/2012-05/23/c_131606931.htm, 2012-03-25.
④ 张雪：《印巴拟增强能源合作 印公司或会开发巴油气田》，2012-10-17, http://news.qq.com/a/20121017/001105.htm. 2012-10-25。

第四节　印巴双边关系取得新进展的动因

近年来，由于两国相互认知的转变、经贸联系的增强、南亚局势的变迁、外界力量的推动，印巴双边关系整体上保持升温态势。

一　印巴双方相互安全认知的转变

（一）印度方面

随着经济规模的持续扩大，综合国力的不断提升，印度国家战略目标已经超越南亚范畴，希望崛起为世界大国。为了实现此目标，印度就得稳定发展与巴友好关系。昔日印度指责巴基斯坦对印度发动"不对称性战争"、暗中支持恐怖主义。但是，从现实进程来看，巴基斯坦也深受恐怖主义的危害。印度国内社会虽然认为巴基斯坦是印度的最大"威胁"，但是一个拥有核武器的巴基斯坦一旦处于动荡状态将会出现核武器流失、大量难民涌现、滋生恐怖主义和跨国犯罪等诸多难以预料的事。这将对印度的安全形成严重"挑战"。正如一位战略分析家指出的，巴基斯坦是印度崛起的"坠子"，是印度走出南亚的牵制。如果印度意欲成为世界大国，那么它必须摆脱历史积怨，改善与巴基斯坦的关系，只有首先盘活对巴外交，印度才能跳出"南亚澡盆"。①

（二）巴基斯坦方面

人民党领导的巴基斯坦执政联盟面对复杂的国内外环境，欲发展积极的印巴关系。就国内而言，人民党与反对党的矛盾日益突出，由于通货膨胀而导致的经济低迷状态，恐怖主义泛滥导致的各种冲突，加之严重的教派冲突，使得巴国内社会环境严重恶化。谢里夫政府的上台并没有从根本上改变上述状况，加之谢里夫本人在腐败方面被指控而使穆斯林联盟（谢里夫派，PML-N）的信誉受损，从而导致巴基斯坦面临严峻的国内政治局

---

① 马加力：《印巴关系缘何升温》，2012-10-01，http://news.xinhuanet.com/globe/2012-09/25/c_131872166.htm，2012-10-18。

势。谢里夫政府要改变巴国内的现状并非易事。为了给巴基斯坦国内发展营造良好的周边环境,谢里夫领导下的巴基斯坦政府需要与印度发展健康稳定的双边关系。

对外方面,美巴之间由于在反恐议题上出现分歧,加上美国在未通知巴政府的情况下在巴国境内击毙本·拉登,使得美巴关系持续紧张。此后,美巴就重开"北约补给线"一事达成协议,但是难以弥合美巴关系间的裂痕。2014年,美国总统奥巴马宣布从阿富汗撤军,这将使巴基斯坦在对美国战略,特别是在反对恐怖主义战争中的地位明显降低。有学者指出,"巴基斯坦根据历史经验判断,美国最终会'抛弃非北约战略盟友',逐渐拉开与巴基斯坦的距离"①。

巴基斯坦为了扭转不利局面,积极拓展外交渠道,认为有必要发展积极的对印关系。2012年4月,巴基斯坦总统扎尔达里访问印度时说,"巴基斯坦想要更好地对印关系","此时此刻,为了促进印巴两国人民更进一步地沟通,巴基斯坦将全力支持南亚自由媒体协会(SAFMA),并将帮助建立理解、合作和信任的桥梁",并呼吁"建立南亚地区的持久和平的合作框架"。②

二 经贸关系是双边关系缓和的重要因素之一

在过去很长一段时间内,两国之间紧张的政治氛围严重制约着印巴间的经贸活动。种种限制因素的存在导致两国之间的正常贸易受阻,却滋长了走私贸易。要发挥印巴间的经贸潜力、扩大经贸规模,两国采取了一系列现实可行的措施。随着经贸合作的增强,印巴关系也在不断升华。正如美国前助理国务卿卡尔·F. 因德弗思(Karl F. Inderfurth)等人士认为的,"促进印巴关系改变最有前景的动力就是贸易。贸易代表着这样一个领域,那就是能把印巴关系从有争议的双边政治问题中分开。2011年,印巴双边贸易额仅为27亿美元。对于印巴两国来讲,这点贸易有点微不足道"③。

---

① 马加力:《印巴关系缘何升温》,2012-10-01,http://news.xinhuanet.com/globe/2012-09/25/c_131872166.htm,2012-10-18。
② "Zardari hopes to improve India-Pak relations", August 13, 2012, http://www.firstpost.com/world/zardari-hopes-to-improve-india-pak-relations-415655.html, 2012-08-15。
③ Karl F. Inderfurth and S. Amer Latif: "India and Pakistan: Practical Steps, Transformational Benefits", April 13, 2012, http://csis.org/files/publication/120413_gf_inderfurth_latif.pdf, 2012-06-05。

印度虽于 1996 年就给予了巴基斯坦贸易最惠国待遇，但对巴基斯坦商品却设置了非关税壁垒，严重制约着双边经贸关系的发展。有学者指出即使在贸易最惠国待遇的框架下，印度对从巴基斯坦进口农产品的关税也高达 32%。[①]

为了消除印巴双边贸易壁垒与增进经贸合作，巴基斯坦于 2011 年 11 月宣布将给予印度最惠国待遇。此后，印度也做出回应，并就商贸事宜与巴方进行磋商。2012 年 2 月，印度商务部长夏马尔（Anand Sharma）率领 100 多位商务精英访问巴基斯坦，商讨增进印巴经贸合作的方式。这是印巴关系史上具有里程碑意义的事件，因为这是"印巴分治"以来印度首次以庞大的经贸代表团访问巴基斯坦。夏马尔的访问有助于印巴经贸关系正常化。双方就关税合作与建立信任措施等事宜达成协议。

印巴双方努力就商务来往的签证规则、边境地区建立关税区、在对方国家建立银行分支机构等事宜进行磋商。据报道，印度商务部长夏马尔与巴基斯坦商务部长马克都姆·阿明·法希姆（Makhdoom Amin Fahim）希望印巴双边贸易额到 2014 年时达到 60 亿美元。一个研究机构估计，随着关税与非关税壁垒的消除，印巴双边贸易总额到 2015 年时将达到 100 亿美元。[②] 印度双边贸易的发展虽然没有达到预期的目标，但是这为两国增进交流互动与加强互信提供了动力。

由于经贸联系的增强，印巴双边关系将不断升温。巴基斯坦的《黎明报》和印度的《印度时报》分析指出，贸易正常化是促使政治和解的一种办法。《印度时报》于 2012 年 2 月 15 日指出印巴两国应该使贸易和商业从政治中脱离，这对印巴两国保持开放对话和点燃和平的希望是至关重要的，这还将对解决包括克什米尔问题在内的所有悬而未决的问题铺平道路。[③]

三 南亚区域内合作提供的动力

美国制定了在阿富汗撤军的时间表后，其战略目标向东转移，将导致

---

① 牟宗琮:《巴基斯坦为印度商品进口松绑》，《人民日报》2011 年 11 月 14 日第 21 版。
② Karl F. Inderfurth and S. Amer Latif, "India and Pakistan: Practical Steps, Transformational Benefits", April 13, 2012.
③ Ibid.

南亚的反恐局势出现许多变数。大量的恐怖分子进入南亚,将导致印度社会越发动荡,给南亚地区带来不稳定隐患。"可以预见,随着美国反恐重心东移步伐的加快,印度面临的恐怖主义威胁将进一步上升,印巴矛盾会进一步激化。"① 当本·拉登被击毙后,美国《纽约时报》认为这将会使印巴之间的和平进程变得更加错综复杂。②

为了防止恐怖主义在南亚的泛滥,也为了增进两国之间的了解与合作,印巴在南盟框架内展开了积极互动。2010年6月,南亚八国内政部长在巴基斯坦首都伊斯兰堡举行会晤,最终达成《南亚区域合作联盟反恐合作协议》,同意建立南亚警察联盟。2010年是南盟的"银禧年"(Silver Jubilee Year)。利用出席南亚"银禧年"的契机,与会各国领导人建议成立"南亚论坛",旨在就未来的发展进行讨论和交换意见。"此论坛可以超越政府层面,发挥公(私)伙伴关系的功能与展开多层次的合作。"③ 2010年4月28日,在不丹首都廷布召开的第16届南盟峰会上,印巴两国就气候变化与环境问题交换意见。2011年11月10日,在马尔代夫阿杜市召开的第17届南盟峰会上,各国围绕"建设沟通与合作的桥梁"议题,就经贸合作、地区安全及相互救助等问题展开了讨论。印巴两国利用此次峰交换彼此的看法。

印度以其幅员、人口总量、经济规模和科技军事实力在南亚次大陆独占鳌头。昔日,印度以其强大的综合国力使南亚周边小国屈服,对巴基斯坦的态度也较蛮横,这也是南盟峰会难以取得实质性进展的重要缘由。正如周戎先生指出,"只要印巴和解进程全面恢复和推进,南盟内部的发展和改造就不难解决"④。一段时间以来,南盟峰会有所收获主要是归功于印巴关系的改善。

四 国际力量推动印巴和解

当孟买恐怖袭击案发生后,国际社会强烈呼吁印度对巴基斯坦保持克

---

① 李莉:《美国反恐战略重心的东移及其影响》,《现代国际关系》2009年第6期。
② "India Sees New Reason to Distrust Pakistan", May 12, 2011, http://www.Nytimes com/2011/05/04/world asia/., 2012 - 04 - 03.
③ Mussarat Jabeen、Muhammad Saleem Mazhar、Naheed S. Goraya: "SAARC and Indo-Pak Relationship", *Journal of Political Studies*, Vol. 1, Issue 2, 2010, P. 142.
④ 周戎:《印巴关系改善提升南亚合作》,2010 - 06 - 30, http://news.hexun.com/2010 - 06 - 30/124109348.html, 2012 - 07 - 05。

制。在印巴两国关系跌入低谷的时候，国际社会希望两国能恢复和平进程。虽然印度一直强调南亚的事情由南亚各国自己解决，但是美国总统奥巴马于 2009 年提出了新的阿富汗战略，希望印巴之间能恢复和平进程谈判，以有利于美国在阿富汗的反恐战略。这就使得印度不得不从美印关系大局出发，寻求与巴基斯坦关系正常化的途径，防止南亚地区之外的国家对南亚事务的干预。同时，印度认识到美国一旦撤出阿富汗，恐怖主义的滋生效应和南亚地区形势将发生难以预料的变化，因而也有必要与巴基斯坦加强沟通、增进双边关系。美国提出的建立"丝绸之路"的构想也需要缓和的印巴关系。正如美国原国务卿希拉里·克林顿于 2011 年 7 月在印度钦奈的演讲中指出的，如果印巴两国开放边界，它可以释放出一个新的"丝绸之路"，穿越南亚到中亚。[①]

作为印巴的近邻，中国也希望印巴和解，因为这不仅有利于南亚地区的稳定，也有利于南亚地区的和平发展，同时能为中国营造良好的周边安全环境。"印巴关系的稳定有利于促进地区繁荣，也有利于加速中国的现代化进程"，"包括中国在内的世界各国都愿意看到两国为关系回暖而做出的努力，世界各国也愿意与印巴两国保持友好关系"。[②]

第五节 莫迪执政以来的印巴关系

莫迪（Narendra Modi）当选为印度总理后，还曾邀请巴基斯坦总理谢里夫参加他的就职仪式。两国通过各种形式加强交流以防两国在"实际控制线"附近地区的紧张局势升级。然而，2014 年 8 月印度以巴基斯坦高级专员在新德里会见了克什米尔地区领导人为由取消了印巴两国间的外务秘书级会谈，这使得印巴两国关系正常化所做的努力遭受严重挫折。

2015 年 3 月，印巴两国外务秘书在伊斯兰堡会晤谈及增进两国关系的议题。但是，同年 6 月在莫迪谈及印度曾经支持东巴基斯坦于 1971 年

---

① Karl F. Inderfurth and S. Amer Latif, "India and Pakistan: Practical Steps, Transformational Benefits", April 13, 2012.
② 《中国期待印巴关系缓和》，2012-04-14，http://www.xinjunshi.com/article/yiwen/article_26508.html，2012-05-02。

从巴基斯坦分离时，两国之间的言语纷争逐渐升级。同年 7 月，莫迪与谢里夫利用参加"上海合作组织"峰会的契机展开了双边安全会谈，并承诺两国恢复对话进程。然而，双边的对话进程跌宕起伏。2016 年 1 月，印度因其帕坦果德（Pathankot）空军基地遭受袭击而指责巴基斯坦，导致两国关系恶化。自此以来，印巴两国在"实际控制线地区"的关系一直比较紧张。同时，印度国内不断涌现出针对巴基斯坦的过激言论，这就使得印巴两国在"实际控制线地区"的摩擦不断升级甚至演化成军事冲突。2019 年 2 月，印巴剑拔弩张的双边关系演化为两国之间的武装冲突。虽然巴基斯坦方面强调两国应该开展有效的对话以防止冲突升级，但是莫迪政府对巴基斯坦方面的呼吁并没有给予积极回应，进而导致两国在边境地区的武装冲突愈演愈烈。同时，莫迪政府对国际社会的调停置若罔闻，加之其对国内政治的考量，这就使得印巴双边关系笼罩在战争的阴云之下。同年 5 月，在莫迪成功取得连任后，印巴两国阴云密布的紧张关系又处于紧而有度的态势。

一 进展缓慢的双边经济关系

自莫迪执政以来，阻碍印巴两国深化经贸合作的诸多问题并没有得到有效解决，比如印度针对巴基斯坦的关税和非关税壁垒问题仍没有取得重大突破。2015~2016 年度，印度对外贸易总额为 6410 亿美元，与巴基斯坦的贸易额约为 26 亿美元。总的来讲，与巴基斯坦的贸易额仅为印度全球商品贸易额的 0.41%。①

自 2014 年 1 月以来，印巴两国没有展开过商务秘书级及以上级别的贸易谈判。两国之间就贸易最惠国（MFN）地位一事也因两国之间的紧张关系而被搁置。其实，早在 1996 年印度就在给予巴基斯坦贸易最惠国地位一事上做出承诺。巴基斯坦也在 2012 年在对给予印度最惠国待遇一事上取得了实质性进展。但是，两国对双边贸易的货物清单给予了限制。莫迪政府执政后，双边几经尝试不断深化贸易对话，但双边紧张的政治关系使得贸

---

① "Hardly any Indo-Pakistan Trade: Nation with PM Modi: Assocham," November 24, 2016, http://indianexpress.com/article/india/india-news-india/hardly-anyindo-pakistan-trade-nation-with-pm-modi-assocham-3049129/，2018-11-19.

易对话难以正常开展。同时,双边贸易深受印巴国内贸易政策的影响。2015年,巴基斯坦为了保护国内产业对进口的棉纱和加工面料加征10%的关税。棉花是印度向巴基斯坦出口的主要物品,加征关税对印度的棉花出口有着直接影响。同样,2017年7月,印度政府实施了商品服务税(GST),其本意是将印度中央政府和邦政府的税收合二为一以避免双重征税,旨在为构建全国统一市场铺平道路。但是,商品服务税实际上也对印巴双边贸易产生影响。印度也曾以遭受袭击为由关闭了瓦格赫-阿塔里边境(Wagah-Attari border)地区印巴边境贸易。因此,印巴两国政府需要一同努力推动两国贸易的正常化议程,打击非法贸易,规范贸易议程,进一步挖掘两国尚未开发的贸易潜力(见表2-1)。

表2-1 印度与巴基斯坦的贸易

单位:百万美元

财政年度	贸易总额	印度进口	印度出口
2013~2014	2701	427	2274
2014~2015	2354	497	1857
2015~2016	2612	441	2171
2016~2017	2275	454	1821

资料来源:印度工商部与对外贸易总局,Directorate General of Foreign Trade, Ministry of Commerce & Industry, Government of India, Nisha Taneja, Samridhi Bimal, Varsha Sivaram, "Emerging Trends in India-Pakistan Trade", August 2018, Working Paper 363 of Indian Council for Research on International Economic Relations, https://thinkasia.org/bitstream/handle/11540/8594/Working_Paper_363.pdf?sequence=1, 2019-02-19。

二 克什米尔的纷争不断

印巴两国围绕克什米尔问题的纷争导致了三次大规模战争,深刻影响着印巴双边关系的发展。作为都拥有核武器的国家,印巴两国每年都会花费大量的年度预算来保持彼此的核优势。因此,两国在克什米尔地区的争端不仅削弱了两国正常的外交关系,也对整个南亚地区的安全构成了持续威胁。印巴两国都认识到克什米尔对国家安全的重要性。尼赫鲁认为印度拥有克什米尔有助于保护印度免受安全威胁。一方面,印度不会支持克什米尔人的自决权，因为大多数克什米尔人是穆斯林，而这些穆斯林会支持巴基斯坦；另一方面，巴基斯坦完全拒绝印度有关克什米尔的主张。①

在围绕克什米尔问题的纷争中，印度抵制克什米尔地区的自由运动，而克什米尔当地武装却主张使用武力来捍卫自己的权益。印度武装部队在克什米尔地区不断加强武力部署招致克什米尔当地人尤其是武装分子的强烈不满，导致武装分子对印度实际控制地区实施袭击，这又导致印度对巴基斯坦的指责。长期以来，印度指责的理由都是巴基斯坦支持武装分子对印度展开袭击。印度有时在没有与巴基斯坦商议的情况下就派遣武装部队跨越有争议的控制线打击武装分子，这又导致巴基斯坦对印度的不满。当双方受国内因素影响而不能开展正常交流与沟通时，印巴两国围绕克什米尔议题的冲突就会不断升级，甚至演化为战争。由于印巴两国缺乏实质意义的军备控制与有效的信任措施机制，克什米尔议题敏感性激发的国内政治情绪是两国执政当局必须慎重考量与抉择的。

三 双边政治关系阴晴不定

2014年5月，莫迪在当选为印度总理后邀请谢里夫参加他的就职仪式，这表明印度对巴基斯坦的高度重视。在莫迪倡导的"邻居优先"政策引导下，印度有积极改善与邻国关系的意图。然而，莫迪政府在实际外交中却对巴基斯坦奉行强硬政策，尤其是在有关克什米尔议题上。2014年8月，在印度得知巴基斯坦高级官员与克什米尔地区领导人会晤时，莫迪政府取消了原计划的印巴外务秘书级会谈。2015年7月，印巴两国总理利用出席"上合组织"峰会之机展开会谈。同年11月，莫迪与谢里夫磋商恢复双边会谈。同年12月，莫迪利用谢里夫生日之机对巴基斯坦进行了一次短暂的访问，这是自2004年以来印度总理首次访问巴基斯坦。外界似乎将莫迪突访巴基斯坦视为印巴关系改善的契机，但是深究莫迪出访的动机就会发现莫迪政府一方面是在试探谢里夫政府对印度的真实态度；另一方面也在为印度以后推行对巴基斯坦的强硬路线找借口。

---

① Ahmed Usman, Shabbir Hussain, "The Pakistan-India Security Dilemma-Contemporary Challenges", *Journal of Indian Studies*, Vol. 3, No. 1, 2017, p. 20.

尽管双方都对缓和关系做出了一定努力，但是克什米尔地区发生的武装暴力事件和恐怖袭击事件使得两国之间的关系依然高度紧张。2016年1月，在莫迪访问巴基斯坦后不久，印度帕坦果德空军基地遭到袭击使得印巴关系遭受挫折。同年9月，印度实际控制的乌里（Uri）也遭受武装袭击，使得印度国内情绪反应强烈。莫迪政府拒绝与巴基斯坦开展对话，并展开了一系列针对巴基斯坦的外交活动，试图在南亚以及其他地区孤立巴基斯坦。印度通过刺激巴基斯坦俾路支省的地方势力以及在《印度河水条约》上来向巴基斯坦发难。① 印巴之间的正常交流被中断。根据2017年英国广播公司（BBC）的调查，只有5%的印度人认可巴基斯坦，85%的印度人对巴基斯坦的评价是负面的。巴基斯坦对印度的看法在2014年发生重大转折，只有11%的巴基斯坦人认可印度，62%的巴基斯坦人对印度持有负面看法。②

总的来讲，2016年发生在印度"实际控制地区"的袭击事件导致印巴关系陷入新一轮的纷争中。双方都强调保持联系与加强对话来缓解紧张局势，同时国际社会一直在推动印巴两国通过对话解决争端。但是，不断发生的袭击事件使得双方很难实现以结果为导向的对话。2019年2月14日，印度查谟斯利那加公路上一辆载有安保人员的车队遭受自杀式炸弹袭击，导致40余名军警死亡和多名人员受伤。印度将矛头直接指向巴基斯坦，导致印巴关系再次急转直下。随着紧张局势愈演愈烈，印巴局势从剑拔弩张演化为兵戎相见。基本信任的缺乏导致两国对彼此都存在着严重误判，使得两国在政治、经济、安全等方面的合作难以取得实质性突破。

第六节　制约印巴关系发展的因素

近年来，在两国政府的共同努力下，印巴关系逐步恢复并取得了新进展。但是，由于两国国内存在的阻力、反恐议题上的纷争、历史积怨较深

---

① Touqir Hussain, "Are India-Pakistan Relations Doomed?", April 6, 2017, https：//thediplomat.com/2017/04/are-india-pakistan-relations-doomed/, 2019-02-20.

② "2017 BBC World Service Global Poll", BBC World Service, August 4, 2017, https：//en.wikipedia.org/wiki/India%E2%80%93Pakistan_relations#cite_note-BBC_Poll-11, 2019-02-20.

以及现实的安全考虑等因素的存在,限制了印巴双边关系朝着积极的方向发展。

一 两国国内因素制约双边关系发展

近期以来,印巴两国在政治、经贸等领域不断增进合作,并且进行了诸多有益于双边关系机制化建设的尝试,但是双边关系中的不信任在短期内难以消除。就印度方面而言,印度欲崛起成为世界大国须摆脱南亚的"掣肘",也须和巴基斯坦发展友好关系。但是,印度国内始终存在制约印巴关系友好发展的阻力。印度教教徒对巴基斯坦存有疑虑。印度教教徒认为巴基斯坦从印度分离出去就是一种错误,对巴基斯坦是否能存活下去怀有疑虑,认为"巴基斯坦的内部问题不会让这个国家长期存在下去。因此,印度等待它解体和'回归'的一天"[1]。当巴基斯坦于1998年拥有核武器后,印度政府从国家利益和南亚地区的稳定出发,不希望巴基斯坦解体。但是,印度国内的印度教教徒仍不信任巴基斯坦。由于莫迪与"国民志愿服务团"(RSS)之间的关系,莫迪政府的上台执政更是向世人昭示了印度教在印度政治中的影响力。同时,莫迪政府第一任期内没能实现经济发展的承诺,然而可以通过针对巴基斯坦的行动来煽动国内的民族主义情绪,进而保证印度人民党在2019年的大选中能够稳操胜券。

巴基斯坦认为印度没有视巴基斯坦为独立的国家。因此,巴基斯坦对国家的生存就会高度敏感。在巴基斯坦看来,印度不仅要在南亚建立和维护其霸权,更欲成为世界大国。[2] 巴基斯坦军方对印度存有持久的不信任和根深蒂固的不满。巴军方指出,印巴两国贸易的改善将有利于印度实施大规模攻击。对军方领导层意图和能力的考验在于巴军方能否获得应对未来攻击的先进性预警系统,并采取有效的措施来阻止攻击的发生。对此,巴军方没有形成统一的观点。[3] 美国外事委员会委员费根鲍姆(Evan

---

[1] 〔印〕贾瓦哈拉尔·尼赫鲁:《印度的发现》,齐文译,世界知识出版社,1956,第64页。
[2] S. Rehman & A. Azam, "Confidence Building Measures between India and Pakistan: A Constructivist View", November 6, 2018, http://thenucleuspak.org.pk/index.php/Nucleus/article/view/431/240, 2019-02-23.
[3] Michael Krepon, "Increased trade to spur growth", 14th May, 2012, http://dawn.com/2012/05/14/increased-trade-to-spur-growth/., 2012-05-20.

A. Feigenbaum）指出："冲突双方，特别是巴基斯坦的国内政治，并不有助于印巴两国关系的正常化，更不用说寻找到最终的和平解决方案了。"①

二　在反恐怖主义问题上存在分歧

印度认为在其国内发生的恐怖袭击是巴基斯坦支持的，并要求巴基斯坦对恐怖分子采取严厉打击行动。但是，巴基斯坦强调，印度国内发生的恐怖袭击事件与巴基斯坦无关。2008 年，印度孟买发生恐怖袭击事件，印度政府把矛头指向巴基斯坦政府，但是巴政府否认与此次事件有关。印度内政部长奇丹巴拉姆针对孟买恐怖袭击事件指出，"一个印度人涉嫌帮助实施孟买恐怖袭击的阴谋已经揭示了操控组织的存在，并表明其受到国家的支持。如果没有国家的支持，这个操控组织是不可能建立的"②。印巴在恐怖主义问题上的纷争和矛盾也制约着双方友好关系的发展。

印度认为巴基斯坦支持查谟-克什米尔地区的"虔诚军"来破坏印控克什米尔地区的和平与安全。印度不仅指控巴基斯坦支持恐怖主义组织来破坏印度的和平与稳定，还指控巴基斯坦支持克什米尔地区的自由运动。但是，巴基斯坦在此问题上难以苟同。巴基斯坦认为印度从"印巴分治"开始就不断致力于破坏巴基斯坦的稳定，采用不同方式来分裂巴基斯坦，不断干涉巴基斯坦内政以及诬告巴基斯坦支持恐怖主义活动。印度情报人员在巴基斯坦的俾路支省（Baluchistan）、北瓦济里斯坦（Northern Waziristan）与联邦直辖部落区（Federally Administrative Tribal Area）等地区破坏巴基斯坦的和平。③ 印巴间的现实状况和长期得不到解决的历史问题成为恐怖活动产生的一个重要因素，也是多年来印巴关系多次出现危机的重要原因。同时，两国对一些武装组织是否属于恐怖主义组织有着不同的认知，这也是两国在打击恐怖主义议题上难以有效合作的又一重要因素。

---

① Evan A. Feigenbaum, "India's Rise, America's Interest, the fate of the U. S-India Partnership", *Foreign Affairs*, March./April. 2010, p. 84.
② "Mumbai attack was run from Pakistan, India says", Dawn, 30th June, 2012, http://dawn.com/2012/06/30/mumbai-attack-was-run-from-pakistan-india-says/., 2012-07-05.
③ Ahmed Usman, Shabbir Hussain, "The Pakistan-India Security Dilemma-Contemporary Challenges", *Journal of Indian Studies*, Vol. 3, No. 1, 2017, P. 22.

三 军备竞争造成的紧张局势

自独立以来,印巴进行了三次全面战争,这使得双方对彼此的军力都保持高度戒备。近年来,随着印度综合国力的提升,南亚格局在缓慢改变。"巴基斯坦正在丧失其作为一极力量对抗印度的能力,因而南亚地区安全复合体正缓慢转向单极。"① 1998年,印巴两国先后进行核试爆使得两国间的军事竞争空前激烈。即使后来印巴关系逐步升温,但是两国都在不断进行军事技术革新。在两国的共同努力下,印巴两国商讨建立了"信任措施"机制和降低核风险措施机制,以及《巡航导弹飞行试验通知协议》。2005年10月两国就双方进行弹道导弹飞行试验的相关事宜达成共识,在一定程度上减缓了两国之间的紧张局势。

但是,印巴各自的导弹测试如火如荼。继发射烈火-4后,印度于2012年4月19日成功发射"第一枚洲际导弹"——烈火-5(The nuclear-capable Agni-V)。同年10月6日,印度海军成功测试布拉莫斯超音速巡航导弹(supersonic BrahMos cruise missile)。2016年3月,印度在孟加拉湾开展了由潜艇直接发射中程潜射弹道导弹K-4的发射试验,但是印度此举却违背了印巴"建立信任措施"机制。2018年12月印度再次试射"烈火-5"洲际弹道导弹,这是印度自2012年以来第七次试射该类型的导弹。同时,印度不断从国外采购先进武器装备也在一定程度上引起了巴基斯坦的不安。2017年,在印度与以色列达成武器采购协议时,巴基斯坦外交部高级官员表示印度与以色列达成的价值20亿美元的武器装备协议是针对巴基斯坦的。巴基斯坦外交部发言人纳瑟斯·扎卡里亚(Nafees Zakaria)指出巴基斯坦一直在告诉世界,印度正在大规模购买武器,这不利于区域和平。②

巴基斯坦分别于2012年4月25日和5月10日成功试射"沙欣-1A"导弹和"哈塔夫-3"短程导弹。2016年4月巴基斯坦试射了Zarb路基反舰

---

① 〔英〕巴里·布赞、〔丹〕奥利·维夫:《地区安全复合体与国际安全结构》,潘忠岐、孙霞、胡郑力翻译,上海世纪出版集团,2010,第114页。
② Shafqat Ali, "India instigating arms race, Pakistan tells US", April 8, 2017, https://www.sogou.com/link?url=6IqLFeTuIyj1Fle8FjaHB2So51OY1vdGGWSHkqkHcYFXsG0EjHXz54v3FDXodVOzvoept0ou0ekZW7Zd47UvPW10s2S0fiENIQ4WLTEKDP69Wl6a6WnBQ..,2019-02-23。

导弹。2018年3月巴基斯坦成功进行了可以装载核弹头的潜射巡航导弹。足见,印巴在关系缓和时都毫不放松军备竞赛。正如印度和平与冲突研究所(IPCS)达斯(Debak Das)指出的,"印度和巴基斯坦进行的一系列导弹试验表明了两国此举会产生一种将对地区战略稳定产生负面影响的'胜人一筹'的竞争"①。这将对南亚地区的稳定带来诸多变数。

四 悬而未决的克什米尔及水资源问题

印巴之间的克什米尔之争由来已久。双方在克什米尔问题上都不可能做出实质性的让步。一段时间以来,印巴两国商讨在克什米尔地区开放边贸、共享水资源以及缓和军事对峙,并就协商如何解决争议提出了各自的主张,但并没有取得实质性进展。克什米尔问题仍然是印巴两国政治中的一个关键因素,要解决此问题仍然存在相当大的难度。但是克什米尔不仅牵涉领土纠纷,也深刻地影响着各自国内民众的感情。"克什米尔问题以及相关的军备竞赛问题,在可预见的将来仍是双方改善关系的主要障碍。"②艾尔沙德·马哈茂德(Ershad Mahmud)认为,"克什米尔问题仍是印巴两国政治关系中的重要组成部分,但目前两国要解决此问题仍有相当大的难度"③。

与克什米尔问题密切相关的是水资源分配问题。在有纷争的克什米尔地区包括印度河在内的河流成为印巴争执的又一重大议题。农业经济在巴基斯坦的国民经济发展中有着重要地位,需要足够的水资源来满足农业经济的发展。然而,印巴两国时至今日仍然在水资源的分配问题上龃龉不断,矛盾层出。虽然20世纪60年代在国际社会的调解下印巴两国就印度河河水分配问题达成了协议,但是该问题并没有彻底解决。巴基斯坦对印度水电公司在印度河上游地区建设水电项目表示忧虑。鉴于两国对水资源的需求都在不断增强,水资源分配也是印巴两国冲突的潜在因素。

---

① Debak Das, "India and Pakistan Missile Flexing: Cruising towards Regional Instability", 22 October 2012, http://www.ipcs.org/article/india/india-and-pakistan-missile-flexing-cruising-towards-regional-instability-3731.html., 2012-10-26.
② 雷启淮主编《当代印度》,四川人民出版社,2000,第375页。
③ Ershad Mahmud, "Prospects for the India-Pakistan Dialogue on Kashmir", 20 October 2011, http://www.iiss.org/events-calendar/2011-events-archive/october-2011/prospects-for-the-india-pakistan-dialogue-on-kashmir/?locale=en, 2011-10-25.

五 "安全困境"问题

近年来,随着经济的持续增长,印度想成为世界大国的抱负日益强烈。与印度日益增强的国力相比,巴基斯坦就显得不足了,从而导致两国战略力量的严重失衡。印巴两国积怨较深、矛盾复杂,都对彼此的实力,尤其是军事实力持有戒备心理,导致印巴两国形成"安全困境"。为了能抗衡对手的实力,彼此又在寻求"自助"。印巴两国政府官员尽管在增进双边互信方面进行了多次会晤,希望减少双方的"信任赤字",但是印度从现实安全角度出发,在印巴边界大量陈兵。与此同时,巴基斯坦以国家安全利益为准绳,也在印巴边界大量陈兵。莫迪政府执政以来,印度通过跨境军事行动来破坏"实际控制线"规则。印度采取战争威胁和敌意宣传等举措在很大程度上恶化了印巴安全关系。

固有的症结与现实安全议题上所存在的纷争,给本已缓和的印巴关系蒙上了阴影。特别是克什米尔与现实安全困境导致的军备竞赛,不仅严重地制约着两国关系的缓和,而且会加剧两国间的紧张局势。

第三章 印度与伊朗关系

杰克·S. 利维（Jack S. Levy）认为，"平衡的概念来自权力均势理论，即假设在一个多元系统中形成霸权是不可能实现的，因为霸权被其他国家视为一种威胁，使得国际社会的大国实施平衡外交来反对潜在的霸权国家"[1]。罗伯特·帕普（Robert A. Pape）认为，"平衡包含了一个特定国家或国家集团以平衡来应对更强大国家的行动。也就是说，一国实施平衡外交使得强国难以对弱国形成军事优势"[2]。随着国际局势的变迁，保罗（Thazha Varkey Paul）等人提出了"软平衡"理论。"软平衡"的倡导者们提出了国家排除超级大国而实施平衡外交的体系，包括外交政策、外交联盟、国际机构、国际协议、治国机制，比如经济倡议和多边与区域经济建设合作机制。[3] 然而本章探讨的印度"平衡"外交主要不是从传统现实主义和国际机制、国际关系理论来看待印度在伊朗和美国之间实施的均势外交，而是剖析印度在伊朗和美国之间的外交抉择。印度既欲发展与伊朗正常的双边关系，又期望深化与美国的战略合作，希望借"平衡"外交实现国家利益最大化。

印度与伊朗的关系可以追溯到公元前2000年左右。据历史学家考证，印度人和伊朗人都来源于3000多年前高加索一带讲印欧语的雅利安移民，两个国家的人在语言、文化上有许多共同点，再加上两个国家

---

[1] Jack S. Levy, "What do Great Powers Balance Against and When?" in T. V. Paul, J. J. Wirtz and M. Fortmann (eds)," *Balance of Power: Theory and Practice in the 21st Century*", Stanford: Stanford University Press, 2004, p. 37.

[2] Robert A. Pape, "Soft Balancing against the United States", *International Security*, Vol. 30, No. 1, 2005, p. 36.

[3] Thazha Varkey Paul, "Soft Balancing in the Age of U. S. Primacy," *International Security*, Vol. 30, No. 1, 2005, pp. 52–53.

彼此相邻，因此长期以来相互往来相当频繁。① 在印度-雅利安人迁徙的过程中，两国间的政府和人民都来往频繁。英国殖民主义者侵占了印度全境和伊朗南部，使得两国都面临着争取国家独立的诉求。殖民主义者的到来，使得印伊两国间的交往逐渐减少。1947年印度的独立和1979年的伊朗伊斯兰革命是印伊关系中的大事件。冷战期间，印伊两国关系波澜起伏。冷战结束后，两国捐弃前嫌、增强信任，不断提升在各个领域的合作，双边关系中既存在积极因素，又存在着伊朗核问题这一巨大障碍，这对印度外交而言既存在机遇，也面临巨大挑战。印度希望利用本国的实力，借助国际社会力量，通过卓有成效的外交政策来维护印度在伊朗的战略利益诉求。

第一节　冷战时期波澜起伏的双边关系

1950年3月印度和伊朗建立了正式的外交关系。但是，当时的伊朗巴列维王朝奉行亲西方的路线，对共产主义有相当大的抵触，认为共产主义会对伊朗的领土和国家主权构成威胁。1955年，伊朗为了防止共产主义的"渗透"与"威胁"以及为维护巴列维王朝的利益，毅然决定加入由美国主导的具有军事同盟性质的《巴格达条约组织》，密切发展与西方国家的友好关系。与此同时，印度宣称自己坚持"不结盟"的外交政策，注重在美苏之间的"左右逢源"。尼赫鲁曾表示，"印度不依赖任何一个特殊集团，这些集团不能以中立的、宽容的或任何别的态度来做事情。没有一个大的集团对印度的利益表示关切。大的集团认为印度是不可靠的，因为印度不支持他们坚持的道路"②。印伊两国战略选择的侧重点不同，使得两国此时的双边关系比较冷淡。更重要的是，伊朗为了能获得更大的外交空间，不仅积极发展与西方大国的外交关系以期获得国际援助，并且把目光投向了刚刚独立的巴基斯坦。伊朗发展与巴基斯坦的友好关系不仅可以获得美国等西方国家赞许，更能提升伊朗在伊斯兰世界中的地位。伊朗与巴基斯坦的

---

① 孙士海、江亦丽主编《二战后南亚国家对外关系研究》，方志出版社，2007，第304页。
② Jawaharlal Nehru, *India's Foreign Policy: Selected Speeches, September 1946 – April 1961*, New Delhi, 1961, pp.24-25.

友好关系引起印度的芥蒂。印巴两国自独立以来，在战略竞争、国家安全、边境稳定、克什米尔归属等问题上存在矛盾与冲突。伊朗发展与巴基斯坦的友好关系，就需要在印巴两国之间做出外交抉择。伊朗最终选择发展与巴基斯坦的友好关系，自然就会遭受来自印度的猜疑，这是导致印伊关系没能深入发展的又一因素。

冷战时期，全球最重要的一对双边关系是美苏关系。作为两大阵营的代表，美苏也在寻求适当的时机缓和双边关系。1959 年，美国总统艾森豪威尔和苏联领导人赫鲁晓夫在戴维营进行了会谈，使得两国间的紧张关系有所缓和。随着美苏关系的缓和，印度和伊朗的关系也在不断改善。艾森豪威尔执政时期的美国在中东遭遇了当地政府和人民的"冷遇"，其外交重点重新回归欧洲。随着美国外交重点的转移，伊朗在美外交中的地位下降，促使伊朗寻求外部的支持与援助，避免陷入孤立之中。伊朗巴列维政权经过慎重考量，决定发展与东方阵营的正常关系。为了消除苏联的猜疑，伊朗于 1962 年向苏联保证不允许任何国家在伊朗领土范围内建导弹基地（苏联称火箭基地）。伊朗与苏联关系的改善也是印伊关系改善的一个重要因素。

1973 年，印度外交部部长斯瓦兰·辛格对伊朗进行了友好访问。同年，伊朗外长阿里·卡拉特巴里对印度进行访问。两国外长都表示将增进印伊之间的经贸合作、技术合作等。继英迪拉·甘地总理和德赛总理分别于 1974 年和 1977 年访问伊朗后，伊朗国王偕王后于 1978 年访问印度。两国领导人就地区和全球局势交换意见。随着两国领导人的互访，印伊之间的了解不断加深，互信不断增强，双边关系逐步迈向新的台阶。

1979 年，霍梅尼领导的伊朗伊斯兰革命运动推翻了统治伊朗超半个世纪的巴列维王朝，成立了伊朗伊斯兰共和国。发生伊斯兰革命后，伊朗政府以捍卫伊斯兰思想作为其使命，支持巴基斯坦在克什米尔问题上的立场。伊朗鲜明的宗教立国宣言、激进的伊斯兰主义、狂热的宗教热情、具有挑衅性的外交辞令，导致印度极大不满，从而破坏了已经改善了的印伊关系，使得印伊双边关系陷入低谷。"两伊战争"期间，印度与伊拉克的密切关系阻碍了印度与伊朗关系的进一步发展。冷战结束后，印伊两国关系才得到了改善和发展。

第二节 冷战结束以来的印伊关系

随着东欧剧变、苏联解体,两极对抗的国际格局发生重大变迁。国际社会之间的樊篱被打破。美国成为国际政治中唯一超级大国。各国之间的相互依存空前紧密,都在集中精力发展本国经济,希望能借助国际局势的变迁大力提升本国综合国力。这些为印伊之间的合作提供了动力。

伊朗于1979年发生伊斯兰革命以来,与美国等西方国家的关系日益紧张。在两伊战争之后,伊朗综合国力极大消耗。为了能争夺伊斯兰国家的领袖地位,伊朗与沙特等国发生了冲突。1989年霍梅尼去世后,哈梅内伊(Ayatollah Khamenei)成为伊朗的宗教领袖。为了能扭转伊朗每况愈下的经济和急剧下降的综合国力,伊朗希望能消除西方的敌意,稳定其在地缘政治格局中的地位,开始寻求外交突破。与此同时,印度于1991年实施新经济政策后,也需要大量的能源资源和广阔的原料与制成品消费市场。在印伊两国找到了合作的契合点后,两国关系开始逐步改善并实现有效发展。

一 政治互信不断增强

1991年,印度外长索兰基(Madhav Singh Solanki)访问伊朗。会谈期间,伊朗总统拉夫桑贾尼(Akbar Hashimi Rafsanjani)就克什米尔问题真诚地指出,伊朗认为克什米尔问题是印度的内部问题,反对将克什米尔问题国际化。伊朗不会也不愿干涉印度的内政,并希冀在各个层次上保持与印度的友好关系。1991年11月,伊朗外长维拉亚提(Ali Akbar Velayati)访问印度,商谈两国间紧密的经贸合作。但是,同年12月印度发生了印度教教徒捣毁阿约迪亚清真寺事件,极大地伤害了穆斯林的感情。伊朗呼吁印度须安抚穆斯林精神上的伤害,并要求印度政府修葺阿约迪亚清真寺。伊朗精神领袖哈梅内伊表示,"所有穆斯林和穆斯林国家都站在印度穆斯林一边"[①]。伊朗国内甚至发动了声势浩大的针对阿约迪亚清真寺事件的示威游

---

① 赵兴刚:《回顾与前瞻:1947年以来的印度伊朗关系》,《西北大学学报》(哲学社会科学版)2004年第3期。

行。这给本已不正常的双边关系再添波折。

为了弥补两国之间的裂痕和改善双边关系，1993年印度总理拉奥访问伊朗。伊朗总统拉夫桑贾尼亲自到机场迎接拉奥总理的到来。伊朗精神领袖哈梅内伊接见拉奥总理，并同拉奥总理进行了深入会谈。两国领导人就彼此关心的地区和全球问题交换了意见，在经贸问题上展开了开诚布公的会谈。伊朗就克什米尔问题再次重申了自己的立场，希望印巴双方通过谈判解决克什米尔问题。拉奥总理的这次访问是自伊朗发生伊斯兰革命后首位印度总理对伊朗的访问，对改善与增进印伊关系具有里程碑意义。1995年，伊朗总统拉夫桑贾尼对印度进行了友好访问。拉奥总理亲自到机场迎接拉夫桑贾尼总统。在拉夫桑贾尼总统访印期间，两国达成了印度可以利用伊朗的铁路和公路运送货物与商品到达土库曼斯坦的《三方国际运输协定》。这个协定的签署为印度与伊朗携手在中亚地区展开合作创造了条件。伊朗还与印度签署了增进两国在旅游、环保等方面的双边协定。这是伊朗总统首次对印度进行友好访问，这对消除误解、增进共识、提升互信以及改善与发展两国关系具有重大意义。1996年，印度副总统纳拉亚南（Kocheril Raman Narayanan）对伊朗进行了友好访问。同年11月，在伊朗议会领导人访问印度期间，印伊两国签署了《成立商业联合委员会的协定》。

进入21世纪，发展与伊斯兰国家的友好关系成为印度对外战略的重要组成部分。印度为改善印巴关系做了积极努力，希望得到伊斯兰世界的支持，并希望伊斯兰国家对克什米尔问题给予理解。在印度看来，提升与伊斯兰大国伊朗的关系就成为其对外政策的重要环节，从而为印伊两国的关系稳步提升提供了动力。2001年，在瓦杰帕伊总理访问伊朗期间，两国就经贸、文化、科技等议题深入交换意见并签署合作协定。两国还就印伊双边关系和共同关心的地区和全球问题进行磋商，并最终达成了《德黑兰宣言》。这个宣言旨在提高印伊双边合作水平，阐述了印伊对阿富汗建立一个民意广泛政府的关切，表达了两国对国际恐怖主义的忧虑以及在联合国框架内达成国际反恐公约的希冀。[①] 2003年，伊朗总统哈塔米（Seyyed

---

① Mohammed Nassem Khan, "Vajpayee's Visit to Iran: Indo-Iranian Relations and Prospects of Bilateral Cooperation,", September 4, 2001, http://www.idsa-india.org/an-sept-4.01.htm, 2013-06-20.

Mohammad Khatami)作为印度国庆庆典的主要客人访问印度,这是印度认可的友邦才能享有的殊荣。在哈塔米总统与瓦杰帕伊总理磋商后,印伊两国达成《德里宣言》,明确宣布印伊两国将建立战略伙伴关系。两国领导人明确指出两国将在能源、贸易和其他经济领域,以及在反恐议题上展开合作,旨在拓宽第三世界国家战略合作的范围。印度战略分析家卡提亚(K. K. Katyal)指出,"哈塔米总统对印度的访问不仅具有象征意义,还具有实际意义"①。美国的克里斯汀·法瑞(C. Christine Fair)分析伊朗总统对印度的访问具有以下重大意义。第一,哈塔米总统访问印度的时间具有挑衅性。哈塔米访印之时正是美国在波斯湾大量囤积兵力,对伊拉克采取军事行动之时。印度刚和美国达成了建立战略合作伙伴关系的协定,就反对美对伊拉克用兵,并为美国认为的"邪恶轴心国"的领导人铺上红地毯。第二,哈塔米总统的访印扰乱了巴基斯坦的计划。巴基斯坦预想其与印度发生冲突时,伊朗可以作为巴基斯坦的战略纵深。但是,伊朗选择在印巴关系处于紧张状态之时派其总统访问印度使得巴基斯坦的希望破灭。第三,印伊两国签署的协定囊括了诸多议题,比如扩大两国防务合作、增进科学技术领域的合作以及在其他领域的接触与合作。② 在哈塔米总统访问印度期间,两国达成了《建立战略合作伙伴关系的协议》。

2008年4月,伊朗总统内贾德(Mahmoud Ahmadi Nejad)访问印度。2012年8月,印度总理辛格借出席第十六届"不结盟"运动会议的契机访问伊朗。辛格总理与伊朗精神领袖哈梅内伊及总统内贾德进行会谈。两国讨论了双边目前的整体关系以及提升未来关系等议题。辛格总理指出,"印度有很大的兴趣发展与伊朗的贸易关系,并希望获得在伊朗进行基础设施方面投资的权力。西方国家的制裁使得伊朗面临诸多困境。但是,印度可以探寻发展与伊朗关系的途径。"③ 2013年5月4日,印伊在德黑兰举行第

---

① K. K. Katyal, "New warmth in Indo-Iran ties," *The Hindu*, January 29, 2003.
② C. Christine. Fair, "Indo-Iranian relations: prospects for bilateral cooperation Post-9-11", May 16, 2006, http://www.wilsoncenter.org/sites/default/files/asia_rpt_120rev_0.pdf, 2013-06-20.
③ 资料来源于印度外交部网站,"Transcript of on board media interaction of Prime Minister en route from Tehran to New Delhi", Government of India, Ministry of External Affairs, August 31, 2012, http://www.mea.gov.in/in-focus-article.htm?20442/Transcript+of+on+board+media+interaction+of+Prime+Minister+en+route+from+Tehran+to+New+Delh, 2013-06-20。

十七届联合经济委员会会议。伊朗外长阿里·阿克巴尔·萨利希（Ali Akbar Salehi）和印度外长库尔希德（Salman Khurshid）在联合委员会的框架下，对至关重要的双边和地区问题进行了讨论并确定了四个主要领域的议项：增进区域联系；加强双边经贸合作；在地区安全议题上展开合作；增进文化联系和人民交流。[1] 2016年5月，莫迪总理对伊朗进行了正式访问，主要是为加强印度与伊朗之间的连通性，加强在基础设施建设领域的合作，增进两国之间的能源与经贸合作。两国就建设恰巴哈尔港（Chabahar）展开磋商，印度将为在伊朗开发恰巴哈尔港提供1.5亿美元贷款，同时强调印度对恰巴哈尔港的第一阶段投资将超过2亿美元。[2] 2017年7月，在莫迪总理准备访问以色列时，伊朗表示出极大关切，但是这并没有影响两国的正常交往。2018年2月，伊朗总统鲁哈尼率领高级代表团访问印度。两国都表示在农业、工业和先进技术等领域有着广阔的合作空间，并致力于为地区的和平稳定做出贡献。两国领导人就贸易与投资、能源、互联互通、国防与安全以及地区问题展开了富有成效的讨论。鲁哈尼表示伊朗与印度在有效打击恐怖主义和极端主义方面有共同立场，两国决心通过文化信息以及经验交流的方式来对抗恐怖主义和极端主义。鲁哈尼强调伊朗与印度之间的关系超出政治和外交，是一种历史关系，也是一种基于文明遗产的关系。[3]

二 双边经贸关系不断增强

冷战结束以来，随着印伊政治关系的改善，双边经贸合作也在不断加强。印伊经贸关系内容十分丰富，包括能源、天然气、交通运输、化肥、电子产品等。20世纪90年代的印伊双边经贸水平并不能反映两国间密切的经贸合作关系。在两国经贸关系中印度从伊朗进口的原油占两国贸易额的

---

[1] Meena Singh Roy, "India and Iran Relations: Sustaining the Momentum", May 20, 2013, http://www.idsa.in/system/files/IB_Ind-IranRelations_MSRoy.pdf, 2013-05-25.

[2] "India to sign contract on Chabahar port during PM Narendra Modi's Iran visit", May 20, 2016, https://economictimes.indiatimes.com/news/politics-and-nation/india-to-sign-contract-on-chabahar-port-during-pm-narendra-modis-iran-visit/articleshow/52359198.cms, 2019-02-24.

[3] "India, Iran Have Common Stance on Terrorism: Hassan Rouhani", February 17, 2018, https://www.ndtv.com/india-news/hassan-rouhani-iran-president-india-iran-have-common-stance-on-terrorism-1813965, 2019-02-24.

比重相当大。印度对伊朗的出口额：1991~1992年度为3000万卢比；印度从伊朗的进口额：1991~1992年度为1.4348亿卢比；1999~2000年度两国贸易总额为14亿美元。① 由此可见，两国之间的经贸合作还有巨大的潜力。

进入21世纪，印伊经贸合作水平不断提高。为了使印度的商品进入欧洲和中亚，印、俄、伊三国于2000年9月签署了《南北国际运输走廊协定》（NSTC）。该协定计划建立一条以南亚为始发地，途径中亚、高加索、俄罗斯，最后到达欧洲的货运大通道。2002年，上述三国在印度新德里召开了交通运输部副部长级会议，商讨《南北国际运输走廊协定》的具体实施方案。这个协定因伊朗的冷淡而搁置。但是，具有极大商业价值的计划吸引了不少国家的兴趣。到目前为止，除印俄伊三国之外，还有包括了中亚五国在内的11个国家。2012年3月，相关14个国家在新德里召开会议，审议"南北国际运输走廊"相关细节。2015年7月在莫迪展开对中亚五国的访问前夕，印度外交部高级官员表示印度打算关注的一个主要议题是与中亚地区国家在交通运输上的合作。以前讨论过"南北国际运输走廊"项目，印度希望借这个机会，加速落实这一项目。② 2016年8月，俄罗斯、伊朗以及阿塞拜疆三国总统在阿塞拜疆首都巴库举行会晤，商谈"南北国际运输走廊"项目的最后细节。该"走廊"将会为印度发展与世界的经贸合作提供更便捷条件。随着印伊双方在经贸领域合作力度的加大，两国之间的经贸总额总体上不断上升。

印度与伊朗不断夯实两国经贸关系的基础，不断推动双边经贸关系深入发展。两国双边贸易额在2005~2006年度仅为60.11亿美元，2006~2007年度为90.65亿美元，2007~2008年度为128.87亿美元，2008~2009年度为149.11亿美元，2009~2010年度为133.94亿美元，2010~2011年度为134.21亿美元，2011~2012年度为159.40亿美元。③ 受国际经济局势和伊朗核问题的影响，印伊双边经贸关系一度出现波动。2015~2016年度印伊双边贸易额约为90亿美元，到2016~2017年度达到近130亿美元。因此，核

---

① 孙士海、江亦丽：《二战后南亚国家对外关系研究》，方志出版社，2007，第313~314页。
② 《印度拟推动南北运输走廊项目》，2015-07-06，http://caiec.mofcom.gov.cn/article/jingmaoluntan/201507/20150701034344.shtml，2018-12-29。
③ 印度商务部2012年经济统计年鉴："India-Iran Relations"，January 2013，http://www.mea.gov.in/Portal/ForeignRelation/Iran_Bilateral_Relations_-_January_2013.pdf，2013-06-27。

协议对印伊双边经贸关系的影响是巨大的。① 2016 年 1 月伊朗核协议实施后，印伊双边经贸额有显著增长。

印度从伊朗进口的商品主要是石油。因此，为了维护印伊之间的贸易平衡，伊朗可以从印度进口农业产品、医药、医疗设备、航空用品以及双方已确定的商品。2010 年 7 月，印伊在新德里召开了第十六届"印伊联合委员会会议"。在此次会议期间，两国签订了六项协定：《航空协定》、《移交被判刑人士协定》、《新能源和可再生能源合作备忘录》、《印度小规模工业公司与伊朗小型工业和工业园区间的合作谅解备忘录》、《科技合作计划协定》、印度中央制浆造纸研究所与伊朗戈尔甘大学（Gorgan University）就农业科学和自然资源研究达成的《合作备忘录》。2012 年 3 月，印度贸易代表团访问伊朗。该代表团包括了印度农业、医疗和汽车领域的重要人士。印度代表团与伊朗的相关人员进行了卓有成效的会谈，并成立了伊朗贸易工矿商会、德黑兰贸易工矿商会、大不里士贸易工矿商会和伊斯法罕贸易工矿商会。② 在此之后，包括医务、药品、医疗器械和茶业领域的代表团之间的会晤也频繁展开。印伊两国也在商定两国间的贸易通过卢比与沙特里亚尔的兑换来增进合作。2012 年，两国外长在德黑兰召开了第十七届"印伊联合委员会会议"。在联合委员会会议机制下，各种联合工作小组会议也都在正常运作，表明印伊之间的经贸合作已经在机制化框架下运行。2012 年，在印度外长库尔希德访问伊朗期间，印伊两国决定未来四年使得双边贸易额增长到 250 亿美元。③ 印伊两国还就双边银行服务业与相互投资进行了磋商。2018 年 7 月，印度外务秘书戈卡莱（Vijay Gokhale）与伊朗副外长阿拉基（Seyyed Abbas Araghchi）举行会晤。双方评估了 2018 年 2 月伊朗总统鲁哈尼访问印度时所达成协议的执行情况，特别是双方强调要加强两国在经贸方面的联系与合作，促进民间交流。鉴于美国宣布于 2018 年 11 月全

---

① Mehdi Garshasbi, "India and Iran enjoy age-old friendly ties, says Indian envoy to Tehran", January 25, 2018, https://www.tehrantimes.com/news/420663/India-and-Iran-enjoy-age-old-friendly-ties-says-Indian-envoy, 2019-02-25.

② India-Iran Relations, January 2013. http://www.mea.gov.in/Portal/ForeignRelation/Iran_Bilateral_Relations_-_January_2013.pdf, 2013-06-27.

③ "Iran for more trade with India in non-oil Sector", May 12, 2013, http://zeenews.india.com/business/news/international/iran-for-more-trade-with-india-in-non-oil-sectors_75977.html, 2013-06-01.

面恢复对伊朗的制裁，印伊两国外交部高级官员的这次会晤具有十分重大的意义，双方同意保持两国互利合作的势头，并决定于 2018 年底再次举行两国外交部部长级联合委员会会议。2019 年 1 月，伊朗外长扎里夫（Mohammad Javad Zarif）率领商业代表团访问印度，商讨在美国制裁背景下伊朗以印度货币或其他货币形式继续推进印伊两国在商贸领域的合作。

三 不断密切的文化交流与合作

印伊之间的文化交流可以追溯到 2000 多年前。在历史的长河中，波斯文化与印度文化的不断交流与融合为印伊两国之间的交流提供了文化与精神动力。独立以来，在一段时间内文化交流并没有成为两国双边外交中的重要内容。随着冷战的结束，国际社会交往樊篱被打破，作为"软实力"重要组成部分的文化外交就成为各国，尤其是具有深厚文化底蕴的大国外交战略和对外政策的重要组成部分。作为具有悠久历史文化根基且拥有地缘战略优势的印伊两国都希望展开文化外交。冷战结束后，伊朗的外交政策发生变动，希望能"拥抱世界"。作为四大文明古国之一的印度，更是希望能在文化外交上取得丰实硕果。公元前 6 世纪在波斯帝国创建的琐罗亚斯德教（中国称祆教或拜火教）在今日的印度仍有不少的信徒。印度的帕西人仍奉《阿维斯陀经》为经典。印度塔塔集团的创始人、英迪拉·甘地总理的丈夫等知名人士都是帕西人。这也为印伊两国开展文化交流与合作提供了不竭的动力。

进入 21 世纪，印伊两国继续维持了正常的文化和教育的交流与合作。2008 年 1 月，印度文化关系委员会与伊朗文化遗产委员会在新德里签订了《文化合作备忘录》。2008 年 4 月，在伊朗总统内贾德访问印度期间，印伊两国不断深化双边文化合作，决定扩大印伊两国人民之间的旅游和民间交往。伊朗副总统马沙伊（Esfandiar Rahim Mashaei）在会见印度旅游文化部长索尼（Ambika Soni）时，探讨了印伊两国共同开发旅游基础设施和扩大两国间的文化交流等议题。伊朗副总统马沙伊指出，"印伊两国人民之间有上千年的交流史。增进交往可以推动印伊两国人民能更好地相互了解。印伊两国将沿着这个方向发展，增进两国间的交往和提高旅游开发水平。伊朗方面已经向印方提出了若干建议来促进两国的历史文化旅游开发，希望能很快达成协议。伊朗将在印度开展'伊朗文化周'，让印度人更熟悉伊朗文化。'印度文化周'也将在德黑兰开展。这对印伊两国人民加深了解非常重要的，也将增强印伊双边关系"①。

印伊联合领事委员会也在定期举行，主要讨论双边事务及其他相关问题，旨在促进两国人民之间的交流以及解决印度人在伊朗和伊朗人在印度的重大关切。2012 年 6 月 7 日，印度驻伊朗大使馆组织举办了印伊文化节，旨在增强两国的文化关系。该文化节包括了研讨会、印伊两国的文化和文学关系、两国建筑的艺术共性等。此外专家小组会议还讨论了印度的波斯文学和印度的绘画艺术。②

2013 年 5 月，在伊朗成立印度文化中心的剪彩仪式上，伊朗外长穆塔基（Manouchehr Mottaki）指出，"印度文化中心的成立将为两国更进一步交流提供很好的机会"。印度外长库尔希德指出，"印度用了太长的时间来建立文化中心。也许，在印伊两国的文化交流事宜上，两国仍有很多的工作要开展。印度文化中心的建立是一个不平凡旅程的结束。印度文化中心的建立是对'伊朗已对印度文化做出巨大贡献'的回应。印伊两国间的古代文明相互认知、相互融合。同样，印伊两国的现代文明也在相互接触、相互联系、相互融合。这就是为何两国努力通过文化来拓广印伊两国外交实践的缘由"。③

截至 2013 年初，大约有 8000 伊朗学生在印度留学。印度向伊朗留学生提供了 67 类奖学金项目。印度已成为伊朗人旅游的最佳目的国之一。每年大约有 4 万伊朗人到印度旅游。2011 年 2 月，印度与伊朗成功就旅游合作方面达成协定，为访问印度的伊朗游客提供了便捷的签证服务。2016 年 5 月，在莫迪访问伊朗时两国达成印度—伊朗文化交流计划，达成两国外交部关于政府间政策对话与智库互动的谅解备忘录。

四　不可或缺的能源合作

冷战结束后，随着经济开放政策的实施，印度对能源的需求与日俱增。

---

① "India, Iran turn to cultural diplomacy", April 30, 2008, http://www.defence.pk/forums/social-issues-current-events/11213-india-iran-turn-cultural-diplomacy.html, 2013-06-29.

② "India-Iran Cultural Fest in Tehran From June 7-12", May 27, 2012, http://www.eftimes.com/2012/05/india-iran-cultural-fest-in-tehran-from.html #!/2012/05/india-iran-cultural-fest-in-tehran-from.html, 2013-06-29.

③ "Iran, India sign four MOUs, seek closer ties", May 5, 2013, http://www.payvand.com/news/13/may/1040.html, 2013-06-29.

但是，印度国内的能源，尤其是石油、天然气资源的开发相当有限，需大量进口才能满足国内经济社会发展的需要。作为世界第四大原油储备国和世界第二大天然气储备国的伊朗引起印度的高度关注。印度希望能源合作成为印伊战略伙伴关系中的重要组成部分。

2003年，在伊朗总统哈塔米访问印度后，两国石油部长就能源合作展开磋商。在磋商后，两国成立了第一个共同能源小组，并签署了关于石油、天然气、石油化工、精炼技术和油田开发的五个备忘录。根据这份备忘录，伊朗有条件同意印度开采伊朗一个已被发现的大油田和一个正在发掘的油田。[1] 2003年，伊朗石油部与印度一个石油公司签署了开发伊朗帕尔斯油田的协定。2005年，两国签订了为期25年，贸易额高达220亿美元的液化天然气合作项目。伊朗原本是印度信实公司（拥有世界最大的精炼原油工厂）最大的原油供应国。但是，2009年印度政府受到美国的压力，导致信实公司停止从伊朗进口原油。连接伊朗、巴基斯坦和印度的天然气管道项目已经被讨论了多年，但受诸多因素的制约，目前仍处在商讨阶段。2013年伊朗石油部长罗斯塔姆·加塞米（Rostam Qassemi）访问印度时与印度石油部长商讨了双边投资，尤其是印度在伊朗的石油合作项目。目前，印伊两国在能源上的合作主要包括：炼油厂、管道安全、节油设计、钻井、两国石油办事处、石油终端开采和液化天然气等合作。[2]（见表3-1、表3-2）

表3-1　印度向伊朗出口贸易额（2003~2010）

单位：百万美元

年份	非石油出口额	原油产品出口额	总出口额	增长率（%）
2003~2004	466.58	496.28	935.86	42.79
2004~2005	586.57	679.81	1266.38	35.32
2005~2006	815.07	373.64	1188.71	-6.13

---

[1] Abdolmajid Yazdanpanah Sisakht & Armin Mahmoudi, "The Role of Energy in Iran and India Relations", *Textroad Publication*, 2012, p.9272.

[2] Abdolmajid Yazdanpanah Sisakht & Armin Mahmoudi, "The Role of Energy in Iran and India Relations", *Textroad Publication*, 2012, P.9272.

续表

年份	非石油出口额	原油产品出口额	总出口额	增长率（%）
2006~2007	934.88	556.11	1490.99	25.43
2007~2008	1092.31	851.60	1943.91	29.97
2008~2009	1477.74	1056.17	2534.01	30.36
2009~2010	1672.26	180.80	1853.17	-26.87

资料来源：DGCIS, Calcutta; 2010. national IranianOilCo. (NIOC), Tehran, 2010; Http：//commerce. nic. in/eidbiecnt. asp, 2013-07-02。

表3-2　印度从伊朗的进口贸易额（2003~2010）

单位：百万美元

年份	非石油进口额	原油产品进口额	总进口额	增长率（%）
2003~2004	271.98	1666	1937.98	17.80
2004~2005	421.87	2475	2896.87	49.48
2005~2006	702.68	4119.97	4822.65	66.48
2006~2007	863.60	6975.48	7839.08	62.62
2007~2008	909.77	9979.80	10889.57	40.95
2008~2009	1128.11	11248.63	12376.77	13.10
2009~2010	1178.76	10362.04	11540.85	-6.75

资料来源：DGCIS, Calcutta; 2010. national IranianOilCo. (NIOC), Tehran, 2010; Http：//commerce. nic. in/eidbiecnt. asp, 2013-07-02。

受到美国等西方国家的压力，印度也在考虑削减从伊朗的能源进口。印度从伊朗购买石油的总量已经大幅度下降，从2008年所占进口总额的16%下降到2012年的11%。2011年度印度从伊朗进口1608.3万吨原油；2012年度印度从伊朗进口1468.9万吨原油。[①] 虽然减少了石油进口，但印度正试图扩大和伊朗在其他商品上的贸易，比如茶叶、制药、汽车、电子零配件和农产品。为进口伊朗石油的炼油厂提供再保险保障，印度政府已

---

① Department of Commerce, "Export Import Data Bank Country Wise all commodities", May 12, 2013, http：//commerce. nic. in/eidb/Icntcom. asp., 2013-06-27.

经批准了 3.64 亿美元（约 20 亿卢比）的基金，未来的基金将会定额增长。① 为了促进印伊间的能源合作，伊朗允许印度从伊朗进口的 45% 的商品以卢比结算。此款项将直接用于伊朗购买印度货物。虽然小麦一直作为印度出口伊朗的潜在项目，但是问题却比比皆是。② 2016 年 1 月在伊朗和协议实施后，印度与伊朗的能源合作显著增强。印度于 2016 年从伊朗进口 1360 万吨原油，到 2017 年增加到 2700 万吨原油。③ 在 2018 年 11 月美国全面恢复对伊朗的制裁以前，伊朗成为印度第三大原油输出国，到了 2019 年 1 月伊朗只是印度的第七大原油输出国。2019 年 1 月印度每天从伊朗进口石油约为 30 万桶，希望能继续从伊朗购买石油。印度正在与美国谈判关于延长美国对印度发展与伊朗经贸关系的豁免时间。印度高级官员也表示，印度已经减少了对伊朗的石油购买，但一直就关于美国延长制裁豁免时间进行谈判，而该谈判是在美国与印度贸易紧张局势升级之际展开的。④ 2019 年 2 月，印度从伊朗进口的石油环比下降了 60%，每日进口约为 26 万桶，比 1 月份的采购量降低约 4%，使得伊朗成为印度的第八大石油供应国。⑤ 受伊朗核问题及美国因素的影响，印伊双边能源进出口量有大幅下滑之势。2019 年 5 月，美国不再延长制裁豁免时间也考验着印伊关系的深入发展。但是，在印伊两国国内政治的推动以及在双边关系整体向好的影响下，能源合作仍将是印伊双边关系中不可或缺的重要组成部分。

---

① Mukesh Jagota and Saurabh Chaturvedi, "India Approves Reinsurance Fund to Aid oil importsfromIran", May 11, 2013, http://online.wsj.com/article/SB10001424127887323646604578402372992203816.html., 2013-06-27.
② Aapen Insititute of India, "India's Iran Conundrum: a Litmus Test for India's Foreign Policy", Gurgaon, Sector. 31, 2012, pp. 6-7.
③ Mehdi Garshasbi, "India and Iran enjoy age-old friendly ties, says Indian envoy to Tehran", January 25, 2018, https://www.tehrantimes.com/news/420663/India-and-Iran-enjoy-age-old-friendly-ties-says-Indian-envoy, 2019-02-25.
④ "Amid trade tensions with US, India wants to extend Iran oil sanctions waiver", March 08, 2019, https://www.thehindubusinessline.com/economy/amid-trade-tensions-with-us-india-wants-to-extend-iran-oil-sanctions-waiver/article26467786.ece, 2019-03-10.
⑤ "India's oil imports from Iran slump 60 per cent in Feb", Mar. 14, 2019, https://economictimes.indiatimes.com/industry/energy/oil-gas/indias-oil-imports-from-iran-slump-60-per-cent-in-feb-y/y-sources/articleshow/68412481.cms, 2019-03-15.

五 军事合作水平不断提高

冷战时期，受到美苏两个超级大国的影响，印伊两国军事交流相当有限，更谈不上军事合作。1979 年，在伊朗发生伊斯兰革命后，伊朗与印度两国之间的正常交往受到影响。但是，两国于 1983 年建立的"印伊联合委员会"为印伊防务与军事合作提供了平台。冷战结束后，印伊两国都在反思各自的外交政策。此后，随着两国交流的不断深入以及双边关系的不断增进，军事合作也成为两国关注的重要领域。2001 年，两国签署的《防务合作谅解备忘录》提高了印伊军事合作水平。同年，印度国防部长约根德拉·纳里安（Yogendra Narain）会见伊朗防长阿里·沙姆卡尼（Ali Shamkani），双方讨论了印度向伊朗的军售问题，包括印度装甲车、反坦克武器及配件等。① 伊朗希望印度能成为伊朗常规军事装备及配件的来源国，希望印度为伊朗提供电子与电信专业知识以及举行双边联合军演。伊朗还寻求印度能帮助其训练舰艇的导弹技术人员以及对伊朗的模拟舰艇和潜艇实施作战培训。同时，印度为伊朗的战机、军舰和潜艇提供中期和升级服务。② 2003 年，在伊朗总统哈塔米访问印度之后不久，印伊两国就着手洽谈两国间的军事合作项目。《德里宣言》称，"印度共和国和伊朗共和国为了两国人民的利益以及地区的和平与稳定决心利用两国全部潜力发展双边关系。为了实现更稳定的战略合作伙伴关系与实现地区的繁荣发展，两国将致力于提升两国在地区与全球层面的合作。两国确定双边防务合作领域包括军事培训与互访"。③ 《德里宣言》指出印伊将扩大在第三国（明确指明是阿富汗）的战略合作。值得关注的是，该宣言指出印伊对美国在波斯湾的军事存在表示相当关切。两国将寻求在以下几个方面深化防务合作：海岸线的控制与安全；印伊海军联合军演；印度援助伊朗升级其从俄罗斯进

---

① Jhon Calabrese, "Indian-Iranian Relations in Transition"; "India-Iran Military Ties Growing," Strategic Affairs, June 16, 2001, https://www.hsdl.org/? view&did = 465840, 2013-07-01.
② Stephen Blank, "India's Rising Profile in Central Asia," Comparative Strategy, Vol. 22, No. 2, April-June 2003, p.139.
③ 印度外交部的《德里宣言》, "Joint Statement by the Republic of India and the Islamic Republic of Iran", from "The New Delhi Declaration," January 25, 2003, Ministry of External Affairs, New Delhi., http://www.satp.org/satporgtp/countries/india/document/papers/iran_delhidecl.htm, 2013-07-01。

口的防御系统；就反恐与反毒品议题建立联合工作组。该宣言称，印度一旦与巴基斯坦发生战争可使用伊朗的军事基地。[1] 印度海军也表示有兴趣向伊朗海军出售雷达和传感器。两国还就印度帮助伊朗训练基洛级潜艇展开磋商。

伊朗为了保护其境内的军事基地和重要设施尤其是核设施，希望能引进印度先进的雷达系统。2007年9月，伊朗与印度商谈购买印度先进的雷达系统。伊朗希望从印度的国有巴特拉电子有限公司（BHEL）购买升级版的"蝙蝠"雷达系统。2018年2月，在鲁哈尼访问印度时，印伊两国决定深化两国国防和国家安全委员会之间的对话。

印度发展与伊朗的军事关系出于以下目的：印度寻求与伊朗的防务合作可以使印度在地区安全框架中扮演重要角色；发展与伊朗的军事关系可以建立印度在对伊问题上的优势。因为印度与伊朗紧密的军事关系将使得西方国家在谈论伊朗问题时不得不寻求与印度的合作。就伊朗而言，由于受到西方的制裁和封锁，伊朗难以获得先进的军事技术和设备，发展与印度的军事合作可以为伊朗军事现代化提供持续的技术和设备支持。

贾利勒（Jalil Roshandel）在评价印伊两国战略伙伴关系时指出，"印度和伊朗达成了寻求联合训练与军事人员互访的协定。同时，两国宣布印伊国防合作的目的不针对第三国。两国在军事方面合作的水平有限。印度和伊朗都担心如果巴基斯坦的核武库被伊斯兰原教旨主义者劫取，印伊两国国内的宗教极端主义者可能会做出同样的举动。就最坏的设想而言，不能排除如果印巴之间发生战争，印度可能利用伊朗的军事基地来包围并限制巴基斯坦。印度此举将从根本上改变对巴基斯坦的战略评估。印伊关系的增进可以让伊朗获得印度先进的军事技术"。[2]

六 不断密切的地区安全合作

冷战行将结束之时，随着苏联的撤军，阿富汗在历经内战的创伤后，塔利班开始在阿富汗掌权。印度和伊朗密切关注塔利班的上台。瓦哈比极

---

[1] Donald L. Berlin, "India-Iran Relations: A Deepening Entente," Asia-Pacific Center for Security Studies Special Assessment, Honolulu, October 2004, p. 1.
[2] Jalil Roshandel, "The Overdue 'Strategic' Partnership Between Iran and India", April 2004, http://www.wilsoncenter.org/sites/default/files/asia_rpt_120rev_0.pdf, 2013-06-20.

端主义（Wahhabist extremism）特别是来自阿富汗极端主义的威胁，使得印伊两国的国家安全都面临严重挑战。印伊两国对塔利班于2001年10月的垮台表示欢迎。他们共同的目标是对阿富汗进行重建并保持阿富汗局势的稳定。印伊两国已经建立了针对恐怖主义和反毒品的联合工作组，主要目标是针对基地组织。两国携手打击阿富汗和中亚的逊尼派武装分子，并表示支持联合国的国际反恐公约。

2010年8月，印伊讨论两国参与阿富汗议题的结构化和定期协商机制。印度和伊朗都不希望喀布尔成为巴基斯坦军队获得利益的跳板。但是，如果伊朗对阿富汗局势真的感兴趣，印度将会从印伊合作中受益；如果伊朗的利益关切仅仅是希望美国退出阿富汗，那么印度将不得不重新考虑与伊朗在阿富汗问题上的合作。① 2013年在印度外长库尔希德访问伊朗期间，与伊朗外长谈到地区安全问题时，两国外长认为当美国于2014年在阿富汗撤军后，印伊共同的战略目标是帮助阿富汗重建。这些努力包括连接阿富汗经过中亚到伊朗的基础设施建设，通过信息共享确保塔利班不再重返阿富汗政坛。此外，地区性强国俄罗斯与中国将在阿富汗的经济发展中扮演更积极的角色。2016年，印度、伊朗与阿富汗三国领导人在伊朗首都德黑兰达成了旨在加强交通建设的三边过境协议。2018年在鲁哈尼访问印度时，两国就印度通过"南北国际运输走廊"连接阿富汗、中亚国家以及其他区域国家达成协议。与此同时，认为如果没有印度在阿富汗问题上发挥建设性作用，阿富汗问题就不可能有可持续的解决办法。② 值得强调的是印度在中东有着巨大的利益，印度需要加强在中东地区的战略存在。印度希望重新获得其曾在中东地区享有的影响和文化关系，而印度的此种愿望只能通过伊朗才能合理地实现。印度和伊朗有许多相似之处：有着强烈的跨区域雄心以及有着追求独立外交的强烈意识。③

---

① Harsh V. Pant, "India's Relations with Iran: Much Ado about Nothing", The Washington Quarterly, 34: 1, 2011, P. 65.
② Meena Singh Roy, "India and Iran Relations: Sustaining the Momentum", May 20, 2013, http://www.idsa.in/system/files/IB_Ind-IranRelations_MSRoy.pdf, 2013-06-27.
③ Vinay Kaura, "India and Iran: Challenges and Opportunity", September 11, 2015, https://thediplomat.com/2015/09/india-iran-relations-challenges-and-opportunity/.

第三节 伊朗核问题与印伊关系前景

核问题是横亘在印伊关系中不可逾越的障碍。印度在伊朗核问题上的态度和外交政策不仅关乎印伊关系的正常发展,而且对印度发展与美国为首的西方国家的关系是一种挑战,更是关乎印度外交政策独立性特征的体现。

一 伊朗发展核武器的历程

早在20世纪50年代,伊朗就在进行核能源开发活动,并得到以美国为首的西方国家支持。美国希望在军事、经济和民用上援助伊朗。1957年3月5日,伊朗制定了核计划蓝图。但是在伊斯兰革命后,随着美伊关系的恶化,美国强烈反对伊朗发展核能。西方国家也先后终止了与伊朗的核能合作项目。美国切断了伊朗核研究中心的燃料供给线,迫使伊朗关闭了高浓缩铀反应堆。直到1989年哈梅内伊成为伊朗的最高精神领袖时,伊朗才重启德黑兰的核武计划。

随着2005年内贾德当选为伊朗总统,伊朗在核问题上的立场变得更为激进,启动了位于伊斯法罕的铀浓缩设施。2013年1月,伊朗宣称已经开发出用"混合澄分"法从铀矿石中提取铀浓缩需要的"铀黄饼"技术,使伊朗朝自主建造核燃料循环系统完成了又一关键步骤。同年6月,鲁哈尼在当选为伊朗总统后在伊朗核问题上展现出务实的态度。同年10月,伊朗与美、中、俄、英、法、德开始举行会谈。2015年7月,伊朗与上述六国签署了《关于伊朗核计划的全面协议》(the Joint Comprehensive Plan of Action)。继美国国会与伊朗议会批准该协议后,联合国安理会的2231号决议也批准了该计划。此后,美国对伊朗的制裁在一定程度上有所缓解。然而,随着特朗普当选为美国总统,美国对伊朗核问题的态度发生了重大转变。

二 国际社会的反应

(一) 国际原子能机构的举措

2003年初,伊朗政府同意配合国际原子能机构(IAEA)对伊朗新建的核设施展开调查。国际原子能机构要求伊朗签署《不扩散核武器条约》并能保障协定中的附加议定书。2012年2月24日，国际原子能机构总干事天野之弥（Yukiya Amano）在给国际原子能机构理事会的报告中称国际原子能机构代表团已经与伊朗关于伊朗核问题举行了两次会议，努力解决悬而未决的问题。但是，双方仍然存在重大分歧。伊朗没有赋予国际原子能机构访问帕尔钦研究基地的权利。国际原子能机构怀疑伊朗正在进行与核武器有关的研究。报告还指出伊朗正在进行铀浓缩燃料的提炼和原材料的发掘，其中包括一个铀含量达20%的矿产基地。伊朗否认国际原子能机构报告中宣称的伊朗核计划与军事发展有关。天野之弥呼吁伊朗在国际原子能机构核查的基础上，以合作的方式解决悬而未决的问题。① 2013年3月，国际原子能机构再次敦促伊朗弃核。2015年3月，天野之弥总干事表示伊朗没有提供足够的证据来解释其核计划与军事层面的关系，只提供了非常有限的信息。同年，伊朗不仅签署了全面协议，同意批准"附加议定书"，还同意国际原子能机构观察员察看伊朗核设施。2016年1月国际原子能机构宣布伊朗遵守了全面协议，这为减轻伊朗遭受的制裁提供了条件。此后，国际原子能机构根据联合国安理会2231号决议发布伊朗落实全面协议的季度检查与检测报告。

但是，国际原子能机构在处理伊朗核问题上的作用是有限的，无法对伊朗的核研发与进展采取强制性措施。既然国际原子能机构在伊核问题的作用有限，自然会引起国际社会对伊朗核问题的担忧。此时，作为当今世界唯一超级大国，美国出于全球战略与国家利益的考量，对伊朗核问题的进展表现出莫大的关注。美国对伊朗核问题的立场和政策选择就成为判断伊朗核问题未来趋势的重要参考。

（二）美国的立场与政策

美国出于全球战略的考虑，密切关注伊朗的发展局势，尤其是伊朗核问题的发展状况。美国对伊朗的经济制裁已经达到了预期的诸多目标，包括破坏伊朗国内的伊斯兰政权。最近，美国针对伊朗发展核武器的计划施

---

① "Implementation of the NPT Safeguards Agreement and relevant provisions of Security Council resolutions in the Islamic Republic of Iran", IAEA, GOV/2012/9, February 24, 2012, http：//isis-online.org/uploads/isis-reports/documents/IAEA_Iran_Report_24February2012.pdf, 2013-07-06.

加了更严厉制裁。

就美国和中东地区的国家看来，拥有核武器的伊朗将比现在更自信于影响区域内国家的政策，并支持中东国家和其他地方的领导人来反对美国及其盟友的利益。美国试图加强与伊朗周边国家的军事合作来干涉伊朗。

2006年8月，布什总统坚持认为对伊朗蔑视国际社会呼吁其停止铀浓缩一事必须要有结果。布什政府在对伊朗核问题上的态度较为强硬，但是收效有限。然而，奥巴马政府主张和伊朗进行直接的接触和谈判。

2012年1月8日，国防部长帕内塔（Leon Panetta）在接受采访时说，"美国不会允许伊朗发展核武器或封锁中东石油的关键通道——霍尔木兹海峡。"帕内塔指出对伊朗的国际化战略就是实施制裁，并施加外交压力。如果伊朗想做正确的抉择，就需要加入国际大家庭，并以负责任的方式行事。现在国际社会能做的负责任的事情就是继续对伊朗施加外交和经济压力，迫使伊朗做出正确的选择，并确保伊朗做出不再继续发展核武器的决定。针对伊朗的核能力建设，美国倾向于与以色列情报界的合作；美国和以色列不希望伊朗发展核武器，也不希望伊朗在周边地区传播暴力；美国不希望伊朗支持恐怖主义；美国也不希望伊朗使该地区及其他任何地方的政府处于动荡之中。① 在国际社会的积极努力下，围绕伊朗核问题本已出现了缓和势头，但是美国政府出于其战略考量不断就核问题对伊朗发难使得伊朗核问题又平添了变数。2017年10月，特朗普宣布伊朗没有遵守该协议的精神。此后，特朗普向美国国会提交了对伊朗实施核制裁的报告。2018年1月，美国再次表达了对全面协议的批评，要求欧洲盟国与其一道解决该协议中的"重大缺陷"或是让美国退出全面协议。同年5月，特朗普宣布美国将停止实施全面协议，并着手重新对伊朗实施与核有关的制裁。特朗普指出全面协议未能阻止伊朗发展核武器，强调美国不仅要退出伊朗核协议还要对伊朗实施最高级别的经济制裁。②

---

① Kevin Hechtkopf, "Panetta: Iran cannot develop nukes, block strait", January 08, 2012, http://www.cbsnews.com/8301-3460_162-57354645/panetta-iran-cannot-develop-nukes-block-strait/, 2013-07-14.
② "Trump announces US withdrawal from Iran nuclear deal, evoking concern", May 09, 2018, http://www.chinadaily.com.cn/a/201805/09/WS5af22d74a3105cdcf651cbd0.html, 2019-02-26.

面对伊朗核问题，国际原子能机构能发挥的作用有限，联合国安理会做出了积极努力但收效甚微。以美国为首的西方国家希望其他国家能配合其对伊朗实施严厉的经济制裁。美国希望作为联合国安理会常任理事国的中国与俄罗斯在对伊朗实施制裁上给予支持。同时，美国欲实现对伊朗有效的经济制裁，就需得拉拢作为南亚最大经济体且与伊朗维系良好关系的印度。因此，美国高度重视印度与伊朗的关系。

三 美国在伊朗核问题上对印度的战略考量

2005年7月，印美经过协商后达成《全球伙伴关系的联合声明》，增加两国在经济、能源与环境、民主与发展、不扩散与安全以及高科技等领域的合作。美国实施此政策的目的之一就是孤立伊朗，以确保伊朗核计划是纯粹用于民用目的。在印度看来，美国从来没有把伊朗视为一个积极的地区大国。印度与伊朗的关系历来是积极的，并于2003年1月达成了战略伙伴关系，签署了《新德里宣言》。印度领导人经常提及通过伊朗与印度河流域的相互交往形成了"印伊间的文明关系"。由于美国和印度在21世纪里的合作不断深入、合作内容不断拓宽，美国的一些人确信印度与伊朗之间的友谊可能成为印美关系进一步发展的重大障碍。然而，印伊关系是不可能脱离进一步深化的印美全球伙伴关系而独立发展。与此同时，鉴于国家利益的考虑，印度将维持与伊朗积极的双边外交关系，尤其是发展与伊朗的能源贸易。印度不大可能放弃与伊朗的关系或就印度与伊朗发展关系方面接受外部国家的命令。①

在美国国内有许多人士担心印度与伊朗的关系会影响美国的利益。有些人担心在有争议的伊朗核问题上，印度的政策与华盛顿的政策可能不相容。美国更深层次的关注是印度从伊朗寻求能源资源的计划将使伊朗在经济上受益。印度公司签订了购买伊朗石油和天然气的长期合同。印度支持伊朗建议的铺设一条经巴基斯坦到印度的天然气管道。② 但是，美国政府强烈反对印伊

---

① K. Alan. Kronstadt, Kenneth Katzman, "India-Iran Relations and U. S. Interests", August 2, 2006, http: // www. textroad. com/pdf/JBASR/J. %20Basic. %20Appl. %20Sci. %20Res. ,%202（9）9267-9274,%202012. pdf, 2013-06-05.
② K. Alan. Kronstadt, Kenneth Katzman, "India-Iran Relations and U. S. Interests", August 2, 2006.

间的天然气管道铺设。美国希望印度在伊朗核问题上与美国展开深层次合作。美国为了孤立伊朗,对与伊朗进行能源合作的外国公司进行制裁,其中也包括印度公司。美国为拉拢印度配合美国的对伊朗政策采取了诸多举措。

(一) 力促印度配合美国对伊朗制裁

印美两国尽管于 2005 年发表了双边《民用核能合作协议联合声明》,但是两国花了近 3 年时间才使相关协定最终生效。因为这个协定涉及包括美国国内法——1954 年《原子能法》的修订。2008 年 10 月 10 日,美国国务卿赖斯和印度外长穆克吉[①]在华盛顿最终敲定了《核能合作协定》(在印度被称为《123 协定》)。《123 协定》不同于印度与其他国家签署的《核能合作协定》,它受美国国内法——《海德法案》(Hyde Act)制约。2008 年,美国国务卿赖斯在众议院外交事务委员会的声明中指出,"如果与《海德法案》相违背,美国就不会在核供应国集团支持印度。美国对印度的支持必须完全符合《海德法案》规定的义务"。[②]《海德法案》称"美国将确保印度充分参与阻止到伊朗获得大规模杀伤性武器的行动中来,并希冀印度对伊朗采取劝阻与孤立行动;如果有必要的话,印度也要参与对伊朗的制裁和遏制。伊朗的大规模杀伤性武器包括核武器能力、铀浓缩能力、核燃料再加工能力以及向外提供大规模杀伤性武器的能力"[③]。

印度国内对《123 协定》也有非议,觉得这会损害印度外交的独立自主性。因此,印美两国就核能合作的目的、合作范围、转让与保护核材料、非核材料、设备、相关技术和国际原子能机构的保障等细节问题达成协定。但是,该协定没有提及伊朗。[④] 当时美印两国实施这样的举措既能减少国

[①] 普拉纳布·慕克吉曾于 2004 年至 2012 年担任印度的国防部部长、外交部部长和财政部部长,2012 年 7 月至 2017 年任印度总统。
[②] "Hyde Act will Haunt Nuclear Deal at NSG too," *The Economic Times* (New Delhi), February 15, 2008.
[③] One Hundred Ninth Congress of the United States of America, "An Act To exempt from certain requirements of the Atomic Energy Act of 1954 a proposed nuclear agreement for cooperation with India." H. R. 5682, September 12, 2006, http://frwebgate.access.gpo.gov/cgi-bin/getdoc.cgi?dbname=109_cong_bills&docid=f:h5682enr.txt.pdf, 2013-07-17.
[④] Brahma Chellaney, "US-India Bilateral Nuclear Cooperation Agreement (the so-called 123 Agreement)," October 5, 2007, http://chellaney.net/2007/10/05/u-s-india-bilateralnuclear-cooperation-agreement-the-so-called-123-agreement/, 2013-07-17.

大党领导的团结政府所面临的来自国内的压力，又能增进印美两国在核能问题上的合作，提升印度民用核能的能力。但是，印度也深知美国的目的，那就是配合美国阻止伊朗发展核武器。当伊朗核问题被提交给联合国安理会时，印度在国际原子能机构的投票也是至关重要的。其实，早在2005年印度在国际原子能机构中就伊朗发展核武器问题对伊朗投了反对票。印度于2005年9月在国际原子能机构投票反对伊朗核问题使得印度人民非常吃惊。印度人民怀疑这是政府在美国的压力下做出的决定。对于印度而言，在国际原子能机构中投票反对伊朗对证明印度是个负责任大国是相当及时的。① 2009年，印度在国际原子能机构中就伊朗核问题再次投票反对伊朗。在特朗普政府于2018年宣布退出奥巴马政府于2015签署的《伊朗核协议》时，印度认为在寻求解决伊核问题的决议时必须确保伊朗和平利用核能的权利。印度一直认为应该通过对话与外交方式和平解决伊核问题。②

就美国而言，美国认为与印度签署《123协定》是防止核扩散的"双赢"政策，因为该协定将使得印度走上"防核扩散主流"道路。总之，美国当局认为印度应是美国防核扩散政策应该拉拢的对象，而不是将印度继续作为美国防核扩散针对的目标。根据这样的理性推理，印度应该成为美国的朋友，原因有三：美国过去对印度的强制政策并没有奏效；印度有较好的防核扩散记录；印度可能成为防核扩散机制中有价值的朋友。③ 美国驻国际原子能机构大使格雷格·肖特（Greg Schulte）于2005年指出，"印度有着举足轻重的话语权。美国希望印度能与美国一道对伊朗的核计划进行制裁"④。对于印度而言，印度发展与美国的亲密关系既能满足印度的能源需求，又能帮助印度增强核能力。

---

① "India Dumps Old Friend Iran for US Nuclear Carrot," September 26, 2005, URL：http://www.expressindia.com/news/fullstory.php? newsid = 55386, accessed on：June 5, 2011, 2013-07-17.
② "Iranian Nuclear Issue Should be Resolved through Talks：India", May 9, 2018, https://www.news18.com/news/world/iranian-nuclear-issue-should-be-resolved-through-talks-india-1743261.html, 2019-02-28.
③ Paul. K. Kerr, "U.S. Nuclear Cooperation with India：Issues for Congress", November 5, 2009, http://fpc.state.gov/documents/organization/132243.pdf, 2013-07-15.
④ Rajghatta, Chidanand, "US-India nuclear deal under Iran gun". The Times of India, September 20, 2005.

鉴于目前的形势，印度与美国必须就伊朗核问题在各个方面展开持续的双边磋商。两国在防止伊朗获取核武器的目标上没有歧义，但两国在如何最好地实现这一目标方面确实存在分歧。印度与伊朗就核问题进行更有目的的接触有助于解决核危机。无论伊朗核危机是否得到解决，印度与美国必须共同思考波斯湾所面临的新挑战，并找到促进该地区实现力量长期平衡的举措。①

（二）限制印度与伊朗的油气合作

联合国安理会对伊朗实施了越来越严厉的制裁。不过，这些制裁的有效实施有赖于联合国各成员国的支持。美国已经游说了欧盟、俄罗斯、中国以及印度来实施对伊朗的制裁。因此，在针对伊朗的制裁实施过程中，美国扮演了重要角色。

早在1979年，因伊朗扣押52名美国外交官员作为人质，美国就对伊朗实施了制裁。20世纪90年代，随着冷战的结束，美国的超级大国地位愈发巩固，美国国会难以制衡总统的外交政策。美国不断加大对伊朗的制裁。美国利用其强大的经济实力为国家战略服务。②

美国对伊朗的制裁不仅影响了印伊两国的贸易关系，也影响了印度公司对伊朗的投资。贸易和投资是印伊两国发展紧密关系的象征。印度在伊朗阿巴斯建立炼油厂就是例证。2007年，印度的艾萨石油公司与伊朗签订了在阿巴斯建设一个价值10亿美元、日产30万桶油的炼油厂的协定。该协定被誉为印伊两国友好关系的象征。但是，艾萨公司于当年年底被迫退出印伊两国达成的项目。因为，美国明尼苏达州州长蒂姆·波伦蒂威胁要阻止印度公司收购明尼苏达州的钢铁公司。另一个例子是印度在伊朗南帕尔斯的天然气交易僵局。受美国制裁的影响，阻碍了印度公司在伊朗的投资。2007年12月，印度石油天然气公司（India's Oil and Natural Gas Corporation）和印度通讯集团（the Hinduja Group）同意购买伊朗南帕尔斯第12段油气田40%的股权，价值7.5亿美元。但是，由于美国的制裁，时隔三年后，两大

---

① Lisa Curtis, C. Raja Mohan, etc, "Beyond the Plateau in U.S.-India Relations", April 26, 2013, http://120.52.51.14/s3.amazonaws.com/thf_media/2013/pdf/SR132.pdf, 2019-02-27.

② Meghan L. O'sullivan, "Iran and the Great Sanctions Debate", the Washington Quarterly, October 2010, p.7.

财团还没有从银行获得对南帕尔斯油气田投资的资金。① 2019年1月，伊朗外长扎里夫表示在印度要求以更合理的价格购买伊朗南部的天然气后，伊朗准备就此事与印度官员展开磋商，并表示印度可以考虑对伊朗的石油、天然气和石化行业进行投资。② 然而，特朗普针对伊朗的新一轮严厉制裁使得印度对伊朗的能源投资面临巨大挑战。

同时，美国要求印度减少甚至中断从伊朗的石油进口。如前所述，印度是个油气资源十分贫乏的国家，为了满足经济社会快速发展的需要，须进口大量的油气资源。但是，美国希望印度配合美国实施的对伊制裁行动，减少甚至中断从伊朗进口油气。在美国的干预下，印度已经减少了从伊朗的石油进口，在伊朗－巴基斯坦－印度天然气管道铺设方面也踌躇不前。2016~2017财政年度，印度与伊朗的双边贸易额为128.9亿美元。印度进口价值105亿美元的商品，其中主要是原油。③ 然而，在特朗普政府宣布退出《伊朗核协议》后，印度面临来自美国的巨大压力，也就不得不削减从伊朗进口的原油量。

美国不断深化与印度的合作，如签订核能合作协定，实施战略高科技解禁，支持印度加入联合国常任理事国。美国之所以不断增进与印度的关系，是出于其全球战略的考量，这也包括希望印度能配合美国对伊朗实施制裁。同时，美国要求印度不断减少从伊朗的油气进口，甚至不惜对与伊朗进行合作的印度公司进行制裁。但是，现实是伊朗在印美关系中的分量是有限的。苏米萨·凯蒂（Sumitha Narayanan Kutty）指出伊朗因素对印美关系的影响有限。印美两国都在调整彼此的战略利益。迄今为止，印美两国都在采取可持续的举措来处理彼此之间的分歧，以避免双边关系出现重大波折。印度作为具有全球抱负的地区大国还是愿意适时地付出一定代价。当美国分别于2012年和2018年对从伊朗进口石油的国家实施制裁时，印度也

---

① Thomas Strouse, "Iran-India Oil Trade in Jeopardy," January 25, 2011, URL: http://www.pbs.org/wgbh/pages/frontline/tehranbureau/2011/01/iran-india-oil-trade-in-jeopardy.htmlutm_campaign=homepage&utm_medium=feeds&utm_source=feeds, 2014-07-17.

② "India can look at investment in Iran's energy sector: Zarif", January 09, 2019, https://en.mehrnews.com/news/141338/India-can-look-at-investment-in-Iran-s-energy-sector-Zarif, 2019-02-28.

③ "Iranian Nuclear Issue Should be Resolved through Talks: India", May 09, 2018, https://www.news18.com/news/world/iranian-nuclear-issue-should-be-resolved-through-talks-india-1743261.html, 2019-02-28.

在一定程度上配合美国的行动以换取美国对印度在波斯湾地区利益的支持。为了解决分歧，印美两国最高领导层私下进行双边磋商，并努力化解分歧。①

四 印度的抉择与未来的印伊关系

一方面，为了促进经济增长，印度与日俱增的能源需求需发展与伊朗的友好关系；另一方面，以美国为首的西方国家希望印度配合对伊朗的制裁。面对如此情形，为了实现国家利益的最大化，印度需要在坚持原则的同时开展"平衡"外交。

（一）印度在美伊间的抉择

冷战结束以来，印伊关系不断深化，合作势头不断增强。但是，伴随印度转变对美政策，美国却为伊朗贴上了"邪恶轴心"的标签，不断对伊朗施加压力。此时，作为该地区重要的国家，印度的外交面临艰难抉择。印度前外务秘书坎瓦尔·西巴尔（Kanwal Sibal）指出，"印度欲维持在伊朗的战略利益与美国欲图推翻伊朗这个政教合一政权的战略利益相冲突"②。印度在伊朗核问题上如何抉择，已成为衡量印度外交政策是否有效的重要指标。印度是接受国际社会中强权的压力并完全跟随美国制裁伊朗，还是从国家利益出发审慎地看待伊朗核问题，对印度政府的外交能力是极大的考验。

目前，印度的外交中有三个议题与伊朗核问题有关：能源安全、核不扩散、与各大国的战略伙伴关系。印度在能源安全议题上与伊朗进行密切合作，同时会涉及印度在核不扩散问题上的立场以及与美国、以色列的战略伙伴关系。有两个政策可供印度选择：要么选择与美国、以色列以及欧洲的合作，要么保持中立。无论是哪种选择都必须付出代价。为了回应西方关注，辛格政府削减了从伊朗进口原油的10%，且减少了总体贸易量，这对印度经济有重大影响。脱离伊朗也将影响印度在阿富汗和中亚的战略存在，毕竟伊朗是连接印度与中亚的桥梁。西方在西亚的任何军事行动，

---

① Sumitha Narayanan Kutty, "Dealing with Differences: The Iran Factor in India-U. S. Relations", January 30, 2019, https://muse.jhu.edu/article/717566/summary, 2019-02-28.

② Kanwal Sibal, "India Must Hold its Ground on Iran," Mail Today (New Delhi), February 15, 2012, p. 14.

都将导致600万印度侨民立即遭到遣返。在国内，左派政党和穆斯林民众都会铤而走险地反对国大党领导的团结进步联盟选择的亲美战略。① 印度人民党领导的全国民主联盟上台执政并没有从根本上改变辛格政府时期面临的选择。在美国宣布重新对伊朗实施制裁后，莫迪政府也在不断减少从伊朗的原油进口，并积极关注伊朗核问题以及美伊关系走向。

印度在伊朗核问题上面临着艰难的抉择：一方面印度要安抚美国；另一方面印度又要与伊朗保持密切关系。因为印度与美国不仅存在密切的贸易合作关系，还拥有不断深化的战略关系。在印度看来，发展与美国全方位的伙伴关系对印度战略利益的实现是大有裨益的。在政治上，拥有超级大国地位的美国可以帮助印度成为亚洲安全的中心和推动印度成为一个合法的世界强国。印度继续与伊朗进行能源合作，会使印美关系存在裂痕。② 印度正在尝试在美伊间进行艰难的"平衡"外交：一方面，印度加强与华盛顿的战略合作伙伴关系，以避免美国的惩罚；另一方面，印度又要避免与伊朗的关系完全破裂。因为伊朗一直是印度重要的石油和天然气贸易伙伴以及重要的区域合作伙伴。尽管美国正在实施阻止伊朗获取资助而实施严格的制裁措施，但是印度为满足能源需求继续保持与伊朗在能源和贸易方面的合作。③

虽然印度已经明确表示一个拥有核武器的伊朗不符合印度的战略利益，也不利于地区稳定。印度的巴格奇（Indrani Bagchi）指出，"印度非常清楚，拥有核武器的伊朗不符合印度的利益，也不利于地区安全"④。但是印度并没有停止从伊朗的能源进口。印度虽然就核问题反对过伊朗，但是印度不大可能选择脱离伊朗去追随美国的对伊政策。印度于2005年9月在国

---

① Asif Ahmed, "Energy Security Vs Nuclear Cooperation: India In Diplomatic Bind Over Choosing US, Iran And Israel For National Interests-Analysis", August 10, 2012, http://www.eurasiareview.com/10082012 - energy-security-vs-nuclear-cooperation-india-in-diplomatic-bind-over-choosing-us-iran-and-israel-for-national-interests-analysis/, 2013-07-15.
② Teresita C. Schaffer, "India and the United States in the 21st Century: Reinventing Partnership", Washington, D. C.: Center for Strategic and International Studies (CSIS), 2009, pp. 76-77.
③ Benoit Faucon, "EU Sanctions Impede Iran Oil Shipments to Asia," Wall Street Journal, February 29, 2012, http://online.wsj.com/article/SB10001424052970204653604577251210049651108.html, 2014-03-24.
④ Indrani Bagchi, "Nuclear Iran not in India's interest", November 18, 2011, http://timesofindia.indiatimes.com/india/Nuclear-Iran-not-in-Indias-interest/articleshow/10774908.cms, 2014-03-24.

际原子能机构中出乎意料地反对伊朗。2006年2月和3月，印度在联合国安理会指责伊朗破坏《不扩散核武器条约》。这两件事使得伊朗朝野震惊。尽管投了反对票，但是印度不可能放弃与伊朗的关系而选择与美国一道干涉伊朗。①

尽管印度分别于2005年、2006年和2009年在国际原子能机构中反对伊朗，但是印度支持伊朗和平使用核能。作为《不扩散核武器条约》的成员国，伊朗必须遵守条约规定的义务，必须考虑国际社会与国际原子能机构的意见。印度坚定地认为，伊朗核问题必须通过对话和讨论解决。2007年2月，印度外交部部长穆克吉访问伊朗，这是印度在国际原子能机构中对伊朗投反对票后第一位印度高级官员访问伊朗。穆克吉外长的访问旨在修复印伊关系裂痕的同时推动两国关系向前发展。有趣的是，在穆克吉访问伊朗后不久，俄罗斯总统普京又造访了印度。俄印两国领导人经过深入探讨后，同意两国共同努力通过政治和外交方式解决伊朗核问题。在伊朗看来，印度面对美国的压力，使得伊朗-巴基斯坦-印度管道缺乏进展。

印度在能源安全和国家利益上的立场是什么呢？目前，印度缺乏一个明确的政策。印度已成功地实现了让国际社会承认印度核国家的事实，但在伊朗核问题上不能采取"鸵鸟"政策（ostrich-like manner）。在伊朗核问题上，印度不能扮演机会主义的角色，应当采取坚定的立场。同时，印度应当考虑与美国的战略合作伙伴关系对印度所具有的实际意义。

像印度这样对能源有巨大需求的国家来讲，要减轻与伊朗在石油和天然气上的合作仍需时日。早些时候，印度曾被认为是美伊冲突潜在的调停人。但是，伊朗现在认为印度已经不那么值得信赖了，毕竟印度在国际原子能机构中曾反对伊朗。

印度保持中立也不是件易事。印度保持中立会使印度的核不扩散立场受到强烈质疑，也将面临与美核能合作和战略合作伙伴关系的压力。同时，保持中立也会影响印度从以色列进口国防技术。在美国，反印游说集团的迅速发展也会削弱印度的国际影响力。印度正在尝试外交创新，以平衡与美国、以色列和伊朗的关系。印度需要和相关国家合作。拉杰什·库马

---

① Asif Ahmed, "Energy Security vs Nuclear Cooperation: India In Diplomatic Bind Over Choosing US, Iran and Israel for National Interests-Analysis", August 10, 2012.

尔·米什拉（Rajesh Kumar Mishra）认为，"印度在伊朗核问题上的立场是建立在印度国家利益的基础之上的。印度必须就伊朗核问题与伊朗以及国际社会中的主要国家进行磋商。印度不应当支持美国与欧洲对伊朗的军事行动。联合国安理会常任理事国虽然对联合国成员国发展与伊朗关系进行限制，但是印度仍要继续发展与伊朗关系以保持其战略自主性"[1]。美国的舒巴拉塔·格斯罗伊（Subrata Ghoshroy）指出，"认为印度会和美国一道对伊朗采取制裁的想法是幼稚的。鉴于印度与伊朗之间并无大的争议，印度并不认为伊朗是一个威胁。与此相反，印度与伊朗一直保持着良好的双边关系。印度境内大约有1.6亿穆斯林。印度维系与伊朗良好的双边关系既能有助于维护印度在伊斯兰世界中的声誉也能削弱巴基斯坦在穆斯林世界中的影响力"[2]。

美国似乎热衷于说服包括印度、中国与日本等国在内的主要石油进口国对伊朗实施制裁。已经实施的制裁将严重阻碍伊朗的石油收入。日本已经决定减少对伊朗石油的依赖。中国对美国的决定表示惋惜。印度虽继续从伊朗进口油气但整体态度尚不清楚。印度陷入了外交困境：要么加入西方行列，要么维系与伊朗的友好关系。印度希望加强与美国的战略伙伴关系，同时希望保持与伊朗的友好关系。在一般情况下，经济制裁被认为是国际政治中强制外交的一种手段。不过，就伊朗的情况而言，经济制裁被证明是"胆小鬼"外交的标志。西方国家所谓"胡萝卜加大棒"政策也未能说服伊朗完全放弃核武器计划。此外，英、法、德和国际原子能机构的谈判也未能阻止伊朗的铀浓缩计划。尽管美国实施了国际孤立运动以及以色列实施了强硬（sabre-rattling）政策，伊朗仍然推动铀浓缩计划。从技术上讲，伊朗的铀浓缩能力说明了伊朗已经有能力制造核武器。经济制裁是否会使伊朗遭受重创或会提高政权的威信仍是一个有争议的问题。这个问题也困扰着印度，印度不愿使一个传统的朋友变为敌人。[3]

---

[1] Rajesh Kumar Mishra, "Iran's Nuclear Case and India", March 30, 2006, http://www.idsa.in/strategicanalysis/IransNuclearCaseandIndia_rkmishra_0106, 2014-03-24.

[2] Peter J Brown, "India sends mixed signals on Iran", July 2, 2010, http://www.atimes.com/atimes/South_Asia/LG02Df01.html, 2014-03-25.

[3] Asif Ahmed, "Energy Security Vs Nuclear Cooperation: India In Diplomatic Bind Over Choosing US, Iran And Israel For National Interests-Analysis", August 10, 2012.

《印美核协议》的签订刺激了该地区的安全态势，印美伊三角关系已成为一个必然现象。在这个复杂的三角关系中，印度的利益在很大程度上是由它的能源安全利益决定的。作为伊朗的主要原油进口国，印度从伊朗进口原油占印度原油总进口量的比重也较高。一旦国际社会对伊朗实施经济制裁以及伊朗封锁霍尔木兹海峡，将使印度的能源进口面临困境。毫无疑问，这将使印度能源安全遭受严重破坏，从而使得本已疲软的经济雪上加霜。印度快速增长的经济需要原油与核燃料。前者包括伊朗的供给，后者由美国根据《印美核协议》来保障。印度为了实现自身国家利益的最大化必须在伊朗核问题上规避风险。2006年，辛格总理指出，"作为《不扩散核武器条约》的签署国之一，伊朗有权利在符合国际义务的情形下发展旨在用于和平目的的核能。同时，伊朗的核计划须接受国际原子能机构的监督"①。

　　目前，印度处于一个非常尴尬的地位。一旦印度被要求支持对伊朗的石油制裁，将危及印度从伊朗的石油进口。伴随国内能耗的日益增加，印度无法承受失去伊朗石油供给的代价。与此同时，印度无力阻止美国或西方对伊朗采取军事行动。有鉴于此，在这个核僵局中，印度应当避免展示任何具有象征性的敌意姿态并保护其能源安全利益。印度于2005年在国际原子能机构中投票反对伊朗就是向世界展示了一个象征性的姿态，展现了印度是一个负责任的核大国，以确保美国在核供应国集团（NSG）的核燃料供给。目前，核能发电量占印度整体发电量中的比重虽不断增长，但作用却相当有限。然而，原油和天然气已经成为必不可少的商品，一旦缺失将会使国家的经济引擎停止运行。能源安全已成为印度政府的首要任务。

　　印度的外交政策选择既不要伤害了美国的颜面，也不要违背核不扩散原则。损伤美国的颜面不符合印度的利益；但是，在美国的压力下限制印度与伊朗的关系也不是印度所愿。② 考虑到美国对伊朗的担忧，印度已经减少了从伊朗的原油进口。从伊朗进口的原油占印度总进口原油的比重从2008年的16%下降到2012年的11%。印度仍将继续减少从伊朗的原油进

---

① "Prime Minister's Suo Motu Statement on Iran", New Delhi, Feb. 17, 2006, http：//www.indianembassy.org/newsite/press_release/2006/Feb./7.asp, 2014-03-25.
② Harsh V. Pant and Julie M. Super, "Balancing Rivals: India's Tightrope between Iran and the United States", *Asia Policy*, Number 15（January 2013）, http：//www.nbr.org/publications/asia_policy/Free/AP15/AP15_India_advance.pdf, 2014-04-08.

口,但不会突然中止。2015 年在美伊达成《伊朗核协议》后印度从伊朗进口的石油不断攀升,但是当特朗普政府于 2018 年宣布退出该协议后印度不断削减从伊朗的石油进口。如果伊朗进行核武器计划被证实,印度无疑会谴责伊朗并会在联合国安理会投反对票。

印度已疲于应付美国对伊朗的严厉制裁。在辛格政府时期,印度官方虽然表示将遵守联合国授权的制裁而不是单方面强加的制裁,但是印度已经削减了从伊朗的原油进口。印度承诺每天从伊朗进口 31 万桶原油。为了弥补原油进口,印度已要求沙特阿拉伯每天向印度新增出口 10 万桶原油。但是,印度宣称其减少从伊朗的原油进口与付款议题以及即将实施的保险政策有关,与美国和欧盟的压力无关。但是,印度并没有放弃从伊朗进口石油。受美国制裁的影响,印伊两国必须考虑双边贸易的支付问题。关于支付问题,印度于 2010 年 12 月告知本国的储备银行可以绕过亚洲清算联盟(ACU)寻求新的结算机制。经过磋商,伊朗接受了其石油出口的 45% 使用卢比支付,其余额通过土耳其的霍克银行以欧元支付。伊朗可以用卢比直接购买印度的商品。印度已经将小麦列为向伊朗出口的潜在项目。① 2018 年 11 月在美国实施对伊朗的新一轮制裁后,印度炼油厂向伊朗国家石油公司(NIOC)支付约 15 亿美元的未付款项。同年 11 月 2 日,印伊两国签署了一项双边协议允许印度政府管理的印度友固银行②(UCO Bank)用印度货币结算印伊石油贸易。

值得庆幸的是,2013 年 11 月,伊朗与美国、中国、俄罗斯、英国、法国、德国签订了《日内瓦临时协议》(*The interim Geneva Accord*)。协议包括短期冻结伊朗核项目以换取缓解制裁,并朝着达成长期协议的方向努力。协议规定所有超过 5% 的浓缩铀将被稀释或转化为氧化铀。伊朗目前的库存中不能存有超过 3.5% 的浓缩铀;不能再安装或准备安装新的离心机;在伊朗纳坦兹地区的 50% 铀浓缩设施和在福尔道的 75% 铀浓缩设施不能运行。伊朗不能使用先进的 IR-2 离心机;伊朗不能开发任何铀浓缩或核能处理设施;阿克拉核电站不能有核燃料的生产、测试、转移。此外,伊朗将分享

---

① "India's Iran Conundrum: A Litmus Test India's Foreign Policy", Aspen Institute India, 2013, http://www.anantaaspencentre.in/pdf/india_iran_conundrum.pdf, 2014-03-25.
② 印度第一大商业银行,由印度政府管理。

反应堆的设计细节；国际原子能机构将被授予日常访问伊朗纳坦兹核设施和福尔道地下核设施的权利，并能在这两个场地的某些区域安装 24 小时监控的摄像头。国际原子能机构还将访问伊朗的铀矿山和离心机的生产设施；作为该协议的一部分，伊朗将解决国际原子能机构提出的可能用于军事用途的相关问题并提供相关数据。① 作为交换，国际社会将减轻对伊朗的制裁，涉及金额大约为 70 亿美元，并不实施额外的制裁。② 印度外交部发言人指出，"基于在这个阶段的信息，印度欢迎就伊朗核计划等问题的前景通过对话和外交方式来解决"。另一位外交官说，"这项协议与印度的立场是一致的。伊朗核问题应通过外交途径解决。国际社会也应认识到伊朗有和平使用核能的权利。作为一个无核国家是伊朗的国际义务"③。印度将从国际社会减轻对伊朗的制裁的举措中受益。美国国务卿克里（John Forbes Kerry）表示，"印度将再次从美国拟定的从伊朗进口石油的国家制裁列表中获得豁免资格"④。印度的阿西夫·舒亚（Asif Shuja）指出，"《日内瓦临时协议》的签署对印度而言很重要，同时印度也应清醒地认识到该协议的负面影响。针对美国和欧洲对印度从伊朗进口石油而招致的经济制裁，印度已经制定了与伊朗增进经贸关系的易货贸易机制。印度向伊朗出口包括大米和大豆的农产品"⑤。

印度需要伊朗来实现印度多元化的战略目标。印度试图绕过巴基斯坦，利用伊朗作为印度发展与中亚贸易和能源关系的通道。从伊朗的角度来看，伊朗需要像印度这样的合作伙伴。部分原因是伊朗在国际社会中日益孤立，

---

① "The Interim Deal". *Economist*, 30 November, 2013, p. 24.
② Anne Gearan and Joby Warrick, "Iran, world powers reach historic nuclear deal", November 24, 2013, http://www.washingtonpost.com/world/national-security/kerry-in-geneva-raising-hopes-for-historic-nuclear-deal-with-iran/2013/11/23/53e7bfe6-5430-11e3-9fe0-fd2ca728e67c_story.html, 2014-01-21.
③ "Iran nuclear deal consistent with our stand, says India", November 25, 2013, http://www.thehindu.com/news/national/iran-nuclear-deal-consistent-with-our-stand-says-india/article5386560.ece, 2014-01-21.
④ "India qualifies for Iran sanctions exception: U. S." November 30, 2013, http://www.thehindu.com/news/international/india-qualifies-for-iran-sanctions-exception-us/article5408898.ece?ref=relatedNews, 2014-01-21.
⑤ Asif Shuja, "Implementation of the Iran Nuclear Deal: Implications for India", January 21, 2014, http://www.irgamag.com/analysis/terms-of-engagement/item/7047-implementation-of-the-iran-nuclear-deal-implications-for-india, 2014-03-24.

也有部分原因是印度在该地区已成为一个新兴国家且拥有广阔的经贸市场。美国的目标是控制世界的石油供应，以便控制全球。如果没有美元作为世界储备货币，美国将破产。让美国控制世界的石油供给不符合亚洲的利益。对中国和印度的制裁对美国而言意义重大。美国想增加与这些国家的贸易量，特别是希望这些国家快速增长的中产阶级花更多的钱买美国的商品。美国于20世纪90年代制裁印度的唯一目的就是希望赶走印度所有的贸易伙伴，然后让美国来签订所有贸易合同。①

为维护国家战略利益，在伊朗核问题上，印度在美国和伊朗之间实施"平衡"外交。虽然，印度在开展"平衡"外交方面面临着诸多挑战，然而，这却是印度应对伊朗核问题的最有利抉择。

（二）印伊关系的前景

英国石油公司（BP）的报告指出，"伊朗拥有1376亿桶已探明的原油储备和29.61万亿立方米的天然气储备。伊朗石油储量居世界第三位，天然气储量居世界第二位"②。目前，印度是伊朗的第三大原油进口国。除此之外，伊朗是印度通向中亚——另一个能源丰富的地区——和阿富汗的唯一可行通道。没有伊朗，印度不可能与能源丰富的中亚国家建立良好的能源合作关系。如果没能与伊朗发展良好的双边关系，印度的能源供给将遭受严重影响。当然，中亚与伊朗都不是印度能源的唯一来源地。目前，印度已经从西亚和海湾国家获得了大量的石油和其他自然资源。印度的公私部门也已经在其他石油和天然气生产国投入大量资金，比如俄罗斯、苏丹和越南等。

但是，印度不能从地缘政治上忽视伊朗。对于印度来讲，伊朗不仅对印度的经济发展相当重要，对印度处理地区事务也是一个不可或缺的国家。在地区事务尤其是在处理阿富汗的政治危机上伊朗仍扮演着重要角色。在巴基斯坦问题上，伊朗可以平衡巴基斯坦，对印度表现出友好姿态。同时，伊朗能平衡巴基斯坦在阿富汗问题上的政策，使印度在阿富汗

---

① Asif Ahmed, "Energy Security vs Nuclear Cooperation: India In Diplomatic Bind Over Choosing US, Iran and Israel for National Interests-Analysis", August 10, 2012.

② "Iran Implementing South Pars Projects," December 25, 2010, http://www.presstv.com/detail/156997.html, 2012-01-12.

问题上发挥作用。① 增进与伊朗的关系可以提升印度在伊斯兰世界中的地位，这样就能削弱巴基斯坦在伊斯兰世界中的影响；鉴于印度和伊朗境内都有大量的什叶派穆斯林，两国对巴基斯坦境内的什叶派穆斯林和逊尼派穆斯林之间的争执都有重大关切。与此同时，增进与伊朗的关系也可以限制巴基斯坦的军事力量。②

尽管印伊两国还存在政治分歧，但是两国之间重大的经济利益与政治利益促使两国相互吸引。两国可以从彼此的友谊中获得最大化的利益。印度可以向伊朗提供在网络信息技术、港口、道路和铁路项目上质优价廉的援助。③ 伊朗核谈判首席代表贾利利（Saeed Jalili）于2013年1月在记者招待会上说，"印度和伊朗拥有共同的利益，需要印伊双方进行更多互动、会谈与协商。两国在安全领域、政治领域和经济领域的合作为印伊两国在文化领域的合作提供了机遇"。贾利利同时指出，目前的"印伊关系'非常好'，且两国双边关系必将稳步发展"。④

未来印伊关系的走向，取决于印伊两国之间的战略考量以及两国所承受的国际压力。两国不断增进了解、加强沟通、深化合作也为双边关系的健康发展创造了条件。就地缘政治而言，印伊两国都需要借重彼此的实力才能在纷繁复杂的地区局势中获益。印度国内经济的发展需要印度加强与伊朗的能源合作。面对日益严峻的国际制裁，伊朗也需要发展与印度日益密切的经贸合作。两国面临着合作的机遇，也承受着外界的巨大压力与难以预料的挑战。两国抓住机遇、化解挑战，在坚持各自原则的基础上寻觅一条适合双边关系发展的途径，是印伊双边关系能稳健发展的理想选择。

---

① K. N. Tennyson, "India-Iran Relations: Challenges ahead", *Air Power Journal*, Vol. 7, No. 2, Summer 2012, http://www.mea.gov.in/Portal/ForeignRelation/Iran-January-2012.pdf, 2013-07-18.

② Sunil Dasgupta, "Pakistan Responds to New Ties between India and Iran," Woodrow Wilson, International Centerfor Scholars, *Asia Program Special Report*, No. 120, April 2004, p. 23.

③ C. Christine Fair, "Indo-Iranian Ties: Thicker than Oil," *Middle East Review of International Affairs*, Vol. 11, No. 1, March 2007, http://meria.idc.ac.il/journal/2007/issue1/Fair.pdf, 2012-01-12.

④ "Iran seeks closer ties with India, discusses Afghanistan", Indo Asian News Service, January 04, 2013, http://en-maktoob.news.yahoo.com/iran-seeks-closer-ties-india-discusses-afghanistan-150221398.html, 2013-04-01.

第四章　印度与阿富汗关系

"软实力"（soft power）是国际关系理论的自由主义流派提出的重要理论，其中著名人物当属哈佛大学的约瑟夫·奈（Joseph S. Nye）教授。约瑟夫·奈曾于1990年在《外交政策》（*Foreign Policy*）杂志上发表了题为"软实力"的文章，首次阐述了"软实力"的概念。提出了"软性同化式权力"（soft cooptive power），指出"软性同化式权力"与"硬权力"一样重要。如果一国能使其他国家觉得自己行使权力是合法的，就会得到他国的支持。一国的文化和意识形态具有吸引力，其他国家就愿意效仿。建立与本国社会相符的国际机制，此机制就会长久。当大国偏好的国际机制能促使其他国家限制自己的行为，这比"硬实力"或强制实力更为有效。[①] 他指出，一国的"软实力"主要取决于三种资源：文化（对他人有吸引力），政治价值观（在国内外都能普遍接受），外交政策（合法且具有道德权威）。[②] 印度在阿富汗所取得的成就与其"软实力"外交有着密切关系。印度对阿富汗的经济援助本属于"硬实力"的范畴，但却收获了"软实力"效应。

印度和阿富汗的关系可以追溯到印度河文明时期。在亚历山大大帝短暂的占领后，塞琉古帝国控制了今天的阿富汗地区。公元前305年，塞琉古帝国把人们今天所熟知的阿富汗大部分领土割让给了孔雀帝国，以换取与孔雀帝国的联盟。直到公元7世纪阿富汗境内民众仍深受佛教的熏陶和影响。在莫卧儿帝国统治南亚次大陆期间，大量的阿富汗人向印度迁徙。在近代争取民族独立的道路上，虽然西北边境省（North-West Frontier Province）

[①] Josephs Nye, "Soft Power", *Foreign Policy*, No. 80, Twentieth Anniversary, Autumn 1990, p. 166.

[②] Josephs Nye, "What China and Russia Don't Get About Soft Power", April 29, 2013, http://www.foreignpolicy.com/articles/2013/04/29/what_china_and_russia_don_t_get_about_soft_power, 2013-05-01.

于1947年成为巴基斯坦的一部分，但是普什图人积极支持印度争取自由的斗争，使印度人民对普什图人争取独立和自由的努力抱有极大的同情。

第一节 冷战时期的印阿关系

1947年8月，印度宣布结束英殖民者的统治成为独立的国家。1950年1月4日，印度和阿富汗在签订了两国之间的第一个友好协定后，宣布建立正式的外交关系。友好协定明确指出，"印度政府与阿富汗王国政府认识到两国之间的关系已经存在了千年。为了造福两国人民和促进两国之间的友好发展，印阿两国需要相互合作，加强彼此关系并致力两国的和平稳定，两国愿意缔结友好条约。两国政府之间的和平与友谊万古长青"[①]。"不结盟"运动拉近了印阿两国的友好关系。就阿富汗而言，查希尔·沙阿（zahir shah）王朝（1933~1973）极力想在美国与苏联之间保持"等距离"外交关系。在查希尔·沙阿国王1958年访问印度后，阿富汗总理萨达尔·达乌德（Sardar Mohammad Daud）（1953~1963年任总理）也访问印度，这有利于促进印度与阿富汗关系的繁荣发展。达乌德总理在访印期间与尼赫鲁总理进行了开诚布公的会谈。尼赫鲁指出，"自1947年以来，由于印阿两国在许多重要的地区与全球问题上有诸多共同利益，印阿两国不断增进彼此间友好关系"[②]。两国决定致力于发展友好合作关系。

随着两国政治外交关系的深入发展，印度与阿富汗也展开了在经济和技术领域的合作。1957年，两国签订了《贸易协议》。1965年，为了促进双边贸易正常发展，两国签订了新的《贸易协定》。印度向阿富汗提供了诸多技术支持，尤其是航空技术。1973年，阿富汗发生政变。以前总理达乌德和查希尔·沙阿的表弟为首的组织，推翻了查希尔政权，宣布成立阿富汗民主共和国。但是，阿富汗仍与印度保持友好关系。

在达乌德作为阿富汗总统期间，普什图尼斯坦成为阿富汗外交的重要

---

① "Treaty of Friendship between the Government of India and the Royal Government of Afghanistan", January4, 1950, http://www.commonlii.org/in/other/treaties/INTSer/1950/3.html., 2013-01-05.

② Shri Ram Sharma in Verinder Grover (ed.) *India Foreign Policy: India and her Neighbors*, New Delhi, Deep & Deep Publications, 1992, p.111.

议题。查希尔政权曾对"杜兰线"（Durand Line）的合法性持怀疑态度。然而，达乌德政府在"杜兰线"问题上走得更远，这对印阿关系发展构成了挑战。事实上，在达乌德总统的第一次广播会议上，他就明确指出阿富汗与印度和孟加拉有密切关系。[①]

出于对各自经济利益的考虑，两国经济合作稳步发展。印度向阿富汗提供了以下援助：帮助阿富汗在喀布尔修建一个拥有100个婴儿床位的妇幼保健院；帮助整修巴米扬佛像（Buddha Statues, Bamiyan）；在喀布尔附近建工厂；为阿富汗安保人员提供设备与培训。[②]

1978年4月27日，塔拉基（Nur Muhammad Taraki）领导的阿富汗人民民主党推翻了达乌德政府。在印度政府看来，塔拉基推翻达乌德政府是阿富汗的内政。印度政府与塔拉基政府仍保持友好关系。印度派出外长瓦杰帕伊作为印度政府代表参加塔拉基的总统就职仪式。

当苏联于1979年入侵阿富汗时，印度国内也陷入了动荡。查兰·辛格（Chaudhury Charan Singh）领导的看守政府在印度人民院选举中落败。随后，英迪拉·甘地组阁主政。印度对苏联入侵阿富汗的反应也是模棱两可。印度一方面宣称自己秉持"不结盟"的理念，但另一方面在面对苏联恣意入侵阿富汗时却在外交上踌躇徘徊。印度政府内外对苏联入侵一事的表态也很不一致。但是，印度与阿富汗的双边关系较少受到发生在喀布尔的政治动荡事件的影响。卡尔迈勒政权（Babrak Karmal：1979年12月~1986年11月主政）期间，阿富汗与印度分别于1983年和1985年举行了贸易联合委员会会议。1985年，两国就文化交流项目达成协定。

继卡尔迈勒上任的纳吉布拉（Mohammad Najibullah Ahmadzai）总统仍然注重发展与印度的友好关系。1988年，在纳吉布拉总统访问新德里期间，印度政府重申支持1988年的《日内瓦协定》，确保阿富汗国家统一，也支持苏联于1989年初从阿富汗撤军。[③] 为提升两国的经贸关系，印度与阿富

---

① Basharat Huaasin, "Indo-Afghan Relations: Pre-and-Post Taliban Development", *Regional Studies*, Vol. 22, No. 3, Summer 2004, P. 38.
② Vishal Chandra, "Indo-Afghan Relations: Trends and Challenges", from *India's Foreign Policy: Continuity and Change*, New Delhi: Published by Rsjkumar for Academic Excellence, 2008, p. 83.
③ Vishal Chandra, "Indo-Afghan Relations: Trends and Challenges", p. 84.

汗于 1989 年举行了第九届贸易联合委员会会议。

第二节 "9·11"事件前的印阿关系

冷战结束后，地区与全球局势也在发生巨大变迁。中亚从苏联分裂为五个国家。喀布尔圣战者成立的政府一改亲印度政策，转向亲巴基斯坦。俄罗斯国力下降且国内政局纷繁复杂，使得俄罗斯在阿富汗的政策效能急剧下降。与此同时，美国成为世界唯一的超级大国，当然不能忽视中亚和阿富汗在其全球战略中的重要性。随着经济开放政策的实施，综合国力逐步提升的印度对发生在阿富汗的事也表现出重大关切。

在美国发动阿富汗战争前，阿富汗国内政治可以分为两个阶段。第一阶段是拉巴尼（Burhanuddin Rabbani）领导的阿富汗伊斯兰国政府时期。这一时期，阿富汗陷入了混乱的内战之中，各圣战者组织为了角逐喀布尔的权力，不断相互攻伐。但是，随着塔利班的崛起，阿富汗内战于 1996 年 9 月基本得以平息。这一时期，印度与阿富汗关系也较为紧密，印度向阿提供了大量的人道主义援助。第二阶段是塔利班掌权时期。

（一）印度与阿富汗伊斯兰国政府的关系（1992~1996）

1992 年，在纳吉布拉总统辞职后，阿富汗与印度的双边关系出现了裂痕。但是，印度很快就恢复了对阿富汗的经济和人道主义援助。1992 年 6 月，拉巴尼就任阿富汗伊斯兰国总统后积极发展与印度的友好关系。虽然此时阿富汗境内的圣战组织之间相互攻伐，但是印度仍然向拉巴尼政府提供了大量的人道主义援助。此时，许多有影响力的普什图圣战者组织不断接受巴基斯坦的援助与支持。面对普什图人的不断反对，特别是希克马蒂亚尔的伊斯兰统一党（Hezb-e Islamic of Gulbuddin Hekmatyar）的反对，拉巴尼政府开始向俄罗斯、伊朗和印度靠拢。印度和阿富汗高级官员之间的访问也在不断展开。[①]

随后，阿富汗陷入了内战，各圣战者组织为控制喀布尔而相互战斗。面对如此情形，拉巴尼政府无力采取有效措施平息国内的战端。就在此时，

---

① Vishal Chandra, "Indo-Afghan Relations: Trends and Challenges", p. 85.

一种新的政治力量开始涌向阿富汗的政治中心。1994年底，塔利班开始角逐阿富汗的政治权力，随后于1996年9月取得喀布尔政权。在塔利班进驻喀布尔之前，印度关闭了驻阿富汗的大使馆。

（二）印度与塔利班政权的关系（1996~2001）

虽然塔利班于1996年年底掌控阿富汗政局，但是国际社会与联合国只承认拉巴尼政府为阿富汗的合法政府。只有巴基斯坦、沙特阿拉伯和阿拉伯联合酋长国承认塔利班政权为阿富汗合法政权。为了与塔利班政权抗衡，阿富汗境内的塔吉克、乌兹别克和哈扎拉等少数民族组成了反塔利班联盟，也称"北方联盟"，受到俄罗斯、伊朗、中亚各国和印度的支持。亲巴基斯坦的塔利班政权与反西方的基地组织（AL-Qaeda）很快吸引了美国的注意。这里需要指出的是，一直到1998年美国发现塔利班与基地组织有密切联系之前，美国并不反对塔利班政权。在此期间，美国的石油公司代表时不时地访问喀布尔。塔利班政权继续维持在美国的代表机构。

但是，不幸的事情终于发生了。1999年12月，一群武装分子劫持了印度IC-814次航班的"空中客车-300"客机。武装分子要求机长把飞机降落在巴基斯坦的拉合尔机场，但是遭到巴基斯坦的断然拒绝。被劫持的客机先后在印度边境城市阿姆利则、巴基斯坦的边境城市拉合尔和阿联酋的迪拜着陆。几经曲折后，飞机最终降落在阿富汗塔利班控制的坎大哈机场。劫机分子与印度官方进行了讨价还价，劫机分子要求印度释放其他分裂分子。虽然瓦杰帕伊总理起初表示决不向这种残暴的行为屈服，但是最后还是同意用3名极端分子交换155名人质。① 印度释放的三名极端分子是穆斯塔克·艾哈迈德·扎尔加（Mushtaq Ahmed Zargar）、艾哈迈德·奥马尔·赛义德·谢赫（Ahmed Omar Saeed Sheikh）和穆拉纳·马苏德·阿齐尔（Mulana Masood Azhar），这三名极端分子此后一直从事武装活动。武装分子的这次劫机事件使国际社会认识到伊斯兰激进主义的威胁。印度政府没有承认塔利班政权的合法性，仍坚持联合国的看法——承认拉巴尼政府为阿

---

① "Statement by Ministry of External Affairs on recent hijacking of Indian Airlines flight IC-814", New Delhi, January 15, 2000, https://www.indianembassy.org/prdetail1272/-statement-by-ministry-of-external-affairs-on-recent-hijacking-of-indian-airlines-flight-ic-814, 2012-04-01.

富汗的合法政府。但是，印度外长辛格却邀请塔利班政权的外长穆塔瓦基勒（Mullah Wakil Ahmed Muttawakil）访问印度。①

1999年联合国安理会做出对塔利班政权实施经济制裁的决定。塔利班政权拒绝交出对美驻肯尼亚和坦桑尼亚策划实施恐怖袭击的领导人本·拉登（Osama Bin Laden），这使得美国疏远了塔利班政权。2001年，阿富汗境内的巴米扬佛像遭到破坏以及美国的金融中心遭受恐怖袭击，为阿富汗局势的变迁创造了条件。2001年11月，联合国授权以美国为首的多国部队对阿富汗塔利班政权实施军事打击。这一军事行动，不仅推翻了塔利班政权，也打破了这一地区的地缘政治局势。

第三节 "9·11"事件后的印阿关系

2001年10月7日，美国领导的"阿富汗永久自由行动"（OEFA）受到"北方联盟"的支持，很快推翻了塔利班政权。在塔利班政权倒台后，印度也许是第一个派外交使团到达喀布尔的国家。2001年11月21日，拉姆巴（Satinder k. Lambar）率领的特别代表团到达喀布尔，与阿富汗领导人讨论在喀布尔建立联络办公室事宜。② 这是自1996年9月印度关闭驻阿富汗大使馆后第一次与阿富汗政府商谈建立外事机构。

"9·11"的惨剧使得西方国家集体意识到采取联合行动打击恐怖主义的重要性。过去，印度曾利用各种国际场合讨论联合打击恐怖主义与极端主义的议题。在此背景下，2002年印度国家安全顾问米什拉（Brajesh K. Mishra）在第38届慕尼黑安全会议上指出，"对印度过去多年遭受的恐怖主义与极端主义威胁的现实，我感到很悲痛。但是，'9·11'事件的发生使得全世界对恐怖主义有了集体意识"③。

"9·11"事件后，在联合国的授权下，以美国为首的多国部队对塔利

---

① "Jaswant Invites Wakil to New Delhi", the News (Islamabad), December 5, 2000.
② Satinder k. Lambar, "India at United Nations Talks on Afghanistan (Bonn, 27 November – 5 December2001)", *Indian Foreign Affairs Journal*, 1 (1), January-March 2006, p. 76.
③ "Statement by Brajesh Mishra, Principal Secretary to the Prime Minister and National Security Advisor", at the 38th Munich Conference on Security Policy, February 2, 2002, http://meaindia.nic.in/, 2012-04-01.

班政权采取了军事打击。在猛烈的军事打击下,塔利班政权迅速垮台。在塔利班政权垮台一周后,印度迅速与阿富汗过渡政府建立外事关系。经过多年的努力经营,印度与阿富汗政府于2011年宣布建立战略合作伙伴关系,使得两国间的关系越发紧密。在这10余年的时间里,印度在阿富汗的政治稳定与重建过程中扮演了重要角色。印度对阿富汗的政策实践充分展现了印度的"软实力"。

一 印度积极参与针对阿富汗的和解进程

2001年11月27日至12月5日,印度参与了在德国波恩举行的由联合国主导的阿富汗各派系之间的调解工作,并扮演了重要角色。印度参加了波恩会议大多数重要的决定议程。此次波恩会议的召开为增进阿富汗与国际社会的合作关系奠定了基础。[①] 当阿富汗过渡政府于2001年12月22日出席波恩会议后,印度迅速恢复了与阿富汗的正常外交关系。2011年,阿富汗与国际社会再次召开波恩会议。国际社会讨论了包括组建阿富汗安全部队在内的诸多事宜。印度希冀国际社会能团结合作,与阿富汗政府一道为促进阿富汗的稳定、民主与繁荣做出积极努力。2011年印度总理辛格在访问阿富汗时就表达了希望阿富汗政府与塔利班和解,辛格说,"印度强烈支持阿富汗人民追求和平与和解的愿望。印度支持团结、诚信和繁荣的阿富汗"[②]。2015年12月,在莫迪总理访问阿富汗期间,两国领导人呼吁有关方面停止对恐怖主义分子给予资金支持和提供庇护所,表示恐怖暴力手段不能塑造阿富汗的未来,也非阿富汗人民所愿。

印度不仅支持由联合国主导的讨论阿富汗和平进程的波恩会议,也利用各种国际场合表达印度的态度和立场。2010年在喀布尔召开的有关阿富汗和解进程的国际会议期间,印度外长克里希纳指出,"国际社会必须从过去的教训中吸取经验,应当与原教旨主义和极端主义组织进行谈判,并以包容的原则与透明的方式来确保阿富汗的和平进程"。"印度支持阿

[①] "The International Afghanistan Conference in Bonn", December 5, 2011, http://eeas.europa.eu/afghanistan/docs/2011_11_conclusions_bonn_en.pdf, 2012-04-01.

[②] Erin Cunningham, "India boosts ties to Afghanistan with $500m more in aid", May 13, 2011, http://www.thenational.ae/news/world/south-asia/india-boosts-ties-to-afghanistan-with-500m-more-in-aid, 2012-05-20.

富汗为重返国际社会所做的努力。但为了确保此目标的成功实现,国际社会必须全力支持阿富汗政府与阿富汗人民同意遵守'伦敦会议'①、放弃暴力、断绝与恐怖主义的联系,其中包括受到圣战者组织支持和受到国际武装分子支持的组织。这些组织须接受阿富汗宪法规定的民主与多元化价值观,包括尊重妇女的权利。"② 2013 年 6 月,在哈萨克斯坦的阿拉木图举行的阿富汗问题会议上,印度和俄罗斯交换了意见。印度外长库尔希德指出,"印度与俄罗斯同意由阿富汗政府主导并推动阿富汗和解进程。国际社会不能给予解决方案,并迫使阿富汗遵照执行。解决方案应当来自阿富汗国内而不是外界"。关于从阿富汗撤军与组建阿富汗国家安全部队(ANSF)问题,库尔希德认为,"国际社会正在匆忙从阿富汗撤离。但是,印度不希望国际社会这样做。这取决于阿富汗与美国的谈判。印度尊重阿富汗政府的决定"③。2013 年 7 月 2 日,库尔希德出席在文莱首都斯里巴加湾市举行的东盟 20 届地区论坛时,讨论了包括阿富汗局势在内的地区安全问题并指出"印度支持饱受战争蹂躏的阿富汗政府与所有反对派武装组织为建立对话所做的努力,当然也包括'塔利班'"。印度拒绝接受西方国家对塔利班做"好""坏"之分。库尔希德认为和平进程应该具有广泛的基础并由阿富汗主导。那些加入和平进程的国家必须遵守阿富汗宪法、拒绝暴力行为并"坚持而非断绝与基地组织联系"的原则。和平进程的对话必须包括阿富汗社会的各方势力以及反对派武装组织,包括塔利班。库尔希德警告说,"和解进程不能破坏过去十余年阿富汗国家、政府、政治、社会和经济发展的合法性"。库尔希德在报告中指出塔利班在卡塔尔开设办事处来代表"阿富汗伊斯兰酋长国"一事激怒了阿富汗总统卡尔扎伊(Hamid Karzai)。在卡尔扎伊看来,塔利班此种行为使得阿富汗的主权受到挑战。面对美国宣称其将于 2014 年从阿富汗撤军的言论,库尔希德

---

① 2010 年 1 月 28 日,70 多国在英国伦敦举行了有关阿富汗问题的国际会议,讨论了阿富汗的安全、治理与发展以及地区与国际援助等事项,史称"伦敦会议"。

② "Afghan peace process to shun Taliban with links to Al-Qaida", July 20, 2010, http://www.ndtv.com/article/world/afghan-peace-process-to-shun-taliban-with-links-to-al-qaida-38543, 2011-07-01.

③ "India, Russia agree on Afghan peace, but differ on drawdown", the Hindu, April 29, 2013, http://www.thehindu.com/news/international/india-russia-agree-on-afghan-peace-but-differ-on-drawdown/article4663870.ece, 2013-07-20.

指出,"印度不会选择退出阿富汗的政策。印度将在阿富汗的重建和恢复中发挥重要作用"①。

印度积极参与阿富汗的和解进程在一定程度上引起了巴基斯坦的不安。为了打消巴基斯坦的疑虑,阿富汗外长于 2013 年在新德里召开的美印阿三国代表团会议时指出,"阿富汗是个独立国家,发展对外关系是基于国家利益和阿富汗民众的利益"。阿富汗外交部发言人指出,"一国认识到自己作为邻国的责任就是不能伤害任何其他邻国的利益,尤其是巴基斯坦"②。美国、印度与阿富汗之前的合作反映了印美两国希望通过合作改变阿富汗这个饱受战争蹂躏国家的动荡局势。莫迪总理与特朗普总统都表示印美两国应在阿富汗和解进程问题上增进交流合作。2019 年印度外交部指出印度已向美国清楚表示阿富汗的和平与和解应该由阿富汗人主导和控制,并指出巴基斯坦在阿富汗和平进程中的作用是相当重要的。③

二 印度积极支持阿富汗重建

"9·11"事件后,印度积极支持阿富汗恢复重建,主要是帮助阿富汗政府恢复经济。就印度而言,有经济能力的阿富汗能在地区事务中发挥自主作用并能实现外交独立。但是,这是个艰难而漫长的征程。印度在阿富汗的利益是相当明确的,那就是试图遏制阿富汗的冲突,并与这个"延伸邻居"进行能源资源开发合作及寻求经济机遇。④

事实上,在塔利班于 2001 年 11 月被推翻后,印度迅速加入国际社会参与阿富汗重建的行列。2001 年 11 月和 12 月,印度参加了由联合国发起的 21 国在纽约讨论阿富汗局势的会议。印度还积极参加了以下会议:同年 11 月在华盛顿展开的有关阿富汗重建与援助的会议;同年 11 月底在伊斯兰堡

---

① "India recognizes Taliban role in Afghan peace process: Salman Khurshid", July 2, 2013, http://www.livemint.com/Politics/xnWpS0JPtnRu84a7JA6k5K/Khurshid-India-recognizes-Talibans-role-in-Afghan-peace-pr.html, 2013-07-20.

② "Close Afghan-Indian relations should not cause concerns to Pakistan", February 17, 2013, http://ariananews.af/regional/40558/, 2013-04-21.

③ "Centre Says India Supports 'Inclusive' Peace Process in Afghanistan", January 11, 2019, https://www.ndtv.com/india-news/centre-says-india-supports-inclusive-peace-process-in-afghanistan-1976450, 2019-03-04.

④ Mahendra Ved, "India's Afghanistan Policy", "India's Foreign Policy: Continuity and Change", New Delhi: Rsjkumar for Academic Excellence, 2008, pp.70-71.

召开"准备阿富汗重建会议";同年12月在布鲁塞尔召开的"援助阿富汗重建会议";2002年1月,在日本东京再次召开的"阿富汗恢复重建会议"。除此之外,印度政府宣布向阿富汗提供1亿美元贷款和向阿富汗民众提供100万吨小麦。医疗援助也迅速提供给在阿富汗喀布尔和马泽雷的民众。[1] 在阿富汗总统卡尔扎伊于2002年2月访问印度时,瓦杰帕伊总理宣布向阿富汗提供1000万美元援助。印度政府也宣布将援助阿富汗在基础设施方面的重建,包括医疗、教育、信息技术、公共交通、工业以及帮助培训阿富汗政府官员。[2]

2002年8月,印度外长辛哈在访问阿富汗时宣布印度将向阿富汗赠送印度航空公司的空中客车。2003年3月,在卡尔扎伊访问印度时,印度政府宣布再向阿富汗政府援助7000万美元,用于由"印度边境道路组织"(India's Border Roads Organisation)承建的有益于恢复阿富汗重建至关重要的扎兰季—德拉兰(zaranj-delaram)公路。两国同时签订了《优惠贸易协定》。[3] 同年印度国家安全顾问米什拉访问阿富汗,同意向阿富汗国防军(NAN)提供一定的装备和运输工具。

2004年,在柏林召开的捐助国会议上,印度承诺向阿富汗的萨尔玛大坝(Salma Dam)电力工程提供8000万美元的援助。为扩大在阿富汗的影响,2005年在印度的积极努力下南亚国家联盟吸收阿富汗为新成员。2006年,印度举办了第二届有关阿富汗的地区经济合作会议。2007年,在第十四届南亚国家联盟会议期间,印度再次表示会努力帮助阿富汗恢复重建。

2009年,美国总统奥巴马上台伊始就提出了针对阿富汗问题的"阿巴新战略",使得阿富汗局势明显好转,也积极促进了阿富汗的重建。2011年7月,美国正式启动从阿富汗的撤军进程,使得各方密切关注阿富汗未来的局势及重建工作。印度希冀自己能在阿富汗未来的局势发展中扮演更积极的角色。2011年11月印度与阿富汗签订了《战略伙伴关系协定》。这是阿富汗第一次与他国签订这样的协定。印度在阿富汗的普什图地区进行了大

---

[1] Annual Report 2001-2002, Indian Ministry of External Affairs, http://meaindia.nic.in/, 2007-09-10.

[2] "Statement on Areas of Cooperation between India and Afghanistan on Reconstruction and Rehabilitation in Post Conflict Afghanistan", February 27, 2002, http://meaindia.nic.in/, 2007-09-10.

[3] Vishal Chandra, "Indo-Afghan Relations: Trends and Challenges", p. 90.

量投资，以促进当地的经济社会发展。外界揣测印度与阿富汗的战略伙伴关系是为了抑制巴基斯坦。印度官方高层访问阿富汗以及印度加强对阿富汗的投资为辛格总理宣称与阿富汗建立战略伙伴关系铺平了道路。阿富汗过渡政府内政部长贾拉利承认，"协议作为一个官方文件确定了两国之间业已存在的密切关系"。印度已经投资 20 亿美元，成为阿富汗的第五大援助国。印度对阿富汗的援助可以视为印度"软实力"的展现，以实现印度的国家利益。稳定与民主的阿富汗关系可以抑制激进主义者。印度帮助阿富汗训练国防军。贸易与经济协定促进了阿富汗经济的发展。阿富汗作为连接南亚与中亚的桥梁可以为印度期望的通过地区合作建立地区合作框架提供条件。印度对阿富汗的教育援助可以培养未来的阿富汗领导人，对印度是大有裨益的。就阿富汗而言，美国等国从阿富汗撤军，印度仍会与阿富汗保持友好关系。印度是阿富汗值得信赖的朋友。① 美国也积极支持印度在阿富汗发挥更大作用。奥巴马政府的高级官员指出，"美国越来越多地寻求印度能在阿富汗这个饱受战争蹂躏国家的稳定局势中发挥关键作用"。美国负责南亚与中亚的助理国务卿在哈佛大学演讲时指出，"鉴于阿富汗将在自身的安全、政治和经济形势中扮演主导角色，美国也强烈支持印度在阿富汗的持续发展中发挥建设性作用"②。2017 年 8 月，特朗普政府在其阿富汗战略中表示印度应在阿富汗问题上发挥重要作用。

莫迪政府也支持阿富汗的恢复重建工作。2015 年 4 月，莫迪在与来访的阿富汗总统加尼会谈时就表示印度将一如既往地支持阿富汗恢复重建的工作。印度对阿富汗的援助计划并不局限于阿富汗的特定地区，而是在阿富汗的各个地方全面展开援助项目。大多数阿富汗人认为印度是在阿富汗的重建与经济发展中发挥了关键作用的国家之一。③ 2019 年 1 月，印度外长斯瓦拉吉（Sushma Swaraj）在"印度-中亚对话"会议上表示印度将继

---

① Shanthie Mariet D'Souza, "Indian-Afghan strategic partnership: perceptions from the ground", October 26, 2011, http://afpak.foreignpolicy.com/posts/2011/10/26/indian_afghan_strategic_partnership_perceptions_from_the_ground, 2013-04-21.

② "US looking at India to play a key role in Afghan stability", April 15, 2013, http://articles.economictimes.indiatimes.com/2013-04-15/news/38555766_1_new-silk-road-vision-turkmenistan-afghanistan-pakistan-india-robert-blake, 2013-04-21.

③ Hesamuddin Hesam, "We continue to support Afghan people: India", May 8, 2016, https://ariananews.af/we-continue-to-support-afghan-people-india/, 2019-03-05.

续致力于帮助阿富汗恢复经济重建，印度支持阿富汗人民和政府努力建设一个统一、主权、民主、和平、稳定、繁荣与包容的国家。①

三 印度对阿富汗的援助

从塔利班倒台伊始，印度就积极发展与阿富汗过渡政府的关系，并向过渡政府提供了援助。随着卡尔扎伊政府的上台，印度不断深化与阿富汗的合作关系，并提供了大量援助以促进阿富汗的重建。2011年5月，印度总理辛格再次访问喀布尔，宣布增加一项对阿富汗的援助项目，并表示支持阿富汗政府在本·拉登死后与塔利班进行和解。辛格总理在与卡尔扎伊总统举行的联合新闻发布会上表示印度向阿富汗再提供5亿美元的援助。目前，印度已经是南亚地区对阿富汗的最大援助国。印度已经援助15亿美元并帮助阿富汗进行基础设施建设。辛格总理说："新援助计划的重点是支持阿富汗的社会发展、农业和基础设施建设。"辛格告知喀布尔的高级官员，"印度是阿富汗发展的邻居与合作伙伴。阿富汗可以依靠印度来建设阿富汗的社会、经济与政治"。② 有分析认为，截至2018年年底印度与阿富汗的关系是建立在相互信任与友善的基础上，这种相互信任与友善是源于印度对阿富汗的人道主义援助和实现阿富汗自身能力建设，而这些都有益于阿富汗。③

印度对阿富汗的援助主要包括四个方面：基础设施建设援助、人道主义援助、以地区为基础的发展项目援助、教育和能力发展援助。④

（一）基础设施建设援助

印度援建扎兰季——德拉兰的公路。这个长达218公里的公路，连接阿

---

① "India committed to economic reconstruction of Afghanistan, says Sushma Swaraj", January 13, 2019, https://www.financialexpress.com/india-news/india-committed-to-economic-reconstruction-of-afghanistan-says-sushma-swaraj/1442239/，2019-03-05.
② Erin Cunningham, "India boosts ties to Afghanistan with \$500m more in aid", May 13, 2011.
③ Neelapu Shanti, "India-Afghanistan Relations: Gaining Strategic Bonding", February 6, 2019, https://economictimes.indiatimes.com/blogs/et-commentary/india-afghanistan-relations-gaining-strategic-bonding/，2019-03-05.
④ "India-Afghanistan Relations", January 2011, http://journals.usb.ac.ir/subcontinent/fa-ir/Articles/Article_704/，2012-01-05.

富汗西南部与伊朗交界处。这也将进一步鼓励新的贸易和过境合作,通过伊朗的恰巴哈尔港(Chahbahar)到阿富汗比从卡拉奇到阿富汗缩短了近1千公里路程,其运输能力大为增强。该公路将改善阿富汗通往海港的条件,减少对巴基斯坦运输的依赖,促进阿富汗与印度和海湾国家间的贸易。① 阿富汗总统卡尔扎伊与印度外长穆克吉于2009年1月22日共同出席了这条公路的奠基仪式。

除了建造扎兰季—德拉兰这条高速公路外,印度的施工队伍还建成了58公里的内城公路,其中40公里在扎兰季,10公里在古尔古里(Gurguri),连接古尔古里与拉扎伊(Razai)地区的公路有8公里。由于这条主干道将开辟一条新的路线,从逻辑上,无论从人员还是物质方面来讲这项工程都是巨大的。来自印度的工程师和工人有近340名,其他的人员大多来自阿富汗。然而,相较于在阿富汗其他地区修建道路的成本而言,由于项目团队的努力,这条公路的总成本还是比较低廉的,总共才1.5亿美元。在施工期间,总共有11名印度人和129名阿富汗人付出了生命的代价。11名印度人中有6名是受到恐怖袭击身亡,5名是在施工中身亡。这条公路的完成反映出印度和阿富汗加强合作的决心,没有什么可以阻止或妨碍印度和阿富汗之间的合作。

修建扎兰季—德拉兰这条高速路已经产生了积极效果。这条公路始建于2004年,当时扎兰季镇的人口只有55000人,到2012年时已超过10万人;公路沿线的土地价值也水涨船高;客流量也有所回升,现在已经开通了巴士业务来补充的士业务;缩短了从扎兰季镇到德拉兰的路程时间,从以前的12~14小时缩短到两小时左右;相比以前从扎兰季镇每天仅装载5辆卡车或集装箱的货物量,现在平均每天的装载货物车流量已超过了50辆;随着贸易量的稳步上升,在扎兰季镇的米拉克大桥的海关税收每月都在增长。②

印度援建电力运输工程。帮助阿富汗发电和输送电力是印度援助阿富汗一揽子计划的一个重要组成部分。2005年印度援建了从普勒-E-胡姆里(Pul-

---

① "India hands over strategic highway to Afghanistan", *The Hindu*, Jan. 23, 2009, http://www.hindu.com/2009/01/23/stories/2009012355311200.htm, 2010-01-02.
② 资料来源于印度外交部,"India and Afghanistan: A Development Partnership", External Publicity Division, Ministry of External Affairs, 2012, Government of India, http://www.mea.gov.in/Uploads/PublicationDocs/176_india-and-afghanistan-a-development-partnership.pdf, 2013-07-31。

e-Khumri）到喀布尔共 202 公里长的 220 千伏的双回路输电线工程，在喀布尔附近的钦慕塔拉（Chimtala）地区建造 2 个 160 兆伏安变压器和 3 个 40 兆伏安变压器。电力线于 2009 年 1 月 21 日开始使用。同年 4 月在钦慕塔拉的变电站开始投入使用。电力传输线穿越了超过海拔 4000 米的萨朗地区（Salang Range）。同年 1 月，印度在卡尔（Charikar）地区建设了另外一个电站。与此同时，印度援建了萨尔玛大坝发电项目。2006 年一度开始建设位于赫拉特省的赫拉特镇以东 162 公里的位于哈日河（Hari Rud）上的萨尔玛大坝发电项目。印度政府在萨尔玛大坝投资了 3 亿美元。该项目的目标发电量为每年 42 兆瓦，并能改善大约八万公顷土地的灌溉条件。该大坝于 2015 年完工。

2007 年印度向阿富汗提供从安德霍克（Andhkho）到迈马纳（Maimana）地区长达 125 公里的电力传送设备，在迈马纳、法扎巴德（Faizabad）和拒马河（Juma Bazar）地区建造 3 座 20~110 千伏的变电站，在法利亚布省（Faryab）建造 4 座 0.4~20 千伏的柱形变电站。为解决阿富汗民众的饮水困难问题，从 2003 年到 2007 年，印度在阿富汗的巴吉思、巴格兰、巴尔赫、法利亚布、赫拉特和朱兹詹各省开掘了 50 口井。2007 年，印度完成了在阿米尔·加齐（Amir Ghazi）等地的恢复重建工作。与此同时，印度在巴达赫尚（Badakhshan）等省对建设微型水电项目、提供太阳能电池板以及教师培训中心等议题进行了调查和可行性研究。为给阿富汗的民主体制建设做出贡献，印度承诺在喀布尔为阿富汗建造新的议会大厦。2005 年辛格总理与卡尔扎伊总统参加了该大厦的奠基仪式。在设计工作与建筑计划拍板后，该工程于 2009 年 1 月正式动工，于 2011 年完工。[1]

（二）人道主义援助

为增进与阿富汗的关系，也为了让阿富汗民众能更多了解并接受印度，印度通过人道主义援助的方式不断提升自身在阿富汗的影响力，这也是印度发挥自身"软实力"的重要方式与途径。

不断加大对阿富汗的学校供餐计划。阿富汗政府于 2002 年实现了一项重大举措，就是"回到学校"运动（"Back to School" Campaign），且获得

---

[1] 资料来源于印度外交部，"India and Afghanistan: A Development Partnership", External Publicity Division, Ministry of External Affairs, 2012, Government of India。

了相当的成功。这一计划的重要构成就是学校实施供餐计划来鼓励孩子上学并提升学校教学质量，尤其是对女学生。2002年6月，世界粮食计划署（WFP）希冀国际社会能资助阿富汗新学校的供餐计划。印度立即与世界粮食计划署合作，提出向阿富汗资助100万吨小麦，但由于运输困难无法完全被运送到阿富汗，印度制作成高蛋白的饼干分发到阿富汗的各个学校。这一计划于2003年开始实施，到2009年时印度已经向阿富汗提供了3200吨饼干。阿富汗的34个省中的33个省（不包括喀布尔）近200万在校儿童每人每日能收到100克的饼干。这一行动为阿富汗儿童提供了必要的营养物质以防止短期的饥饿，其目的是为了鼓励孩子上学，这成为阿富汗的学校入学率提高的一个重要原因。

  印度自身虽然也是一个大多数国民营养不良的国家，但积极地向阿富汗提供食物援助，足见印度对阿富汗的高度重视。2009年1月12日，卡尔扎伊总统对印度进行访问。在卡尔扎伊总统访印期间，印度总理辛格宣布为帮助阿富汗度过当前的粮食危机，印度将向阿富汗赠送25万吨小麦，并且立即采取行动尽快做出交通运输安排。这其中的100~15000吨小麦希望成为阿富汗的战略储备粮食。将小麦运送到阿富汗有两种选择：一种方式是通过海上运输到伊朗，然后通过陆路到阿富汗；另一种更快更廉价的路线是依赖巴基斯坦的公路和铁路运输。此后的一段时间内印度的货物通过海运到伊朗，然后转运阿富汗。2012年，巴基斯坦正式允许其领土被用来运输印度对阿富汗的粮食援助。迄今为止，巴基斯坦抵制印度尝试通过巴基斯坦领土发展与阿富汗的贸易。现在，印度的货物通过伊朗港口，并从那里运送货物到阿富汗这个饱受战争蹂躏的国家。印度的边境道路组织已经建成了从阿富汗到伊朗的高速公路。巴基斯坦同意给予边境许可，因为它涉及对阿富汗这个食品匮乏国家的援助。《过境援助协定》还规定了合同成本在以下情况下可以改变：内乱、边界问题、极端天气状况，尤其是降雨、天灾、遭受恐怖袭击，或是超出阿富汗控制范围的任何其他不可预见的情况。《过境援助协定》表现出了巴基斯坦对印政策具有一定的灵活性。如果使用巴基斯坦领土作为印度和阿富汗的贸易运输路线，有利于增加巴基斯坦的收入。①

---

① Arichis Mohan, "Pak nod to Afghan transit", June 26, 2012, http://www.telegraphindia.com/1120626/jsp/nation/story_15627657.jsp, 2012-06-28.

与此同时，印度在医疗卫生援助方面也做出了极大贡献。发生在阿富汗的几十年战争使得阿富汗的医疗卫生条件急剧恶化。因此，阿富汗需要外界大量的医疗卫生援助。在此背景下，印度于 2001 年向喀布尔派出了 13 名医生和医护人员，并于 2002 年在阿富汗各地建立安装假肢的医疗机构。从那时起，印度的五个医疗团（IMMS）分别在喀布尔、赫特拉、贾拉拉巴德、坎大哈和马扎里—沙里夫工作，每月为 3 万名患者发放药品。许多贫困患者因此获得印度提供的免费药品。近 3.6 万名患者每年享受这样的医疗服务。印度承建了在喀布尔的英迪拉·甘地儿童健康医院（IGICH），该院是目前阿富汗最大的儿科医院，并于 2005 年成功建成了 3 所外科手术部门。2007 年，印度在喀布尔建成了综合性医院。新建立的症疗医院正在安装症疗设备，包括 CT 扫描设备与磁共振成像设备（MRI）。印度对阿富汗援助的一个重要组成部分就是提高阿富汗医生的整体医务水平。所有在阿富汗英迪拉·甘地儿童健康医院工作的医生都可以在新德里的印度医学科学研究所接受培训。

2019 年年初，印度政府与阿富汗政府签署了价值 950 万美元的 11 份谅解备忘录。该谅解备忘录涉及的 26 个项目是印度 2005~2021 年资助阿富汗 577 个开发项目的一部分。这些项目包括在阿富汗的巴尔赫、古尔、赫拉特、喀布尔、巴米扬、巴德吉斯和卡披萨等七个地区建造学校、孤儿院与保健诊所等。该项目旨在帮助当地开展教育、就业与保障生计等。[①]

（三）以地区为基础的援助项目

2005 年，辛格总理在访问阿富汗时宣布了一项以社区和地区发展为基础的创新性援助新计划。该计划涉及农业、农村发展、教育、卫生以及职业培训等速效项目。在通常情况下，每个项目涉及的预算不足 1 万美元，内容都是涉及民生的，并由当地的承包商迅速地实施（一般为 6 到 12 个月）。印度的目标是与当地社会，尤其与阿富汗南部边境地区和东部省份创造一种伙伴关系，以帮助他们发展并能给当地社会带来现实利益。印度援助阿富汗的小型

---

① "India signs fresh accords for 26 Afghanistan projects", January 16, 2019, https://www.thestatesman.com/india/india-signs-fresh-accords-afghanistan－26－projects－1502725108.html, 2019-03-06.

发展项目包括农业与兽医类援助、健康援助、饮用水与卫生设施建设援助、教育援助、妇女与家庭福利建设援助、非政府组织的社会发展工程援助。①

农业与兽医类援助项目。在库纳尔省的东哈斯地区（East Khas Kunar, Kunar）、楠格哈尔省的谛巴拉区（Dih Bala, Nangarhar）、霍斯特省的塔尼地区（Tani, Khost）和楠格哈尔省的杜尔巴巴地区（Dur Baba, Nangarhar）建立苗圃示范园。在楠格哈尔省的杜尔巴巴、库纳尔省的哈斯库纳（Khas Kunar, Kunar）、霍斯特省的古尔布兹（Gurbuz, Khost）、坎大哈省斯平布尔达克（Spin Boldak, Kandahar）和帕克蒂亚省赛义德卡拉姆地区（Sayed Karam, Paktia）建立兽医诊所。在努里斯坦省卡姆德地区（Kamdesh, Nooristan）建立健康诊所。在坎大哈省阿尔甘达卜地区（Arghandab, Kandahar）建造灌溉水渠。

健康援助项目。在库纳尔省哈斯库纳地区（Khas Kunar, Kunar）、库纳尔省阿斯马尔地区（Asmar, Kunar）、帕克蒂亚省贾尼海勒地区（Jani Khel, Paktia）、巴达赫尚省瓦罕地区（Wakhan, Badakhshan）、尼姆鲁兹省扎兰季地区（Zaranj, Nimroz）、尼姆鲁兹省卡克哈苏尔地区（Chakhansur, Nimroz）、霍斯特省穆萨海勒地区（Musa Khel, Khost）、坎大哈省的阿尔吉斯坦地区（Arghistan, Kandahar）和帕克蒂亚省拉雅莽格尔地区（Laja Mangal, Paktia）建立基本医疗诊所。在帕克提卡省瓦尔马迈地区（Warmamai, Paktika）建立综合健康中心。在努里斯坦省的瓦玛地区（Wama, Nooristan）建立基本健康诊所。在楠格哈尔省弘吉阿尼地区（Khogiani, Nangarhar）、坎大哈省马汝夫地区（Maruf, Kandahar）和帕克提卡省加扬地区（Gayan, Paktika）建立全面健康中心。在萨曼甘省阿雅巴克市（Aybak City, Samangan）建立儿童医院。在巴尔赫省（Balkh）建造两个基本健康诊所和一个综合健康诊所。在楠格哈尔省罗戴特地区（Rodat, Nangarhar）建造妇科诊所。在霍斯特省的阿里谢尔地区（Ali Sher, Khost）和帕克提卡省兹茹科地区（Ziruk, Paktika）建造综合健康中心。在巴达赫尚省古兰华姆那伽地区（Kuran Wa Munjan, Badakhshan）、巴达赫尚省瓦罕地区（Wakhan, Badakhshan）、霍斯特省夏马尔地区（Shamal, Khost）和帕克蒂亚省贾吉迈丹地区（Jaji Maidan, Paktia）

---

① 资料来源于印度外交部，"India and Afghanistan: A Development Partnership", External Publicity Division, Ministry of External Affairs, 2012, Government of India.

建造基本健康诊所。

饮用水和卫生设施援助。在楠格哈尔省谢尔扎德地区（Sherzad, Nangarhar）设置40个供水点（钻井）。在帕克提卡省高摩地区的不同村庄（Gomal district, Paktika）设置50个供水点（钻井）。在楠格哈尔省合吉安尼地区的不同村庄（Khogiani, Nangarhar）设置40个供水点（钻井）。在扎布尔省的不同村庄设置35个供水点（钻井）。在帕克提卡省撒若比地区（Sarobi, Paktika）设置54个供水点（钻井）。在楠格哈尔省卡马地区设置67个供水点（钻井），在库纳尔省罗噶尔地区（Noorgal, Kunar）设置25个供水点（钻井）。在扎布尔省夏布尔扎尔地区（Shamulzai, Zabul）设置41个供水点（钻井）。在帕克提卡省兹茹可地区设置46个供水点（钻井）。在库纳尔省马拉瓦拉哈地区（Marawarah, Kunar）设置71个供水点（钻井）。在楠格哈尔省拉尔普尔区的察纳霍尔地村（Chaknahor, Lalpur Nangarhar）进行护城墙建设。在楠格哈尔省谢尔扎德区进行桥梁施工。在贾瓦兹哈省谢博哈尼地区（Shibirghan, Jawzhan）建设8个公共厕所。在帕克蒂亚省贾吉迈丹地区建造基本健康诊所。在霍斯特省苏尔科特村谷地区（Surkot, Khost）、霍斯特省塔尼地区、库纳尔省纳莉地区（Nari, Kunar）、帕克提卡省奥沃尔冈地区（Aurgon, Paktika）以及帕克蒂亚省乌杂扎尔丹地区（Wuza Zardan, Paktia）进行供水管道的项目计划。在库纳尔省加济阿巴德地区建设吊桥。在巴达赫尚省瓦罕地区进行梁桥施工。在库纳尔省丹噶姆地区（Dangam, Kunar）实施管道建设计划。

教育援助项目。在帕克蒂亚省贾吉地区、帕克蒂亚省的拉雅莽地区、帕克提卡省巴尔马尔地区（Barmal, Paktika）、帕克提卡省兹茹可地区、库纳尔省的哈斯库纳尔地区、库纳尔省的萨尔卡尼地区、库纳尔省的丹嘎姆地区、楠格哈尔省古斯塔地区（Goshta, Nangarhar）、楠格哈尔省阿甘地区（Agam, Nangarhar）、楠格哈尔省拉尔普拉地区、卢格尔省阿兹拉地区、尼姆鲁兹省查克罕速尔地区（Chakhansur, Nimroz）、巴达赫尚省哈瓦汗地区（Khwahan, Badakhshan）和巴达赫尚省古兰华姆那伽地区进行学校建设。在帕克蒂亚省、帕克提卡省和霍斯特省分别建设8所学校。在库纳尔省边境地区和楠格哈尔省的谢恩瓦尔地区、纳兹亚地区、阿钦和德巴拉地区分别建设4所学校。在楠格哈尔省各区建设5所学校。在努里斯坦省的边境地区建设4所学校。在尼姆鲁兹省和马扎里·沙里夫省分别建立3所学校。

妇女和家庭福利建设项目。印度在萨曼甘省阿雅巴克市（Aybak City，Samangan）进行孤儿院建设；在赫拉特省各区建立从事地毯织造的职业培训学院；在楠格哈尔省贾拉拉巴德（Jalalabad，Nangarhar）进行娱乐设施建设。

非政府组织的社会发展工程项目。印度代表团在巴尔赫省提供社会组织人员培训。为促进就业，印度专家为阿富汗企业家提供创业培训。

2017年印度与阿富汗达成了新发展伙伴关系，并达成了价值10亿美元的协定，其中包括印度在阿富汗的农业、水利、教育与卫生等领域投资建设数百个发展项目。[①]

（四）支持阿富汗自身能力建设

印度针对阿富汗国民实施了不同奖学金和培训计划。到目前为止，在阿富汗对此项目计划的需求不断增大之时，印度政府也希望能扩大此计划的覆盖面来满足阿富汗民众的需要。此计划的实施与推进正展现出印度不仅仅是在帮助阿富汗进行人才的培养与推动阿富汗恢复重建，更是着眼于使印度在阿富汗的知识精英阶层中树立起对印度的良好印象，这样才有利于实现印度在阿富汗的长远利益诉求。

印度对阿富汗实施了特别奖学金计划。其实，早在冷战时期印度就尝试与阿富汗开展在教育方面的合作，以期能培养出满足印度利益诉求的精英阶层。但是，在冷战两极格局的影响下，尤其受到苏联的影响，印度与阿富汗的合作受到了相当限制。冷战结束后不久，塔利班在阿富汗掌权，疏远了与印度的关系。然而，随着经济社会的不断发展，印度的地缘利益诉求也在不断扩大，这又使得印度反思自己对阿富汗政策的经验教训。在塔利班政权被赶下阿富汗的政治宝座后，印度迅速与阿富汗过渡政府建立了大使级关系。与此同时，为了能从思想上影响阿富汗的精英阶层，印度不断加大对阿富汗的教育援助。从2006年起，印度的文化关系委员会每年从阿富汗选拔500名学生来提供特别奖学金计划。这些学生可以到印度接受大学本科和研究生的课程教育。该选拔在阿富汗全境内实施。阿富汗每个

---

① Neelapu Shanti, "India-Afghanistan Relations: Gaining Strategic Bonding", February 6, 2019, https://economictimes.indiatimes.com/blogs/et-commentary/india-afghanistan-relations-gaining-strategic-bonding/, 2019-03-05.

省都有 6 个保留名额（共 34 个省）以确保全国各省的覆盖。印度尤其注重吸纳阿富汗偏远地区的学生。

印度对阿富汗展开了技术合作计划。在塔利班政权倒台后，印度对阿富汗展开了技术援助的计划。根据技术合作计划，印度每年培训大约 500 名阿富汗公共部门的官员。在一般情况下，这些来自阿富汗各个地方的官员可以任意选择在印度的专业机构接受 3~6 个月的培训。城市发展、审计、立法草案、减贫、可持续发展、教育规划、公共管理、人力资源开发、农业发展、英语语言和信息技术等科目相当受欢迎。

在职业技能培训方面，印度也做出了积极努力。在与阿富汗劳动与社会事务部合作方面，印度的工业联合会制定了一个项目。此项目就是使得上千名阿富汗青年接受木工、砌筑、焊接、管道、切割和裁剪等项目培训。该项目将由专门技术人员来指导培训，希冀该培训模式能持续发展，并致力于通过该项目为阿富汗的重建和发展做出积极贡献。

与此同时，印度积极援助阿富汗进行公共管理能力建设。自 2007 年以来，印度公务员在阿富汗—印度—联合国开发计划署三方协同下，对阿富汗公务员进行培训，目的就是为了培养阿富汗公共管理人员的专业技能，加强阿富汗公共管理部门（CAP）的业务能力。印度公务员既不是阿富汗公共部门的顾问，也不直接参与阿富汗公共部门的具体实践，只是提供培训模式。目前，该项目赢得了阿富汗政府的高度赞许，也取得了巨大成功。

2011 年，在印度与阿富汗签订了《战略合作伙伴关系协定》之后，印度与阿富汗的关系更为紧密。2013 年卡尔扎伊总统访问印度，与印度高层进行了密切会谈。在援助方面，印度总统穆克吉指出，"为增进与阿富汗的双边关系，印度将为阿富汗机构建设提供援助，提供人员培训及相应的设备供给"。但是，穆克吉总统并没有提出是否会对阿富汗提供军事援助。然而，印度前驻阿富汗大使维韦克（Vivek Katju）说，"印度应积极回应阿富汗的援助请求，以帮助阿富汗建立安全部队。印度已经加紧在印度训练阿富汗部队并取得了巨大进展。如果阿富汗人要求印度为他们的发展提供帮助，印度也应该有个积极回应"。①

---

① "India offers more aid for Afghanistan", May 21, 2013, http://www.aljazeera.com/news/asia/2013/05/2013521193232289819.html, 2013-08-08.

莫迪政府也在稳步推进对阿富汗的发展援助。在西方做出减少对阿富汗的安全与发展承诺后，印度依然热衷于继续增进与阿富汗的合作。莫迪政府承诺为阿富汗的发展提供长期支持。2016年6月，在印度—阿富汗友谊大坝举行落成典礼时，印度政府表示将与阿富汗携手合作并致力于阿富汗的可持续发展。

四　不断增进的双边工业与商贸合作

为了能在阿富汗展开工业活动、提升双边经贸关系，印度已经恢复了普勒查可希地区的工业园区（Industrial Park，Pul-e-Charkhi），旨在为印度出口阿富汗的商品提供优惠准入以及为阿富汗的中小型企业提供进出口方面的信贷业务。当阿富汗政府决定恢复普勒查可希工业园区建设时，印度随后于2005年为此提供了常用设备，这为阿富汗工业制成品的生产创造了条件，特别是对于汽车、纺织以及日常消费品。自2001年以来，有100多家印度公司在阿富汗不同的地区进行投资。到2011年时，印度公司的总投资额已接近2500万美元。但是，近80%的合资企业是由印度和阿富汗共同承建的，金额达2000万美元。印度对服务业和建筑业的投资比重较大，而工业的投资比重较小。具体见图4-1。

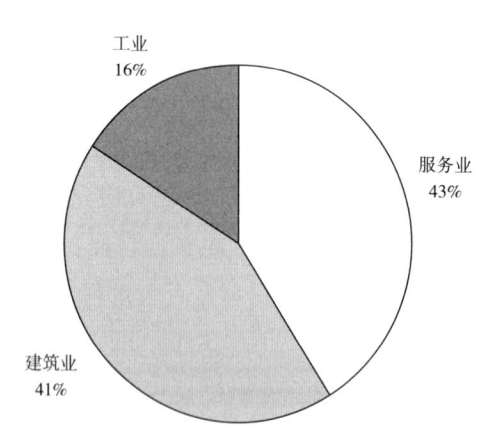

图4-1　印度在阿富汗的投资分布图①

---

① "Economic links between India and Afghanistan"，November 2011.

印度公司不仅对采矿业有浓厚的兴趣，还在采取举措深化与阿富汗的经贸合作。2010年，包括塔塔集团在内的印度企业就对开发阿富汗的哈克贾克（Hajigak）矿山有着浓厚兴趣。哈克贾克矿山蕴藏着大量优质的铁矿石，且蕴藏着一定量的铜和稀土。两国经过磋商最终达成了印度开发阿富汗哈克贾克矿山的协议。2017年9月，印度在新德里举办的印度—阿富汗贸易与投资展览会，旨在通过企业与企业配对建立阿富汗与国际市场之间的经济与贸易关系，促进贸易一体化。此次活动吸引了1000多名印度商人，他们希望与240多家阿富汗国有企业与私营实体部门建立合作关系。印度与阿富汗企业在这次活动期间签订了超过2700万美元的合同，涉及原料与加工农产品。① 2018年9月，印度与阿富汗在印度孟买再次举行贸易与投资展览会。

为了能通过经济合作方式扩大印度在阿富汗的国内市场份额以及消除两国间的贸易壁垒，印度和阿富汗于2003年达成了《优惠贸易协定》。此后，两国之间的双边贸易迅速发展使得印度成为阿富汗最大的贸易伙伴之一，也使得印度成为阿富汗的第五大商品进口国。2001年，印度与阿富汗两国间的贸易总额略超8000万美元，到2010年攀升到2.8亿美元。2010年，阿富汗从印度进口的商品价值总额高达2亿美元。与此同时，阿富汗向印度出口了8000万美元的商品，这占阿富汗商品出口总额的20%。在印度政府的促使下，阿富汗于2007年成为南亚国家联盟的正式成员国，使得阿富汗成为南亚与中亚贸易、交通与能源运输的桥梁。

随着两国经济和政治合作意向的增强，也为了深化两国经济一体化合作，阿富汗政府授权印度公司开采阿富汗最大的铁矿床——哈克贾克的铁矿石。目前，印度的6大财团对该铁矿石基地投资了66亿美元，这是当时国外对阿富汗最大的单笔投资。② 2017年6月，喀布尔到新德里与坎大哈到新德里的航空货运走廊落成。同年12月，喀布尔到孟买的航空货运走廊也投入运营。2018年，在孟买举行的第二届印度与阿富汗国际贸易投资展览会上，大约200家阿富汗企业、1200家印度企业和100家国际公司参加。2018年，

---

① Mark Burrell, "Passage to Prosperity 2: India-Afghanistan Trade and Investment Show Launches", August 27, 2018, http://www.marketlinks.byf1.io/post/passage-prosperity-2-india-afghanistan-trade-and-investment-show-launches, 2019-03-06.

② "Economic links between India and Afghanistan", November 2011.

双边贸易额为 11.43 亿美元。① 双边贸易还有进一步扩大的巨大潜力。

2011 年 10 月 4 日，两国签订了《战略伙伴关系协定》。该协定中包含了增进两国经贸合作的内容，以及矿产资源与能源资源开发的内容。2013 年 4 月，印度商业和工业部发布信息指出，印度政府已决定免除从阿富汗出口到印度的关税。该决定使得至少 465 种阿富汗商品可以免税出口到印度。与此同时，印度驻喀布尔大使馆宣布为扩大印度与阿富汗的商业关系，印度政府正试图利用伊朗和中亚过境路线拓宽中转路线。印度政府近期实施的免除阿富汗商品出口印度的关税，将进一步加强两国之间的双边贸易与商业关系。但是，印度商业与工业部指出，巴基斯坦作为印度和阿富汗之间的过境走廊将为印度和阿富汗的贸易活动形成挑战。截至 2018 年年底，阿富汗与巴基斯坦在达成过境贸易协议一事上仍存在纷争，这在一定程度上也影响着印度与阿富汗之间的贸易关系。印度商业和工业部官员宣布印度的相关部门将为此与巴基斯坦的相关部门就过境问题进行磋商。印度商业与工业部长安瓦尔·哈克·阿哈提（Anwarul Haq Ahadi）告诉媒体，印度已经免除了阿富汗出口印度商品的关税。接下来，印度将派出高级别的代表团访问喀布尔商讨阿富汗的商品出口问题。印度代表团在喀布尔的发布会上宣称印度市场需要阿富汗的产品，强调了两国之间的合作，希望加大阿富汗向印度市场的产品出口力度。② 莫迪总理与加尼总统在各种场合会面时都表示要深化两国经贸合作关系。为了加强印度与阿富汗之间的商业和经济联系，印度政府、阿富汗政府与美国国际开发署（United States Agency for International Development）联合举办针对阿富汗的贸易与投资展览会，该展览会目前已经在印度举办了两届。

五 文化联系不断增强

2000 多年前，阿富汗就是连接波斯、中亚和印度文明的重要地区。印

---

① 资料来源于印度驻阿富汗大使馆，"Embassy of India Kabul Bilateral Brief", December 31, 2018, https://www.mea.gov.in/Portal/ForeignRelation/Bilateral_Brief_on_Afghanistan_December_31_2018.pdf, 2019-03-07。

② "Focus On Afghan-India Commerce Relations Expansion", April 9, 2013, http://www.bakhtarnews.com.af/eng/business/item/6978-focus-on-afghan-india-commerce-relations-expansion.html, 2013-05-04。

度与阿富汗有着共同的文化根源与相近的经典音乐传统。两国在音乐、艺术、建筑、语言与文化等领域都有着根深蒂固的联系。印度的电影与歌曲受到阿富汗民众的喜爱。印度于 2007 年 9 月在喀布尔正式成立"印度文化中心"。该中心向阿富汗学生和其他外国人教授瑜伽和印度古典音乐,且所有的课程都是免费的。阿富汗人民和政府非常感谢印度在阿富汗所做的文化贡献。该中心举办的文化活动为两国人民之间的交流发挥了巨大的桥梁作用。该文化中心希望能通过相互合作的精神、各种文化活动,使得不同背景的人都能聚首在一起。该中心的每月活动包括音乐表演、讲座、电影放映等。[①]

为促进在教育、文化、科学和技术方面的合作,两国于 2008 年成立了印度—阿富汗基金会。该基金会帮助翻译并出版有关达理地区(Dari)与普什图地区的文献。除此之外,两国已经展开了媒体人士之间的交流与合作,就广播和电视节目交流进行磋商,旨在深化两国之间的文化交流与合作。2017 年 9 月,印度的一个文化代表团访问阿富汗。同年,"印度—阿富汗文化周"在印度新德里举行。2018 年 12 月,来自阿富汗的一个民间音乐剧团访问印度,并在新德里举办了民间音乐与舞蹈节。

六 政治互信不断提升

"9·11"事件后,印度成为阿富汗重建的重要伙伴之一。两国间频繁的高层互访与不断的高级代表团互访为增进印度与阿富汗的外交关系夯实了互信基础。

当塔利班被推翻后,印度迅速参加了由联合国发起的有关阿富汗重建的任务。以印度外长辛格为首的代表团于 2001 年 12 月访问阿富汗,与阿富汗领导人商讨重建两国正常外交关系,并就阿富汗重建问题交换了意见。2002 年 2 月 26 日至 27 日,阿富汗过渡政府主席卡尔扎伊对印度进行友好访问。这是卡尔扎伊第一次以国家元首的身份访问印度。当印度意识到阿富汗恢复重建的必要性时,瓦杰帕伊总理宣布向阿富汗援助 1000 万美元。印度宣布将帮助阿富汗恢复基础设施重建,特别是健康、教育、信息

---

① "Indian Cultural Center, Kabul", August 7, 2013, http://www.iccrindia.net/culturalcentres.html, 2013-08-14.

技术、公共交通产业和培训阿富汗政府工作人员。① 印度的这一举动不仅使得两国间的政治互信不断增强,也提升了印度在阿富汗的地缘政治影响力。同年8月,印度外长辛格访问阿富汗,两国领导人就印度援助阿富汗的航空事业达成协定,这有助于密切两国关系。

2003年3月5日,卡尔扎伊对印度展开了为期4天的国事访问。在访问期间,印度与阿富汗达签订了一项《特惠贸易协定》,规定对阿富汗出口印度的38种商品实施100%的免税。② 2005年2月,卡尔扎伊在当选为阿富汗总统后又对印度进行了国事访问,足见阿富汗对发展与印度关系的重视。2005年8月,印度总理辛格对阿富汗进行国事访问。这是29年来印度总理首次访问阿富汗。在辛格总理访问阿富汗期间,两国达成了两项谅解备忘录以及一项合作协定。针对此次访问,辛格总理说,"我这次访问阿富汗具有特别意义。对我而言,这次访问具有开拓性的意味。我对阿富汗一直很着迷,因为我的家人与这个国家有着密切的业务联系"。在会谈中,印度提出了巴基斯坦拒绝印度取道巴基斯坦向阿富汗运送货物的问题。印度通过伊朗采取了迂回路线。卡尔扎伊总统告诉辛格总理,"针对总理阁下指出的问题,巴基斯坦总统穆沙拉夫和巴政府已经同意允许印度的200辆车取道巴基斯坦向阿富汗发送货物。"③ 辛格的此次访问表明了印度对阿富汗战略地位的重视,不仅有益于增进两国的政治互信,更有益于促进两国经贸关系的发展。

2006年4月,卡尔扎伊总统再次访问印度。这是卡尔扎伊作为阿富汗国家元首以来第四次访问印度。卡尔扎伊总统的此次访问,主要是和印度领导人商讨阿富汗加入南亚区域合作联盟(SAARC)事宜。在卡尔扎伊总统访问期间,印度与阿富汗签订了三项谅解备忘录,包括教育交流项目、农村发展项目、印度国家标准局与阿富汗国家标准化管理局之间的标

---

① "Statement on Areas of Cooperation Between India and Afghanistan on Reconstruction and Rehabilitation in Post Conflict Afghanistan", February 27, 2002, http://meaindia.nic.In/, 2008-05-06.
② "Karzai gets India Trade Pledge", *Times of India*, March 6, 2003.
③ Saurabh Shukla, "Rediscovering the Kabul route: Prime Minister Manmohan Singh's trip to Afghanistan marks new chapter in Indo-Afghan ties", September 12, 2005, http://indiatoday.intoday.in/story/manmohan-singh-trip-to-afghanistan-marks-new-chapter-in-indo-afghan-ties/1/192989.html, 2008-05-06.

准化项目合作。印度总理辛格表示印度政府愿意考虑5000万美元信贷融资项目，以促进双边贸易和投资关系发展。鉴于巴基斯坦拒绝为印度商品出口阿富汗提供过境便利，卡尔扎伊总统建议印度企业家可考虑在阿富汗积极投资建厂。这不仅能促进两国之间的贸易关系，并能为印度产品进入中亚市场打开大门，更能为阿富汗的失业民众创造就业机会。但是，在阿富汗工作的印度国民需要考虑安全问题。两国于2006年4月10日签订了联合声明。但是，出乎意料的是该联合声明没有提及能源合作。事实上，在联合新闻发布会上，辛格曾表示"印度需要阿富汗在伊朗和土库曼斯坦天然气管道建设方面的合作，因为印度需要为迅速发展的经济提供商业能源"①。

2008年8月，卡尔扎伊总统出席在科伦坡举行的南亚区域合作联盟第十五次会议后对印度进行了友好访问。两国领导人就双边关系与彼此关心的问题举行了会谈。印度重申全力支持一个主权、民主、和平与繁荣的阿富汗，这有利于该地区的和平、安全与稳定。辛格总理向卡尔扎伊总统表示印度对阿富汗的承诺将得到充分兑现。为此，印度政府承诺向阿富汗再援助4.5亿美元，以满足两国正在进行和即将实施的项目的需要。两国领导人重申了两国的共同利益是致力于在深厚的历史关系与建立适合21世纪目标基础上发展一个强大的战略合作伙伴关系。②

2011年10月，卡尔扎伊总统再次对印度进行友好访问。在卡尔扎伊访问印度期间，两国于2011年10月4日签署了《印阿战略伙伴关系协定》，这是两国关系史上一个具有里程碑意义的事件。该协定的签订不仅对印度与阿富汗的关系影响重大，也对印度更为广泛的睦邻政策意义重大。该协定指出了2014年当国际安全部队撤离并向阿富汗安全部队移交权力后的印度与阿富汗关系。印度是支持阿富汗人民的。在新闻发布会上，辛格总理表示"印度将站在阿富汗人民一边，并准备在国际安全部队于2014年撤离阿富汗后承担治

---

① Vishal Chandra, "Import of Afghan President's Visit to India", April 26, 2006, http://www.idsa.in/idsastrategiccomments/ImportofAfghanPresidentsVisittoIndia_VChandra_260406, 2008-05-06.

② "India-Afghanistan Joint Statement during State Visit of President Hamid Karzai to India", August 4, 2008, http://reliefweb.int/report/afghanistan/india-afghanistan-joint-statement-during-state-visit-president-hamid-karzai-india, 2008-09-10.

安和安全责任"①。《印阿战略伙伴关系协定》是印度与南亚国家签署的第一个战略合作伙伴关系方面的协定，对印度的睦邻政策影响深远。印度似乎是采取"软"与"硬"相结合的方式来处理安全问题。印度与阿富汗签署的《印阿战略合作伙伴关系协定》展示了印度相当奏效的"软实力"，并向世人展示只要其他邻国与印度合作并改变对印度的消极态度都将获得丰厚的收益。越来越多的人认识到安全议题与传统的"硬"安全关注同样重要。这就是为什么《印阿战略合作伙伴关系协定》一方面关注恐怖主义；另一方面关注区域合作能力建设、贸易与投资以及人类安全议题。②

2013年5月20日至23日，卡尔扎伊总统访问印度。在卡尔扎伊访印期间，位于贾朗达尔市的拉夫里大学③（alandhar based Lovely University）授予他名誉博士学位。他高度赞扬印度在过去年岁里为阿富汗提供的20亿美元援助，并指出印度的援助已经完全由阿富汗政府在具体项目中得以落实。卡尔扎伊希望在某个时候，印度的教官能和美国、英国的教官在喀布尔一同训练阿富汗的安全部队。卡尔扎伊承认如果没有印度的合作，阿富汗当局与塔利班的"和平进程"将不会取得成功。卡尔扎伊指出阿富汗将完全致力于"和平进程"，并保持向印方通报和谈进程的细节。阿富汗政府承认印度关切的"和平进程"可能导致"恐怖主义和激进主义的泛滥"。阿富汗政府试图消除印度对"和平进程"的担忧，并致力在阿富汗宪法框架内实现"和平进程"。④ 2015年4月，阿富汗新总统加尼（Ashraf Ghani）访问印度。同年12月，莫迪总理访问阿富汗。2016年9月，加尼再次访问印度。2017年10月，加尼在访问印度期间重申阿富汗对两国战略伙伴关系的承诺。2018年9月19日，加尼总统与莫迪总理在新德里举行会晤。两位领导人积极评价双边战略伙伴关系，并表示两国对双边贸易与投资充满信心。

---

① Arvind Gupta, "Strategic Partnership with Afghanistan: India Showcases its Soft Power", October 10, 2011, http：//www.idsa.in/idsacomments/StrategicPartnershipwithAfghanistanIndiaShowcasesitsSoftPower_agupta_101011, 2011-10-11.

② Ibid.

③ 拉夫里大学是隶属于印度北部著名产业集团——拉夫里集团旗下的私立大学，同时获得政府每年教育资助。大学位于印度北部的旁遮普邦贾朗达尔市。

④ Arvind Gupta and Ashok K. Behuria, "President Karzai's visit to India: Leveraging Strategic Partnership", May 23, 2013, http：//www.idsa.in/idsacomments/PresidentKarzaisvisittoIndia_agupta_230513, 2013-05-23.

在塔利班被推翻后，印度在阿富汗的重建与"和平进程"议题上发挥了重大作用。阿富汗领导人在认识到印度对阿富汗的和平发展能发挥重要作用时，就不断深化与印度的双边关系。频繁的高层互访尤其是领导人的访问，为印度与阿富汗增进政治互信奠定了基础，也为两国建立战略合作伙伴关系创造了有利条件。

第四节　双边关系增进的动因

自塔利班政权被推翻后，印度积极参与并不断加强对阿富汗的援建。确保阿富汗的政治经济稳定是印度发展与阿富汗关系的优先抉择。两国间签订的《贸易与经济协定》促进了阿富汗经济的恢复与发展。印度对阿富汗进行援助既可以促进阿富汗当地民众就业，也能增进阿富汗人民对印度的了解，进而使得阿富汗民众认同印度在阿富汗的影响。印度对阿富汗的教育援助可以培养阿富汗未来的领导人，对印度是大有裨益的。印度希冀借助作为南亚与中亚桥梁的阿富汗建立区域合作框架。因此，鉴于地缘政治、国家利益、能源与经贸以及国家战略等因素的慎重考量，印度不断增进与阿富汗的关系。

一　阿富汗是印度连接中亚地区的重要枢纽

对印度而言，中亚地区不仅有着丰富的能源资源与矿产资源，还是一个重要的潜在消费市场。印度分析家辛格·罗易（Meena Singh Roy）指出，"作为印度延伸的邻居，印度在中亚地区有着巨大的地缘政治和经济利益。未来，中亚与印度在能源安全领域的合作将相当重要。中亚地区与阿富汗的和平与稳定对印度的安全而言至关重要"。[①] 在苏联解体后，中亚出现了五个国家。印度迅速和中亚五国建立了外交关系，并增进与中亚国家的经贸合作与文化联系。印度此举也有平衡巴基斯坦影响的意图。但是，印度要实现这样的战略意图就需要阿富汗作为连接印度与中亚国家的枢纽。在塔利班执政时期，印度在阿富汗的影响力被削弱，发展与中亚国家的关系

---

① Meena Singh Roy, "India's Interests in Central Asia", *Strategic Analyses*, Vol. XXIV, No. 2, March, 2001.

面临诸多困难。在塔利班政权被推翻后,印度迅速与阿富汗过渡政府建立正常的外交关系,积极参与阿富汗重建并努力推动阿富汗"和平进程"。2006年,卡尔扎伊总统在访问印度时邀请印度公司去阿富汗投资。卡尔扎伊指出,"阿富汗非常高兴印度公司在阿富汗生产商品,并把阿富汗作为集散中心或跳板往中亚销售这些产品"①。

在此情形下,印度投资修建连接阿富汗与中亚国家的道路与其他基础设施。印度参与了土库曼斯坦—阿富汗—巴基斯坦—印度(YAPI)的天然气管道建设。2006年5月,印度内阁批准了由亚洲开发银行资助、印度参与的土库曼斯坦—阿富汗—巴基斯坦长达1300公里的天然气管道项目。此外,2007年3月,印度完成了翻新塔吉克斯坦艾尼地区(Ayni)的一个军事基地,总投资1000万美元。② 印度是继俄罗斯、美国、德国之后第四个在中亚有军事基地的国家。该基地对印度而言具有重要战略意义。正如印度分析家苏哈·德兰指出的,在塔吉克斯坦艾尼的空军基地可以使得印度对来自阿富汗和巴基斯坦的威胁做出快速反应。这也使得印度在形势需要的情形下可对敌对区域投放特种部队。鉴于与巴基斯坦的军事对峙,印度可以取道塔吉克斯坦对巴基斯坦进行攻击。艾尼军事基地与印度在中亚不断增长的利益有关。③

二 削弱巴基斯坦的地区影响力

当塔利班在阿富汗掌权时,巴基斯坦对塔利班政权给予了相当的支持,这就使得巴基斯坦对阿富汗有着重大影响力。与此同时,印度支持被塔利班驱逐的由拉巴尼政府领导的"北方联盟",使得印度在阿富汗的影响力被"边缘化"(marginalized)。"9·11"事件后,美国发动的反对恐怖主义战争为印度孤立巴基斯坦提供了机会。印度立即为美国在阿富汗的军事行动提供全面合作以及提供空军基地,并发动反对巴基斯坦的运动。印度内政部长阿德瓦尼(L. K. Advani)在2001年9月16日的声明中指出,"世界不能忽视十余年来的事实是巴基斯坦和塔利班已经实施的恐怖主义。他们已经

---

① "India, Afghanistan Pledge to Fight Terrorism", *Khaleej Times*, April 10, 2006.
② "India makes a soft landing in Tajikistan", *Asia Times Online*, March 3, 2007.
③ Ibid.

为所有沉溺于恐怖暴力的人或组织提供避难所和庇护"。阿德瓦尼进一步指出,"印度必须拟定新的方案来面对这样的挑战,印度不知道整个方案如何形成。但是,到目前为止印度的安全部队必须做出决定。印度已经准备好面对所有敌人"。①

2001年10月,印度外长辛格在访问美国期间接受采访时说,"国际社会须认识到塔利班政权的延续就是恐怖主义的延续。塔利班是巴基斯坦支持的产物。巴基斯坦继续给塔利班提供援助、资金支持并给予武器装备,并将继续这样做。"辛格强调该地区的恐怖主义不仅仅波及查谟克什米尔地区,还将蔓延到中亚、伊朗和印度,甚至其他地区。阿富汗与巴基斯坦已经成为恐怖主义的焦点。②

印度虽然没有成功劝服国际社会宣布巴基斯坦为恐怖主义国家,但是印度支持"北方联盟"以阻止新成立的阿富汗政府采取亲巴基斯坦的政策。正如印度国际政治分析家迈特拉(Ramtanu Maitra)观察到的,"印度完全不能接受塔利班与巴基斯坦的关系。印度诚挚地欢迎美国于2001年冬天进入阿富汗并推翻塔利班政权。印度还欢迎美国努力打破塔利班与巴基斯坦的同盟关系,并扶持一个非原教旨主义的卡尔扎伊政府"。③

但是,就目前的局势而言,巴基斯坦支持卡尔扎伊政府并积极支持阿富汗重建,并对阿富汗提供了力所能及的援助。然而,巴基斯坦发展与阿富汗的友好关系却遭到印度的猜疑。巴基斯坦虽然一再否认印度与阿富汗卡尔扎伊政府所指责的——巴基斯坦在印度和阿富汗边境支持恐怖主义渗透以及巴基斯坦在其境内窝藏恐怖分子。同时,巴基斯坦对印度在阿富汗的举动也相当关切。印度在阿富汗除了建立一个大使馆外,还在阿富汗境内建立了四个领事馆。巴基斯坦对印度在巴基斯坦—阿富汗边境的坎大哈省和贾拉拉巴德省建立的领事馆表示关切。巴基斯坦怀疑印度通过这些领事馆参与破坏巴基斯坦稳定的秘密活动。④

---

① "Pakistan's nexus with Taliban cannot be ignored: Advani", *The Hindu*, September 17, 2001.
② "Jaswant support to NA", Times of India, October 3, 2001.
③ "India's irons in the Afghan fire", Asia Times Online, October 26, 2004.
④ Fahmida Ashraf, "India-Afghanistan relations: post – 9/11", February 2008, http://catalogo. casd. difesa. it/GEIDEFile/INDIA% C4% 90AFGHANISTAN _ RELATIONS _ POST – 9 – 11. HTM? Archive = 191494691967&File = INDIA% ADAFGHANISTAN+RELATIONS+POST–9–11_HTM,2012-08-06.

三 抑制伊斯兰极端主义

印度积极发展与阿富汗关系的一个重要因素就是为了确保阿富汗能控制伊斯兰极端主义。在印度看来,巴基斯坦和阿富汗不断升温的极端主义对印度的国家安全构成威胁。印度认为巴基斯坦长期以来以民族自决的名义支持查谟克什米尔地区的分裂主义分子使得印度长期遭受克什米尔地区激进的伊斯兰势力侵扰。印度认为在巴基斯坦的支持下,激进的伊斯兰主义者找到了栖息的温床,这对印度的国家安全产生了直接影响,进而使得恐怖主义分子可以跨越国界进行渗透以及采取恐怖袭击。阿富汗绝对不能再次成为恐怖主义和极端主义的避风港,这对印度和阿富汗而言是至关重要的。[1]

作为印度的友邦,阿富汗国内的宗教极端主义持续泛滥。在艾哈迈德·拉希德（Ahmad Rashid）看来,巴基斯坦通过为好战分子提供培训基地来打击印度的安全部队,为在克什米尔问题上对印度施加压力显得至关重要。圣战者不仅可以从阿富汗抵抗苏联的战斗中获得灵感,也可以从巴基斯坦获得物质支持。[2] 来自不同伊斯兰国家的数千名克什米尔武装分子志愿参加反对苏联的战争。他们被灌输了一种思想就是伊斯兰分子注定战胜"异教徒",以及认识到游击战的重要性。[3] 印度认为伊斯兰好战分子可能利用阿富汗作为基地向南亚、中亚和中东渗透,进而损害印度在上述地区的利益,这就使得印度对伊斯兰好战分子表现出极大关切。

四 树立负责任的地区大国形象

如前所述,印度对邻国的政策近年来正在发生急剧改变。20 世纪 90 年代,印度对邻国提出了非互惠的政策,即"古杰拉尔主义"。该政策反映了作为南亚地区占主导地位的地区大国有责任支持和容纳他的邻居,而不必期待

---

[1] Harsh V. Pant, "India in Afghanistan: A Rising Power or a Hesitant Power？", April 5, 2012, http：//www. meakabul. nic. in/ir/2007/03/02ir01. pdf, 2012-04-06.

[2] Ahmad Rashid, *Taliban: The Story of Afghan Warlords*, Oxford: Pan Books, .2001, P. 183-187.

[3] Rasyul Bakhsh Rais, "Afghanistan and the Regional Powers", *Asian Survey*, 1993, 33 (9), P. 915-916.

从那里享受互惠互利。这一政策出台后在 20 世纪 90 年代后期停滞不前，主要是因为印度人民党（BJP）优先考虑的是印度应当作为全球性而不是地区性大国。2004 年，国大党领导的团结进步联盟开始执政，致力于发展区域合作的外交政策，印度政府的阿富汗政策也就囊括在这些条款之中。印度致力于在阿富汗发挥积极作用源于阿富汗的社会和经济发展是地区稳定的关键。[①] 2014 年 5 月，新执政的莫迪政府仍然高度重视阿富汗局势的稳定。随着土库曼斯坦—阿富汗—巴基斯坦—印度天然气管道的竣工，印度希望阿富汗能保持稳定的安全局势。

印度、巴基斯坦与阿富汗的三边动态关系相当复杂且和地缘政治竞争与紧张局势相重叠。印度不可能在大多数西方国家撤出阿富汗后派遣安全部队到阿富汗，且不愿意在阿富汗扮演单方面的维护安全的角色。这缘于印度在 1987 年至 1990 年在斯里兰卡采取维和行动的教训，也意识到印度在阿富汗的军事存在将导致与巴基斯坦的紧张局势。然而，印度已经宣布逐步提高对阿富汗安全部队的培训级别。印度至今仍然怀疑西方国家对阿富汗长期承诺的真实性。这也就是说，印度在阿富汗的发展援助工作与"软实力"投放已经从西方国家军队在阿富汗的存在中受益。印度对阿富汗的政策将取决于阿富汗的具体要求。C. 拉贾·莫汉指出印度起初的广泛关注已经转变为依靠自己，决心追求在阿富汗的长远利益。[②] 为增强阿富汗警方的能力，印度与阿富汗于 2017 年签署了为期五年的合作谅解备忘录。但是，阿富汗政府对本国领土的控制范围不断缩减，这种不稳定的安全局势影响着印度的区域外交。阿富汗连接着中亚、西亚以及欧亚大陆其他地区，而这些地区深刻影响着印度的对外贸易发展，这就需要印度进一步增加对阿富汗的安全和经济援助。

目前，印度也在积极促进阿富汗政府与塔利班和谈。印度与西方国家既希望塔利班能支持阿富汗政府，也在采取措施防止塔利班的东山再

[①] "India's Policy towards Afghanistan", Asia ASP 2013/04, Gareth Price, Chatham House, August 2013, http：//www.chathamhouse.org/sites/default/files/public/Research/Asia/0813pp_indiaafghanistan.pdf, 2013-08-15.

[②] C. Raja Mohan, "Beyond US withdrawal: India's Afghan Options", Observer Research Foundation, May 24, 2012, http：//www.orfonline.com/cms/sites/orfonline/modules/analysis/AnalysisDetail.html? cmaid=37399&mmacmaid=37400, 2012-05-25.

起。印度也积极支持阿富汗的国防军,希望其能发挥维护阿富汗安全的重任。与此同时,巴基斯坦也不会再像20世纪90年代那样积极支持塔利班。有鉴于此,印度不仅积极支持阿富汗重建并与国际社会一道积极推动阿富汗的和平进程谈判,也逐步提高对阿富汗的军事人员培训的规格并提供精良的武器装备,进而通过在阿富汗的政策实践树立印度负责任的地区大国形象。

五 阿富汗有着巨大的经济潜力

如前所述,印度对阿富汗进行了大量的援助和投资。这些援助和投资不仅促进了阿富汗经济社会的恢复与发展,也让印度认识到了阿富汗潜在的经济价值。2012年在喀布尔召开的"亚洲中心"(Heart of Asia)会议上,印度主动与阿富汗签订了《信任措施计划》,旨在支持阿富汗融入区域经济整合机制。印度相信在阿富汗问题上发挥带头作用有利于促进印度与阿富汗的贸易和商业发展。[①] 在阐述"新丝绸之路"时,印度认为阿富汗将作为连接南亚、中亚、中东以及亚欧大陆的桥梁将重拾其历史作用。[②] 这种提法在印度也引起了探讨。然而,印度认为改善与巴基斯坦的贸易关系,就有希望使得阿富汗成为该地区贸易、运输和能源的枢纽。2012年6月,在新德里举办的阿富汗投资峰会上,印度邀请"亚洲中心"国家与会,旨在突出在阿富汗的投资机会。印度强调了自身的潜力,包括采矿、基础设施、电信、农业和小型产业、卫生、医药、教育、信息技术及新兴产业。[③] 自2001年以来,逾100家印度公司在阿富汗投资。尽管印度在阿富汗的投资大多来自公共部门的企业,但在新德里举行的阿富汗投资峰会上印度旨在为私人投资者提供机会。

与此同时,在阿富汗新发现的矿产资源被认为是吸引商业机会的主要

[①] Gulshan Sachdeva, "The Delhi Investment Summit on Afghanistan", Institute for Defence Studies and Analyses, June 26, 2012, http://idsa.in/idsacomments/TheDelhiInvestmentSummiton Afghanistan_gsachdeva_260612, 2012-06-26.

[②] "Root out 'syndicate of terrorism' from Afghanistan: India", PTI, June 28, 2012.

[③] Shri Salman Khurshid, "Hon'ble Minister for Law & Justice at the Kabul Ministerial Meeting of the Heart of Asia Countries", June 14, 2012, http://www.mea.gov.in/Speeches-Statements.htm? dtl/19794/Statement+by+Shri+Salman+Khurshid+Honble+Minister+for+Law+amp+Justice+at+the+Kabul+Ministerial+Meeting+of+the+Heart+of+Asia+Countries, 2013-06-06.

动因。据估计，阿富汗拥有尚未开发的矿产总价值超过3万亿美元，包括储量巨大的石油、天然气、铜、铁、金以及诸如锂和铌等稀土矿物。① 美国地质勘探局认为阿富汗可能拥有6000万吨铜，22亿吨铁矿石，140万吨稀土，如镧、铈和钕，以及矿脉铝、金、银、锌、汞和锂。② 据估计，阿富汗铁矿矿床价值高达4210亿美元；铜矿储量价值高达2740亿美元；铌矿价值高达810亿美元；钴矿价值高达510亿美元；金矿储量价值达250亿美元。美国地质调查局估计阿富汗北部地区的天然气储量达36.5兆亿立方英尺。阿富汗的石油储量为36亿桶。③

鉴于阿富汗在矿产资源方面有着丰富储量，印度和阿富汗在这一领域拥有巨大的合作潜力，这能为印度迅速增长的经济提供能原动力。印度认为采矿业和基础设施的发展可能是私人投资的关键领域。在钢铁及相关的基础设施投资方面，印度公司已经被授予了开采哈吉噶克（Hajigak）地区的四个铁矿床的权利，总价值达20亿美元。④ 印度公司对阿富汗的石油和铜矿也十分期待。印度帮助阿富汗复苏制造业，如水泥、石油、天然气，并对阿富汗的酒店、银行和通信等重要的服务业提供帮助。印度企业家充分享受了阿富汗政府的低税收政策。⑤ 与此同时，阿富汗政府宣布实施优惠政策以吸引包括印度公司在内的国外投资者。2012年，在卡尔扎伊总统访问印度期间，印度与阿富汗就相关领域签订了4个合作协定。⑥ 莫迪政府执政后称阿富汗是连接中亚与南亚的重要经济枢纽，印度将在更为广阔的领

---

① M. Ashraf Haidari, "Afghanistan: The Silk Road to Opportunities", December 16, 2012, http://www.diplomatictraffic.com/opinions_archives.asp? ID=156, 2012-12-19.

② Ahmad Shah Katawazai, "Afghanistan's Mineral Resources Fueling War and Insurgency", May 29, 2018, https://www.foreignpolicyjournal.com/2018/05/29/afghanistans-mineral-resources-fueling-war-and-insurgency/, 2019-04-12.

③ "Afghan Minerals Mean 'Self Sufficiency' in 10 Years", June 25, 2010, http://www.bbc.co.uk/news/10412085, 2012-08-10.

④ "SAIL-led consortium AFISCO bags ore mining rights in Hajigak, Afghanistan", The Economic Times, November 29, 2011, http://articles.economictimes.indiatimes.com/2011-11-29/news/30454344_1_hajigak-aynak-copper-mines-iron-ore, 2012-12-08.

⑤ Harsh V Pant, "India's Changing Role: the Afghanistan Conflict", Middle East Quarterly, Spring 2011, p. 40.

⑥ 资料来源于印度外交部网站，Ministry of External Affairs, Government of India, "List of Documents Signed the State Visit of President of Afghanistan", November 12, 2012, http://mea.gov.in/bilateral-documents.htm? dtl/20802/List+of+documents+signed+during+the+State+Visit+of+President+of+Afghanistan, 2013-08-06.

域对阿富汗进行投资并不断探寻深化双边贸易关系的途径。2016年，阿富汗加尼总统还制定了在五年内将印度与阿富汗的双边贸易与投资增加到100亿美元的目标。①

第五节　印度"软实力"投放的困境

自塔利班倒台以来，印度不仅对阿富汗的重建与和平进程做出了积极努力，也在各方面不断增进与阿富汗的友好关系。印度的做法是通过"软实力"的投放，不断扩大自己在阿富汗的影响。尽管印度在阿富汗有着一系列利益诉求，但是印度认识到要依靠政治与经济接触以及文化宣传的"软实力"战略使得印度成为阿富汗普通民众中最受欢迎的国家之一，然而这并没有给印度带来任何明显的战略利益。相较而言，印度是在很大程度上赢得了阿富汗民心的国家。但是，印度与西方国家站在一起却难以彰显印度的外交战略自主性。由于各种因素的限制，尤其是受到美国、巴基斯坦两国的制约，印度在阿富汗的"软实力"投放仍然相当有限。

一　美国对印度在阿富汗利益的考量

为了保持与巴基斯坦的良好关系，美国长期以来都坚持应当限制印度在阿富汗的影响力。一段时间以来，美国似乎已经接受了巴基斯坦的看法，印度在阿富汗的存在威胁到了巴基斯坦，使其难以与国际社会充分合作打击"基地组织"与塔利班。然而，在20世纪90年代印度在阿富汗的影响是非常有限的。面对不断升级的恐怖主义，印度已经被描绘为保护西方的"海绵"。印度战略学家警告美国匆忙从阿富汗撤军将使得塔利班对阿富汗形成威胁，对印度也会形成严重挑战。其中最重要的是巴基斯坦将会在阿富汗变得更为激进。② 美国前国务卿亨利·基辛格指出，"如果伊斯兰圣战者在阿富汗获得动力，从许多方面讲，印度将成为最易遭受恐怖袭

---

① "Economic Bonds between India and Afghanistan to Strengthen throuth the Trade and Investment Show", September 27, 2017, https://www.usaid.gov/afghanistan/news-information/press-releases/Sept-27-2017-India-Afghanistan-Trade-and-Investment-Show, 2019-04-12.

② Harsh V. Pant, "India in Afghanistan: A Rising Power or a Hesitant Power?", April 5, 2012, http://www.meakabul.nic.in/ir/2007/03/02ir01.pdf, 2012-04-06.

击的国家"①。

美国认识到印度为阿富汗未来的局势担心。同时，认为印度扩大在阿富汗的影响也导致了巴基斯坦的怀疑与不满。2013 年 8 月，美国特使詹姆斯·多宾斯（James Dobbins）指出，"巴基斯坦夸大了对印度在阿富汗存在的担忧，但也并非没有根据。巴基斯坦指责印度在阿富汗的西部边境城市建立领事馆是制造麻烦。但是，印度否认了这一指责，认为印度建立领事馆是为了发展贸易和促进当地发展。边境地区主要的武装渗透是从巴基斯坦到阿富汗，然而巴基斯坦认识到有一些敌对武装分子从另一个方向向边境地区渗透。因此，巴基斯坦的担忧是有根据的。但是，巴基斯坦也夸大了事实"。② 据 BBC 报道，"在过去，美国官员只是私下表达这样的情绪。这是美国外交官第一个公开地谈论巴基斯坦对印度的不满"。③ 其实，美国也认识到要印巴在阿富汗安全问题上进行合作的想法是很幼稚且不现实，因为印巴都有各自的战略利益。美国国防部长哈格尔（Chuck Hagel）曾表示，一段时间以来印度一直把阿富汗视为自己的"第二战线"。印度多年来一直为阿富汗境内一些势力提供资金。印度可以利用这些资金来制造巴基斯坦与阿富汗之间的紧张关系。印度认为哈格尔防长的话是没有依据的。印度驻美大使馆表示，作为印度长期的朋友和印美关系的忠实信奉者，哈格尔防长的这些话是不妥的。④ 2017 年 8 月，特朗普政府在其"南亚新战略"中高度评价印度在阿富汗重建中的作用，这也是美国公开承认印度在阿富汗局势中的重要性。2018 年 9 月，美国国务卿蓬佩奥在访问巴基斯坦时表达了美国希望与巴基斯坦共同努力推进阿富汗和平与稳定。现在，美国对巴基斯坦的态度再次变得非常积极，因为要将塔利班成功带到谈判桌

---

① "Fundamentalist regime in Kabul to affect India most," Indian Express (New Delhi), September 13, 2010.
② "Pakistani fears over India Afghan role 'not groundless': US envoy", August 8, 2013, http：//www. nation. com. pk/pakistan-news-newspaper-daily-english-online/national/08 - Aug - 2013/pakistani-fears-over-india-afghan-role-not-groundless-us-envoy，2013-08-20.
③ "Pakistani fears over India Afghan role 'not groundless': US envoy", August 8, 2013, http：//www. nation. com. pk/pakistan-news-newspaper-daily-english-online/national/08 - Aug - 2013/pakistani-fears-over-india-afghan-role-not-groundless-us-envoy，2013-08-20.
④ Manish Chand, "India's role in Afghanistan: Is US speaking in many voices?", August 20, 2013, http：//www. indiawrites. org/diplomacy/indias-role-afghanistan-speaking-voices/，2013 - 08-20.

上需要巴基斯坦发挥关键作用。① 美国极欲从阿富汗完全脱身就需要得到巴基斯坦的支持与合作，美国不断改善并增进与巴基斯坦的关系会在一定程度上削弱美国在阿富汗问题上对印度的倚重，这就会限制印度在阿富汗的"软实力"发挥。

二 巴基斯坦对印度的战略忧虑

一直以来，印度在阿富汗的首要目标就是对巴基斯坦在阿富汗的战略和政治嵌入实施"先发制人"。具有讽刺意味的是印度在阿富汗的成功使得巴基斯坦的安全机构陷入了恐慌。巴基斯坦认为印度要接管阿富汗。奥巴马政府渴望美国的部队迅速从阿富汗撤离，使得巴基斯坦有机会重获在喀布尔的影响力。②

与此同时，阿富汗卡尔扎伊总统也希望巴基斯坦在阿富汗发挥更大的作用。2010年，卡尔扎伊决定派遣一支阿富汗军事人员到巴基斯坦接受培训，旨在增进与巴基斯坦的关系。此举对巴基斯坦寻求在阿富汗扮演重要角色而言是一种胜利。巴基斯坦和阿富汗官员越来越相信美国正陷入阿富汗战争的泥淖。阿富汗官员指出卡尔扎伊总统已经把巴基斯坦视为必要的盟友来帮助阿富汗政府与塔利班进行谈判，或在战场上支持阿富汗政府来结束这场旷日持久的战争。针对巴基斯坦和阿富汗之间的培训协议，卡尔扎伊政府的国家安全顾问斯潘塔（Rangin Dadfar Spanta）指出，"该协议旨在向巴基斯坦展示阿富汗的决心，并希望巴基斯坦在塔利班问题上与阿富汗进行协商与对话"。③ 2014年9月，新上台的加尼政府将巴基斯坦置于阿富汗外交政策的"第一圈层"，并表示与巴基斯坦的关系是阿富汗外交政策的重要支柱。同时，加尼政府将印度置于阿富汗对外政策的"第四圈层"。④ 这清晰表明阿富汗对

---

① "America's Wavering Relations: Pakistan is Strengthening Ties with China and Russia", April 13, 2019, https://www.veteranstoday.com/2019/04/13/americas-wavering-relations-pakistan-is-strengthening-ties-with-china-and-russia/, 2019-04-14.

② David E. Sanger and Peter Baker, "Afghanistan Drawdown to Begin in 2011, Officials Say," *New York Times*, December 1, 2009.

③ Karin Brulliard and Karen DeYoung, "Some Afghan military officers to get training in Pakistan", *Washington Post*, July 1, 2010.

④ Saman Zulfqar, "Pakistan-Afghanistan Relations", October 7, 2015, http://www.ipripak.org/pakistan-afghanistan-relations/, 2019-04-18.

巴基斯坦的倚重，同时表明加尼政府希望在巴基斯坦的支持下阿富汗能实现各势力之间的和解进而实现阿富汗的和平与稳定。此后，巴阿领导人尤其是军方领导展开了卓有成效的互访。

卡尔扎伊总统认为巴基斯坦在阿富汗政府与塔利班进行谈判或是战争中都扮演着重要角色。阿富汗政府决定派遣人员到巴基斯坦接受培训有着重要的象征意义。2011年，阿富汗与巴基斯坦的安全机构之间进行了磋商。有报道指出，卡尔扎伊总统在巴基斯坦陆军参谋长和三军情报局主席的陪同下会见了西拉杰丁·哈卡尼（Sirajuddin Haqqani）。[1] 有分析认为巴基斯坦的安全部门在阿富汗玩弄"双重手法"。巴基斯坦政府与巴基斯坦三军情报局对塔利班以及塔利班人员继续实施最高层级的制裁。与此同时，巴基斯坦向塔利班的战争委员会派遣了代表。巴基斯坦的目的是维系对塔利班的影响力。塔利班武装分子继续在巴基斯坦的营地进行训练。三军情报局不仅提供财政援助、军事支持，且为叛乱分子提供后勤保障，旨在维系对阿富汗塔利班的强劲的战略影响与牢固的操控权。[2] 尽管巴基斯坦对其境内北瓦济里斯坦与南瓦济里斯坦（North, South Waziristan）的武装分子发动了攻势，但是巴基斯坦军方仍然将塔利班视为其战略资产。阿富汗与巴基斯坦的贸易与过境协定（APTTA）就是巴政府对塔利班支持的缩影。因为巴基斯坦明确规定，不允许印度通过巴基斯坦的瓦格赫边境向阿富汗出口货物。[3] 在经济层面，巴基斯坦仍是阿富汗重要的贸易伙伴，两国贸易额到2015年达25亿美元。受各种因素的影响，巴基斯坦、阿富汗双边贸易额近年来虽大幅下滑，但巴基斯坦仍然在诸多经济层面影响着阿富汗。

美国维基解密于2010年7月发布了超过91000份基层实地考察报告的机密文件。这些文件只是证实了美国的长期信念，即为了打击极端主义分子，美国给予巴基斯坦超过一百亿美元的资金支持，但是巴基斯坦情报机

---

[1] Karin Brulliard and Karen DeYoung, "Some Afghan military officers to get training in Pakistan", Washington Post, July 1, 2010.
[2] Miles Amoore, "Pakistan puppet masters guide the Taliban killers," The Sunday Times (London), June 13, 2010.
[3] Jay Solomon and Alan Cullison, "Islamabad, Kabul Sign Pact," Wall Street Journal, July 18, 2010.

构继续指导阿富汗的叛乱分子。巴基斯坦三军情报局一直在帮助阿富汗的叛乱分子策划与实施针对在阿富汗的美军和阿富汗盟友的袭击。在阿富汗战争的关键时期，巴基斯坦三军情报局努力帮助阿富汗的塔利班培训。① 这些事实清晰地表明，印度一直是三军情报局系统性针对的目标。2008年，在印度驻阿富汗大使馆的爆炸中，三军情报局与哈卡尼网络派遣的炸弹袭击者袭击了印度官员、援助工人以及工程师。三军情报局支持哈卡尼网络对在阿富汗的印度公司进行袭击，并对在阿富汗的印度领事馆进行攻击。② 巴基斯坦矢口否认上述指控，且现实是巴基斯坦虽然也面临着恐怖主义的严重威胁，但是仍然为实现阿富汗的和平与稳定而不懈努力。2018年年初，特朗普总统指责巴基斯坦时表示，美国在过去的15年里"愚蠢"地为巴基斯坦提供了超过330亿美元的援助，而巴基斯坦回馈美国的只有"欺骗"和"谎言"。③ 但是，印美也深刻认识到尽管他们对巴基斯坦存有各种苛责，但都必须认可巴基斯坦在阿富汗和平进程中的重要地位，而巴基斯坦这种地位是其他任何势力无法替代的。

相较于印度而言，巴基斯坦与阿富汗有地理上毗邻的优势，这就使得阿富汗更易于受到巴基斯坦局势的影响，进而使得巴基斯坦在阿富汗拥有更为深刻的利益关切。巴基斯坦是阿富汗主要的过境提供者和最大的贸易伙伴，但是，在大多数情况下，伴随紧张的双边关系，地理因素也是摩擦的根源。巴基斯坦、阿富汗边界地区是较大民族和俾路支省地区武装分子实施跨境活动的活跃地区。巴基斯坦深受这些跨境武装组织的侵袭和威胁。随着阿富汗政府试图与塔利班寻求政治和解，巴基斯坦的首要战略利益似乎是促成阿富汗以政治方式"结束游戏"（这场游戏是指阿富汗各派系间的战争），同时确保削弱巴基斯坦的宿敌——印度在阿富汗的影响。④ 到2018

---

① Mark Mazzetti, Jane Perlez, Eric Schmitt and Andrew W. Lehren, "Pakistan Aids Insurgency in Afghanistan, Reports Assert," *New York Times*, July 25, 2010.
② Manu Pubby, "Evidence of Pak blackmail, how ISI paid Taliban to hit Indians in Kabul," Indian Express, July 27, 2010.
③ Alex Pappas, "Trump accuses Pakistan of 'lies' and 'deceit,' says US has 'foolishly' given them aid", January 01, 2018, https://www.foxnews.com/politics/trump-accuses-pakistan-of-lies-and-deceit-says-us-has-foolishly-given-them-aid, 2019-04-18.
④ Rahul Roy-Chaudhury, "A Long Term Strategy for Afghanistan", September 10, 2011, http://www.iiss.org/en/events/gsr/sections/global-strategic-review-2011-1677/discussion-panel-24b1/rahul-roy-chaudhury-8f04, 2013-05-20.

年初，巴基斯坦因参与打击恐怖主义的战争而遭受了价值超过1200亿美元的经济损失和牺牲了逾7万平民，这使得巴基斯坦在打击恐怖主义方面付出了历史上前所未有的代价。[1] 巴基斯坦尽管为反对恐怖主义战争付出了巨大代价，但仍然在采取诸多举措继续为人类的反恐事业做出贡献。巴基斯坦一直在促进美国与阿富汗塔利班之间的和平对话，还曾不遗余力地推动阿富汗国内各势力之间的谈判。

巴基斯坦认为印度扩大在阿富汗的影响会对巴基斯坦的国家安全构成重大威胁。因此，巴基斯坦情报部门相当关注印度在阿富汗的活动，这对印度而言已经不是什么新闻。但是，一直困扰印度政策制定者的难题是美国不愿对巴基斯坦在阿富汗的行径进行有效打击，同时印度深刻认识到美国要彻底实现其在阿富汗的战略利益就必须得到巴基斯坦的有效支持。虽然印度将继续坚持他不会从阿富汗撤退的政策，但是，有迹象显示印度正在缩减在阿富汗的存在规模。

三 "硬实力"投放的困境削弱了"软实力"存在

在塔利班倒台后，印度不断采取举措扩展其在阿富汗的影响。印度在阿富汗的一系列举措也在一定程度上赢得了阿富汗政府和人民的信赖。但是，奥巴马政府宣布美国在2014年12月底从阿富汗撤军给本已复杂的阿富汗局势增添了几许不稳定因素。特朗普政府执政后也宣布将从阿富汗撤走大量美军，这深刻影响着阿富汗局势。鉴于此种情形，阿富汗军事指挥官和情报官员敦促印度为阿富汗提供直接的军事援助来帮助阿富汗国防军。

据报道，阿富汗国家安全部队所需要的设备包括可以承载2.5~7吨货物的中型卡车、桥梁铺设设备和工程设备。阿富汗还要求印度考虑供给轻型山炮以及其他炮弹军械，并帮助阿富汗打造空中支援能力。对印度而言，阿富汗的军事需求给印度制造了一个战略困境，也是对2011年10月4日辛格总理与卡尔扎伊总统签署的《战略合作框架协议》的第一次真正的考验。据报道，2012年，由于印度在阿富汗的贡献，阿富汗第一次与其他国家的合作超越了

---

[1] Mati Ullah, "Pakistan's Anti-Terrorism Narrative", January 22, 2018, https://dnd.com.pk/pakistans-anti-terrorism-narrative-download-original-english-document-paigham-e-pakistan-message-of-pakistan/138241, 2018-04-18.

训练阿富汗的军事和警察人员的内容，进而扩大到军事安全合作。① 2017年9月，印度与阿富汗在新德里举行的战略伙伴关系委员会会议上就安全合作等一系列问题展开磋商并达成一致意见。印度表示印方同意进一步向阿富汗国家安全部队提供援助，以打击恐怖主义、有组织犯罪、贩运毒品与洗钱活动。②

面对阿富汗的军事需求，印度的外交人士指出，印度担心自己与阿富汗的军事合作可能会激怒巴基斯坦。因为巴基斯坦一直担心其东部的宿敌会把巴基斯坦的北方邻国作为侵略基地。在过去，巴基斯坦称印度的情报部门正在通过阿富汗支持俾路支省的分裂主义分子，并对巴基斯坦进行圣战。苏沙特·萨林（Sushant Sareen）指出，"坦白地讲，我个人觉得印度值得在阿富汗冒险。巴基斯坦认为应该由阿富汗人民来决定他们自己的未来。现在印度是时候把阿富汗的需求付诸实施"③。印度外交家桑迪普·迪克西特（Sandeep Dikshit）认为，"武器应当给予阿富汗国家安全部队。当印度对阿富汗的安全部队进行培训后，阿富汗的安全部队就会更熟练地使用这些武器。印度对阿富汗安全部队的培训在本质上是友善的。鉴于印度与巴基斯坦的关系，在阿富汗挑起事端和增强巴基斯坦的怀疑都是不明智的"。④ 拉维·索瓦尼（Ravi Sawhney）将军也认为印度向阿富汗运输武器可能惹恼巴基斯坦，会迫使巴基斯坦采取针锋相对的措施。但是，索瓦尼认为假设巴基斯坦对印度向阿富汗运送武器不那么友善，那么巴基斯坦应该给予阿富汗及周边地区各种保证，证明巴基斯坦不会重复20世纪90年代在阿富汗的行径。⑤ 辛

---

① Praveen Swami, "India faces Afghan test, as ally calls for military aid", December 5, 2012, http：//www.thehindu.com/news/national/india-faces-afghan-test-as-ally-calls-for-military-aid/article4164752.ece, 2013-02-01.

② "Afghanistan, India Agree To Strengthen Bilateral Security Cooperation", September 11, 2017, https：//ariananews.af/afghanistan-india-agree-to-strengthen-bilateral-security-cooperation/, 2019-04-19.

③ Praveen Swami, "India faces Afghan test, as ally calls for military aid", December 5, 2012, http：//www.thehindu.com/news/national/india-faces-afghan-test-as-ally-calls-for-military-aid/article4164752.ece, 2013-02-01.

④ Murali Krishnan, "India weighs up military assistance to Afghanistan", June 7, 2013, http：//www.radioaustralia.net.au/international/2013-06-07/india-weighs-up-military-assistance-to-afghanistan/1142528, 2013-08-08.

⑤ Murali Krishnan, "India weighs up military assistance to Afghanistan", June 7, 2013, http：//www.radioaustralia.net.au/international/2013-06-07/india-weighs-up-military-assistance-to-afghanistan/1142528, 2013-08-08.

格总理在谈及印度与阿富汗的关系和阿富汗的军事安全需求时指出,"印度随时准备,并尽其所能促进阿富汗的安全与和平。印度在阿富汗的利益既不是短暂的,也不是过渡的。印度与阿富汗将会继续保持交流与接触"。①阿富汗希望印度能提供轻型火炮、直升机及重型车辆。印度已经向阿富汗国防军提供了车辆,并在印度的军事学院培训有限名额的阿富汗军官。但是,由于美国劝告印度不要惹恼巴基斯坦,印度没有派出地面部队到阿富汗培训阿富汗国防军。针对印度政府的行为,印第安纳大学的苏米特·甘古利指出,"印度不提供武器给卡尔扎伊政府的决定从根本上将是愚蠢和懦弱的表现。印度不应当就自己未参与制定阿富汗的未来蓝图而抱怨,而是应当采取切实行动。塔利班对此表示欢迎,因为他们觉得自己是巴基斯坦人,也觉得自己是拉瓦尔品第(巴基斯坦的军事总部)的乡亲"。② 莫迪政府上台后虽然坚持深化与阿富汗的战略合作关系,但是仍然没有直接派遣军队入驻阿富汗。印度深刻意识到如果派遣军队前往饱受战争蹂躏的阿富汗将会引起巴基斯坦的重大战略关切,使得地区局势进一步复杂化。2017年8月,特朗普政府的"阿富汗战略"敦促印度与美国一道为恢复阿富汗的安全而努力。同年9月,印度国防部长西塔拉曼在与美国国防部长马蒂斯会谈时明确表示印度不会向阿富汗派遣军队。

印度不能迈出向阿富汗提供安全部队和军事援助的步伐,就难以在阿富汗的安全与稳定中发挥最大效用。如果印度不能在阿富汗发挥"硬实力"的作用,其"软实力"也必将遭损。就目前的情况而言,印度还不大可能在阿富汗展现其"硬实力"外交。为了维系印度在阿富汗的战略利益,作为拥有成为世界大国抱负的印度也必将在权衡利弊后做出适合自己国情的抉择。

四 印阿关系的前景

作为正在崛起的大国,印度已经在阿富汗展示了自己的"软实力"。特朗普政府在其"阿富汗战略"中给予印度较高期待,然而印度作为一个有

---

① Sujan Dutta, "Dilemma on Kabul arms plea", May 23, 2013, http://www.telegraphindia.com/1130523/jsp/nation/story_16928894.jsp, 2013-05-23.
② Jason Overdorf, "Afghanistan's next conflict: India vs. Pakistan", July 31, 2013, http://www.globalpost.com/dispatch/news/regions/asia-pacific/130730/afghanistan-s-next-conflict-india-vs-pakistan, 2013-08-01.

抱负的崛起中的大国有着自己的战略考量。为能有效地维护印度在阿富汗的利益和扩大自己的影响力，印度国内有不同的呼声。

（一）国内存在与美合作的纷争

过去几年，印度在阿富汗的战略空间已经萎缩。西方国家与巴基斯坦对阿富汗的影响，挤压了印度在阿富汗的战略空间。目前，印度对阿富汗问题的辩论形成两派。

其中一派认为，尽管印度在阿富汗问题上遭受了一些挫折，但是印度应该继续依靠美国，以确保在"阿巴"的利益。[1] 此派认为印度和美国政府有一个基本的共同点就是视巴基斯坦为阿富汗不安全的来源，并建议全世界采取行动来"治愈"巴基斯坦萎靡不振的政治。美国认识到巴基斯坦和阿富汗之间的边界对全球的和平与安全构成了重要威胁，认为巴基斯坦是问题的一部分。美国要求印度加入管理阿富汗、巴基斯坦边界地区的国际会议。美国已经偏离了其传统的南亚政策。因此，印度应协调与美国的反恐战略，并帮助美国认识到巴基斯坦的东部与西部边界。印度应试图解决巴基斯坦担心的印度插手其西部边境的问题。因为，即使毫无根据，巴基斯坦也会毫不犹豫地将其陆军开往西部边界。[2] 印度深知美国与西方国家驻扎在阿富汗的军队对印度是有益的。一旦美国从阿富汗撤军将削弱印度对巴基斯坦的战略纵深。有分析认为尽管阿富汗战争对美国来讲是一场彻底的军事失败，但印度希望美国继续在阿富汗战斗，以推进印度国家利益的实现。[3] 因此，印度希望美国能继续在阿富汗保持驻军，并能让印度借助美国的军事力量来维护其在阿富汗的战略利益。

另一派认为印度在阿富汗问题上继续依靠美国无异于火中取栗。这一派认为印度应该与美国在"阿巴"利益问题上彻底决裂。[4] 奥巴马政府在制定"阿巴"政策时忽略了印度的利益。特朗普政府的"阿富汗战略"虽倡

---

[1] K. Subrahmanyam, "The Second Deception," Indian Express (New Delhi), March 3, 2010.
[2] C. Raja Mohan, "Great Game folio," Indian Express (New Delhi), January 27, 2010.
[3] "Why India does not want any US-Afghanistan peace talks", February 9, 2019, https://blogs.tribune.com.pk/story/78468/why-india-does-not-want-any-us-afghanistan-peace-talks/, 2019-04-21.
[4] G. Parthasarthy, "US at crossroads in Afghanistan," The Tribune (Chandigarh), August 19, 2010.

导印度要在阿富汗局势中发挥更大作用，但实际上美国也清醒认识到要实现其在阿富汗的战略目标离不开巴基斯坦的充分支持。美国没能成功地说服巴基斯坦认真考虑印度的关切。更重要的是，为急于求得某种胜利，西方国家在巴基斯坦的帮助下准备与"好"塔利班对话，这就增强了巴基斯坦在该地区处于中心地位进而有助于巴基斯坦实现战略目标。然而，这只能为该地区的前景播下动荡的种子。只要阿富汗的领土不被用于对美国本土发动袭击，对于究竟是谁来支配阿富汗可能并不是美国的战略利益关切。然而，塔利班——无论好坏——都从根本上反对印度。如果放弃建立一个友善的阿富汗与温和的巴基斯坦的目标，印度的安全压力将会更大。① 然而，美国欲与塔利班展开直接谈判，这不仅会使得阿富汗局势更为扑朔迷离，也会在一定程度上影响着印度的阿富汗政策。自 2014 年 5 月莫迪当选以来，印度一直对美国试图与塔利班展开谈判保持缄默。2019 年 4 月，塔利班高级成员表示塔利班将与美国举行会谈，重点关注外国军队撤离阿富汗的时间表。塔利班政治发言人苏海尔·沙欣（Suhail Shaheen）表示，作为撤军的回报，塔利班已经承诺阻止恐怖组织将阿富汗作为对他国发动攻击的避风港。同时，沙欣表示关于外国撤军的具体时间表和其他细节还需要进一步讨论。美国特别代表扎尔迈·哈利勒扎德（Zalmay Khalilzad）指出在与塔利班达成一致意见之前，美国不会与塔利班签订任何协议。但是，哈利勒扎德谈到了美国与塔利班之间的"草案"中关于反恐问题、塔利班的承诺、撤军协议以及下一阶段阿富汗内部的停火与对话。②

美国要求巴基斯坦采取的政策也是印度在"9·11"事件后想做的事。此外，印度已经成为阿富汗的一个主要经济伙伴，并试图采取各种措施提升在阿富汗的影响力。但是，拒绝使用"硬实力"改变了印度在阿富汗问题上树立一个负责任地区大国的形象，使得美国和印度的战略利益出现分歧。对于阿富汗，印度失去了与盟友合作的信心。如果印度不愿维护自身的利益，就不会有国家看到与印度结盟的利益。布什政府时期友好的印美关系在奥巴马

---

① Kanwal Sibal, "Don't Lose the Game", Hindustan Times (New Delhi), March 4, 2010; Shyam Saran, "How not to exit Afghanistan," Business Standard, September 15, 2010.
② "US Withdrawal from Afghanistan Focus of Next Talks", April 21, 2019, https：//www.india.com/news/world/us-withdrawal-from-afghanistan-focus-of-next-talks-taliban-3637892/, 2019-04-22.

政府上台后在一定程度上有所削弱。美国加深了对巴基斯坦的安全依赖，期望能尽快实现在阿富汗的成功撤离。① 特朗普政府虽然在诸多场合都支持美印关系深入发展，但也深知要实现美国在阿富汗的战略诉求还需要巴基斯坦的支持，这在一定程度上使得特朗普政府需要关切巴基斯坦在阿富汗的战略利益，从而也就影响着印度在阿富汗的力量投射。印度政府对美国与塔利班的对话表示缄默，表明了印度深知自身在阿富汗的影响是有限的。

（二）印度的抉择

印度已经认识到处理阿富汗问题的艰难，也深知仅靠一国或几个国家来解决阿富汗问题的不现实性。但是，为了维护印度的国家战略利益，印度需要不断扩大在阿富汗的战略影响。与此同时，印度需要与国际社会进行合作，尤其是与大国的合作。防范巴基斯坦在阿富汗的战略影响也是印度长期考虑的问题。

1. 继续维系并扩大在阿富汗的战略影响

自塔利班被推翻以来，印度在诸多领域对阿富汗进行了援助。2011年，印度与阿富汗达成战略合作伙伴关系后，印度对阿富汗的国家安全部队提供了培训援助。但是，印度想继续扩大在阿富汗的战略影响绝非易事。印度的阿富汗政策也需要有所余地地应对未来可能恶化的阿富汗局势。印度必须加强与阿富汗关系的机制建设，来促进与阿富汗政府进行定期对话，以确保在不断变化的政治局势下采取正确的政策。印度在阿富汗应当谨小慎微，以避免阿富汗政府误解印度的政策。印度可以增加对阿富汗的发展援助项目，给阿富汗学生提供更多的奖学金名额，放宽对阿富汗商人的签证手续，增加印度的学生和就医患者的数额，并鼓励印度的私营部门投资以下领域：与教育相关的领域、信息技术领域、医疗保健领域、航空、采矿、媒体以及通信。② 对印度而言，阿富汗具有巨大的战略价值。就地缘战略价值而言，印度增进与阿富汗的关系可以削弱巴基斯坦的地区影响力。从基础设施建设到人力资源开发等诸多领域，印度都对阿富汗进行了大量

---

① Harsh V. Pant, "India in Afghanistan: A Rising Power or a Hesitant Power?", April 5, 2012, http://www.meakabul.nic.in/ir/2007/03/02ir01.pdf, 2012-04-06.

② "Post-2014 Afghanistan and India's Options", April 7, 2013, http://defenceforumindia.com/forum/defence-strategic-issues/52417-post-2014-afghanistan-india-s-options.html, 2013-08-22.

投资。与此同时，阿富汗为印度国内稳定提供了安全保障。印度一直担心"伊斯兰国"与塔利班的接触会引发印度国内的安全问题。为扩大在阿富汗的影响，印度与阿富汗签署了优惠贸易协定使得阿富汗向印度出口的某些商品能享受低关税或免关税待遇。印度对阿富汗的基础设施建设实施的投资以及对阿富汗提供的人道主义援助赢得了阿富汗人民的信任，这也表明印度在阿富汗的影响力在不断扩大。

2. 增进与大国和由大国主导的国际机制的合作

为了在不断变化的战略环境中维护自身的利益，印度增进了与俄罗斯及伊朗更为紧密的合作。印度、俄罗斯和伊朗都不会接受一个由逊尼派原教旨主义主导的阿富汗政权，也不能接受阿富汗再次沦为恐怖主义者的基地以对周边邻国发动恐怖袭击。

印度与俄罗斯已经就阿富汗合作机制等问题形成了最高级别的政治互动。印度和俄罗斯多次对塔利班的整合划定"底线"，包括规劝塔利班放弃暴力，停止武装斗争，接受阿富汗宪法以及彻底与"基地组织"决裂。[①] 俄罗斯相当关注已成为俄罗斯国家安全主要威胁的阿富汗伊斯兰极端主义和源于中亚的贩毒贸易。2010年，俄罗斯在与阿富汗、巴基斯坦、塔吉克斯坦等国的会谈上承诺对阿富汗的重要资源进行投资，以发展阿富汗的基础设施和开发阿富汗的自然资源。在对巴基斯坦、阿富汗关系保持超然姿态多年后，俄罗斯卷入了这次游戏（指阿富汗问题）。就连美国似乎都在支持俄罗斯的更进一步卷入。这就促进了印度和俄罗斯在阿富汗问题上的合作。[②] 2010年，俄罗斯恢复了对阿富汗的军事援助项目。由于俄罗斯与阿富汗两国之间的持续外交互动，双边关系稳步发展。2015年，俄罗斯公开宣布其与塔利班有联系。俄罗斯官方表示俄罗斯与塔利班的联系是为了共享打击恐怖主义的情报与信息，两者携手合作是为了打击"伊斯兰国的阿富汗分支"（ISKP）。俄罗斯认为"伊斯兰国阿富汗分支"不仅威胁俄罗斯的安全，还威胁俄罗斯盟友的安全。[③] 为了

---

① Vladimir Radyuhin, "India, Russia to step up cooperation in Afghanistan," The Hindu, August 3, 2010.
② Jason Motlagh, "With US Approval, Moscow Heads Back to Afghanistan," Time, August 24, 2010.
③ Sabera Azizi, "Afghanistan: The Crossroads of ConflictingRegional Interests", City University of New York Academic Works, February 2019, p.54, https://academicworks.cuny.edu/cgi/viewcontent.cgi?article=3991&context=gc_etds, 2019-04-21.

推动阿富汗和平进程,俄罗斯于2018年11月组织阿富汗政府与塔利班进行会谈。尽管印度与俄罗斯在过去对阿富汗的和平进程有着不同认知,但两国近来都热衷于合作。2017年9月,媒体表示俄罗斯驻阿富汗特使扎米尔·卡布洛夫(Zamir Kabulov)将访问印度,双边将探讨在阿富汗和平进程中展开有效合作的可能性,这标志着印度与俄罗斯的阿富汗政策发生了重大转变。[①] 印俄两国就阿富汗局势不断交换意见并探讨增进合作的渠道。2019年4月,印度外务秘书顾凯杰(Vijay Keshav Gokhale)与俄罗斯副外长伊戈尔·莫尔古洛夫(Igor Morgulov)就阿富汗局势的演变进行了广泛讨论。

伊朗对阿富汗问题的解决也是相当重要的。在塔利班掌权时,印度和伊朗进行了密切合作,且都不承认塔利班政权。目前,伴随伊朗允许印度的商品过境伊朗,两国在阿富汗的一些基础设施建设方面继续合作。印度就核问题在国际原子能机构中投票反对伊朗,损伤了两国关系。现在,印度正试图在阿富汗问题上重启与伊朗的合作。双方决定就阿富汗问题建立"结构性的定期磋商机制"。尽管此举会遭到西方国家的制裁,印度政府仍然鼓励印度公司到伊朗的能源部门进行投资,以期通过共同的经济利益来巩固印度与伊朗之间的政治联盟。伊朗担心分享阿富汗政治权力的主要潜在政治领导人几乎都属于逊尼派塔利班人员。伊朗甚至鼓励印度对在"北方联盟"控制下的阿富汗北部和西部省份提供更多的援助。印度与伊朗对阿富汗问题的倡议只是三边倡议的一部分。印度-伊朗-阿富汗倡议的目的就是为了打破巴基斯坦阻止印度参与其他地区倡议的意图。[②] 伊朗发展与阿富汗的关系主要是围绕经济利益展开的,但仍有国家安全利益的关切。伊朗为了维护自身利益不断发展与塔利班的关系。有研究表明伊朗在2005年就对塔利班给予了支持。伊朗不仅向塔利班提供一定的物质支持,还向塔利班成员提供培训。数百名塔利班武装分子接受伊朗军事院校特种部队的高级训练。[③] 也有研究表明出于对水安全的考虑,伊朗才支持塔利班。阿富汗政府希望通

---

① "Russia, India to Explore Possibility of Collaboration in Afghan Peace Process", September 21, 2017, https://sputniknews.com/asia/201709211057578178-russia-india-cooperation-afghan-process/, 2019-04-21.

② Pranab Dhal Samanta, "Now, an India-Iran-Afghanistan tri-summit," Indian Express, September 21, 2010.

③ Anthony Loyd, "Taliban's best fighters being trained by Iran", July 2, 2018, https://defence.pk/pdf/threads/talibans-best-fighters-being-trained-by-iran.573621/, 2019-04-21.

过在赫尔曼德河修建水坝来管理河流，但伊朗却试图阻止阿富汗政府修建水坝。伊朗认为在阿富汗建立水坝是对伊朗国家利益的威胁，因为伊朗东部省份严重依赖赫尔曼德河的水。为了阻止该水坝的建设，伊朗支持塔利班。① 同时，伊朗对塔利班的支持也希望在美伊关系恶化时伊朗可以利用阿富汗局势对美国施加压力。为促进在阿富汗的战略利益实践，伊朗也需要在复杂的阿富汗局势中得到印度的理解与支持，这也为两国在阿富汗局势上展开合作创造了一定条件。2018 年初，印伊两国表示将加强合作打击阿富汗境内的极端主义、恐怖主义与贩毒活动，努力恢复阿富汗的和平与稳定。莫迪总理表示印伊两国仍将通过伊朗的恰巴哈尔港来连接阿富汗与中亚。②

2013 年，中印两国就阿富汗问题进行了首轮对话。中国和印度就应对在阿富汗局势和该地区的塔利班与基地组织等问题展开讨论。2013 年 4 月，中印两国举行了为期两天的第六轮反对恐怖主义的对话。中国外交部发言人指出，"双方就国际和地区反恐形势和两国在这一领域的深入合作交换了意见和看法"。③ 2018 年，中印两国同意在饱受战争蹂躏的阿富汗实施联合经济项目。同年 10 月，中印两国联合培训了 10 名阿富汗外交官。随着阿富汗局势持续恶化，中印两国的务实合作有助于各自战略利益的实现。两国都清晰认识到不稳定的阿富汗局势对地区安全将产生负面的溢出效应。同时，中印两国都希望对方在促进阿富汗政府与塔利班的对话方面能发挥更为积极的作用，这也有助于两国在应对阿富汗局势方面深化合作。

与此同时，印度加大了与上海合作组织（SCO）、独联体集体安全组织（CSTO）以及北约（NATO）等相关组织的合作。

3. 阻止巴基斯坦深入卷入阿富汗

就印度而言，印度对阿富汗的政策必须是以阿富汗为中心，不希望巴

---

① Sabera Azizi, "Afghanistan: The Crossroads of ConflictingRegional Interests", City University of New York Academic Works, February 2019, p. 40, https://academicworks.cuny.edu/cgi/viewcontent.cgi?article=3991&context=gc_etds, 2019-04-21.
② Ashok Sharma, "India, Iran to step up cooperation on Afghanistan", February 17, 2018, https://www.seattletimes.com/business/india-iran-to-work-for-stability-in-afghanistan/, 2019-04-21.
③ "India, China look to cooperate to counter terror in Afghanistan", April 12, 2013, http://articles.economictimes.indiatimes.com/2013-04-12/news/38491383_1_counter-terrorism-afghanistan-external-affairs-ministry, 2013-04-15.

基斯坦在阿富汗获得战略纵深。事实上，通过卷入阿富汗，巴基斯坦很可能危及印度的安全和稳定。①

　　事实上，现在与阿富汗问题相关的国家都在关注阿富汗局势的走向。时至今日，阿富汗政府与各武装组织达成和平协议仍是有可能的。但是，如果阿富汗政府及阿富汗安全部队不能在大多数外国军队撤离后掌控局势，那么印度和巴基斯坦都会在混乱中迷失方向。如果叛乱分子跨越边境来增强与巴基斯坦塔利班的联系，将导致地区恐怖主义组织对印度发动攻击。就最糟糕的情况而言，当阿富汗出现"权力真空"，印度和巴基斯坦之间将爆发一场全面的代理人战争，彼此支持自己的代理人，将导致阿富汗出现一场新的内战。印度冲突管理研究所（The Institute for Conflict Management）的执行董事哈麦·德萨尼指出，"就自身而言，印度从来就不是一个具有侵略性的国家。印度的政策制定者在这方面是一群懦夫"。② 但是巴基斯坦拉合尔市的政治与防务分析家哈桑·阿斯卡里·里兹维（Hasan Askari Rizvi）指出，"如果印巴关系能改善，那两国就不会在阿富汗展开竞争。如果印度和巴基斯坦关系不好，将给巴基斯坦的武装分子支持伊斯兰主义者与极端民族主义者以借口，并将给予后两者生存空间"。③ 巴基斯坦认为一个强大的阿富汗有利于巴基斯坦的和平。因此，巴基斯坦认为自己应在阿富汗的重建与发展中发挥重要作用。但是，印度也希望自己在阿富汗发挥重要作用，希望继续支持阿富汗的社会经济发展。印巴两国欲在尊重彼此利益诉求的前提下实现各自在阿富汗的战略关切就需要携手合作，而两国携手合作的前提是要拥有良好的双边关系。但是印巴过去70多年的历史告诉世人，印巴关系每前进一步都非常困难。因此，印巴两国彻底改善关系仍遥遥无期。这就难怪印度对巴基斯坦扩大在阿富汗的战略影响表示担忧。同时，巴基斯坦也对印度扩大在阿富汗的影响表示质疑。

---

① "Post-2014 Afghanistan and India's Options", April 7, 2013, http://defenceforumindia.com/forum/defence-strategic-issues/52417-post-2014-afghanistan-india-s-options.html, 2013-08-22.
② Krista Mahr, "India-Pakistan Tensions Find Deadly Echo in Afghanistan", August 6, 2013, http://world.time.com/2013/08/06/afghanistan-becoming-new-theater-of-india-pakistan-conflict/, 访问时间：2013年8月7日。
③ Krista Mahr, "India-Pakistan Tensions Find Deadly Echo in Afghanistan", August 6, 2013.

第五章　印度对华战略认知演变与中印双边政治关系

中印之间的友好交流史已逾两千年，树立了邻邦发展友好关系的典范。1950年，中印两国建立正式的外交关系，进入双边主权国家交往的新时代。要阐述冷战结束以来印度对华不断变迁的战略认知与中印关系，就需要追溯两国在冷战期间的双边关系历程。中国成立后，印度是第一个与中华人民共和国建交的非社会主义国家。建交初期，两国都高度重视双边关系的友好发展，因此出现了两国关系中的"蜜月期"。但是，随着国际与国内形势的变化，印度对华政策由友好变为强硬、对立，最终导致两国于1962年爆发边界冲突。伴随冷战格局的变化与印度不断增进的对华战略认知，印度希望能与中国恢复正常的外交关系。正是印度的期盼与中国的积极回应，两国于1976年恢复大使级外交关系。拉吉夫·甘地于1988年的访华更是揭开了中印关系的新篇章。此后，中印关系虽跌宕起伏，但在整体上仍积极向好。

第一节　冷战时期的印度对华战略认知

印度在独立前，甘地、尼赫鲁等民族独立领导人对中国的未来表示了极大关切。新中国成立后，印度对华表现出极大的热忱。随着1950年大使级关系的建立，中印关系急剧升温，甚至进入"蜜月期"；之后，鉴于国际形势的变化，印度转变对华政策，从友好转为对峙并最终酿成边界冲突。随着印度对华战略认知的变化，两国于1976年恢复大使级关系，使得双边关系逐渐修复并缓慢向前发展。

中华人民共和国成立之初，印度国内就在承认新中国问题上展开了争论。针对不同的意见，尼赫鲁总理说，"这不是一个承认与不承认的问题，这是一个对一项重大历史事件承认、鉴别和必须处理好的事情"①。尼赫鲁指出："（新）中国的出现将在促进世界的和平与进步方面扮演重要角色。"② 随后，两国建交使印度成为第一个与新中国建立外交关系的非社会主义国家。

尼赫鲁秉持对华友好的态度是与其政治理念分不开的。在尼赫鲁的外交理念中，印度是要做与美苏平起平坐的大国。但是，印度要增加其在国际社会中的话语权就需要中国的支持。能否使得中国在国际社会中站在印度一边？在尼赫鲁看来是可能的。

印度为取得中国的好感与信任，积极支持中国恢复在联合国的席位。1951 年，印度反对联合国大会做出的认为中国在朝鲜战争中是侵略者的决定。之后，印度反对 1951 年的《旧金山条约》，因为该条约中存在对华不友好内容。

为了彰显中印两国的友好氛围，印度代表团于 1953 年 12 月 31 日访问中国，并受到中国领导人和人民的热烈欢迎。在印度代表团成功访华后，中印两国于 1954 年 4 月 29 日签署了《关于中国西藏地方和印度之间的通商和交通协定》。这个协定是第一次明确规定了被后人津津乐道的和平共处五项原则的国际文件。1954 年 6 月 25 日至 28 日，周恩来总理访问了印度。在经过一系列讨论后，两国重申对"潘查希拉"（Panchsheel，即和平共处五项原则）的信念。③ 1954 年 10 月尼赫鲁对中国进行了为期 10 天的访问，并受到了中国最高领导人的接见和中国人民的热烈欢迎。1955 年 4 月 18 日至 24 日，在印度支持下，中国政府派代表团参加万隆会议，使得中国有机会在第三世界国家中崭露头角，赢得了良好的国际声誉。1956 年，周恩来对印度进行了为期 12 天的访问，所到之处都能听到"印地秦尼帕依帕依"（印中人民是兄弟）的声音，这足以显示出两国关系的友好氛围。在整个 20 世纪 50 年代，中印之间还进行了包括军事和文化议程在

---

① B. Chengappa, *India China Relations: from the Post Conflict Phase to Post Cold War Phase*, New Delhi, 2004, p. 4.
② Kumar Dhruba, "Current State if Sino-Indian Relations", in Grover eds. *China Japan and India's Foreign Policy*, New Dhlhi, 1995, p. 106.
③ Bhattacharjea, Mira Sinha, "India-China Confrontation: A Reinterpretation", in Grover eds. *China, Japan and India's Foreign Policy*, New Delhi, 1996, p. 313.

内的多方面交流。

随着国际局势的变迁,印度对华战略认知与对华政策发生了转变。20世纪50年代末,中苏之间产生龃龉,而美国仍然对中国采取敌对政策。

此后,中印关系急转直下,两国在诸多领域产生分歧和纷争。印度不仅要求新华社离开印度,并在边界问题上与中国针锋相对。1961年11月2日,尼赫鲁与印度高层领导人决定在边界问题上实施"前进政策"(Forward Policy)。这就使得本来已出现裂痕的中印关系雪上加霜,最终导致了1962年的中印边界冲突。边界冲突给两国关系造成严重伤害,不仅使两国政府之间的不信任感增强,也使两国人民的误解加深。

1962年边界冲突后,中印关系急转直下,两国之间的往来几乎全部中断。随着中巴关系的迅速发展,印度深感周边安全的压力,把中国也视为安全威胁之一。为了借重苏联的力量与中国抗衡,印度增进了与苏联的关系。

然而,印度也在寻求解决与中国边界冲突的途径。1965年,在印巴战争后,苏联主持召开会议来解决印巴之间的冲突,而美国的态度是对此事不予干预。印度对苏联开始向巴基斯坦提供武器表示关注。鉴于此等形势,印度开始转变对华战略认知。英迪拉·甘地说:"许多时候,有些事情今天有利于印度。但从长远来说,它不一定符合印度的利益。就中印和中巴关系而言,虽然我们对任何威胁都做了充分准备,但印度也不能一味固执地坚持强硬做法。印度确实需要灵活政策,确实想改善与中巴两国的关系,确实想拓展能使彼此相互理解且能解决问题的大道。"[①] 1969年,英迪拉·甘地在召开记者招待会时提出了中印两国应寻求解决争端的途径。英迪拉·甘地于1969年访问印度尼西亚时,在召开记者招待会时说,"目前印度没有看到来自中国的真正威胁。印度相信,尽管存在着边界争端,中国不会成为印度的真正威胁"。[②]

对于印度方面表现出的积极姿态中国给予了积极回应。1970年毛泽东主席在天安门城楼接见各国驻华使节时特意和印度驻中华人民共和国临时

[①] Naney Jetly: *India-China Reations: 1949 - 1977*, Radiant Publishers, New Delhi, 1979, p. 253.

[②] R. K. Jain, *China-South Asian Relations: 1947 - 1980*, Vol. 1, New Delhi, India, 1981, p. 340.

代办米什拉（Brajesh Mishra）亲切握手，以示中国和印度改善关系的诚意。在此之后，国际形势发生了重大变化，中美关系于1972年"解冻"。苏联与中国虽仍存在矛盾和冲突，但两国都表现出了极大的克制和容忍。随着国际形势的变化，印度深刻认识到印度对华强硬的战略举措已经不符合其国家利益。随着对华战略认知的改变，印度对华政策也发生了极大变化，从而使得两国于1976年恢复了大使级关系。

1984年10月，拉吉夫·甘地在接见参加英迪拉·甘地葬礼的中国国务院副总理姚依林时指出，"印度政府将继续遵循既定的政策。和中国一样，印度期望印中关系得到改善和发展，并希望这种关系能恢复到五十年代那样，甚至更好。"① 在中国与苏联于1986年进行副外长级"边界谈判"后，印度领导人拉吉夫·甘地审视当时的国际形势，顶住国内的压力，决定于1988年对中国进行友好访问，这使得中印关系进入了新的发展轨道。

第二节 冷战结束以来印度对华战略认知演变

冷战结束后，就印度看来这场东西方两大阵营在政治、经济、军事和意识形态上的全面对抗最后以西方的胜利而告终，即使是俄罗斯也不得不面向西方。印度认为冷战期间自己在外交和经济方面加入了失败的一方，现在是时候回归西方了。② 苏联解体后，两极格局已经不复存在。各国注重本国经济的发展和综合国力的提升。美国虽然是当今世界独一无二的超级大国，但是国际政治局势已朝着"多极化"的趋势发展。为了促进经济的发展，提高人民的生活水平，也为了实现梦寐以求的大国抱负，印度意识到改善并增进对华关系是其国家对外战略的重点之一。

面对国内要求经济改革的呼声和国际上相互依存的不断加深，印度政府实施了新经济改革。比中国新经济改革晚10余年的印度，希望能增进与

---

① 《拉吉夫·甘地在新德里接见姚依林副总理》，新华社新闻稿，1984年11月5日，第13页。
② C. Raja Mohan, Crossing the Rubicon, "The Shaping of India's Foreign Policy", pp.10–11.

中国的关系,为国内改革营造良好的周边环境。1993年,印度拉奥总理的访华对中印关系具有里程碑意义。之后,瓦杰帕伊政府时期,中印关系再次遭受挫折,但两国都在找寻增进关系的渠道。进入21世纪后,随着印度对华战略认识的不断深入,两国政治关系不断取得新的突破。

一 从战略对手到面向未来的建设性合作伙伴关系

随着中印双边关系在20世纪80年代末的"解冻",两国急切需要发展新型的双边关系。但是,边界问题是横亘在两国关系之间的障碍。经过国内广泛的磋商,印度社会于20世纪90年代在"冻结"中印边界问题一事上达成了一致意见,那就是在没有彻底解决中印边界问题的前提下发展与中国的友好关系。印度开始走出阴影,注重发展积极的对华关系。

在1988年拉吉夫·甘地总理访华时,两国外长就相关领域进行了磋商,为两国关系的改善与发展奠定了互信基础。1991年,印度外长舒克拉(V. C. Shukla)访华,与中国领导人商讨了重启孟买和上海的领事馆等事宜。[1] 此后,印度商务部长斯瓦密(Subramaniam Swamy)访问北京,双方同意重启边界贸易。冷战结束后,中印两国不仅如期举行边界工作小组会议,同时展开了文化和经贸交流。1991年12月,中国总理李鹏对印度进行友好访问。在访问期间,中印两国在科技、农业、民航等方面达成了诸多协议。双方同意增进在研发领域的合作,在和平共处五项原则的基础上建立新的双边关系。

1993年,为了促进中印关系持续正常化,印度拉奥总理访问中国。此次访问的目的就是达成保持边界"实际控制线"的和平和安定的协定。[2] 协定提出中印边界问题应通过和平友好方式协商解决,双方互不使用武力或以武力相威胁;在两国边界问题最终解决前,"双方严格尊重和遵守双方之间的'实际控制线';协定所提及的'实际控制线'不损及各自对边界问题

---

[1] The Statement, 2 February, 1991. Beijing Review, Vol. 34, NO. 7–8, February 18–March 03 1991, p. 5.
[2] Bhawna Pokhama, *India-China Relations: Dimensions and Perspectives*, New Delhi: New Century Publications, 2009, p. 75.

的立场"。① 拉奥在任职期间与中国达成了四项协议。其中最重要的就是《中印边境实际控制地区保持和平与安宁的协定》，并承诺不使用武力或威胁使用武力。② 两国希望通过"实际控制线"稳定目前的军事形势，并对任何意想不到的冲突建立一个沟通机制。为了落实一系列的建立信任措施机制建设，需要一个联合工作组来负责执行。拉奥的此次访问对中印两国的相互理解和相互信任以及共同发展具有里程碑的意义。

拉奥总理的此次访问是在国际局势变迁的背景下进行的，这也是苏联解体后印度总理第一次对华访问。此时，美国已经成为世界唯一的超级大国。美国不仅从战略上而且从经济潜能上关注亚太局势的发展。拉奥总理此次访华的重要意义就在于他当选总理后，首访选择的不是俄罗斯或美国，而是中国，足见印度政府视对华外交为其优先选择项。③ 拉奥此访非常重要就在于是在拉吉夫·甘地于1988年访华后中印两国关系正常化的基础上向新的征程迈进。

然而，印度媒体对《中印边境实际控制地区保持和平与安宁的协定》有着不同的看法。印度国内媒体认为边界问题是固定的，是不容谈判的。这样的分歧就有可能使得最终的边界协定遭到搁浅。双方都同意就争议问题进行联合调查和磋商，并且认为对有争议领土应有个整体解决方案而不是分段解决。④ 还应当指出的是在访华之前，拉奥总理与印度国内的其他政党领导人试图在中印有争议的领土问题上达成共识。1979年，阿塔尔·比哈里·瓦杰帕伊⑤外长访华时就认识到在领土问题上应有个国家共识。解决像领土这样如此重要的问题应当引起全国各界人士的关注，而不是某个政党单独就能做出的决定。随着时间的推移，如果这一切（指中印边界争端）导致了一个漫长而痛苦的过去，那么，鉴于共识和利益的互补性不断增强，

---

① Bhawna Pokhama, *India-China Relations: Dimensions and Perspectives*, New Delhi: New Century Publications, 2009, p. 75.
② Beijing Review, Vol. 36, No. 38, 20-26 September, 1993, p. 6.
③ Bhawna Pokhama, *India-China Relations: Dimensions and Perspectives*, New Delhi: New Century Publications, 2009, p. 76.
④ Bhawna Pokhama, "India-China Relations: Dimensions and Perspectives", p. 75.
⑤ 曾任德赛政府（1977年3月-1979年7月）的外交部长，于1996年5月和1998年3月两次出任印度政府总理，1999年10月再次出任印度政府总理。

中印两国开辟未来的期望就能成为现实。①

但是，人们也应认识到该协定的签署对中印两国在关系改善方面的重要意义。印度前陆军部长孙德吉（K. Sunderji）将军指出，"《中印边境实际控制地区保持和平与安宁的协定》是理性和实用政治的产物。反对该协定的人是反国家和愚蠢的"。与此同时，印度前总理古杰拉尔②（Inder Kumar Gujral）指出，"拉奥是印度最富有思想且懂外交政策的政治家。即使有人认为拉奥总理访华所取得的成就是大打折扣的，但是两国签订的协定对印度的安全和外交政策却意义重大"③。

此后一段时间，印度秉持从战略高度审视中印关系。1996年中国国家主席江泽民对印度进行了友好访问。这是中国国家元首首次访问印度，对印度而言意义重大。江泽民主席在此次访问期间与印度领导人就中印有争议地区在军事领域建立信任措施机制进行磋商，并达成了协议。该协议明确指出中印双方反对使用武力。在江泽民主席访问期间，印度认识到两国的共同利益大于分歧，坚持与中国一道在和平共处五项原则的基础上确立面向未来的友好关系，建立建设性的合作伙伴关系。④ 由于对华战略认知的逐渐深入，印度对华政策也在逐步转变。与此同时，中国在收到印度发出的合作信号时及时做出了积极的回应，这就使得中印两国领导人互访不断。两国领导人的互访为中印关系的友好发展提供了交流的平台，进而增进了彼此之间的相互了解。

二 从竞争对手到建设性合作伙伴关系

1998年，印度国防部长费尔南德斯在一次讲话中称中国是印度的"头号敌人"。费尔南德斯的讲话导致中印关系再次挫折。⑤ 当两国正为费尔南

---

① Mira Sinha Bhattacharjea, "Indian Prime Minister's Visit to China", Published by sagepublication, 1994, p. 88.
② 古杰拉尔于1997年4月21日—1998年3月19日担任印度政府总理。
③ Shekhar Gupta, Sudeep Chakravarti, "Sino-Indian ties: China promises not to use Pakistan card against India", September 30, 1993, http://indiatoday.intoday.in/story/sino-indian-ties-china-promises-not-to-use-pakistan-card-against-india/1/303046.html, 2012-08-13.
④ 徐平、李景卫：《江泽民主席会见夏尔马总统》，《人民日报》1996年11月29日第1版。
⑤ Bhawna Pokhama, *India-China Relations: Dimensions and Perspectives*, New Delhi: New Century Publications, 2009, p. 84.

德斯的讲话进行磋商时，一场更大的危机来临了。1998年5月中旬，印度进行了第5次核试爆。瓦杰帕伊总理宣称"印度现在是核国家"[①]。

在印度看来，之所以进行核试验是缘于以下因素。第一，至少就印度而言，在一般的政治背景下，在禁止核武器问题上国际社会进展缓慢。第二，外部安全环境的变化推动了印度进行核试验。国际社会已经认识到，只要印度不进行核试验——巴基斯坦也不会公开进行核试验。巴基斯坦的核能力虽然是有限的，但是不可否认其动机。第三，印度顾虑于中国对巴基斯坦的"恋恋不舍"。[②] 印度反对并不加入《不扩散核武器条约》的理由既是出于对国家安全的考虑，也是出于对国内政治的考虑。另外，印度拒绝《不扩散核武器条约》也有其意识形态的考虑，印度认为《不扩散核武器条约》具有"歧视性"和"不公正性"，进而加以反对。

三 从建设性合作伙伴到战略合作伙伴

2003年6月，瓦杰帕伊总理对中国进行国事访问，这是继拉奥总理访华后10年来首位访华的印度总理。在访问期间，瓦杰帕伊与中国领导人进行了广泛的接触交流并达成了诸多合作共识。瓦杰帕伊指出，"从地理、政治和经济方面而言中印两国应当发展更为密切的关系。印度高度重视与中国这个重要近邻的关系。即使存在分歧，中印两国也应展开多领域的互利合作"。[③] 中印两国达成并签署了《中华人民共和国和印度共和国关系原则和全面合作的宣言》。在这个宣言中，中印两国明确了两国关系的指导原则。双方在边界问题、西藏问题等诸多领域交换了意见。瓦杰帕伊在西藏问题上做出了明确的表示，他指出西藏是中国的一部分。瓦杰帕伊的这次访问以及达成的《中华人民共和国和印度共和国关系原则和全面合作的宣言》增进了两国间的相互信任并为两国以后的合作奠定了基础，具有里程碑的意义。双方同意建立长期建设性合作伙伴关系。中国总理温家宝指出，

[①] Watson, Russell. "Explosion of Self-Esteem," Newsweek, U.S. Edition, May 25, 1998.

[②] Achin Vanaik, "The Indian Nuclear Tests: Causes, Consequences and Portents", Comparative Studies of South Asia, Africa and the Middle East, formly South Aaia Bulletin, 1998, P.52.

[③] Bhawna Pokhama, *India-China Relations: Dimensions and Perspectives*, New Delhi: New Century Publications, 2009, p.99.

"印度总理的此次访问开启了中印关系的新时代"①。

辛格政府执政伊始就积极发展与中国的友好关系。辛格政府对华关系表现出实用主义的倾向。印度对发展良好的中印关系有着以下两方面的考量：一是创造良好的中印双边关系有利于印度提升自己的实力；二是良好的中印关系可以为印度的国内发展提供安全保障。印度意图成为联合国常任理事国就需要得到中国的支持。因此辛格政府在组阁时就把对华政策放在了国家涉外问题的关键地位。纳特瓦尔·辛格（Kunwar Natwar Singh）外长在就职后就指出，与中国建立稳固的关系将是辛格政府优先考虑的外交政策。发展中印双边关系并不存在问题，只有边界问题除外，但现在已经建立起了解决边界问题的有效机制。② 同时，印度发展与中国的良好关系也秉承了首任总理尼赫鲁提倡的"不结盟"运动的理念。印度也主张世界的多极化发展。美国前驻印大使特雷西塔·谢弗（Teresita C. Schaffer）等人曾撰文指出，"印度不喜欢一个两极的世界。也不喜欢一个单极的世界，它喜欢一个多极的世界"。③ 2005 年，印度总理在与到访的中国总理温家宝会谈后，双方提出建立"战略合作伙伴关系"。印度总理辛格在接受记者采访时说，"印度和中国能够一道'重新塑造世界秩序'，中印之间的新关系具有全球性和战略性意义"。④ 截至 2005 年，印度在经过 10 余年的经济改革后，国家实力明显增强。同时，作为迅速崛起的大国，中国也在不断扩大国际影响力。此时，印度与中国达成的合作关系具有了全球意义。2005 年 1 月 25 日中印两国代表在印度新德里举行了首轮战略对话。2006 年 2 月，中印两国达成共识，宣布建立"战略合作伙伴关系"。2008 年 1 月印度总理辛格对中国进行了友好访问。在辛格总理访华期间，中印两国达成了《关于 21 世纪的共同展望》。此后，尽管两国关系有所波动，但是两国领导层利用各种场合进行交流。两国注重从战略高度审视双边关系，这就使得两国关系波澜不惊且总体形势良好。印度驻美大使尼鲁帕玛·拉奥（Nirupama Rao）在哈德逊研究所就印度的外交政策发表演讲时说，"作为另一个近邻，中国

---

① Bhawna Pokhama, *India-China Relations: Dimensions and Perspectives*, p. 99.
② Joshi Pye, "New Delhi's approach to a new equation", The Indian Express, August 3, 2004.
③ 马加力：《关注印度——崛起中的大国》，天津人民出版社，2002，第 142 页。
④ John Cherian, "Movingcloser", Frontline, Volume 22, Issue 9, Apr. 23-May. 6, 2005.

是印度外交政策的重要优先事项。印度正努力与中国建立战略合作伙伴关系"。①

2014年5月，莫迪政府执政后也从战略高度审视中印双边关系。中印关系近年来虽然也出现过大的波动，但是整体上仍然朝着积极健康的方向发展。在莫迪政府执政后，印度的外交政策有所调整。莫迪政府的外交显得更为从容与自信。在新形势下，新兴国家的力量不断增强成为国际政治格局发生变化的重要变量。作为新兴崛起的国家，中印双边关系进入了转型的关键时期。有研究认为，莫迪政府对中国实施"双轨"外交政策。一方面，印度为中国企业敞开大门旨在让印度进一步融入中国经济。印度希望借鉴中国的发展经验，利用中国资源进行自我拓展；另一方面，为应对中国的崛起，印度不断加强自身的军备建设，并加强与其他国家的战略合作。② 莫迪政府寻求加强与中国的经贸与投资关系，但是莫迪政府对华政策也一度强硬。2014年9月，印度向楚木惹（chumar）地区派出部队同中方争控，后经外交交涉，双方脱离接触，印方撤回兵力。2015年5月，莫迪在访华结束后在中印联合声明中对于两国的友好发展给予积极的赞许。同年6月，莫迪政府对"中巴经济走廊"建设给予高度的战略关切。2018年4月27日至28日，中国国家主席习近平在武汉与到访的莫迪总理举行了一对一的会谈，这有助于两国克服边境事态给双边关系带来的负面影响。同年6月，莫迪总理参加了在中国青岛举行的上海合作组织峰会。莫迪总理在一年内两次访华足见印度对发展与华关系的高度重视。

第三节　促进印度对华战略认知变迁的若干因素

冷战结束后，印度对华战略认知没有出现冷战时期那样的大起大落，虽然龃龉和矛盾一直伴随着中印双边关系的发展，但是协商与合作是双边关系的主流。冷战结束后，随着对华战略认知的连续性与稳定性不断增强，印度对华政策也在逐步深化。

---

① 《中国是印度外交重要优先事项》，《参考消息》2012年3月25日第8版。
② Lan Jianxue, "Indian Diplomacy under Modi Governance and Sino-Indian Relations", China Institute of International Studies, July 1, 2015, http：//www.ciis.org.cn/english/2015-07/01/content_8032629.htm, 2019-04-24.

一 印度国内因素的影响

（一）经济发展的迫切需要

为营造良好的周边安全环境，借助中国快速发展的经济力量实现本国经济的迅速发展，以及增进与中国的经贸合作关系，印度有必要改善并加强与中国的友好关系。冷战结束后，印度开始集中精力谋求经济发展，其领导人也越发认识到经济发展和经济安全对国家的重要性。与此同时，中国成功的经济开放政策可以为印度经济改革发展提供可资借鉴的经验。中印两国同为发展中国家，两国巨大的市场开发潜力为两国的经贸合作提供了坚实的基础，并且两国也存在巨大的经贸互补性。两国巨大经贸潜力和合作前景为两国之间的政治稳定创造了有利条件。自印度实施经济开放政策以来，中印贸易量迅速增长，这被认为是中印两国增进关系最积极的因素。鉴于中国对古吉拉特邦的长期投资所赢得的良好信誉，莫迪总理对发展中印经贸关系有着更为积极的认知。2018年，中印双边贸易额955.4亿美元，同比增长13.2%。中方统计，截至2017年底，中国累计在印度直接投资47.47亿美元。截至2018年底，印累计对华实际投资额为9亿美元。[1]

（二）对华合作的呼声高涨

作为崛起中的大国，印度整体发展态势远不如中国。有研究认为，印度在此情形下存在六种战略选择：保持不结盟、对冲、实现中印军力平衡、构建区域伙伴关系、与中国保持一致以及与美国保持一致。[2] 从莫迪政府近年来的对华政策来看，印度并没有在上述六种战略中作出某一种具体选择，这缘于印度深知上述任何一种具体选择都不能使得印度战略收益最大化。冷战结束后，印度国内思想界、战略界开始重新审视对华政策，最后形成

---

[1] 资料来源于中国商务部网站，《2018年中印双边贸易额同比增13.2%》，2019-02-22，https://www.yidaiyilu.gov.cn/xwzx/hwxw/80250.htm，2019-04-24。

[2] Rajesh Rajagopalan, "India's Strategic Choices: China and the Balance of Power in Asia", September 14, 2017, https://carnegieindia.org/2017/09/14/india-s-strategic-choices-china-and-balance-of-power-in-asia-pub-73108, 2019-04-25。

了三种不同的思想主张。① 第一派主张对华继续实施"尼赫鲁政策"。这一派主张在对华政策中既要追求合作，又要对中国采取防范措施。第二派主张对华进行军事遏制。这一派主要是以军方为代表的强硬派。他们认为在对华政策上只有追求军事的压倒优势才能保证印度在双边关系中的主动权，认为经济和文化等非传统安全领域的合作不是对华政策的主要内容。第三派主张对华采取积极的合作。这一派认为当今世界是个相互依存的时代，随着各国之间的经贸往来日益频繁，各国应把经贸合作作为首要的合作议程。他们认为中印两国都有巨大的合作空间，两国之间的合作不仅对双边和地区产生重大影响，甚至会产生世界范围内的震撼力。经过多方权衡与慎重考虑，印度国内对华战略认知中主张合作的思想占据主流。印度认识到中国是印度相当重要的邻国，同为发展中国家的中印两个大国在很多重大的国际问题上都有相同或相近的看法。② 印度陆军总长比平·拉瓦特（Bipin Rawat）表示，"中印两国可能在太空与经济发展等方面存有竞争，但两国也有合作空间。印度应该重点关注中印两国之间的合作。印度需要关注与中国发展合作而非对抗"。③

二 两国间行为互动的影响

（一）政治互信不断加强

冷战结束后，中国总理李鹏和中国国家主席江泽民分别于1991年和1996年访问印度；印度总统文卡塔拉曼（Ramaswamy Venkataraman）和印度总理拉奥分别于1992年和1993年对中国进行友好访问。进入21世纪后，中印首脑不仅展开了正式互访，也利用双边和多边的国际场合进行会晤。中印首脑会晤大大提高了两国高层的交流，促进了两国在国内和国际重大

---

① 在第一章中已经论述，具体参见：Kanti Bajpai, "India's Strategic Culture", Chapter 11, http://kms1.isn.ethz.ch/serviceengine/Files/ISN/101069/ichaptersection_singledocument/01e74d56-d2f2-43b3-8a13-7f0e6fec4099/en/11.pdf, 2012-08-28。
② M. D. David and T. R. Ghoble (eds.), "ndia, China and South-East Asia, Dynamics of Development," New Delhi: Deep & Deep Publications Pvt. Ltd., 2000, p.101.
③ "Need to look at cooperation, not confrontation with China", January 3, 2017, https://www.greaterkashmir.com/news/india/need-to-look-at-cooperation-not-confrontation-with-china-army-chief/, 2019-04-25.

事件上的协商,这对双方增进了解与消除误解提供了重要保障。同时,两国政党外交也在如火如荼开展。印度虽然是一个政党林立的国家,但是目前具备在中央政府执政条件的政党只有国大党和印度人民党。能成为国家型政党的大党也只有印度共产党(马)、印度共产党与民众党等少数政党。中国展开与印度的政党外交,既能了解各主要政党的施政纲要,又能密切党际关系。与此同时,中印两国之间展开了军事上的交流与合作。印度国防部长沙拉德·帕瓦尔(Sharad Pawar)于 1992 年 7 月对中国进行了为期 6 天的访问。这是印度国防部长首次访华,标志着中印两国和两军的友谊有了进一步发展。① 1994 年,中国国防部长迟浩田对印度进行访问,目的是进一步加深中印两国与两军之间的相互了解和友谊。② 此后,中印两国在军事领域的互动逐步增强,不仅有两国的防长与总参谋长互访,还有各军种之间的互访。同时,中印两国还多次开展联合军演。这些为增进两国军事与安全互信和提升政治互信与合作创造了条件,对中印两国关系的健康发展起到了显著的促进作用,同时为印度转变对华战略认知提供了现行的事实参考。

(二) 频繁的经贸与科技互动

中印两国经贸关系的加强经历了一个较长的过程。1991 年中印贸易额约为 2.65 亿美元,1992 年达 3.39 亿美元,虽比 1991 年增长 28%,但是这对占世界总人口 2/5 的两个亚洲毗邻大国来说实在太少了。③ 从新自由主义的角度来讲,经贸合作的加强会增进国家之间的相互依存,这对保障国家之间的合作相当重要。为了扩大经贸与科技合作,中印两国采取了切实可行的措施。两国不仅派出经贸代表团互访,也鼓励在对方建立联络办事机构。中印两国在经贸洽谈、科研项目合作、相互投资、边界贸易等领域展开了多层次与多领域的合作。中印双边贸易额在 2017 年为 844.4 亿美元,到 2018 年则达到 955.4 亿美元。随着经贸与科技合作的加强,印度对华战略认知也在逐步深入,从而使得对华政策也在不断深化。

---

① 周慈朴:《印度国防部长首次访华》,《人民日报》1992 年 7 月 26 日,第 2 版。
② 刘正学:《迟浩田抵达印度访问》,《参考消息》1994 年 9 月 8 日,第 2 版。
③ 刘正学:《印度通讯 中印经贸科技合作前景广阔》,《人民日报》1993 年 9 月 8 日,第 6 版。

（三）两国对国际局势有着相近的主张

在国际关系领域中，中印两国都主张世界的多极化，以和平共处五项原则作为处理国家矛盾和纠纷的准则。随着印度经济的快速发展，作为整体的国家实力也在逐步增强，印度在国际事务中的声音也在增强。印度不仅希望增进与中国在传统领域中的合作，也希望争取中国在非传统安全领域的支持。在全球问题上，印度主张世界的多极化，主张建立国际政治经济新秩序，反对国际霸权主义，反对任意干涉他国内政的行为，这些都与中国的基本主张相似。与此同时，印度在遭遇争取成为联合国安理会常任理事国一事失败后，清醒认识到必须争取中国的支持。在非传统安全领域，印度注重加强与中国在水资源、石油资源以及全球气候变化等领域的合作。印度学者指出，"基于对21世纪共同的经济和安全挑战的理解，印度应该确定与中国战略合作的领域。一项刻不容缓的任务就是以和解的精神推动印度与中国继续建立相互信任措施机制"①。2018年4月，在莫迪总理与习近平主席举行武汉会晤时，两国领导人对双边和全球重要问题交换了意见并在阐述各自国家发展前景与优先事项的基础上表达了各自对国际形势的看法。2019年3月，印度驻华大使唐勇胜（Vikram Misri）认为作为亚洲的两大经济体，印度和中国在气候变化、能源安全、反恐与国际贸易体系等许多领域和全球问题上有着共同的关切和相近立场。在外交政策问题上，印度国内对国家利益的定位有着广泛的政治共识。

三 国际体系变迁的影响

（一）印度欲借国际体制变迁之机实现国家战略

新兴强国的普遍崛起对传统的国际机制形成了巨大冲击，这有利于印度乘势实现自己的战略目标。冷战结束后，各国都致力于国内经济发展，新兴强国迅速发展的经济引人瞩目。到目前为止，金砖国家的经济迅速增长，在世界经济中的总量也在不断提升。这自然引起了国际社会的关注。

---

① Kaushik Sen, *India, China and the United States*, in kanti Bajpai, Amitabh Mattoo (eds.), op. cit., 2005, p. 274.

根据美国情报委员会 2008 年发表的《2025 年全球趋势》估计,"在 2040～2050 年间,非西方国家的中国、俄罗斯、印度和巴西四国的经济总量将超过西方七国之和"。① 针对 2012 年 3 月在印度举行的金砖国家领导人峰会,一名专家指出,"金砖国家谋求与经济实力相称的政治影响力的成败在此一举"。② 新兴强国的崛起将对现有的由西方国家主导的诸多国际机制形成巨大的挑战,也将动摇以美国为主导的西方秩序,这与印度的世界多极化主张吻合。印度既可以利用作为金砖国家的身份增强在国际社会中的发言权,也能利用此大好时机谋求经济的快速发展。首先,印度可以与金砖国家中的其他国家一道,寻求建立符合发展中国家的国际政治经济新秩序,这为印度赢得发展中国家的信任和支持增加了砝码。2013 年,辛格总理在德班举行的金砖国家峰会上表示鉴于金砖国家的经济影响力和全球地位,该论坛代表了解决区域和全球挑战的独特机制,特别是发展中国家的利益受到关注。2018 年,在南非举行的第十届金砖国家峰会上,莫迪强调金砖国家已经构建起强大的合作框架,并在一个不确定的世界中促进了世界经济的稳定增长。③ 在印度看来,金砖国家对商品贸易提供了灵活的结算方式,这对印度十分有利。另外,由于新兴强国的崛起对西方国家主导的国际秩序形成了巨大挑战,西方国家希望能在新兴强国的兴起中寻找突破口,而印度快速发展的经济和战略地位自然引起了西方国家的关注。这样印度可以争取西方大国的支持,在包括民用核能等领域寻求西方的理解与支持,获得高科技以实现经济的持续快速发展,要求西方国家支持印度成为联合国安理会常任理事国以最终实现印度的战略崛起。

(二) 印度希冀能借"东风"实现大国抱负

当今国际格局中,美国仍然处于超强地位。但是,随着中国的迅速崛起,国际权势结构有向亚太地区转移的趋势。印度欲借此"东风"实现自己的大国抱负。冷战结束后,尤其是进入 21 世纪后,随着东亚权势的逐步

---

① The National Intelligence Council, "Global Trends 2025: A Transformed World", https://carnegieendowment.org/files/2025_Global_Trends_Final_Report.pdf., 2014-05-04.
② 《金砖国家银行或改变西方游戏规则》,《参考消息》2012 年 3 月 26 日,第 4 版。
③ Ntsikelelo Kuse, "India's role in BRICS", August 23, 2018, http://bricsjournal.com/indias-role-in-brics/, 2019-04-25.

上升，美国开始把外交重点转向东亚。与此同时，印度在积极拓展自己在东亚的影响。冷战结束初期，印度在国际上的地位并没有立即得到提升，随着苏联的解体，印度失去了可以倚重的力量，开始寻求外交突破。这为印度开展亚洲外交提供了可能性。1991年，印度开始实施"东向"政策（Look East Policy），积极寻求与东南亚国家发展紧密的经济关系和多方面的合作。印度认为东南亚与自身有着千丝万缕的联系。进入21世纪后，印度积极谋求与东南亚国家的合作。2002年9月，印度总理瓦杰帕伊访问新加坡时强调，无论从地缘战略、经济利益和政治利益考虑，东盟地区都是印度对外政策的重点。① 此后，印度与东盟的关系不断深化。2011年11月举行的第六届东亚峰会，印度总理曼莫汉·辛格提出深化与东盟的关系是印度"东向"政策的关键。② 莫迪政府执政后将"东向政策"升级为"东向行动"政策（Act East Policy）。印度不仅增进与东盟的经贸关系，更是通过东盟框架欲图在亚太地区拓展影响力。此外，莫迪政府还欲图利用东盟拓展印度外交空间。莫迪曾指出长期以来印度与美国跨越欧洲和大西洋来看待彼此。当印度向东看时，印度看到了美国的西部海岸。通过美印"联合战略愿景"将印度的"东向行动"政策与美国"亚洲政策"联系起来，印度在寻求扩大可操作性的地缘战略空间。③

与此同时，印度也加强与东亚其他国家的关系。1990年，印度与日本就开始谋求两国间的对话与合作。之后，两国之间展开了多渠道的合作。印度与韩国也展开了多渠道合作。印度、日本与韩国还达成了《自由贸易区协定》。印度加强"东向"政策，一方面可以拓展经贸市场；另一方面，随着东亚影响力的上升，国际社会给予东亚极大的关注。印度欲图借此良机扩大自己的东亚的话语权，提升自己在该地区的政治地位，从而实现自己的地缘政治抱负——成为世界大国。

---

① Bhagyashree Garakar, "Vajpayee Signals Closer Ties with ASEAN", *The Straits Times*, April 15, 2002.
② 毛晓晓:《东亚系列峰会：印度总理说深化与东盟关系是印度"东向"政策的关键》，2011-11-17, http://www.xjklmy.com/news/news.asp?id=552712, 2011-11-20。
③ Ashok Sajjanhar, "India's Act East Policy so far and beyond", May 12, 2016, https://www.gatewayhouse.in/indias-act-east-policy-far-beyond/, 2019-04-25.

第四节　冷战结束以来中印双边政治关系

从总体上讲，冷战结束以来印度对华战略认知是积极的且在不断深入。两国关系虽然在印度进行核试验后的一段时间内处于低潮，但是两国都在寻觅修复双边关系的途径。中国并不反对印度的大国战略抱负，而是不能接受印度以"中国威胁论"为由进行核试验。印度从国家利益出发积极发出改善两国关系的信号。经过两国共同努力，中印双边关系不仅得到修复与改善，且不断朝向更高层次的水平发展。

两国领导人的互访，为两国捐弃前嫌、增信释疑、深化战略认知夯实了基础。随着共识不断扩大，两国不仅于 2005 年开启了战略对话，还于 2013 年针对阿富汗问题启动了地区对话平台。但是，自 2016 年始印度因印巴关系与印度加入核供应国集团遇阻等事宜对中国颇有不满。2017 年 6 月，中印关系因洞朗对峙事件而受到严重冲击。此后，两国都在探寻发展与深化双边关系的渠道。2018 年，莫迪两次访华更是使得中印双边关系朝着更积极的方向发展。

就中印双边战略对话而言，有学者认为，"中印启动战略对话和探索战略合作关系的最基本动因，是中印相互战略认知的积极转变"[①]。鉴于中印两国间的战略共识不断深入，两国有可能构建起共赢性的政治互动机制。冷战结束以来，中印两国领导人互访密切。两国政治关系的主要表现为政府外交日益密切、军事合作紧密、议会交流有序、党际交往频繁。

一　政府部门外交：突出政治互信与经贸合作

冷战结束以来，中印两国在发展政治外交关系时，不仅注重领导人的互访，也注重各级政府部门的外交往来。两国政府间的外交往来，不仅注重提升双边政治互信，也注重积极探寻经贸合作途径，同时在不断增进双边科技人文交流与合作。

[①] 张力：《中印战略对话：探索中印战略互动机制及其制约》，《南亚研究季刊》2009 年第 3 期。

（一）行政首脑互访频繁

早在1991年中国总理李鹏访问印度时，两国总理表示"中印两国都不会使边界分歧成为两国发展关系的障碍"。① 在李鹏总理访印期间，两国签订了诸多协定，包括科学技术、农业、民航。双方同意提升两国在研究领域的合作。② 双方在联合公报中指出，"中印双方确信目前在边界争端问题上进行的联合工作组对话增进了中印两国之间的了解。双方同意联合工作组的建立有利于早日解决边界争端。双方同意就边界地区的军事人员建立定期的会晤机制"。③ 之后两国总理进行了多次互访，为增进两国行政首脑交流与合作奠定了基础。2010年是两国关系史上具有重要意义的一年。这一年是中印建交60周年。也就是在这一年，中印签订了《建立两国总理直通保密电话通信线路的协定》，这是近年来印度首次与他国建立专门的热线电话。根据协定，两国总理办公室将设立专门的热线电话。印度外长克里希纳在回答记者提问时指出，"这个协定是这次访华活动的亮点之一。在纪念中印建交60周年庆祝活动期间，两国能签订这个协定是恰当的也是适宜的"。在与杨洁篪外长结束会谈后，克里希纳向记者指出，"中印两国就双边关系的所有相关问题进行了讨论。印度希望与中国发展可持续的、友好的双边关系，这是印度外交政策的优先选择项。印度政府出于这样的考虑派遣我访问中国。印度希望与中国发展密切友好关系，使得双方战略合作伙伴关系水平提升到一个新的台阶"。④ 2010年12月，温家宝总理对印度进行友好访问。印度外交秘书拉奥（Nirupama Rao）指出，"对能促使全球秩序发生诸多变化的中印两国而言，这样的人际交往（指总理的互访）是两国政府外交的重要组成部分"⑤。双方决定建立两国国家元首、政府首脑定

---

① *Beijing Review*, Vol.34, No.15, December 23-29, 1991, p.4.
② Bhawna Pokhama, *India-China Relations: Dimensions and Perspectives*, New Delhi: New Century Publications, 2009, p.71.
③ *Beijing Review*, Vol.34, No.52, December 30, 1991-January 5, 1992, p.11.
④ "Hotline between Prime Ministers of India China", April 7, 2010, http://www.defence.pk/forums/world-affairs/53419-hotline-between-prime-ministers-india-china.html, 2010-04-08.
⑤ "Hotline between PMs of India, China becomes operational", December 16, 2010, http://www.dnaindia.com/india/1481978/report-hotline-between-pms-of-india-china-becomes-operational, 2010-12-18.

期互访机制。双方同意建立两国外长年度互访机制,以及建立战略经济对话机制。2013年5月在李克强总理访问印度期间,两国就地区与国际局势交换了意见并达成了一系列协议。同年10月在辛格总理访华期间,两国达成了《边境防务合作协议》。2013年中印两国总理的互访不仅是冷战结束以来两国总理首次实现互访,也是两国在1954年以后首次实现总理互访。2015年5月莫迪总理正式访问中国,增进与中国的经贸关系是莫迪出访的重要内容之一。此后,莫迪又于2018年4月和6月两次访问中国,这足见莫迪政府对华关系的高度重视。

(二) 边界问题的会晤机制与时俱进

1994年中国外交部部长钱其琛在访问新德里期间指出,"中印友好的双边关系不仅对两国关系至关重要。鉴于当前的国际局势,中印友好的双边关系对地区与世界的和平也是不可或缺的重要因素"。[1] 正是两国不断深化战略认知推动了两国边界会晤机制不断向前发展。1994年,中印举行了第八轮联合工作组会议。会议期间,双方同意撤出旺东地区的四个军事据点。这是两国从边界地区脱离军事接触的第一次具体行动。中印边界工作组自1989年成立到2005年共进行了15轮会谈。这些会谈虽然没有彻底解决中印间的边界争端问题,但是为两国增进边界共识、寻觅解决边界争端的措施提供了交流平台。2003年,中印两国总理决定设立边界问题特别代表会晤磋商机制,希望能为两国有争议地区的边界解决确立方向。截至2018年11月,中印边界问题特别代表共举行了21轮会谈。2005年,中国总理温家宝在访问期间与印度总理辛格达成了《解决中印边界问题政治指导原则的协定》。该协定指出,"双方确信边界问题的早日解决将推动两国根本利益的实现。因此,应把边界问题的解决作为一项战略目标。双方表达了他们致力于从长远利益和整体双边关系的角度来寻求解决边界问题的政治途径"[2]。2013年5月,中国总理李克强在访问印度时就提出了解决边界问题的原则。李克强说:"中印双方认为两国需要提高目前有关边境争端解决机

---

[1] Bhawna Pokhama, *India-China Relations: Dimensions and Perspectives*, New Delhi: New Century Publications, 2009, p. 84.
[2] "China, India agree on political settlement of border issue", April 12, 2005, http://news.xinhuanet.com/english/2005-04/12/content_2819294.htm, 2011-08-28.

制的层次，使得边界会晤机制更有效。两国需要适当管控和解决彼此之间的分歧。两国曾共同维护了边境地区的安宁与和平。"① 2018年11月，在中印边界问题特别代表会晤机制第21次会晤期间，两国同意在边界问题最终解决之前，共同维护两国边境地区的和平与安宁。双方同意切实将两国领导人重要共识贯彻到双方各个层级包括一线部队，进一步完善边境地区信任措施建设，继续加强有关边境管理部门之间的沟通协调。② 在此次会晤期间，双边还就加强战略沟通、增进政治互信以及扩大交流合作等诸多领域达成共识。值得一提的是为落实两国领导人就解决边界问题达成的共识，根据两国边界问题特别代表授权，中印两国于2012年正式开启了中印边境事务磋商和协调工作机制会议。截至2019年1月，该机制已成功举行了13次会议。

（三）两国政府积极努力推进双边经贸合作

作为毗邻的两个发展中大国，中印两国都高度重视本国的经济发展。经济发展不仅是综合国力的重要组成部分，更是关乎民生的重大课题。冷战结束后，两国之间的经济关系日益密切。政府在两国经济发展中的重大作用主要是促进经贸洽谈与项目合作，助推边境贸易。

1. 经贸洽谈与项目合作

印度于1991年实施新经济政策后不断夯实与中国的经贸合作基础，增进与中国的经贸合作关系。同时，中国也希望提升两国经贸合作水平。1994年6月，对外经济贸易合作部部长吴仪带领的中国商贸高级代表团访问新德里。在访问期间，中印两国表示将不断提升双边经贸关系，促进两国科技合作。1999年11月在北京召开了"中国—印度经济贸易洽谈会"，两国政府官员与企业界百余人出席会议。2000年，中国外经贸部部长石广生和印度工商部部长马兰共同主持了中国—印度科技经贸联委会。2003年2月，两国签订《曼谷协定》。这标志着中国和印度相互提供比最惠国税率更为优

---

① "China, India Establish Principles of Settling Border issue: Premier Li", May 23, 2013, http://in.china-embassy.org/eng/zt/likeqiang2013/t1043068.htm, 2013-05-25.
② 《中印边界问题特别代表第二十一次会晤取得重要共识》，《人民日报》2018年11月25日第3版。

惠的关税待遇，从而进一步减少贸易障碍，促进双边贸易的增长。① 2003 年 6 月，两国政府同意成立联合研究小组，研究两国经贸潜在的互补性，旨在增强两国经贸合作关系。

此后，两国政府及各级官员，利用各种场合就经贸合作问题进行洽谈。2010 年，中国总理温家宝在访问新德里期间与印方达成了建立定期的双边战略经济对话机制。2011 年，中印两国进行了第一轮战略经济对话。2015 年，在莫迪总理访华期间，两国达成了 24 项协议，价值超过 100 亿美元。

2013 年，中国总理李克强在访问印度期间与辛格总理就经贸合作会谈时指出，中国和印度之间的双边贸易在 700 亿美元左右，相当于中国和其他中型国家的贸易额。中国虽然正在加快在其他国家的投资，但中国在印度的投资仍然有限。根据印度商务部的数据，中印两国贸易从 2001~2002 年度的 20.9 亿美元，上升到 2011~2012 年的 755.9 亿美元，在 2012~2013 年度下降为 678.3 亿美元。李克强总理表示中国政府支持中国企业增加在印度的投资，并帮助印度产品进入中国市场。② 经过两国的共同努力，中印双边贸易额在 2017 年底达到 844.4 亿美元，2018 年跃升到 955.4 亿美元。

2. 边境贸易合作水平迈向新台阶

随着对华战略认知逐步深入，印度不断增进对华关系。伴随双边关系的增进，两国的边境贸易也不断繁荣发展。1988 年，两国签订了《关于恢复边境贸易议定书》。1991 年，两国签订了《关于恢复边境贸易的谅解备忘录》。印度记者苏南达·达塔·雷（Sunanda K. Datta-Ray）指出，根据 1991 年达成的谅解备忘录，两个新兴市场国家决定在印度锡金的喜拉堂（Sherathang）和中国西藏的仁青岗（Rinqingang）开设边境贸易口岸。由于中国和印度在锡金开展边境贸易，锡金的进出口项目不断增加。③ 1992 年，两国签订《关于边境贸易出入境手续议定书》。至此，曾受 1962 年边界冲突影响而中断的中印边境贸易终于得以重启。苏南达·达塔·雷说："如果

---

① 车玉明：《中印将相互提供更优惠的关税待遇》，《人民日报》2003 年 2 月 23 日第 4 版。
② "India visit has helped expand strategic trust: Li Keqiang", May 21, 2013, http://www.livemint.com/Politics/lKWqn8t4uHlJvRutlvMPzN/Chinese-premier-Li-Keqiang-vows-to-open-up-markets-to-India.html, 2013-05-25.
③ "Indian analyst suggests India, China expand border trade", April 19, 2013, http://english.peopledaily.com.cn/90778/8214950.html, 2013-04-20.

其他两条通道（指印度北方邦的贡吉和喜马偕尔邦的什普奇）得以重启，中印两国在边境地区的贸易总额将会达到惊人的数字。"①

2006年7月，曾中断44年的中印边境贸易通道乃堆拉山口重新启动。西藏自治区主席向巴平措认为："这是一个充满希望和繁荣的新时代的开始，（通道开通）将改善中印关系。"而印度锡金邦首席部长表达了同样的意愿："这不仅是一条贸易通道，也是一个文化通道，会将印中关系提升到一个新台阶。"② 在2005年以前，中印边境贸易主要是通过里普列克山口进行的。自乃堆拉山口恢复边贸以来，边境市场就成为扩大与繁荣中印边境贸易，造福两国人民福祉的重要通道。目前，乃堆拉山口开放的时间为每年5月1日至11月30日。

乃堆拉山口边境贸易通道自2006年恢复开放10余年来，中印双边边境贸易稳步发展。数据显示，截至2012年底，边贸交易额已近1亿元人民币。亚东县提供的数据显示，2012年全县边贸交易额达到9784.89万元人民币。③ 2015年度，西藏自治区亚东县乃堆拉山口边境贸易通道进出口总额1.52亿元人民币，同比增长52%。④ 2018年度，印度通过乃堆拉山口向中国出口包括乳制品和餐具在内的36种商品。同时，印度从中国西藏自治区进口包括地毯、被子和夹克在内的20种商品。印度的货物出口额为3.75亿卢比，进口额为0.277亿卢比。⑤

两国政府通过经贸洽谈、签订经贸协定与增进边境贸易等措施，促进了中印两国经贸合作，密切了两国间的关系，从而为两国政治关系的发展提供了动力。正如巴基斯坦驻新加坡的高级专员萨贾德·阿什拉夫（Sajjad Ashraf）指出的，"印度企业界对于中国与印度不断增长的业务关系欣喜若狂。和其他地区的老百姓一样，印度老百姓受益于中国质优价廉的产品而

---

① "Indian analyst suggests India, China expand border trade", April 19, 2013, http://english.peopledaily.com.cn/90778/8214950.html, 2013-04-20.
② 李艳：《中印边贸仅有一条通道还不够》，《新京报》2006年7月14日第1版。
③ 白少波：《中印乃堆拉边贸通道恢复6年贸易额升至近亿元》，2013-01-10, http://finance.chinanews.com/cj/2013/01-10/4477052.shtml, 2013-02-02。
④ 《2015年度中印乃堆拉边贸通道贸易额增长52%》，2015-12-18, http://www.mofcom.gov.cn/article/resume/n/201512/20151201217339.shtml, 2019-04-26。
⑤ "14th Sino-India border trade through Nathula Pass kicks off", May 1, 2019, https://www.indiablooms.com/finance-details/10036/14th-sino-india-border-trade-through-nathula-pass-kicks-off.html, 2010-05-02.

欢欣鼓舞。总之,中国和印度分别为'世界工厂'和'世界服务中心',是本世纪全球经济发展的发动机。这种经济业务活动反映了两国之间'相互的政治指导原则'就是'经济和贸易关系的增强有利于增强政治互信'"。[1]

(四) 两国政府力促双边文化交流与合作

中印两国都是文明古国。两个国家的文明交往有上千年历史。中印两国分享着人类历史文明,而这两种文明之间的交流互动会继续延续下去。

1. 通过典型实例传播彼此文化

2003年,印度总理瓦杰帕伊访华时,曾承诺在中国河南省洛阳市建造印度风格的佛教寺庙。2010年5月,印度总统帕蒂尔在访华期间参加了这座佛庙的揭牌仪式。2015年5月,莫迪总理参观西安市大兴善寺与大慈恩寺。2007年2月,在那烂陀寺的玄奘纪念馆落成。2008年6月,两国联合发行邮票一套两枚,一枚描绘的是菩提伽耶的摩诃菩提寺,另一枚描绘的是中国洛阳的白马寺。在中国的北京大学于2003年成立了印度研究中心后,深圳大学、暨南大学、复旦大学、兰州大学等学府也相继成立了印度研究中心。2010年,借中印建交60周年之际,两国举行了隆重的文化庆祝活动。同时,为推动两国民众更深入了解对方,中印通过不同形式在对方开展文化周活动。

2. 重要访问与文化交流协定的签订

1988年,在拉吉夫·甘地访华时两国签署了《文化合作协定》。2003年,在瓦杰帕伊总理访华时,两国签订了《中印政府文化合作协定2003—2005执行计划》。2007年6月20日,中国文化部部长孙家正与印度旅游和文化部部长安比卡·索尼(Ambika Soni)在新德里签署了《中印政府文化交流协定2007—2009执行计划》。该计划是两国政府文化交流的框架性文件,内容涵盖文学、艺术、考古、图书、博物馆、体育、青年事务以及大众传媒等多个领域的交流与合作项目。双方表示,中印文化交流已经发展到一个新时期,两国政府应进一步加强文化合作和交流,以文化为纽带,增进两国人民友谊,加强了解和互信,推动两国开展全方位、多领域的合

---

[1] Sajjad Ashraf, "Rise of China and India: Global Game Changer?", February 7, 2013, http://www.rsis.edu.sg/publications/Perspective/RSIS0242013.pdf, 2013-09-06.

作和交流。① 孙家正指出"今天签订的文化交流协定预示着中印之间更紧密的文化将进入了一个新时代。文化交流不只是单方面的,还是两国关系中的重要内容"。索尼指出,"《文化交流协定》的签订将增进中印两国之间的文化联系"。②

2010年,中国总理温家宝访问印度时与印方签订了《文化交流项目协定》。该协定包括表演艺术家、官员、作家、档案工作者和考古学家的互访交流,合作举办文化节、电影节和大众媒体交流,青年事务交流和体育交流等。2012年,在中国国家主席胡锦涛参加金砖国家峰会期间,双方领导人决定以庆祝2012年的"友好合作年"为契机,进一步加强两国人民之间的文化交流。2014年9月18日,中国国家新闻出版广电总局局长蔡赴朝与印度信息产业和广播部部长雅瓦德卡尔(Prakash Javadekar)签署了一份电影合作协议。同年9月习近平主席访印期间与印度总理莫迪共同启动了"中国—印度文化交流计划"。近年来,在两国领导人的引领下,中印两国人文交流日益频繁,人文交流的内涵日益丰富,其外延也在不断拓展,这有助于夯实两国的民意基础,也有助于中印双边关系的深入发展。

中印之间的文化交流有着深远的意义:第一,政府通过推动文化活动举办和签订协定等事宜,可以增进两国政府和人民之间的了解与合作,密切两国人民文化联系的纽带。第二,相互借鉴,取长补短。中印都是文化底蕴深厚的文明古国,两国在文化本质上有诸多相似之处。两国文化中都有尚善的内涵:印度文化中的"非暴力"思想与中国传统文化中的"和为贵"思想对两国构建和谐邻邦关系有着重大的现实指导意义。第三,增信释疑,加强合作。通过文化交流与合作,可以增进两国政府和人民的认知。文化交流与合作不仅可以促进经贸关系的增长,也能提升两国的政治互信水平。第四,文明的复兴。近年来,中国和印度的经济都在迅速发展。如果经济实力是"硬实力",那么科技文化就是"软实力"。文化的发展需要建立在经济基础之上。但是,经济发展如果失去了文化的内涵就

---

① 陆春华:《中印签署文化交流协定执行计划》,2007-06-20, http://news.sina.com.cn/w/2007-06-20/181413273288.shtml, 2012-05-02。

② "India, China sign Cultural Exchange Programme", June 20, 2007, http://news.oneindia.in/2007/06/20/india-china-sign-cultural-exchange-programme-1182341847.html, 2012-05-02。

缺乏了精神的动力。同是文明古国的中国和印度在诸多层面都已经取得了令世界瞩目的成就。亚洲的崛起离不开具有深厚文化底蕴的中印两国的共同努力。正如谭云山20世纪30年代在印度创办中国学院时所提倡的那样：沟通中印文化，融洽中印感情，联合中印民族，创造人类和平，促进世界大同。①

两国政府还在两国间的签证、人员交往方面进行合作。与此同时，两国政府就气候变化、能源议题、国际形势等问题进行交流与合作。

二 频繁的军事高官互访与防务交流

冷战结束以来，随着友好氛围日益浓郁，两国在军事层面的交流与合作不断密切与深化。两国军方高层领导人互访不断，各军种之间的交流日益密切，并举行了种类繁多的联合军演。

（一）频繁的军事高官互访

自中华人民共和国与印度建交以来，两国在冷战期间只有偶尔的军事交流，罕有军事层面的高层次互访。在整个冷战期间，两国之间从来没有防长和参谋长级别的军方高层领导互访。在后冷战时期，随着印度对华战略认知的转变和中印关系的不断增进，这种局面不断突破并取得了新进展。

1992年7月底，印度国防部部长沙拉德·帕瓦尔（Sharad Pawar）访华。这是印度国防部部长首次来中国访问，标志着中印两国和两军的友谊有了进一步发展。②双方同意进行学术、军事、科学和技术交流。帕瓦尔在结束对中国的访问前夕曾公开表示，两国希望在某个不确定的将来举行海军军事演习。③ 2003年，一度宣扬"中国威胁论"的印度"鹰派"分子费尔南德斯防长访华。费尔南德斯指出，"中印两国讨论的一个主要议题就是双方认识到在实施举措时最重要的是双方要真诚。印度认识到中国真诚渴望清除各种障碍来与印度建立更深厚的友谊。两国也需要一些时间来解决

---

① 张梦旭：《中印文化交流意义深远》，《人民日报》2010年3月22日第1版。
② 钱其琛主编《世界外交大辞典》（上），世界知识出版社，2005，第956页。
③ 江亚平：《印度国防部长1992年提出联合军演等待11年》，《北京晨报》2003年11月15日第1版。

一些相关问题"。① 2006年5月，印度防长穆克吉在访华期间与中国签署了一项《国防合作的谅解备忘录》。2013年7月，印度国防部部长安东尼（AK Antony）访华期间与中方就国防议题交换了意见。两国重申将提高防务交流，维护边境地区的和平与安宁，为中印双边战略合作伙伴关系可持续发展创造条件。双方认为在边境地区的合作对于维护边境地区的和平与稳定是至关重要的。② 双方达成了以下交流项目：第一，双方同意拟定就两国的高级将领、各军区指挥官的定期互访计划；第二，加强边境地区军事代表团的互访，以促进双方对话从而增强信任、增进合作；第三，加入边防人员会议（BPM）召开的频率，至于召开地点需经双方商定后确定；第四，考虑到双方在海上联合搜救演习和反海盗行动中的合作，双方需增加海军的军舰互访；第五，展开空军的高层互访，扩大交流，空军将侧重于共同关注的话题，包括飞行安全、航空医学和人员培训；第六，加强军事机构、教员与学生三个层面的交流；第七，为促进年轻军官的交流互动，两国将建立每年的互访和交流机制。③ 2017年10月，印度国防部部长西塔拉曼访问中印边境锡金段乃堆拉山口，并与中国士兵进行了交流互动。2018年4月，西塔拉曼利用参加上海合作组织防长会议的契机对中国进行了访问。西塔拉曼访华期间与中方商讨了军事外交以及边境会晤机制等议题。

1994年，中国国防部部长迟浩田访问印度，与印度主要领导人进行了会谈。迟浩田是第一位访问印度的中华人民共和国国防部部长，这对两国增进军事交流并加强军事合作意义重大。双方强调加强经济、科技、文化等领域特别是军事防务领域的合作，表示愿意继续保持长期友好和稳定的关系。④ 2004年3月，中国国防部部长曹刚川应印度防长的邀请对印度进行友好访问。曹刚川的这次访印是在卡吉尔战争后中印双方加强双边关系进

---

① "Indian defence minister confident on forging friendly ties with China", PTI news agency, New Delhi, April 27, 2003, http：//www.accessmylibrary.com/coms2/summary_0286-23717211_ITM, 2013-09-07.
② "Enhanced military coordination: China", July 8, 2013, http：//www.ndtv.com/article/india/defence-minister-ak-antony-s-visit-led-to-enhanced-military-coordination-china-389487, 2013-07-09.
③ HuangJin、Chen Lidan, "Full text of joint statement by Chinese, Indian defence ministers", July 07, 2013, http：//english.peopledaily.com.cn/90883/8314431.html, 2013-07-08.
④ 刘正学：《迟浩田抵达印度访问》，《人民日报》1994年9月8日，第4版。

程中的一个部分。2012 年 9 月，中国国防部部长梁光烈对印度进行了友好访问。双方同意推动中印关系向前发展，加强军队之间的交流，共同努力维护中印关系发展的良好势头。两国防长的互访旨在增进信任，促进地区的和平与稳定。2018 年 8 月，中国国防部部长魏凤和访问印度。两国防长已决定鼓励两国军队开展军事交流与实施联合军演，并致力于确定新的防务合作协定。双方就习近平主席与莫迪总理达成的重要共识进行了进一步的讨论。两国还就深化军事交流与合作、加强防务互信机制建设等问题进行了深入探讨，包括建立国防部部长互访机制，设立国防部直通电话，加强防务部门、战区和军区、军种之间各层级交流，建立相邻军区边防热线，发挥防务与安全磋商机制以及国防部工作组会晤机制的作用等。①

　　冷战结束后，中印两国参谋长级别的互访不断活跃。1994 年 7 月，印度陆军参谋长乔希（Chandra Joshi）将军访华。乔希将军向中国赠送了昔日八国联军入侵北京时被英国军官劫走的编钟，这只编钟对中国来讲意义重大。1996 年 3 月，印度海军参谋长谢卡瓦特（Vijai Singh Shekhawat）将军访华。这是印度海军参谋长的首度访华。2001 年 5 月，印度空军参谋长蒂普尼斯（Anil Tipnis）将军一行访华。在与中国军方主要领导人会晤后，蒂普尼斯将军指出印度愿与中国进一步发展两军关系。② 2004 年 12 月，印度陆军参谋长维吉（NC·Vij）将军访华。维吉与中国的熊光楷副总参谋长就国际和地区形势、双边军事关系和其他共同关心的话题交换了意见。近年来，两国在各个方面的军事关系也得到了增强。维吉将军表示，"印度重视发展与中国的关系，印中友谊有利于维护地区和世界的和平与稳定"。③ 2007 年 5 月，印度参谋长委员会主席兼陆军参谋长辛格（Joginder Jaswant Singh）访华。辛格访华的目的是希望在相互尊重的基础上，加强交往与增进互信。2014 年 7 月，印度陆军参谋长莫汉·比克拉姆·辛格（Mohan bikram singh）访华，这是莫迪执政以来的首位印度军方高级别官员访华，

---

① 《国防部谈魏凤和访印成果：龙象共舞，双方有利》，2018-08-30，http://www.chinanews.com/mil/2018/08-30/8614438.shtml，2019-04-27。
② 《印度空军参谋长访华强调与中国发展两军关系》，2001-05-21，http://news.sohu.com/83/54/news145275483.shtml，2012-09-06。
③ Jiang Zhuqing, "Indian army chief visits China", December 28, 2004, http://www.chinadaily.com.cn/english/doc/2004-12/28/content_403728.htm，2012-09-06。

足见印度对发展中印关系的高度重视。2016 年 11 月，比克拉姆·辛格再度访华。

1998 年，中华人民共和国总参谋长傅全有将军访印。傅全有将军的访问标志着肇始于 1993 年中印边界议题向建立正常化的机制又迈进了一步。中方在与印方洽谈后表示，中国在边境地区的活动仅仅是为了提高边境偏远山区部队的生活水平，包括修建道路线、电话线与电力线。① 2003 年 12 月，受印方邀请，副总参谋长吴铨叙将军率军事代表团访问印度。2005 年 5 月，梁光烈总参谋长一行访问印度。梁光烈表示，发展中印友好关系不仅符合两国人民的根本利益，也有利于本地区乃至世界的和平与稳定。中印双边军事关系是两国关系的重要组成部分，中国军队愿意与印度军队共同努力，积极落实两国领导人达成的共识，采取积极措施，增进了解和信任，发展友谊与合作，共同维护边境地区的和睦与安宁，促进两国关系的全面深入发展。印军领导人表示，印中两国和两军关系的不断改善有利于两国的共同发展和地区的和平与稳定。印方愿意与中方在共同关心的领域携手努力，加强交流与合作，进一步密切两军关系。继副总参谋长葛振峰将军一行于 2009 年 12 月访问印度后，副总长戚建国将军一行于 2013 年 3 月访问印度。两国参谋长互访的推进密切了两国的军事合作关系。

（二）各军种间的交流与合作

"为增进互信和加强理解，中印两国间的海军提高了互动频率"。② 1993 年，中国的"郑和"号护卫舰访问印度。2001 年，中国海军"哈尔滨"号导弹驱逐舰和"太仓"号远洋综合补给舰访问孟买。2005 年中国的"深圳"号导弹驱逐舰和"微山湖"号综合补给舰访问印度的科钦港。2012 年 5 月中国"郑和"号远洋航海训练舰访问印度。2014 年 5 月，中国海军远洋航海训练舰"郑和"舰和导弹护卫舰"潍坊"舰访问印度的维沙卡帕特南。2015 年 7 月，中国海军第二十批护航编队"济南"舰访问印度孟

---

① Jiti. S. Bajwa, "Modernisation of the PLA: Gauging its Latent Future Potential", New Delhi: Published in India by Lancer Publishers & Distributors, 2002, p.91.
② Ananth Krishnan, "Chinese Navy calls for trust building with India", June 15, 2012, http://www.thehindu.com/news/international/chinese-navy-calls-for-trust-building-with-india/article3529270.ece, 2012-12-05.

买。就印度而言，印度的"德里"级导弹驱逐舰（"Delhi"）及"可拉"号护卫舰（"korah"）于 2000 年 9 月访问上海。2003 年和 2007 年印度海军舰艇编队访华。2012 年 6 月印度的"什瓦利克"号导弹护卫舰（"Shivalik"）、"拉纳"号导弹驱逐舰（"Rana"）、"沙克蒂"号补给舰（"Shakti"）和"卡穆克"号轻型护卫舰（"karmuk"）组成的舰艇编队再度访问中国。2019 年 4 月在中国海军成立 70 周年之际，印度派出"加尔各答"号导弹驱逐舰（"Kolkata"）与"沙克蒂"号补给舰访华并参加由中国主办的青岛国际阅舰式。

后冷战时期，尤其是进入 21 世纪，中印陆军之间的交流也在不断增进。在中国方面，中国陆军代表团分别于 2011 年和 2013 年访问印度。2016 年 12 月，中国西部战区司令员赵宗岐率战区代表团访问印度。2018 年 7 月，中国西部战区副司令刘小午率战区边防代表团访问印度。在印度方面，2003 年印度陆军高级代表团访问中国，并首次获准进入西藏。2011 年 6 月由印度多个司令部组成的陆军代表团访问中国。2014 年 11 月，印度陆军东部军区代表团对中国进行友好访问。2015 年 12 月，印度北方军区司令率领代表团访华。

两国空军也在不断增进交流与合作。2006 年中国空军司令员乔清晨率团访问印度。2008 年，印度空军代表团访问中国。2010 年印度空军再度访华。2013 年 7 月在安东尼防长访问中国期间，两国防长提议深化两国之间的空军交流。与此同时，两国边防部队也在不断加强交流与合作。2004 年 8 月，中印两国边防部队在中国西藏自治区普兰县进行交流后，举行了联合登山训练。2012 年 8 月，中国驻日喀则的边防官兵借印度庆祝独立日之机与印度的边防部队进行交流。为推动两国的安全互信和促进两国在边境地区的有序合作，两国于 2013 年 10 月签署《边防合作协议》。2016 年 2 月，两国边防人员举行了人道主义救援方面的联合战术演练。2018 年 5 月 1 日，中印两国军人在拉达克地区举行了边境人员会议。2019 年 1 月，两国军队为增进互信在边境地区举行会晤并共贺新年。

（三）联合军演

作为亚洲的两个大国，中印两国有必要不断深化军事合作，这对两国之间的互信至关重要，对亚洲乃至世界的和平与稳定也不可或缺。为此，两国采取了形式多样的联合军演。中印之间展开联合军演的提议是由中国全国人大常务委员会委员长李鹏于2001年访问印度时提出的。

2003年11月，印度三艘军舰抵达中国上海港访问，举行了中印历史上首次海军联合演习。这是中国在非传统安全领域第二次与外国海军进行联合演习。2004年8月，中国和印度的边防部队在边境地区举行了联合登山活动。这开启了两军在边境地区举行联合军演的先河。2006年5月，中印两国国防部部长签订了国防领域的《交流与合作谅解备忘录》，为两国防务合作的进一步发展提供了良好的基础和体制框架。2007年12月，两国在中国昆明举行了"携手-2007"联合军演。2008年12月，中印军队在印度卡纳塔克邦的贝尔高姆举行"携手-2008"联合反恐军事演习。中国学者认为，"此次联合军演的目的旨在增进中印之间的相互了解和信任，促进两军关系发展。近年来，由于高层互访的增加和双边政治关系的改善，中印军事关系一直在增进"。① 印度军方代表指出，"随着恐怖主义的威胁日益严重，中印两国也需要与时俱进地加强合作。两国军队肯定能从联合军演中彼此受益"。② 2012年中印两国空军举行了首次联合军演。

2013年11月，中印两国在中国四川成都举行联合军演，这是中印时隔五年再次举行的联合军演。虽然中印联合军事演习的规模不大，但专家们指出了这次演习的意义。演习将巩固中印两国在边境问题上的互信。③ 此后，两国又分别于2014年、2015年与2016年举行"携手"系列的联合军演。2018年12月，中印两国在四川成都举行联合军演，这是两国在洞朗对峙事件后的首次联合军演。联合军演有助于中印双方增信释疑。

冷战结束后，随着两国共识不断增进，中印两国军事首脑和军方主要领导人互访频繁，各军种之间的交流日益密切，各种类型的联合军演如火如荼。这种高规格、宽领域的交流与合作，不断夯实了两国政治互信的基础，对中印两国关系的友好发展发挥了积极作用。就印度而言，与中国开

---

① "China-India joint military training boosts mutual trust"，December 5，2008，http：//www.asiafinest.com/forum/lofiversion/index.php/t182560.html，2011-01-05.
② Rohan Swamy，"Joint Sino-Indian military exercise underway in Belgaum"，December 12，2008，http：//www.indianexpress.com/news/joint-sinoindian-military-exercise-underway-in-belgaum/397524/，2011-01-05.
③ 杨丽娟：《中印过去5年首次联合军演》，2013-08-24，http：//www.zaobao.com/realtime/world/story20130824-244919，2013-09-08.

展联合军演具有重要的战略意义。

第五节 制约印度对华战略认知深入的主要因素

自中印建交以来,两国关系波澜起伏,既曾真诚相待,也曾彼此敌视;既曾共患难,也曾兵戎相见。冷战结束以来,作为毗邻而居的大国,中印两国在竞争与合作中不断前行。两国虽然都希冀彼此能坦诚相待并携手促进双边合作,但是两国之间存在的诸多障碍使得中印双边关系跌宕起伏。在诸多制约因素中,既有来自国内的,也有来自双边的,还有来自国际的。

一 领土边界问题

领土与边界问题是制约印度对华战略认知与对华政策的主要因素。在过去的几十年里,中印关系因领土边境争端而屡受挫折。领土与边界纷争可能还会影响着未来的中印双边关系。中印两国的边界从来没有划定过,但是,印度欲图继承英殖民者在中印边界中的特权。冷战时期,在双边关系友好发展时期,印度也会在中印边界上有所举动但整体尚能保持克制。但是,一旦双边关系遇冷,印度就会在中印边界问题上采取激进举措。1961年,印度在边界问题上实施"前进政策",从而使得两国在边界问题上的协商与谈判中断。冷战结束前后,印度国内围绕中印边界问题仍然争论不休。

拉吉夫·甘地于1988年的访华使印度政府突破边界因素来发展对华关系。此后,印度开始从战略高度审视对华关系。印度认识到处理好边界问题对双边关系发展大有裨益。印度外务秘书兰詹·马塔伊(Ranjan Mathai)表示,"在印度与中国的接触中,印度需要稳妥处理与中国存在的边界问题,这样有助于印度与中国在其他拥有共同利益的领域开展合作。中国是亚洲稳定的一个重要合作伙伴"。[①] 然而,印度在中印边界问题上的固执立

---

① "Keynote Address: Ranjan Mathai", November 21, 2011, https://www.iiss.org/en/research/south%20asia%20security/south%20asia%20conferences/sections/2011-a2f9/fourth-iiss-mea-idsa-foreign-policy-dialogue-2631/ranjan-mathai-address-964a, 2014-03-27.

场使得两国边界问题难以有实质性进展。截至 2018 年 12 月,中印边界问题特别代表已经举行了 21 次会晤。双方虽然在边界问题上做出了较大努力,但是仍没有取得实质性进展。边界问题仍然是横亘在中印关系中的障碍。印度在边界问题的强硬姿态才是导致中印边界问题难有重大斩获的主要原因。中国从未接受非法的"麦克马洪线"。如果印度不对这条线进行调整,那么双方就难以在解决边界问题上取得建设性共识。中国一直以极大的诚意致力于解决边界争端,中方的合理建议也遭到印方拒绝。[①]

二 战略竞争问题

中印两国的战略崛起对亚洲乃至对世界都有重大影响。中国希望两国在发展的过程中能坦诚相待、共谋发展与携手并进。然而,印度对中国始终存有疑虑。在军事方面,印度笃信军事实力的强大是国家强盛的重要组成部分。印度不仅进行了核试验使得自己成为名副其实的核大国,而且在常规军力方面也做了许多努力。印度不仅加紧与周边国家与地区的军事合作,也加强对高科技军事技术的引进与吸收;不仅在中印边界增强军力,而且与南海主要国家加强军事合作,谋求军事优势。

印度国内存在"中印两国是竞争关系"的论调。在外交上,印度谋求大国外交,实现其大国抱负。从国际关系的经验来看,印度在追寻大国抱负的道路上需要与中国加强合作,但也伴随着竞争。学者指出,"在印度国防部与外交部以及政治政党中的一些精英视中国为即使不是直接也是潜在的威胁"。[②]

另外,中国在印度洋上不断增强的影响力也引起印度的错觉。事实上,中国向海洋拓展影响力的行为主要是为了维护经贸航线与能源航线的安全。那种认为中国欲图成为印度洋的霸主的想法多是牵强附会。

---

① "Sino-Indian border deal requires clear signals", February 11, 2015, http://en.people.cn/n/2015/0211/c90883-8849179.html, 2019-05-02.
② Zhang Hong: "How China Perceives India's Rise and Vice Versa", "East Asia Policy", Published by East Asia Institute, July-September, 2011, P. 22.

第六章　印度与南盟关系

南亚国家的经济发展整体比较滞后。为了改变这种情势，南亚国家希望通过本地区诸国的集体努力来加速经济发展，提高本国人民生活水平。经过南亚国家的共同努力，南亚区域合作联盟（以下简称南盟）于1985年诞生。作为南亚首屈一指的大国，印度在南盟中的分量是其他诸国无法比拟的。南亚区域合作离不开印度，南盟的诞生也离不开印度的积极参与。因此，南盟发展壮大离不开印度的支持。

冷战期间，印度与南亚国家的关系并不十分融洽。冷战结束后，随着国内外形势的变化，印度提出了旨在增进与南亚国家关系的"古杰拉尔主义"。随着印度于1998年5月进行核试验，南亚国家对印度怀有诸多质疑。辛格政府上台后，积极发展与南亚国家关系，使得南盟获得巨大发展。莫迪政府上台后希望在南亚"有所作为"给南盟的发展带来了新希望。

作为南亚首屈一指的大国，印度以其独有的资源和发展优势成为南亚一颗耀眼的"璀璨之星"。印度以其辽阔的幅员和特殊的地理位置，给了它在南亚事务中的特殊领导地位，同时赋予了印度特殊的责任。① 冷战结束后，国际政治局势的变化进一步加强了印度在南亚地区的首要地位。

第一节　冷战时期印度与南盟关系

在南盟建立初期，印度并没有对其抱有极大热忱，导致印度与南盟关系发展滞后，也导致南盟在地区合作层面上难有作为。

---

① Henry Kissinger in an address to the I.C.W.A. in New Delhi on October 24, 1974, cited in B. M. Jain, *South Asia*, *India and United States*, Jaipur: R. B. S. A. Publishers, 1987, p. 25.

一　南盟诞生的背景

二战结束后，随着民族独立运动的发展与国际殖民体系的瓦解，新独立的国家大都集中精力致力于本国经济的发展。为了促进经济社会的快速发展，各种经济区域合作组织如雨后春笋般涌现。为改善经济落后的现状，南亚诸国希望通过构建本地区的合作机制促进该地区国家经济发展。

南亚有八个国家：印度、巴基斯坦、斯里兰卡、马尔代夫、阿富汗、孟加拉、尼泊尔、不丹。大约有 18 亿人口，占世界总人口的 21%。[1] 这八个国家各具特色，而印度和巴基斯坦是该地区经济实力最强和人口最多的国家。就经济状况而言，斯里兰卡和马尔代夫要好于其他六国。然而，该地区是仅次于撒哈拉以南非洲地区的世界第二大贫困区，47% 的人口每天的消费不足一美元。数据显示，印度超过 50% 的人口每天的生活消费不足 0.5 美元。减轻普遍存在的贫困现象、维持就业、改善基础设施并保持经济的快速增长是该区域所有国家都面临的挑战。[2] 目前，世界营养不良的人群有 1/3 在南亚地区。大约有 15% 的南亚地区民众营养不良。自 20 世纪 90 年代以来，南亚地区民众的营养状况整体上略有改善，但是在阿富汗与巴基斯坦的情况不容乐观。营养不良的阿富汗民众在 1990 年至 1992 年间约为 380 万，然而在 2014 年至 2016 年间却飙升至 860 万。巴基斯坦营养不良的民众在 1990 年至 1992 年间为 2870 万，在 2014 年至 2016 年间却增至 4140 万。在孟加拉国，营养不良人群占总人口的比例从 1990 年至 1992 年间的 32.8% 下降到 2014 年至 2016 年间的 16.4%。在尼泊尔，营养不良人群占总人口的比例从 1990 年至 1992 年间的 22.8% 下降到 2014 年至 2016 年度的 7.8%。2016 年，马尔代夫营养不良人群只占总人口的 5.2%。[3]

这些国家之间有着几百甚至上千年的经贸和文化联系。在英国殖民统

---

[1] 从历史传统来看，这个地区一直被称为印度次大陆。阿富汗于 2005 年 11 月被南盟吸纳。

[2] Rajiv Kumar, "SAARC: Changing Realities, Opportunities and Challenges", December 20, 2007, http: // www.die-gdi.de/CMS-Homepage/openwebcms3.nsf/ （ynDK _ FileContainerByKey）/ADMR-7BEHDV/ $ FILE/SAARC_changingrealities.pdf?, 2013-09-12.

[3] Mazhar Mughal, Charlotte Sers, "Cereal production and food security in South Asia", April 03, 2019, https: // hal.archives-ouvertes.fr/hal-02089616/document, 2019-05-04.

治之前，该地区被视为封闭的经济区域。在 1947 年之前，印度、巴基斯坦和孟加拉国是一个市场，使用同样的货币，而这种关系到 20 世纪的下半叶开始中断。20 世纪七八十年代南亚国家间的关系极度恶化。南亚国家看到欧洲共同市场于 1958 年建立后，欧洲共同市场获得了飞速发展，因此也希望能在该地区成立一个区域合作组织来促进南亚经济快速发展。

二 印度对南盟成立的认知

在提出建立南亚区域合作组织之前，至少有三个会议讨论了南亚国家间的合作：1947 年 4 月在印度新德里召开的亚洲关系会议，1950 年 5 月在菲律宾召开的碧瑶会议，1954 年 4 月在斯里兰卡召开的科伦坡会议。① 自 1977 年以来，孟加拉国总统设想像东盟一样，在南亚地区也成立一个区域合作组织。1980 年 5 月 2 日，孟加拉国总统拉赫曼（Ziaur Rahman）首次提出了建立南亚地区合作框架的具体建议。

孟加拉国的建议很快得到了尼泊尔、斯里兰卡、马尔代夫和不丹的认可。但是，印度和巴基斯坦对孟加拉国的建议持怀疑态度。印度主要担心自身地区安全。印度的政策制定者们还担心拉赫曼总统的提议可能促使这个地区的小邻国彼此团结起来对抗印度。1980 年，南亚国家放弃了所有与安全有关的议题，建议在只有非政治性和没有争议的领域展开合作。1980 年至 1983 年，南亚国家共召开了四次外务秘书级会议。1983 年 8 月 1~3 日，南亚国家第一次外长级会议在新德里召开。在这次会议上，各国外长通过了区域合作的一项正式宣言，宣告南亚区域合作组织正式成立。1985 年，南亚区域合作组织召开了第一届首脑会议，并把合作组织的名称定义为南亚区域合作联盟（South Asian Association for Regional Cooperation-SAARC）。②

印度对南盟的构想长期抱有戒心。印度与南亚诸国的关系并不融洽，存在着或多或少的矛盾与冲突，尤其是与巴基斯坦存在克什米尔症结。正如埃纳姆·哈克（Inam ul Haque）指出的，"印巴关系在很大程度上决定着

---

① Hafeez Malik, ed., *Dilemmas of National Security and Cooperation in India and Pakistan*, New York: St. Martin's Press, 1993, p. 276.
② Muhammad Jamshed Iqbal, "SAARC: Origin, Growth, Potential and Achievements", Pakistan Journal of History & Culture, Vol. XXVII/2 (2006), p. 131-133.

南亚地区的政治气候"①。印巴两国的矛盾与冲突，不仅影响到了印巴双边关系，也对南盟的发展有极大制约。印度认为自己拥有充分的实力与能力来应对本地区的紧张局势，认为没有必要经南盟来促进印度与邻国的关系。印度的自以为是阻碍了它与邻国的关系。② 同时，南盟中的一些成员国担心印度欲在南亚扮演地区"超级大国"的角色，并认为印度提出的集体自力更生和反对外部势力插足都是出自这一考虑。于是，这些国家寻求外部大国的帮助来抗衡印度，而这又使得印度担心这些国家的此种举动会对印度形成不利影响。③ 印度担心南亚诸小国借助区外大国的力量插手南亚事务。印度的疑虑与担心使得南盟长期难以取得实质性进展。由于该地区的性质是以印度为中心，任何推动区域内合作的意图都包含在印度欲改变地区政策的意图中。所以，南盟的合作长期进展缓慢。④

第二节 "古杰拉尔主义"的诞生与南盟的发展

　　冷战结束后，面临国内呼吁改革的情形，印度开始实施新经济政策。为给经济发展创造良好条件，印度希望能改善并增进与南亚其他国家关系。此时的南亚局势，正如英国的巴里·布赞（Barry Buzan）指出的，"在南亚，由于冷战强加的影响不是那么大，而仅仅是强化了原本已经非常强劲的国内和地区模式，因此冷战结束没有给南亚的安全态势带来巨大的变革也就不足为奇了。但是我们也不能简单说，自1990年以来南亚的一切'基本照旧'。南亚地区安全复合体虽有实质上的连续性，但也有迹象表明，它

---

① Inam ul Haque, "Keynote Address to the Seminar on Major Powers and South Asia", in the Institute of Regional Studies (ed.), *Major Powers and South Asia*, Islamabad: PanGraphics (Pvt) Ltd., 2004, P. Ⅷ.
② James Clad, "India in 1996: Steady as She Goes", The *Washingtod Quarterly*, Vol. 19, No. 4, autumn, 1996, P. 110.
③ 马孆：《印度与南亚区域合作联盟关系的演变》，《南亚研究》2006年第1期。
④ Citha D. Maass, "South Asia: Drawn between Cooperation and Conflict", in Eric Gonsalves and Nancy Jetiy (eds.), *the Dynamics of South Asia*, *Regional Cooperation and SARRC*, New Delhi: Sage Publications India PVT Ltd., 1999, p. 54.

正在迈向较为激进的变革"①。与此同时,包括孟加拉国、不丹、印度、马尔代夫、尼泊尔、巴基斯坦和斯里兰卡等国的南盟是一个动态的地区合作机制,基本上被视为一个旨在加快社会经济和文化发展而携手合作的经济集团。② 就领土幅员、人口规模、经济体量、科技水平和军事实力而言,印度在南亚处于首屈一指的地位。因此,印度对南盟的态度对促进南盟发展相当重要。

一 "古杰拉尔主义"的提出及影响

冷战结束后,随着内外政策的不断调整,印度也在不断更进对南盟的看法,从过去那种疑虑和抵抗,转变为支持南盟的健康发展。印度意识到,南盟作为一个地区合作组织,对印度改善并增进与南亚地区国家的关系提供了平台。随着"古杰拉尔主义"的提出,印度加大了对南盟国家的合作力度。"古杰拉尔主义"由五个原则来指导印度与近邻的外交关系:第一,在与孟加拉国、不丹、马尔代夫、尼泊尔和斯里兰卡发展关系时,印度不要求互惠,而是给予这些国家充分的信心和信任;第二,南亚国家不应允许其领土被用来对抗该地区的其他国家;第三,任何国家都不应当干涉其他国家的内部事务;第四,南亚各国必须相互尊重对方的主权和领土完整;第五,南亚各国应该通过双边的和平谈判来解决所有争端。在古杰拉尔看来,只要南亚各国都恪守这五项原则,包括印度与巴基斯坦这一跌宕起伏的双边关系在内的南亚国家关系将实现根本性的转变。此外,这些原则的实施将在南亚地区形成紧密和互惠的良性合作气氛,南亚其他国家也会把印度视为该地区积极的因素和它们自身发展的资产。③ 显而易见,这些原则不仅反映了印度对邻国的态度,同时表达了印度希望邻国与印度以及邻国之间发展友好关系。因此,这些原则既表达了印度对邻国的责任,也表达了印度对邻国的期望。这就需要南亚各国都坚持这些原则,而不是只遵守

---

① 〔英〕巴里·布赞、〔丹〕奥利·维夫:《地区安全复合体与国际安全结构》,潘忠岐、孙霞、胡郑力译,上海世纪出版集团。2010,第102~103页。

② Verinder Grover, ed., *Encyclopaedia of SAARC (South Asian Association of Regional Cooperation) Nations*, New Delhi, 1997, p. 13.

③ Padmaja Murthy, "The Gujral Doctrine and Beyond", *Strategic Analysis*, Volume 23, 1999, p. 639-640.

其中一部分。就这个意义而言,"古杰拉尔主义"在很大程度上只有在特定的环境中才能成功实现,那就是让邻国也能从中受益。印度曾承诺给予邻国更多,而不需要从邻国中实行"互惠"。与此同时,这些原则要求所有的纠纷须在双边谈判的基础上和平解决;然而,印度的邻国曾多次使得双边纠纷国际化。不干涉他国内部事务的原则很难界定,因为南亚地区在文化、语言等方面有很多相似之处。在一国发生的事情会蔓延到另一国。一国可能认为这是干涉内政,但是其他国家可能不这么认为。当印度教教徒摧毁在印度的巴布里清真寺后,孟加拉国议员贾蒂亚(Jatiya Sangsad)提议在该国通过一项针对巴布里清真寺事件的决议,希望印度做出承诺对巴布里清真寺尽快进行重建。印度断然表示,孟加拉国的这种行为是对印度内部事务的干涉。孟加拉国不以为然,并认为孟加拉国此举对印度不构成任何形式的干预。①

但是,从南亚地区合作发展的趋势而言,印度在此时阐述这些原则是非常积极的。这五项原则阐明了印度对邻国的态度。尽管还存在诸多双边问题需要解决,但是南亚正在形成一个积极的合作气氛。印度开始采取包括经济议题在内的一系列步骤来促进南盟内的其他国家接受这些原则。在南亚地区,其他国家对印度一直持怀疑和不信任的态度。但是,印度和不丹的关系是个例外,两国一直保持着友好关系。印度与马尔代夫也保持着友好关系。20世纪90年代初期,印度与巴基斯坦的关系虽然没有取得任何实质性进展,但是双方都在寻求缓和关系的渠道。1997年,在巴基斯坦总理谢里夫(Nawaz Sharif)与印度总理古杰拉尔会谈后,两国开始了外务秘书级会谈,使得印巴关系取得突破。然而,"古杰拉尔主义"的目的是通过隔离巴基斯坦而发展印度与南盟其他国家的关系。"古杰拉尔主义"虽然在发展与邻国关系中存在瑕疵,但却为改善印度与邻国的关系提供了政策参考。马嬡指出,"与冷战时期相比较,冷战后的印度南亚政策既有连续性,也有变化。其连续性表现在虽然印度对其南亚政策做了调整,但其主导南亚的宗旨没有任何改变。另一方面,随着时代的发展和形势的变化,过去

---

① A. S. Bhasin ed., *India-Bangladesh Relations 1971-1994*, Vol. I , Delhi: SIBA Exim Pvt Limited, 1996, pp.321-324.

那种对邻国咄咄逼人的做法显然已行不通，因此印度转而采取怀柔的方式"。①

二 南盟的发展

冷战结束以来，南盟成员国之间的交流不断增进，为促进成员国间的互信奠定了基础。尤其是在印度提出"古杰拉尔主义"后，南盟各成员国之间的关系不断取得新的发展成就。

（一）南盟的目标

在区域内各国的共同努力下，南盟制定了符合本地区发展的目标。该联盟的目标，即南盟宪章：第一，促进并加强南亚国家集体自力更生的能力；第二，有助于就彼此之间的问题建立相互信任与相互理解的机制；第三，积极推动该地区成员国在经济、社会、文化及科学技术领域的合作与相互援助；第四，加强与区外其他发展中国家的合作；第五，为了共同利益，加强彼此在国际论坛上的合作；第六，增进与南盟有相似目的和宗旨的国际组织及地区组织之间的合作。南盟的合作基于各成员国相互尊重主权平等、领土完整、政治独立、不干涉他国内政及互利的原则。区域合作被看作是南盟成员国之间双边与多边合作的补充。南盟成员国一致同意时才能做出共同决定。双边问题与有争议问题都不包括在南盟框架的审议范围内。②

虽然南亚国家之间的经济合作已经不是一个新的现象，但是寻求经济一体化仍受到"殖民遗产"的制约。③ 南盟自 1985 年成立以来，无论在机构建设还是在项目合作方面都发展缓慢。南盟大多数的项目和成就停留在纸上。南盟成员国经常提及各国要加强粮食安全储备的合作，然而当成员国需要南盟给予支持时南盟却无能为力。例如，孟加拉国于 1991 年发生严重自然灾害时，南盟成员国却难有作为。南盟的活动范围大多时候是在举

---

① 马简：《冷战后印度南亚政策的变化》，《当代亚太》2004 年第 5 期。
② Muhammad Jamshed Iqbal, "SAARC: Origin, Growth, Potential and Achievements", Pakistan *Journal of History & Culture*, Vol. XXVII/2 (2006), pp. 133–134.
③ Rehman Sobhan, "Regional Economic Cooperation in South Asia," Pradeep K. Ghosh, ed., *Developing South Asia: A Modernisation Perspective*, Westport, Connecticut, Greenwood Press, p. 268.

办研讨会，以及短期的培训。

（二）南盟获得的成就

南盟自建立至今，在成员国的共同努力下，虽然进展缓慢，也没有解决彼此关切的核心问题，但这不能抹杀南盟已经获得的成就。

1. 成员国首脑会晤增进彼此关系

南亚区域合作联盟的存在，使得南亚国家的政治领导人能定期召开会议，进行非正式的讨论来解决他们之间共同关心的问题，这对于过去南亚国家的历史和独立后各国的互动水平来讲已经是不小的成就。在定期举行的南盟会议上，领导人之间的非正式会谈使得南亚诸国在许多敏感问题上达成和解，产生了一些积极的成果。例如，1986 年 11 月，印巴两国总理在南盟第二届峰会期间进行的非正式会谈，就印度在印巴边境举行军演给印巴关系带来的紧张局势交换了意见；1987 年，印度与斯里兰卡在南盟峰会上就泰米尔问题举行了外长会议；印巴两国领导人在第六届南盟峰会上，就"查谟克什米尔解放阵线"（JKLF）越境一事进行磋商；作为非正式会议的结果，在印度总理拉奥与巴基斯坦总理谢里夫于 1992 年在达沃斯论坛召开会议期间进行谈论后，巴基斯坦政府采取了具体行动阻止"查谟克什米尔解放阵线"越过印巴实际停火线。

在第九届南盟峰会上，各成员国元首或政府首脑第一次同意在促进和平、稳定、友善与加速社会经济合作方面展开磋商。事实表明非正式的政治协商是非常有用的。各成员国领导人在第十届与第十一届南盟峰会上对非正式政治协商模式给予了肯定。一度被推迟的第十三届南盟峰会终于在 2003 年 11 月在孟加拉国首都达卡举行。2008 年，扎尔达里总统率领的新政府在巴基斯坦上台执政，致力于推动与印度的和平进程。当选的吉拉尼（Yousaf Raaza Gilani）总理在新德里举行的第十五届南盟峰会上会晤了印度总理辛格。南盟各国建议南盟成立反恐合作机制、建立南盟粮食银行、建立能源合作机制、建立南盟发展基金、建立南盟自由贸易区、加强南盟地区一体化等。① 2014 年 11 月，南盟第十八届峰会

---

① 《南盟峰会开幕》，2008-08-02，http://news.sohu.com/20080802/n258550823.shtml，2014-04-02。

在尼泊尔首都加德满都举行。南亚各国在此次峰会结束时签署促进南亚和平、稳定与繁荣的《加德满都宣言》，并签署《南盟能源合作框架协议》。原计划于2016年在巴基斯坦召开的第十九届南盟峰会因印巴双边关系受挫而遭搁置。

2. 地区经济合作水平不断提升

1991年，南亚国家在南盟倡议中提出建立经济合作委员会。1993年，南盟成员国结束了四个回合的贸易谈判，签订了《南盟优惠贸易安排协定》，该协定于1995年12月生效。为了向南亚经济联盟迈进（SAEU），南盟成员国于2004年在伊斯兰堡举行第十二届南盟首脑会议期间签署了《自由贸易区协议》。2006年1月1日，该协定正式生效。南盟对贸易、制造与服务业、环境及扶贫、南亚自由贸易区和海关等事宜展开了区域研究。此后，南盟各国就促进区域经济一体化不断进行磋商。南盟国家倡导的南亚自由贸易区（SAFTA）旨在通过降低商品关税来刺激区域内贸易，目标是到2015年推出优惠关税。然而，受多元因素的影响，南盟国家实现自由贸易的预期仍然道路漫长。

南盟自成立以来，各成员国对南盟的宗旨和运作有着严重的分歧，尤其是对南盟宪章规定的成员国之间不讨论双边有争议议题歧见很大。这种分歧在南盟峰会上已经明晰化了。面对在社会、经济与文化紧密相连的南亚地区，南亚国家尤其是印度，必须认识到各国只有通过区域合作才能解决彼此之间存在的争议。南盟发展的希望可能就是通过建立区域合作组织才能实现。正如印度学者指出的，"事实上，世界贸易和新兴全球体系流动的日趋合理化促进了每一个贸易集团的贸易增长，从而使得不属于任何一个贸易集团的国家也会是赢家"①。南盟国家不断努力减少区域内的限制以促进私人投资与密切区域内贸易。

进入21世纪，南盟国家的出口不断增加。仅从2001年至2011年，印度的出口增加了21倍，孟加拉国的出口增加了15倍，巴基斯坦的出口增加了11倍，斯里兰卡的出口增加了8倍。在此期间，除斯里兰卡

---

① B. S. Shreekantaradhya, "Globalisation of Indian Economy: Strategies and Constraints," from S. Murty, *The Changing Indian Economic Order*, New Delhi: Indus Publications, 1993, p. 151.

以外的南盟国家出口均实现了两位数增长。① 南盟各国签订贸易协定的目标就是不断推动区域内国家实现经贸更大程度的开放，南盟各国都认识到经贸合作对国家发展的重要性，并致力于实现南盟经济的一体化。但是，受各种因素影响，南盟国家之间的贸易在南亚国家的总体对外贸易中的份额仍然很低。截至 2015 年，南盟国家占世界面积的 3%，占世界人口的 21%，占世界经济总量的 4%。2017 年，南盟国家的经济整体增长了约 5%。②

3. 为实现地区和平提供了条件

南亚是一个宗教、民族、种族复杂的地区。阿富汗成为南盟的一员给南盟的安全与稳定又增添了几分变数。南盟为实现本地区的和平进行了长期探索。南盟诸国在反恐议题上的合作值得一提。

南盟诸国于 1987 年 11 月 4 日签署了《制止恐怖主义公约》。该公约于 1988 年 8 月 22 日正式生效。但是，南盟诸国在签署该公约后的十年里没有取得任何进展。在"9·11"事件发生后，南盟国家于 2002 年 8 月在尼泊尔的加德满都召开了南盟常设委员会第二十八届会议。该委员会建议南盟成员国的法律顾问准备就制止恐怖主义拟定南盟公约的附加议定书。2004 年 1 月，南盟诸国在伊斯兰堡举行的第十二届南盟峰会上签署了《南盟地区制止恐怖主义公约》的附加议定书。这个附加议定书就是为了制止恐怖主义而拟定的，特别是针对刑事犯罪与打击为了实施恐怖主义行动而获取资金的行为。该附加议定书于 2006 年 1 月 12 日生效。

八个南亚国家（阿富汗于 2005 年 11 月被南盟吸纳）于 2008 年通过了《南盟反对恐怖主义合作协议》。该协议要求南盟诸国冻结可能被用于恐怖活动的资金，定期举行会议、交换情报以及为反恐人员和缉毒人员提供培

---

① Neetu Ahmed, "Intraregional Trade within SAARC Nations-a Review", *Journal of Business Thought*, Vol. 8 April 2017 - March 2018, P. 75. http://www.informaticsjournals.com/index.php/jbt/article/viewFile/21197/17417, 2019-05-05.

② "SAARC Nations List-South Asian Association for Regional Cooperation", October 4, 2018, https://indiasahayi.com/saarc-countries-list/, 2019-05-05.

训。① 2009年，南盟国家在科伦坡举行了第31次部长理事会会议，通过了南盟打击恐怖主义合作的部长宣言。2010年6月，在南盟内政部长会议上，南盟各国内政部长一致同意就联合打击恐怖主义、走私与贩毒等议题展开合作。

为有效合作打击恐怖主义，南盟国家于2012年2月在印度首都新德里召开了第一次高级别知名专家会议。南盟国家（巴基斯坦除外）又于2016年9月在新德里举行了第二次高级别知名专家会议。参会国家认为恐怖主义仍是南亚地区和平、稳定与进步的最大威胁。会议审查了南亚地区现有反恐机制的运作情况，包括南盟恐怖主义监测台（STOMD）、南盟毒品犯罪监测台（SDOMD）、情报共享与警力合作机制。同时，会议讨论了打击腐败、网络犯罪、恐怖融资和洗钱等相关议题。

第三节 印度与南盟关系

南盟在建立时举步艰难，经过曲折发展，时至今日已取得了可喜成就。南盟的发展离不开印度这个区域大国的积极参与和有效支持。经过多年酝酿，作为南盟成员国的印度与南盟关系不断增进，合作内容不断丰富，其中包括关键的经贸合作、粮食安全合作与地区反恐怖主义合作等。

一 经贸合作是中心内容

相较于欧盟与东盟，南盟国家尽管彼此间的地理位置接近且都是世界贸易组织（WTO）的成员国，但是成员国之间的贸易关系并不密切。当前，南盟越来越重视吸引外国资本，其成员国认为只有发展经济并实现经济一体化才会使得南盟有未来。但是，由于印度的实力超过了南盟其余所有成员国实力的总和，只要印度不支持南盟，不与南盟合作，南盟也只能发挥有限的作用。在内部的权力结构失衡的情形下，南盟允许印度与其邻国的冲突以及破坏南盟团结的行为。南盟国家之间的冲突最终会危及区域贸易

---

① "SAARC: Towards Meaningful Cooperation", June 2012, http://www.isn.ethz.ch/Digital-Library/Articles/Special-Feature/Detail/? lng=en&id=166549&contextid774=166549&contextid775=166550&tabid=1454359871, 2012-08-06.

协定的签订并危害协定的有效性。① 因此，只有印度在南盟中积极主动地发挥作用，南盟才有未来。

（一）印度与南盟间经贸额不断扩大

经过 30 余年发展，南盟内部的贸易总量并不大。因此，南盟内部的贸易还有很大潜力和发展空间。相较于欧盟与东盟，南盟国家之间的贸易量相当有限。截至 2015 年，从区域内部贸易量在区域内整体贸易量的比重而言，欧盟为 67.4%，东盟为 21.9%，而南盟仅为 7.6%。②

作为地区合作组织，南盟内部贸易的一体化程度相较于东盟和欧盟是比较低的。这说明南盟在经济合作方面还有很大的发展空间。表 6-1 可以清晰地看到南盟各国在区域内的贸易情况。

表 6-1　南盟各成员国南亚区域内贸易额在本国对外贸易
总额的占比情况（阿富汗除外）

单位：%

国家	1985 年	2000 年	2015 年
孟加拉国	4.6	7.7	11.5
不丹	—	—	—
印度	1.8	2.4	1.8
马尔代夫	12.4	22.1	16.5
巴基斯坦	3.1	2.7	3.2
斯里兰卡	5.6	7.3	17.2
尼泊尔	34.5	22.2	50.4

资料来源：Neetu Ahmed, "Intraregional Trade within SAARC Nations-a Review", Journal of Business Thought Vol. 8 April 2017–March 2018, p. 77, http://www.informaticsjournals.com/index.php/jbt/article/viewFile/21197/17417, 2019-05-05。

印度占南亚地区地理面积的 70%，经济也占据了南盟经济总量的 70%。作为南盟内最大、工业化程度最高的贸易伙伴，印度已经认识到自己特殊

---

① Raghav Thapar, "Ineffective in Promoting Economic Cooperation in South Asia", February 15, 2004, http://economist.com/displaystory.cfm?story_id=2423053, 2013-09-06.
② 资料来源于联合国 2015 年的贸易与发展会议报告，转引自 Neetu Ahmed, "Intraregional Trade within SAARC Nations-a Review", Journal of Business Thought Vol. 8 April 2017–March 2018, p. 77, http://www.informaticsjournals.com/index.php/jbt/article/viewFile/21197/17417, 2019-05-05。

的责任，并带头实现南盟内的经济合作。①

1985年，印度与南盟的贸易总额为3.82亿美元，1995增长到17亿美元，2000年增长到23.6亿美元。与此同时，印度与全球的贸易从1985年的246亿美元，增长到2000年的940亿美元。② 在1998~1999年度，虽然印度从南盟的进口翻了两番，但也只占印度全球进口量的1%左右。尽管多数邻国对印度存在进口依赖，但是印度与周边邻国的贸易无论从总量还是从占全球的百分比来讲，在人们心中的印象都不是很深刻。在2008~2009年度，印度的全球贸易总额为4830亿美元，但是其参与南盟的贸易额仅仅为100亿美元。③

在2011~2012年度，印度在与所有南亚国家发展经贸关系时首次取得贸易盈余。2011~2012年度南盟内整体贸易相较去年增长了12.2%，达到155亿美元。与此同时，从印度商务部的临时数据显示2011~2012年度印度对南盟伙伴的出口增长了11.78%，进口同比增长14.96%。④ 南盟区域内贸易量在2014年为493.5亿美元，到2015年下降到458.1亿美元，到2016年再下降到403.2亿美元。⑤ 同时，印度与南亚其他国家的贸易关系也在不同程度发展。印度与阿富汗在2003年签署了《优惠贸易协议》。在两国的不懈努力下，双边经贸额在2017年约为9亿美元。随着两国航空货运航线的开通，预计到2020年印度与阿富汗之间的双边贸易将增加一倍以上，达到20亿美元。⑥ 印度与马尔代夫早在1981年就签署了贸易协定，双边经

---

① "A study on Indiaâ-™s trade relationship with SAARC countries", December 01, 2012, http://chinesesites.library.ingentaconnect.com/content/ind/ijicbm/2012/00000005/00000001/art00002? crawler=true, 2013-04-02.
② "Do anybody know India's trade relations with SAARC ?", December 28, 2007, http://answers.yahoo.com/question/index? qid=20071228003204AApOS11, 2013-09-15.
③ "India for more intra-SAARC trade to beat slowdown", October 28, 2009, http://business.rediff.com/report/2009/oct/28/bcrisis-india-for-more-intra-saarc-trade-to-beat-slowdown.htm, 2012-04-02.
④ "India now trade-surplus with all Saarc partners", October 22, 2012, http://www.financialexpress.com/news/india-now-tradesurplus-with-all-saarc-partners/1020166/2, 2013-04-02.
⑤ "SAARC intra-regional trade drops", June 19, 2017, https://rmg-study.cpd.org.bd/saarc-intra-regional-trade-drops/, 2019-05-07.
⑥ "India-Afghanistan trade likely to reach $2 bn by 2020", July 13, 2018, https://economictimes.indiatimes.com/news/economy/foreign-trade/india-afghanistan-trade-likely-to-reach-2-bn-by-2020-afghan-ambassador/articleshow/64978930.cms, 2019-05-07.

贸额在 2014 年约为 1.74 亿美元，到 2017 年增长到 2.23 亿美元。印度与孟加拉国之间的双边贸易额在 2016 年为 70 亿美元，到 2017 年就超过了 80 亿美元。就印度与不丹而言，两国在 2006 年开启自由贸易机制，并于 2017 年更新了该机制。不丹的对外经贸关系虽然高度依赖印度，但是双边的经贸额却相当有限。2016 年，印度对不丹的商品出口额为 5 亿美元，从不丹进口商品的价值为 3 亿美元。印度与尼泊尔的双边贸易额在 2016 年约为 60 亿美元。印巴虽是南盟最大的两个成员国，但是两国之间的贸易关系并不密切。印巴双边贸易额在 2016 年仅为 22.8 亿美元，到了 2018 年约为 20 亿美元。相较于印巴双边经贸关系，印度与斯里兰卡的经贸关系较为密切。印斯两国的经贸额在 2016 年达到 46.5 亿美元。就印度与南盟的经贸关系而言，有研究认为尽管中国在该地区进行了投资，但由于南亚地区悠久的贸易路线和南亚国家之间的社会文化联系，印度仍然是南亚事务的主要参与者。布莱德雷·邓西思（Bradley Dunseith）在分析印度与南盟关系时指出，印度注重发展国内制造业和基础设施建设，这也有可能使南亚地区的外资企业受益，因为印度此举会开辟新的市场机遇。随着南亚的物流和跨境官僚机构的不断改善，印度应该考虑将新兴的南亚市场纳入印度战略。①（见表 6-2）

表 6-2　印度与南盟的贸易②

单位：百万美元

年份	印度对南盟出口	印度从南盟进口	对南盟出口占印度总出口比重（%）	从南盟进口占印度总进口比重（%）
1990	577.81	112.93	3.22	0.47
1995	1734.68	259.04	5.47	0.70
2000	1719.21	501.12	4.05	0.94

① Ramya Boddupalli, "India-South Asia FTAs and DTAAs", March 29, 2018, https://www.india-briefing.com/news/india-south-asia-fta-dtaa-16463.html/, 2019-05-07.
② "Feasibility of India's Trade with South Asia Association for Regional Cooperation (SAARC)", February 2017, http://sajms.com/wp-content/uploads/2017/02/feasibilty_of_India_s_trade_with_SAARC.pdf, 2019-05-06.

续表

年份	印度对南盟出口	印度从南盟进口	对南盟出口占印度总出口比重（%）	从南盟进口占印度总进口比重（%）
2005	5399.78	1379.70	5.38	0.97
2010	11114.20	2063.70	5.04	0.59
2011	12937.54	2501.20	4.29	0.54
2012	13738.38	2297.01	4.74	0.46
2013	16899.97	2156.25	5.02	0.46
2014	19836.42	2592.42	6.24	0.56

从表6-2，我们可以清晰地看到印度与南盟贸易整体在增长，尤其是印度对南盟的出口增幅较大。在南盟成立30余年后，印度与南盟国家形成了相对稳定的经贸合作框架。

在南盟诞生30多年后，印度目前与南盟其他国家的贸易整体上仍然处于"出超"的状态。印度向孟加拉国主要出口食品加工品、纺织品、中间产品、小型机械和消费品；印度向尼泊尔出口的主要商品包括石油产品、汽车及零配件、机械及零配件、医学、电子设备、水泥与农业设备；印度向巴基斯坦主要出口棉、有机化学品、机械、动物食料、蔬菜、塑料制品、咖啡、茶、香料、染料、油籽；印度向斯里兰卡主要出口飞机和航天器零件、车辆、汽车配件、矿物油及产品、航舶机械、棉、药品、机械及机械设备、化学品、水泥、电机。[①] 印度向马尔代夫主要出口盐、硫、石料、石膏、石灰、水泥、锅炉、机械、钢铁、塑料及其制品、药品、蔬菜、谷物、电气、电子设备、钢铁制成品、乳制品、鸡蛋、蜂蜜、食用动物制品、食用水果等。印度向不丹主要出口水轮机、仪器、储存设备、录音设备、印刷品、木材、纺织品、塑料、纸张、药品、电器等。印度与南盟的贸易整体上处于顺差态势，主要受南亚国家的产业结构影响。

---

① Ramya Boddupalli, "India-South Asia FTAs and DTAAs", March 29, 2018, https://www.india-briefing.com/news/india-south-asia-fta-dtaa-16463.html/, 2019-05-07.

（二）印度与南盟贸易协定

1. 印度与南盟成员国间的双边协定

印度与南盟其他成员国有着悠久的历史关系。在南盟成立后，印度也陆续和孟加拉国、不丹、马尔代夫、尼泊尔及斯里兰卡签订了双边贸易协定。

1980年，印度与孟加拉国签订了《印孟贸易协定》。到目前，该协定已经被多次延长。该协议规定扩大印度与孟加拉经贸合作范围，在水路、铁路和公路的使用上制定互利协定。双方的商业和贸易代表团和咨询团对该协定至少每年进行一次审查。为促进双边贸易发展，两国早在1972年就签署并实施了《内陆水道贸易和运输议定书》。2015年，两国签署了《沿海航行协定》。2018年9月，在两国商务部长举行会晤期间同意签署两国《全面经济伙伴关系协定》（CEPA）。

1972年，印度与不丹签订了第一个《贸易和商业协议》。双方同意在双方同意修改的前提下该协定可以定期更新。2006年，印度与不丹签署了有关两国贸易、商业和交通的协定，并制定了从2006年7月29日起执行的具体行动计划。该协定规定了两国之间商贸的自由化。2017年，印度与不丹更新了两国于2006年达成的自由贸易协定。

1981年3月31日，印度与马尔代夫签订了《双边贸易协定》。该协定规定了双方通过交流代表团和参加贸易交易会与展览会，以及每年由印度政府向马尔代夫政府提供基本商品配额的方式使得双方在贸易、商船、商业和技术合作方面享受最惠国待遇（MFN）。按照协议，印度每年须提供马尔代夫需要的基本商品，包括鸡蛋、土豆、大米、洋葱、面粉、糖等。

2002年3月，印度与尼泊尔签订了《双边贸易协定》。该协定从2002年3月6日起生效，五年后可以续约。该协定规定印度与尼泊尔间的初级产品在基本关税和产品数量限制方面可以获得豁免权。印度还承诺推动尼泊尔产业发展，免去尼泊尔商品进入印度的税收。另外，该协定规定了尼泊尔对印度全部或部分商品实施免税或取消数量限制。为促进彼此之间的贸易，印度和尼泊尔于1999年还签订了《过境条约》。两国于2009年达成了《控制未经授权贸易的合作协定》（Agreement of Co-operation to Control Unauthorized Trade）来规范两国跨境贸易。为加强双边电力贸易，两国于2014年签署了《电力贸易协定》（PTA）。

过去数年，斯里兰卡对印度的贸易为逆差。斯里兰卡正在寻求印度的支持，找寻合适的方法来减少斯里兰卡的贸易赤字。多年来，斯里兰卡多次暗示印度启动《双边自由贸易协定》，以促进斯里兰卡对印度的商品出口。1998年7月，在科伦坡召开的南盟峰会期间，印度总理表示印度愿意与南盟成员国在双边基础上缔结《自由贸易协定》。斯里兰卡对印度总理的建议给以了积极回应，并立即与印度进行了磋商。两国于1998年12月28日签署了一项《双边自由贸易协定》，该协定于2000年3月生效。

自独立以来，印度与巴基斯坦签订了《暂缓还款协议》。该协议规定对印巴彼此之间的货物实施免关税。第二次印巴战争后，两国实施了贸易禁运。直到1974年12月，印巴两国才签署了《解除贸易禁运协定》（也称《西姆拉协定》（Shimla Agreement）。1996年，印度给予了巴基斯坦最惠国待遇。同年，巴基斯坦增加了从印度进口的600项货物。目前，巴基斯坦可以从印度进口1075项商品。其余项目的进口须有进口许可证，而这些商品可以从世界其他地方自由进口。目前，巴基斯坦政府仍未给予印度最惠国待遇。在双边贸易谈判中，印巴多次讨论了巴方给予印度最惠国待遇事宜。尽管有南亚贸易自由区（SAFTA），印度出口巴基斯坦的货物清单受到巴基斯坦双边进口政策影响。因为巴方认为印度会取代南亚自由贸易区。目前，为了促进双边经济与商业合作，印巴两国利用各级南盟会议讨论这个问题。巴基斯坦已经表示将处理印度银行在巴开设分行一事。① 印度与巴基斯坦没有签署过正式的双边贸易协定，只是在2012年达成了《海关合作协议》《相互承认协议》与《贸易申述纠正协议》来规定双边贸易相关法规、关税与非关税贸易壁垒。

2. 印度与南盟的区域协定

冷战结束后，南盟成员国尤其是印度欲借助南亚区域合作组织这个平台来促进本国经济发展。随着各国交往不断密切，南盟区域经济协定呼之欲出。

（1）《南盟优惠贸易协定》（SAPTA）。

1993年，南盟七个成员国就签订区域优惠贸易协定进行磋商。1995年

---

① R. S. Ratna & Geetu Sidhu, "Making SAFTA a Success: The Role of India", 2008, http://commonwealth.live.rss-hosting.co.uk/files/178426/FileName/SAFTA and India-Final doc1.pdf, 2013-09-15.

4月，在经过南亚七国的第一轮谈判后，《南盟优惠贸易协定》于1995年12月正式生效。从该协定生效起，经过三轮磋商，七国就大约5000种产品达成关税谅解。前几轮谈判都是针对产品覆盖和深化关税优惠进行的。《南盟优惠贸易协定》就最不发达国家和发展中国家进行了区别，前者包括孟加拉国、不丹、马尔代夫和尼泊尔，后者包括印度、巴基斯坦和斯里兰卡。

《南盟优惠贸易协定》的目的是促进和维护成员国之间的相互贸易；与发展中国家（77国集团的成员）进行经济合作。《南盟优惠贸易协定》最初的规则包括确定在优惠贸易协定下原产地产品的优惠资格。第一，其他成员国对原产于印度的产品享有进口关税优惠资格。第二，其他成员国进口的原产于印度的产品包括：①完全从印度进口被定义为4级以下的产品。②在印度制造的产品，除了被定义为4级以下的产品，而产品的原料来自成员国或非成员国或来源不明，只要材料的离岸价值不超过50%都被定义为5级以下产品。第三，为了实现第二条的第二款目标，如果不清楚或不能确定进口原材料的价值以及不能证明在印度支付的确定价格，那么非原产材料的价值就是指进口此类材料到岸时间的价值。第四，以下产品被视为全部从印度进口：①从印度的土壤、水及海底中提取的原料或矿物质；②在印度收获的农产品；③在印度出生并饲养的动物；④从c项所述动物身上获得的产品；⑤在印度狩猎或捕鱼获得的产品；⑥印度船舶从公海打捞的海洋渔业产品和其他海产品；⑦印度在海外加工或生产的产品，特别是上述第五项所述产品；⑧仅适用于原材料回收而收集的废旧物品；⑨印度制造业所产生的废料和碎料；⑩从第一到第八项的所有产品。第五，产品的原产地符合第二条规定，又被成员国使用，就该享受优惠待遇。第六，以下被认为是进口国直接从印度进口的产品。①该产品没有经过任何非成员国领土运送；②产品在运输途中经过一个或多个非成员国转运或临时储存的将按照以下规则处理：过境运输是鉴于地理原因或专门运输要求；产品还没有交易或消费的；该产品除了卸载和装载以及需要保存在良好条件下以外没有经过任何操作。第七，确定产品的产地及外形包装。[①] 南盟成员国在"需求与供给"（request and offer）的基础上进行贸易协定的谈判。出口方设

---

① "SAARC preferential trading arrangement", 1993, https://eicindia.gov.in/Knowledge-Repository/Certification/Saarc_Preferential_Trading_Agreement.pdf, 2013-09-15.

想需求方的需要（现实的或潜在的需要）制定一个具体的出口清单，以便寻求优惠市场准入。进口方将根据此清单给以关税的优惠。

在《优惠贸易协定》的第一轮谈判中，成员国优惠的关税项目达 226 项。印度对成员国在 106 个项目给出了 10%～100% 不等的关税优惠。1996 年，在经过第二轮谈判后，成员国达成了对 1975 项产品实施优惠关税。印度对 911 项产品给予成员国关税优惠。1998 年 11 月，成员国进行第 3 论谈判。在这一轮谈判中，成员国对 3456 个产品项目给予优惠关税，其中印度对成员国在 1917 种产品项目上给予优惠关税。1998 年 7 月，在南盟首脑会议期间，印度表示为了加快南盟经济一体化的步伐，愿意与所有成员国签订《双边自由贸易协定》。在峰会期间，印度总理宣布印度将消除 2307 项成员国进口产品的关税。① 南盟国家在关税优惠方面的深入合作为南亚自由贸易区建设提供了动力与条件。

（2）南亚自由贸易协定。

相较于欧盟、北美自由贸易区和东盟，南盟经济一体化发展的步伐很慢。虽然南盟各国通过努力没有实现预期的经济增长和繁荣目标，但是南盟仍然具有巨大的经济潜力，并且拥有丰富的自然资源和人力资源。南盟国家不希望南盟是毫无实际意义的联盟。随着各种地区组织的迅速发展，南盟各国也在呼吁各国应该超越双边纷争，使得南盟成为强大的区域经济体。在此背景下，南亚自由贸易区的构想呼之欲出。如果欲从日益密切的区域贸易中获益，所有成员国都必须为自贸区面临的挑战做好准备。无论就地理位置还是经济规模而言，印度都是确保南亚自贸区成功的重要条件。如果没有印度的参与，南亚自贸区的前景将是有限的。

2004 年 1 月，在巴基斯坦伊斯兰堡召开的第十二届南盟峰会期间，七国同意成立南亚自由贸易区。七国外长签署了框架协议，一致同意到 2016 年使得南盟自由贸易区的所有交易货物关税降为零。在七国政府批准该协定后，南亚自由贸易区协定于 2006 年 1 月 1 日正式生效。该协定要求南亚的发展中国家（印度、巴基斯坦和斯里兰卡）在 2007 年年底将关税下降到 20%。之

---

① Deepti Verma, "SAARC Agreement for Preferential Trading Arrangement (SAPTA)", August 07, 2011, http://www.shareyouressays.com/95110/saarc-agreement-for-preferential-trading-arrangement-sapta, 2013-09-15.

后，上述三国每年都要削减关税，到 2012 年年底实现零关税。南亚最不发达国家（阿富汗、孟加拉、尼泊尔、不丹和马尔代夫）到 2015 年年底实现零关税。印度和巴基斯坦在 2009 年批准了《南亚自由贸易区协定》。作为南盟第八个成员国的阿富汗于 2011 年 5 月 4 日才批准了该协定。①

无论就国家领土、人口规模和经济发展程度，印度都是南亚地区最大国家。鉴于拥有强大的工业基础，印度可以在南亚区域经济一体化中发挥举足轻重的作用。但是，印度到目前为止似乎不太情愿在南亚区域经济一体化中发挥带头作用。然而，随着印巴关系整体上在缓慢取得进展，印度似乎已经改变了对区域经济一体化的立场，最近表示愿意在南亚区域经济一体化中发挥更大的作用。印度已经接受了"收入损失补偿机制"（MCRL）就是这样一个实例。作为南亚地区经济较发达和最大的经济体，印度知道自己将承担主要的补偿费用。印度同意以零关税从孟加拉国进口 800 万件服装，向最不发达国家提供技术援助，包括国家能力建设标准、产品认证、人力资源培训、完善法律制度与行政管理制度、改进海关程序和实现贸易便利化。为了推动南亚自贸区贸易自由化的发展，印度总理宣布印度将在适当的时候自愿减少敏感清单项目。因为印度对南盟最不发达国家的贸易具有良好的平衡条件，所以印度给予最不发达国家市场准入的优惠条件就可以缩小贸易鸿沟。印度将最不发达成员国的出口项目从敏感清单中删除有利于这些国家的出口。印度承诺自身对南亚自贸区的关税将下降到 0 ~ 5%。印度此举意在关税自由化结束时，对南亚自贸区保持 5% 的优惠关税。这可能阻碍最不发达成员国市场准入的机会。5% 的优惠进口关税并没有为南盟其他成员国提供有意义的市场准入机会。印度宣布为南亚自贸区最不发达的国家消除关税是南亚自贸区向关税自由化程序迈进的更积极步骤。②

作为南亚自贸区最大的经济体，印度一直被视为是南亚自贸区高效发展与成功的关键因素。只有印度发挥积极的带头作用并正确引导南盟的发展方向，南盟自贸区才可能健康发展，才有可能向经济一体化迈进。

---

① "SAFTA Protocol", August 7, 2011, http：//www.saarc-sec.org/areaofcooperation/detail.php?activity_id=36, 2012-04-02.

② R. S. Ratna & Geetu Sidhu, "Making SAFTA a Success: The Role of India", 2008, http://commonwealth.live.rss-hosting.co.uk/files/178426/FileName/SAFTA and India-Final doc1.pdf, 2013-09-15.

二 不断增进粮食安全合作

作为世界最不发达且人口众多的地区之一,南亚面临着严重的粮食安全问题。在印度的积极支持下,南盟不断商讨南亚地区的粮食安全合作机制。2007年4月,在新德里举行的第14届南盟首脑会议上,依据南盟首脑会议做出的决定,各成员国签署了《建立南盟粮食银行的协议》。粮食银行将为需要补充粮食国家的人民提供粮食安全保障。印度总统于2007年4月17日批准了《建立南盟粮食银行的协议》。根据协议,南盟"粮食银行"应该保持足够的粮食储备,无论是大米还是小麦,印度在南盟"粮食银行"中的份额都占大头,从153200吨(粮食银行总量为243000吨)增长到306400吨(总量为486000吨)。印度食品和公共分配部联合秘书(IC)已被指定为南盟"粮食银行"的董事会成员代表。迄今为止,南盟"粮食银行"董事会已经举行了五次会议。每次会议都有印度的代表参会。2010年10月,在孟加拉国首都达卡举行的第四届南盟"粮食银行"董事会会议期间,与会国决定建立南盟食品分析实验室(IES)。在2012年5月于孟加拉国首都达卡召开的第五届南盟"粮食银行"董事会期间,印度食品和公共分配部秘书指出作为南盟粮食银行董事会的一员,印度将发挥更大的作用。①

2008年,在第十五届南盟峰会期间,南盟各国首脑签署了"为改善人民生活建立伙伴关系"的《科伦坡宣言》。在粮食安全问题上,与会的八个成员国专门就粮食问题发表了《科伦坡粮食安全宣言》。各国元首或政府首脑都认为应该采取重大步骤来缓解南亚地区的贫困。与会各国决定继续通过一切可用的手段来与贫困做斗争。各国承诺继续分享彼此的成功经验,制定有利于穷困大众的减贫战略,如建立小额信贷体系,以社区为导向的支持举措,提高贫困民众的资源意识和发展权利意识。为了实现这些目标,各国强调将进行持续的努力,包括制定和实施区域和次区域项目。② 印度表

---

① 资料来源于印度商务部的食品与公共部门,Krishi Bhavan,"SAARC Food Bank",September 17,2013,Department of Food $ Public Distribution,,Ministry of Consumer Affairs,Food % Public Distribution,New Delhi GOVT of India,http://dfpd.nic.in/? q = node/992,2013-09-17。

② "Declaration Partnership for Growth for Our People",Fifteenth SAARC Summit,Colombo,August02-03,2008,http://www.saarc-sec.org/userfiles/Summit Declarations/15-Colombo,15th Summit 2-3 August 2008-for printing.pdf,2010-08-06。

示将积极支持《科伦坡粮食安全宣言》。印度宪法第47条规定国家应把提高人民的营养水平与生活水平以及改善公众健康列为其主要职责。因此粮食安全应涵盖人们生存所需要的营养，为人们提供足够的微量元素和热量。① 与会各国同意成立南盟发展基金（SARRC Development Fund）。印度总理辛格表示，南亚各国应该共同努力，集体应对，使农业生产、粮食产量和农业收入大幅增长，消除食品危机。保障南亚地区食品安全最重要的手段是合作而不是竞争。② 2013 年 8 月，拉赫曼（Mustafizur Rahman）认为，"南盟国家的公共粮食分配系统应该与南盟粮食银行进行更好的整合，在该地区的粮食安全中发挥更积极的作用，确保该地区的人们在紧急情况和自然灾害面前能获取食物。就中期目标而言，南亚区域专家之间有必要进行更积极的互动，旨在解决南盟成员国关注的粮食安全问题。南盟各国有必要开始关注该地区的营养安全议题"。③

为促进南亚国家部分民众长期营养不良的问题，南亚国家提出了"南亚食品与营养安全倡议"（The South Asia Food and Nutrition Security Initiative）。该倡议的目标是推进南亚国家在食品与营养安全方面的合作，并促进南亚地区国家的跨部门联合行动。2010 年至 2015 年为"南亚食品与营养安全倡议"第一阶段。2014 年 12 月，南亚国家已经制定了"南亚食品与营养安全倡议"的第二阶段议程，该阶段的主要目标是通过联合行动加强南亚国家综合执行"南亚食品与营养安全倡议"的能力，改善南亚地区民众的营养状况。

三 能源合作水平不断提高

就能源安全而言，南亚地区主要大国都面临着严峻的能源形势。孟加拉国、巴基斯坦和印度面临严重的能源缺口；就目前的情况而言，不丹除了满足自身需求外，还向印度出口相当一部分电力资源；尼泊尔丰富的水

---

① Sachin Kumar Jain, "India's National Food Security Act: Entitlement of Hunger", March 2010, http://www.humanrights.asia/resources/journals-magazines/eia/eiav4n2/asPlainPDF? converter = pdf-pisa&resource = ahrc&template = ahrc_pdf_template, 2013-09-17.
② 《南盟重视食品和能源安全》, 2008-08-08, http://www.foodqs.cn/news/gjspzs01/20088891233616.htm, 2010-04-02。
③ "Professor Mustafizur Rahman speaks on Food Security in SAARC region", Agust 17, 2013, http://cpd.org.bd/index.php/professor-mustafizur-rahman-on-food-security-in-saarc-region/, 2013-12-20.

电资源，除了满足本国消费外也在向邻国出口电力资源。南亚地区有着丰富的可再生能源（renewable energy）：生物质能、风能和太阳能。生物质能可以满足普通家庭的能源消耗。但是，由于缺乏技术，风能和太阳能在南亚地区难以实现有效开发。

目前，南盟成员国比较关注原油和成品油的供给。为了满足国内的能源消耗，八个成员国都依赖原油进口或成品油进口。这不仅提高了南盟国家的能源消费意识，也增强了南亚地区的能源安全共识。

在第12届南盟峰会上，与会各国都强调要加快经济发展，特别是强调了该地区的能源合作。此次峰会直接强调了研究南盟能源合作的必要性。就南亚国家的能源资源禀赋而言，印度和巴基斯坦拥有大量的天然气和煤。但是这两国人口众多，对资源的消耗比较大，国内的资源难以满足经济发展和人民的日常生活需求。居于喜马拉雅山脉南麓的不丹和尼泊尔拥有丰富的水利资源，但却缺乏原油。就南盟成员国的能源消耗而言：马尔代夫最低，为17万吨原油当量/年；印度最高，为4.232亿吨原油当量/年。不同国家的人均能源消费也有很大不同：马尔代夫的人均消费最高；阿富汗和尼泊尔的人均消费最低。除了印度和巴基斯坦以外的其他南盟成员国大都依赖单一能源。阿富汗主要靠进口原油；马尔代夫主要依靠石油；不丹、尼泊尔和斯里兰卡大部分依赖商业能源，特别是水电资源。但是上述三国为了经济发展，严重依赖进口石油；孟加拉国对天然气严重依赖。[①]

就目前和未来的能源供给形势而言，南亚地区面临诸多挑战。①日益严重的能源短缺形势；②单一燃料在能源结构中的主导地位；③有限的可再生能源开发；④对能源的进口依赖不断加大；⑤缺乏必要的能源基础设施。为了应对这些挑战，南盟成员国之间的合作是最节约和最有效的机制。实际上，不断扩大的能源供给市场和多元化的燃料市场为促进区域与跨区域的能源贸易提供了条件。

目前，南盟成员国之间的能源贸易仅仅限于不丹和尼泊尔与印度间的电力合作，分别为56.20亿千瓦时/年和3.29亿千瓦时/年。但是，电力贸易是基于本土资源的。印度从不丹、尼泊尔和斯里兰卡进口多余的原油。

---

① SARRC Secretariant Kathmandu, "SARRC Regional Energy Trade Study", Published by SARRC Secretariat, P. O. BOX: 422, March, 2010, p. xviii.

印度超饱和的炼油能力导致大量的成品油积压。印度开始向孟加拉国出口柴油。印度国有石油公司在斯里兰卡的石油公司中也占有股份，旨在帮助斯里兰卡炼油以满足斯里兰卡国内的原油消费需求。孟加拉国每年从南盟地区以及其他地区进口 300 万吨至 400 万吨煤。①

南盟成员国对能源项目的投资需求是比较大的，在一定程度上超越成员国的管理能力。印度建造能源基础设施就需要数千亿美元的资金，还不包括跨区域的能源项目。同时，印度需要大量资金投资南亚区域内与跨区域的能源项目。

印度主要通过五个关键部委来管理能源：电力、煤炭、石油和天然气、可再生能源、原子能。2003 年，印度为本国的电力部门制定了《电力法》（Electricity Act），为进一步发展印度电力做出了明确的规定，也规定了印度与他国进行电力合作的具体政策，包括公平竞争、关税等。印度发展与对外能源贸易也制定了诸多法案。

在印度的积极支持下，南盟成员国在南盟第十四届峰会上重点谈论了建设南亚地区能源贸易圈的有关问题。据报道，南盟就能源贸易圈建设开展相关的可行性研究，原计划于 2007 年 5 月启动，2008 年年底完成。可行性研究将包括对各成员国现行的能源贸易制度、规定和法律框架进行分析比较，同时会参考借鉴国际与其他地区的成熟经验。② 南盟国家希望能促进南盟各国在电力合作方面达成框架协议。经过长达 14 年的努力，南盟国家终于在 2014 年签署了南盟能源合作（电力）框架协议。南盟多数国家认识到跨境电力贸易能为成员国带来环境和经济利益。然而，受地缘政治和南盟国家不同意见的影响，南盟国家要在电力合作框架协议上实现深入合作仍道路漫漫。

作为世界较为贫穷落后的地区，南盟各国只有通过区域内和跨区域合作才能找到一条路径解决经济发展中的能耗问题。作为南盟内最大的经济体，印度在与区域内国家进行能源合作时应担负起主要责任。目前，印度与尼泊尔和不丹展开的水电合作；印度与孟加拉国进行的天然气合作；印

---

① SARRC Secretariant Kathmandu, "SARRC Regional Energy Trade Study", p. xix.
② 《南盟八国欲建能源贸易圈》，2007-03-20，http://www.in-en.com/article/html/energy_20072007032074322.html，2011-08-06。

度与巴基斯坦商谈的"伊朗—巴基斯坦—印度天然气管道"项目（IPI），这些都足见印度在地区能源合作中扮演了积极角色。

作为南盟体量最大的成员国，印度以其在本地区强大的经济实力、科技能力、综合国力，在南盟的发展壮大中起到了关键作用。印度与南盟关系的主要内容是经贸合作、粮食安全合作和能源安全合作，也包括反恐怖主义合作。曾经，由于印巴关系的缓和，在南盟第十七届峰会后，与会国在展开地区安全对话上也在积极探索合适的渠道。然而，近期印巴关系再起波澜导致南盟国家在反恐议题上的合作再次面临重大挑战。

第四节 印度发展与南盟关系的动因及制约因素

冷战结束后，随着新经济政策的逐步实施，印度的内外政策开始调整。印度开始对南盟表现出比较大的热情。在"古杰拉尔主义"诞生后，印度的南亚政策也变得缓和许多，这为印度发展与南盟其他成员国关系创造了条件。随着对南盟认知的转变，印度与南盟合作关系不断深化。各成员国也认可了印度在南盟中的首屈一指地位。印度的积极参与和支持夯实了南盟各国合作的基础。印度积极参与南亚事务，特别是重视南盟的区域经济合作。印度不断改善并增进与南盟成员国的关系是有其缘由的。同时，印度发展与南盟关系仍存在诸多制约因素。

一 印度发展与南盟关系的动因

南盟国家不仅在地缘上毗邻，而且在文明遗产、精神价值、语言交流与环境等方面都有诸多相似之处。印度对南盟认知的转变才是增进与南盟合作的主要因素，主要体现在以下四个方面。

（一）南盟蕴藏巨大的经济潜力

随着新经济政策的实施，印度不断扩大在双边和地区层面的对外经贸合作。人口众多且有巨大经济潜力的南盟引起了印度的高度关注。印度与南盟的贸易在印度对外贸易总额中只占微小部分，这也就表明印度与南盟的经贸合作还有巨大潜力。在21世纪初期，南盟的国内生产总值、人均国内生产总值和贸易额分别相当于东亚的6.9%、10.8%和4%。除马尔代夫和斯里兰卡外的其他南盟成员国的人均国内生产总值都低于 500 美元，均在世界最贫穷国家的行列中。南亚进出口贸易额仅为 1113 亿美元，不到泰国的一半。这些都反映出了南盟对外贸易的落后状况，也揭示了南盟区域合作的潜在发展前景。① 经过 10 余年的发展，南亚国家经济总量虽整体上不断攀升，但是该地区的经济状况仍然比较落后。到了 2016 年，南亚仍然有 1/4 的人口生活在贫困线以下。事实上，全球极端贫困的人口中有 40% 生活在南亚。印度与尼泊尔有近 1/4 的人非常贫困，而孟加拉国 40% 以上的人口非常贫困。② 南亚也是世界上人口最稠密的地区。人口密度为每平方公里 275 人，6 倍于世界的平均人口密度。这个地区占世界人口的 23%，但只占据了全球陆地总面积的 3.8%。考虑到这个拥有庞大人口的市场，南盟是世界最大的经济集团之一，该区域覆盖了全球近 67% 的低收入人口。③

随着经济改革的不断推进，印度需要更广阔的市场。当认识到南盟经济发展潜力时，印度就积极推动并发展与南盟成员国的经济合作，并力促南盟在地区经济合作方面迈向新的台阶。印度外长也多次强调，印度在取得经济更大进步的努力中需要南盟成员国成为完全的合作伙伴。④ 在这种思想的指引下，印度不断夯实与南盟经济合作的基础，不断提升印度与南盟的经济合作水平。针对印巴关系的现状对印度增进与南盟关系的影响，有学者指出南盟经常被该组织内的印巴这两个最大经济体的双边关系影响。在南盟展开区域合作面临诸多挑战的情形下，南盟各国可以将东盟视为南盟内部进行合作的典范。巴基斯坦作为东盟的一个对话国，而印度已经是东盟峰会的成员国并加入了东盟地区论坛。在南盟框架内改善印巴关系正如在东盟框架内实现越南和印尼两国在不同层面的关系正常化。⑤ 印巴关系是印度进一步发展与南盟经济合作的重要环节。为了能促进印巴双边贸易

---

① 张静宇：《南亚自由贸易区呼之欲出》，《人民日报》2003 年 12 月 23 日第 3 版。
② James M. Roberts and Huma Sattar, "South Asia: Regional Integration and Greater Economic Freedom Will Boost Growth and Prosperity", December 7, 2016, http://thf-reports.s3.amazonaws.com/2016/SR182.pdf, 2019-05-08.
③ 资料来源于印度的文化和商业管理部门，Ratna Vadra, "A study on India's trade relationship with SAARC countries", Int. J. Indian Culture and Business Management, Vol. 5, No. 1, 2012, p. 22。
④ Yahya, Faizal, "Pakistan, SAARC and ASEAN Relations", Contemporary Southeast Asia: A Journal of International & Strate, August 2004, Vol. 26, Issue 2, p. 356.
⑤ Yahya, Faizal, "Pakistan, SAARC and ASEAN Relations", p. 346.

合作，印度在1996年给予了巴基斯坦最惠国待遇。印度欲在南盟框架下实现地区经济的一体化发展，就必须以一个地区大国的胸怀正确认识并发展与巴基斯坦的正常双边关系，正确对待巴基斯坦在南盟框架内的诉求。

对于印度与南亚国家关系而言，印度与南盟各国达成了《自由贸易区协定》，并决定最终实现经济联盟，实现南盟的内部治理和区域协调的互补性。南盟也可以提高南亚各国国际经济谈判的能力。还可以防止其成员国在世界贸易中被边缘化。①

（二）印度希冀增进与南盟的关系实现地区政治互信

作为南亚地区首屈一指的大国，除了不丹和马尔代夫，印度与周边相邻的国家或多或少都存在矛盾。但是，随着冷战的结束，印度与尼泊尔和斯里兰卡的关系在不断改善与增进。2011年，印度与阿富汗签订了《战略合作伙伴关系协定》，这有益于增进印度与阿富汗的政治互信。目前，印度与孟加拉国和巴基斯坦之间的双边矛盾仍然存在。

冷战结束后，印度展开了务实外交，坚持国家利益是开展外交工作的基石。但是，印度的务实外交经常被邻国误解，尤其是巴基斯坦。印度也担心自己在南亚地区的"自主"地位。印度要求南亚地区不要受区域外力量的影响，因此，一直反对外部势力干预南亚事务。印度尊重南亚各国的领土完整、主权独立。同时，印度希望南亚各国也尊重印度的领土完整和主权独立。这样就导致了凡与印度有领土或边界争端的邻国，都与印度存在着不可调和的利益冲突。

随着对南盟认知的不断深入，印度积极参与并推动与南盟的经济合作。印度经济学家拉吉夫·库马尔（Rajiv Kumar）认为，"印度和孟加拉国之间的合作可以作为印度与南盟其他国家合作的典范。因为印度改变了对南盟的立场，现在已经认识到自己应该与南盟成员国进行'兄弟般'的合作从而缓解其他成员国对印度的担忧。孟加拉视印度为'大哥'。印度对南盟最不发达国家已经单方面把关税项目从744种减少到了480种。印孟两国间的贸易量在不断增加。非关税壁垒（NTBs）应当立即被拆

---

① Muchkund Dubey, "India: Outstanding Achievements and Dismal Failures", IPG 1/2000, P. 45. http://library.fes.de/pdf-files/ipg/ipg-2000-1/artdubey.pdf, 2013-08-13.

除。"他希望孟加拉国总理谢赫·哈西娜（Sheikh Hasina）和印度总理之间能拿出具体的解决方案，以便解决两国贸易中的突出问题。同时，库马尔指出，"自2007年以来印孟两国已经取消了投资限制，现在需要立即解决的问题是南盟其他成员国对印度霸权的担忧。自组建以来，南盟其他成员国就开始担心印度在该地区搞霸权"。① 2015年6月，莫迪总理与哈西娜总理在举行会谈后就发电厂、运输和贸易等议题达成协议，这为印孟两国之间的政治互信提供了条件。

印巴之间的冲突是南亚地区最主要也是最严重问题。自独立以来，印度和巴基斯坦之间的关系就表现出了独特的二元格局：两国关系都是建立在一个零和博弈的基础之上，是经典的"安全困境"②。由于对过去家乡的思念，印巴两国的普通百姓穿越边境，渴望与对方亲人保持密切联系。但是，多年来由于官方的偏执一直主导着印巴关系，导致百姓的愿望难以实现。阿迪·C.达希（Kishore C. Dash）指出，"印巴之间的矛盾主要来自以下几个方面：两国之间的结构性失衡；印度希望保持自己在南亚的霸权地位，而巴基斯坦对此表示反对并给反对印度的势力提供军事和经济支持从而实现平衡；两国之间不同的政治制度；巴基斯坦强调伊斯兰教是国家的根本，而印度主张世俗化；印巴两国有时候都把对方作为替罪羊，从而确保统治精英的政治生存"③。冷战结束后，印巴两国都在找寻政治互信的渠道。2004年，两国展开了和平进程的对话，推动了两国关系向前发展。2009年，再次展开和平进程对话，为两国关系的回暖和发展提供了平台。④ 2019年2月，印巴两国关系再起波澜，引起了国际社会的高度关注。两国虽然都表示机会成熟时应该展开对话。印巴两国不可能在短期内消除彼此间的疑虑，也不大可能在短期内解决固有矛盾。然而，印巴两国保持多渠

---

① "Indian economist asks Delhi to shun big brotherly attitude towards Saarc members", "AAJ News Archive", December 28, 2009, http://www.aaj.tv/2009/12/indian-economist-asks-delhi-to-shun-big-brotherly-attitude-towards-saarc-members/, 2010-05-02.
② 对于南亚的安全困境，参见 Barry Buzan and Gowher Rizvi, *South Asian Insecurity and the Great Powers* (Houndsmill and London: Macmillan Press, 1986), p. 8; W. Howard Wriggins, *Dynamics of Regional Politics: Four Systems on the Indian Ocean Rim*, p. 97。
③ Kishore C. Dash, "The Political Economy of Regional Cooperation in South Asia," *Pacific Affairs*, Vol. 69, No. 2 (Summer 1996), https://www.mtholyoke.edu/acad/intrel/dash.htm, 2011-04-06.
④ 印巴两国间的和平进程细节，请参见第二章。

道交流为两国之间增进交往、提升互信水平创造了积极条件。

南亚国家视印度为地区大国,在促进南亚地区发展和整合南亚方面应责无旁贷地承担更多责任。首届南盟首脑会议的宣言就反映出了南亚最大国家——印度的权力。南盟其他成员国期望印度能践行诺言,并增进与南亚各国之间的信任。① 印度被视为南盟发展与进步的关键。区域外大国认为印度是南亚地区合作的塑造者和指导者。印度的国土面积和地理位置给予她在南亚地区事务中的领导地位,同时赋予了印度应适度运用权力的特殊责任。冷战结束后,国际政治局势的整体变迁进一步加强了印度因素在南亚地区的首要地位。超级大国关系发生的本质变化,为地区合作开辟了良好前景。许多国家把印度看作是南亚地区保持稳定、维护民主、保卫人权的积极因素。②

冷战结束以来,印度不断夯实与南亚国家政治互信的基础。在维持与马尔代夫和不丹关系的同时,改善并增进与尼泊尔和不丹的关系,发展了与阿富汗的战略合作伙伴关系,也在创造条件增进与孟加拉国和巴基斯坦的关系。

(三) 东盟的成功为印度发展与南盟的关系提供了动力

冷战结束后,国家之间交往的樊篱被打破,各国为促进经济的发展不断深化地区经济合作。比较成功的地区经济组织有欧盟、东盟和北美自由贸易区。而作为南亚地区的近邻,东盟不仅在地缘上毗邻南亚,在文化上也与南亚有着千丝万缕的联系,并且东盟也是印度参与程度最高的区外组织。

《东盟宣言》(又称《曼谷宣言》)的创始文件强调该组织决心防止外来干涉,确保本地区稳定与安全,维护具有民族身份认同的国家与人民的理想与抱负。同时,该宣言澄清,所有在本地区的外国军事基地都是暂时

---

① Vijay Sakhuja, "Indian Naval Diplomacy: Post Tsunami", February 22, 2008, http://ipcs.org/focusthemsel.php?articleNo=1640, 2012-04-02.

② Parthasarathi Shome, "India and Economic Cooperation in South Asia", New Delhi: Indian Council for Research on International Economic Relations, 2001, http://www.vedamsbooks.com/no21870/india-economic-cooperation-south-asia-edited-by-parthasarathi-shome, 2013-09-05.

的，且这些军事基地不用于直接或间接地颠覆一国的独立与自由。① 《南亚区域合作联盟的创始文件》与《东盟文件》有相似之处，强调"严格遵守联合国的宪章及准则，尊重主权平等、领土完整、政治独立、不干涉他国内政，主张在经济、社会和技术领域的合作，但是对冲突管理机制却给予回避"②。

如前所述，东盟地区内部的经贸合作紧密度远远高于南盟。冷战结束后，东盟不仅在促进成员国经济合作方面，而且在展开区域外经济合作方面也找寻到了切实可行的渠道，如"10+1（东盟+中国）"，"10+3"（东盟+中日韩三国），"10+6（东盟+中、日、韩、澳大利亚、新西兰、印度）"以及东盟地区论坛。这些给予了南盟国家尤其是印度以巨大震动。历史上，东盟与南盟一样动荡不安，各国之间的矛盾较深。可是，在冷战后，东盟各成员国认识到合作的必要性，开始捐弃前嫌、携手合作、共商发展大计、促进经贸合作。目前，东盟国家有了化解内部冲突的管理机制。东盟为人员交流与过境提供正常便利，使得各成员国之间的关税急剧降低甚至为零，推动东盟国家与区域外的国家及地区展开经贸合作。

2005年，南盟成员国通过了《达卡宣言》，希望能增进各国在区域合作、消除贫困、促进经济发展、打击恐怖主义、增进政治互信方面形成长效合作机制。但是，南盟各成员国间的历史积怨较深，彼此间的嫌隙较大，历史包袱较重，导致了南盟蹒跚前行，而这与历史的发展潮流不相符。作为南亚最大的国家，推动南盟似东盟那样增进区域整合与促进经济发展，印度有责无旁贷的责任。

（四）南盟的稳定与繁荣有利于印度实现大国抱负

印度外交政策的困境大部分是由其与邻国的关系导致的。印度与南亚多个国家存在安全问题。这些安全挑战不仅有传统安全领域的，也有非传统安全领域的，比如环境问题。印度外交战略的根本目的是保护其国家核心利益，维护主权和领土完整，促进经济繁荣。确保这些利益的实现是独

---

① "The ASEAN Declaration"，August 8, 1967, www.asean.org/1212.htm, 2011-09-13.
② "Charter of the South Asian Association for Regional Cooperation", December 8, 1985, http://saarc-sdmc.nic.in/pdf/charter.pdf, 2011-09-13.

立后历届印度政府外交政策的主要议程。印度历届政府虽然使用了不同的外交策略，但是它们外交政策的目标是一致的。

南盟成立30余年来取得了一定成就。但是，由于各成员国高度重视本国利益，南盟成员国之间的"利他主义"或是"共享主义"仍然少见。印度从尼赫鲁到英迪拉·甘地都把做"有声有色大国"作为印度追求的目标。冷战结束后，随着国内外局势的变迁，印度开始集中精力发展经济。经济的发展为印度追寻大国抱负奠定了基础。印度对南亚国家的稳定与发展做出积极贡献既可以树立印度负责任地区大国的形象，也能为印度大国抱负的实现夯实地缘基础。随着"古杰拉尔主义"的提出，印度对南亚国家的战略也在发生转变。同时，印度在积极发展与南亚第二大国——巴基斯坦的关系，特别是开启了印巴之间的和平进程对话。虽然印巴两国龃龉与矛盾不断，但是两国都保持了相当的克制。

冷战结束后，当认识到南盟对其实现大国抱负的重要性时，印度不断单方面推出各种与南盟成员国合作的新举措。首先，印度对南盟其他成员国的公司与印度公司合作给予特殊照顾。印度曾谋划领头召开了一个南亚经济合作会议。与会者包括南盟成员国的商人、学者以及政府官员。最终，在南亚各国的积极配合下南亚经济合作会议于1996年11月在新德里召开。此外，印度采取单方面措施对南亚的最不发达国家的商品进入印度市场实施免税和免配额政策。其次，在印度支持下成立的南盟文献中心（SDC）可以让南盟成员国的人们获取南盟信息服务中心的信息。再次，1992年，印度单方面组织南亚节日，南盟各国领导人表示希望这样的节日能发挥经常性的功能，以年度为基础让更多的南盟成员国代表团参加这样的节日。最后，印度领导人或至少是外交部部长级的印度官员对非正式的有争议的议题做出让步，这有利于印度的外交实践。印度现在是时候采取积极措施探索区域内国家能广泛接受的合作框架，旨在实现该地区的和平共处、经济发展、宗教宽容和文化理解。①

2011年，在马尔代夫举行第十七届南盟峰会期间，南盟各成员国为了促进能源与经济合作，决定建立区域交通线。作为南亚地区经济繁荣和政

---

① Aabha Dixit "SAARC: Toward Greater Cooperation", http://www.idsa-india.org/an-jul-5.html, 2013-09-22.

治稳定的中心,印度可以作为该地区交通的枢纽。这不仅有利于该地区的经济发展,也能提升印度作为"友好大国"的形象。① 人们希望南盟各成员国在地区合作层面上不要踌躇不前。通过诸如放宽签证的举措来促进各国人民交往。南亚各国民众通过文化、艺术和电影等领域的交往来促进各成员国之间的合作。南亚国家应该认识到在处理反恐、缉毒、气候变化和水资源稀缺等议题时只有合作才解决问题。② 2014年11月,在第十八届南盟峰会上,八个成员国认识到南盟经过将近30年的发展,是时候重振区域合作了。南盟各国领导人决心通过在贸易、投资、金融、能源、安全、基础设施和文化等领域的合作,加强南亚地区的和平、稳定与繁荣。各国领导人再次承诺通过自由贸易区、关税同盟、共同市场和共同经济与货币联盟,分阶段和有计划地实现南亚经济联盟。③

二 制约印度增进与南盟关系的因素

印度旨在通过增进与南盟国家关系实现印度的南亚战略。但是,也有一些制约因素阻碍着印度进一步增进与南盟的关系,甚至威胁到整个南盟的未来发展。从长远来看,如果这些制约因素被放大,或者没有给予适当的关注和纠正,南盟就会出现结构性的发展失衡。

(一) 宗教与社会问题

从人类和谐发展的视角而言,不同宗教之间应当相互尊重。但是,南亚次大陆是一个幅员辽阔多宗教、多民族和多种族的地区。虽然越来越多的南亚国家逐渐接受世俗价值观,但是该地区的种族和宗教关系仍然相当复杂。有时宗教问题与政治混杂在一起就会导致社会的不稳定。历史已经证明南亚是一个囊括了诸多宗教的地区。宗教之间的共存是该地区的一个显著特点。南盟应建成一个世俗的文化包容与宗教和谐的区域组织。

---

① J. Jegannathan, "Alternative Regional Strategy for India Exploring Soft Power Options", IPCS Issue Brief 180, January 2012, p. 1.
② Satish Kumar Rana & Varinder Kour, "Significance of Regionalism and Regional Cooperation in South Asia with Reference to India", International Journal of Innovative Research and Studies, Vol. 2, Issue 6, June 2013, p. 286.
③ "18th SAARC Summit Declaration", November 27, 2014, http://saarc-sec.org/news/detail_front/18th-saarc-summit-declaration, 2016-02-01.

该地区的腐败与犯罪率居高不下，公共问题失衡，文盲、贫穷与落后等问题使得南亚国家产生了不安全感。即使是作为幅员辽阔的印度，在这些问题上都有着不良记录。因此，印度不能作为南盟其他成员国效仿的榜样。南盟小国在这些问题上对印度怀有芥蒂。①

就民主进程而言，南亚地区在巩固人民权利方面正处于上升阶段。印度在实施定期选举和代议制民主方面处于遥遥领先的地位。印度的民主模式发展为该地区其他国家提供了经验教训。巴基斯坦在军政府与民选政府之间的较量后，开始朝着民选政府的方向迈进。就南亚其他国家而言，一旦民选政府被颠覆，一国的对外政策就可能表现得比较封闭和缺乏透明度。因此，民主化进程也是制约印度与南盟增进关系的又一影响因素。

（二）印巴关系

把南盟八个国家之间的相互关系放在矩阵中加以分析，双边或多边的合作关系超过 21 组，其中最有可能的关系只有 5 组。换句话说，在约 133 组关系中，只有 24 组正式和非正式的关系是在多边层面上互动运作着的，其中印度起着核心作用。正是出于这个缘由，印度占据着南盟舞台的中心，大部分活动主要是围绕印度进行的。由于作为核国家的印度和巴基斯坦在安全观上有着根本的分歧，南盟论坛有时也会出现和平与安全的议题。核问题不仅是印巴之间的问题，也是南盟的问题。② 南盟成员国都对核武器表现出高度的敏感性。

因此，印巴关系的发展是南盟其他成员国都比较关心的议题。如前所述，印巴两国在领土边界、战略安全、阿富汗问题等诸多议题上存在争议。要化解两国之间的根本矛盾还需要印巴两国以及国际社会共同努力。实际上，印巴关系的缓和与改善对南盟的发展有着巨大的推动作用。印巴双方要通过增信释疑与建立信任磋商机制来推动印巴缓和与改善两国关系。

---

① Sushil R. Pandey, "Towards New Regionalism: Challenges and Stimulus for SAARC", 2012, http://mercury.ethz.ch/serviceengine/Files/ISN/164219/ichaptersection _ singledocument/f1946518-2fcc-4550-83ef-8358b21e7d1b/en/07+SAARC-7.pdf, 2013-09-26.
② Sushil R. Pandey, "Towards New Regionalism: Challenges and Stimulus for SAARC", 2012, http://mercury.ethz.ch/serviceengine/Files/ISN/164219/ichaptersection _ singledocument/f1946518-2fcc-4550-83ef-8358b21e7d1b/en/07+SAARC-7.pdf, 2013-09-26.

（三）印度的"霸权"行为

早在 20 世纪 80 年代，印度的古普塔（Bhabani Sen Gupta）认为，"印度'大象'不能把自己变成一只'老鼠'。如果南亚要走出冲突和分裂的局面，其余六国将不得不接受最大的第七国。这第七国就是印度"。①

南亚诸国不希望自己成为印度在南亚次大陆的"卫星国"。印度在该地区的任何霸权行径都会招致其他诸国的反对。印度如果偏执地认为南盟就是印度的南盟并在该地区搞霸权，在发展与南亚其他诸国关系时可能会适得其反。这就要求印度从观念上转变对南盟的认知，克制自己的行为，避免霸权主义行径。

最近，印度的外交政策专家都意识到鉴于全球环境的变迁，在处理与其他诸国关系时印度需要改变自己的行为，通过比较柔和的方式来取信于较小的国家。在处理与小国关系时，印度需改变他们对印度"霸道"形象的看法。然而，印度塑造自己作为一个伟大的"全球大国"形象还有很长的路要走。②

---

① Bhabani Sen Gupta, "The Big Brother Syndrome", India Today, April 30, 1984, p. 122.
② Sushil R. Pandey, "Towards New Regionalism: Challenges and Stimulus for SAARC", 2012, http://mercury.ethz.ch/serviceengine/Files/ISN/164219/ichaptersection _ singledocument/f1946518-2fcc-4550-83ef-8358b21e7d1b/en/07+SAARC-7.pdf, 2013-09-26.

第七章 "东向政策"与印度东盟战略伙伴关系

在冷战时期,由于战略认知的差异,印度对东盟并没有给予太多关注。冷战结束后,随着新经济政策的实施,印度不断扩大对外交往与合作,尤其是不断增进与世界大国和重要地区的经济联系。在增进与东盟的合作方面,印度提出了"东向政策"(Look East Policy)。莫迪政府执政后又提出了"东向行动政策"(Act East Policy)。随着印度综合国力的增强,东盟也加大与印度的合作力度,双方不仅在经济上务实合作,在防务安全领域的合作也在不断跟进。双方于2012年12月达成战略合作伙伴关系使双边关系提升到新水平。印度与东盟关系的不断推进为印度提升区域整合能力从而实现大国战略提供了条件。

第一节 冷战结束前的印度东盟关系

从历史和文化的角度看,印度与东南亚地区的关系源远流长。早在两千多年前,印度次大陆孟加拉湾沿岸港口的居民与居住在对岸的缅甸人就有贸易交往。到了公元1世纪,印度次大陆商人与马来半岛的贸易往来甚为密切,主要涉及香料、香木、中国的丝绸与瓷器等方面的生意。①

从历史上看,"印度化"一词一般用于印度文化对东南亚的影响。早期的学者认为东南亚"印度化"就是指印度次大陆大规模的移民,在东南亚建立殖民地的过程。根据这些学者的研究,认为东南亚在"印度化"的过程中扮演着接受者与被动者的角色。伴随大量印度人的到来,东南亚地区的社会发生了显著变化。但是,东南亚人并没有接受印度次大陆的种姓制

---

① 约翰·卡迪:《东南亚历史发展》,上海译文出版社,1988,第35页。

度，也没有接受印度次大陆人的饮食习惯，如咖喱粉和牛奶产品。在政治上，没有所谓东南亚"殖民地"要效忠印度；从经济上来讲，东南亚各国并不是受剥削的殖民地。印度也没有垄断东南亚各国的外贸。①

在殖民时期，从印度迁徙到东南亚种植园工作的移民过着悲惨的生活。有些移民从事纺织品贸易、香料贸易和零售业务，做得最好的是印度的高利贷行业。在东南亚的殖民政府和军队中也有数量可观的印度人。在英属殖民地的马来西亚、新加坡和缅甸，印度人在橡胶、咖啡和茶叶等种植园中劳作。英国带到新加坡的建筑契约劳工主要是南印度人。在东南亚的碾米厂和种植园中的廉价与非熟练劳动力大多是印度人。在印度支那的法国殖民地，有大量的印度纺织商人和高利贷者。印度人也为法属殖民地政府服务：如文员、技术人员、教师和商人。在殖民时期，欧洲虽然统治着亚洲的区内贸易，但是印度商人担任了欧洲贸易组织的合伙人，尽管这些贸易的规模比较小。②

印度的独立运动为东南亚国家的反殖民斗争提供了动力。许多东南亚国家反殖民化运动的领导人参加了印度国民大会，并会见了印度国大党的领导人。在争取自由斗争的框架下，印度领导人酝酿了"亚洲主义"的概念，并强调亚洲的精神将超越西方的物质主义。印度领导人强调亚洲的共同身份认同（common identity）来反对西方。当印度于1947年获得独立后，它追寻一个动态的东南亚政策。③ 尼赫鲁认为，"在非殖民化运动和反对冷战方面，印度可以在亚洲特别是在东南亚扮演一个主要角色"④。

印度在1962年中印边界冲突中的惨败使其失去了发展与东南亚国家关系的动力。印度在国际舞台上的外交阵线被削弱。印度的外交"善意"也并没有被东南亚国家接受。印度的"不结盟"政策也在一定程度上失去了有效性。印度的政策制定者在制定外交政策时也在一定程度上忽略东南亚地区。印度与苏联阵营的日益亲近，促使印度与苏联于1971年签订《印苏友好合作条约》，也导致印度转向了内向型经济，并积极发展与阿拉伯国家

---

① Patit Paban Mishra, "India-Southeast Asian Relations: An Overview", 期刊 Volume Ⅰ, No.1, winter 2001, P. 105-106.
② Patit Paban Mishra, "India-Southeast Asian Relations: an Overview", p. 110.
③ Patit Paban Mishra, "India-Southeast Asian Relations: an Overview", pp. 110-111.
④ Jawaharlal Nehru, *Asia Finds Herself Again*, New Delhi: P. L. Malhotra (eds.), op. cit. p. 221.

的友好关系。在印度于1974年进行首次核试验后，东南亚国家也怀疑印度的举动。印度在安达曼—尼科巴群岛部署海军实力也引起了东南亚国家的担心。印度被东盟视为地区安全的威胁。印度不遗余力地支持印度支那共产党在越南的冲突导致了印度与东南亚其他国家关系的疏远。

由于彼此的战略认知不同，即使在东盟诞生后，印度与东盟的关系也没有得到大幅提升。就印度而言，东盟是东南亚条约组织（Southeast Asia Treaty Organisation，SEATO）的延伸。① 就东盟自身而言，内外的关注使得东盟国家聚集一堂——鉴于对国家和地区层面至关重要的安全因素考虑，包括了政权合法性、国内稳定以及经济发展。东盟成立的目标是促进经济与文化的发展与交流，可是事实上东盟自成立以来就致力于建立一个安全框架来解决东南亚国家之间的冲突。②

以下两方面的分歧导致印度与东盟分道扬镳。第一，东盟于1980年邀请印度成为东盟的对话伙伴国却遭到拒绝。这是东盟第一次发起与本地区之外国家的对话伙伴进程。但是，印度拒绝了东盟的邀请，且印度外长也没有出席会议。第二，1980年印度承认了由越南支持的柬埔寨韩桑林政权。东盟此时的安全认知是越南对柬埔寨的入侵可能导致"多米诺"效应，使得泰国成为战争的前线国家。③ 由于印度与东盟各自的认知与对外政策重点不同，两者关系发展缓慢。但是两者都没有根深蒂固的利害冲突，不存在领土和主权纷争，也没有兵戎相见的历史，为冷战后两者发展关系奠定了基础。

第二节　印度实施并升级"东向政策"的缘由与东盟的战略认知

随着苏联解体以及越南从柬埔寨撤军，印度和东盟之间的樊篱被打破。

---

① 东南亚国家于1954年9月签订了《集体防御条约》，于1955年签订了《东南亚条约》。
② Shankari Sundararaman, "Politics and Security in Southeast Asia: Prospects for India-ASEAN Cooperation", *International Studies*, Vol. 41. No4, October-December 2004, p. 371–385.
③ Shankari Sundararaman, "India-ASEAN Relations: Searching for Opportunities in a Shifting Regional Scenario", from *India's Foreign Policy: Continuity and Change*, New Delhi: published by Rajkumar for Academic Excellence, 2008, pp. 166–167.

伴随着新经济政策的不断深入，印度的综合国力得到大幅提升，促使印度从多元角度审视与东盟的关系并顺势提出了"东向政策"。印度政府提出的"东向政策"也就是印度积极加强与东盟的经济接触，旨在鼓励双边贸易和为印度不断扩大的劳动力提供国外就业机会。在如何定义"东向政策"方面，印度外长亚斯旺特·辛格于2003年在哈佛大学的演讲中指出，"在过去，包括东南亚和东亚在内的亚洲大部分地区的交流接触是建立在殖民主义共同经历和以文化纽带的'亚洲兄弟情义'的理想概念之上。目前，亚洲地区的'韵律'是确定的。但是，该地区的贸易、投资、生产、历史和文化联系就是印度实施'东向政策'的动机"。① 印度实施"东向政策"有诸多缘由。东亚在地理上接近印度。印度与缅甸、泰国有着共同的陆地边界线，与马来西亚和新加坡有着共同的海上边界。印度与一些东盟成员国之间的贸易关系可以追溯到一千多年前。印度对这些国家的语言、宗教、文化和商业有着深刻影响。几个世纪以来，东南亚一直是印度移民的目的地。"东向政策"的实施，使得散居在东南亚国家的印度移民在弥合印度与东南亚国家关系中发挥着潜在的重要作用。②

与此同时，东盟也在不断夯实与印度的合作基础，两者之间的战略认知不断升华。如前所述，在历史上印度与东南亚地区有着密切的文化联系；在争取独立的过程中，印度与东南亚也进行了密切合作。这些因素为印度与东盟发展关系创造了条件。冷战后时期，当认识到彼此合作的战略意义时，印度与东盟关系不断增进。2013年5月，辛格总理指出，"东盟国家是印度的战略合作伙伴，在扩大贸易关系、扩大投资关系、扩大海上合作以及扩大贸易和投资范围等领域蕴藏着巨大的机遇。现在，印度与东盟在大规模的贸易与投资流动已经成为现实，使得印度与东盟关系达到了一个新的阶段"。③

2014年5月，新上台的莫迪政府对"东向政策"给予了更多关注

---

① S Kumara, "Burma visit highlights India's 'Look East' strategy", April 6, 2005, http://www.wsws.org/articules/2005/apr2005/indi-a06.shtml, 2011-09-16.
② Dong Zhang, "India looks east: Strategies and Impacts", Ausaid Working Paper, September 2006, p. 15.
③ Darshana M. Baruah, "India-ASEAN naval cooperation: An important strategy", July 6, 2013, http://orfonline.org/cms/sites/orfonline/modules/analysis/AnalysisDetail.html?cmaid=54290&mmacmaid=54291, 2013-07-15.

和支持。2014年11月，莫迪在参加第12届东盟—印度峰会时表示印度将把"东向政策"升级为"东向行动政策"。在此次峰会上，莫迪政府表示印度愿意在东亚与东南亚发挥更积极的战略作用，并加强与东亚和东南亚国家的防务外交。在此次峰会上，印度认为东盟—印度战略伙伴关系的加强归因于印度对东盟实施并升级的"东向政策"以及东盟对印度的"西向"政策（Look West）的融合。其实，在2014年8月，斯瓦拉吉就宣布印度将着手开启下一个印度—东盟行动计划，强调增强印度与东盟的连通性来促进两者在经贸和人文领域的联系。在访问新加坡时，斯瓦拉吉表示，"东向政策"已经不适应时代发展要求，印度现在需要"东向行动政策"。①

一 印度实施与升级"东向政策"的缘由

冷战结束后，国际局势发生了巨大变化。一方面，苏联的解体不仅使印度失去了战略依靠，也使印度觉得自己也是冷战的失败者；另一方面，随着冷战的结束，印度倡导的"不结盟"也失去了昔日的光环。与此同时，印度国内面临着诸多困难。印度在冷战时期效仿苏联的经济发展模式导致国营企业亏损严重，私营企业的积极性没有得到充分发挥。滞后的经济发展难以满足人民日益增长的物质需求。在此情形下，拉奥政府提出了新经济改革的政策。印度展开了以经济为中心的全方位外交，不断增进与世界各国和各地区的联系，旨在扩大印度在国际与地区中的影响力。印度认识到发展与东盟的关系能获得诸多战略利益，随即于1992年制定了发展与东盟关系的"东向政策"。"'东向政策'是印度外交政策在20世纪90年代初面临国际形势急剧变化时产生的一次重大调整，旨在摆脱印度在冷战时期自我设定的界限，在重新确立独立外交政策框架的努力中寻求新的目标"。②"东向政策"的实施与升级是印度对东盟战略认知不断升华的结果。同时，与东盟关系的不断深化扩大了印度"东向政策"与"东向行动政策"的内涵与外延。

---

① Manish Chand, "Act East: India's ASEAN Journey", November 10, 2014, http://www.mea.gov.in/in-focus-article.htm?24216/Act+East+Indias+ASEAN+Journey, 2019-05-09.
② 赵干城：《印度东向政策的发展及意义》，《当代亚太》2007年第8期。

(一) 国际局势变迁迫使印度寻求战略依托

如前所述,冷战结束后,印度不仅失去了苏联这个战略依靠,也感觉自己也是冷战的失败者;印度在"不结盟"运动中失去了昔日的荣光;印度与南盟国家的关系进展缓慢。这些都让印度感觉到了极大的失落。

由于国际环境的变化,印度与主要大国以及邻国的关系也处于调整之中。在不同时期,印度出于军事和国内政治的需要对特定区域也会制定有针对性的外交政策。在此背景下,印度开始推进与东南亚国家的关系。印度和东南亚之间的关系遵循一个非线性的过程。在打击殖民主义时引发了20世纪早期印度与东南亚国家之间的团结。在冷战时期,由于东西方的竞争导致两者在政治、经济和安全利益上的分歧。后冷战时期,地缘政治和经济利益推动了印度和东南亚之间的安全与经济合作。虽然印度和东盟之间的合作潜力尚未得到充分挖掘,但是两者一致的举措已经使得大多数分析家和观察家对它们的未来前景充满了期望。鉴于东盟的地位,印度政府制定与升级"东向"政策是相当重要的。坐落在亚洲次大陆的东南亚国家可以形成印度的外交"第二环"。因此,转向东南亚国家就为印度的战略思想找到了一个合法平台。① 东盟在世界经济中的地位不断攀升以及印度对东盟地区安全问题的关注使得印度越发重视发展与东盟的关系。通过增进与东盟的关系使印度在亚洲事务中重新焕发新的活力。东盟国家在地理上与印度毗邻,这就使得东盟地区的传统与非传统安全会直接或间接地影响到印度的安全。同时,印度在防核扩散机制、区域合作、地区权力平衡、防务安全、打击恐怖主义与应对走私贩毒等领域都需要东盟的支持,因为这些议题都影响着印度在地区事务中形象与战略地位。

(二) 东南亚有着巨大的经济发展潜力

在21世纪,东南亚已是一个有着4亿人口的大市场,有益于印度的商

---

① Asif Ahmed,"India-ASEAN Relations in 21st Century:Strategic Implications for India-Analysis", July 9, 2012, http://www.eurasiareview.com/09072012-india-asean-relations-in-21st-century-strategic-implications-for-india-analysis/,2013-10-10.

品出口。东南亚也是印度原材料和商品进口的来源地，包括大米、棕榈油、橡胶和锡矿等。印度与东南亚的贸易从1992~1993年度的25亿美元增长到1998~1999年度的53.6亿美元。在文莱发现的石油有可能使得印度减少从波斯湾的进口。①

中国的产业升级转型为印度增进与东南亚关系创造了机会。印度的维克拉姆·尼赫鲁（Vikram Nehru）指出，"中国劳动力工资的不断上升和人民币的汇率升值为印度的劳动密集型产业创造了机会。中国经济的快速发展和技术升级将鼓励劳动密集型产业向劳动力过剩的国家转移，这是一个趋势也是一个自然的结果。东南亚经济体中的越南、老挝、缅甸与柬埔寨接近中国大陆，使得这四个国家成为最早的受益者。与此同时，印度也能获利，前提是印度必须改善其基础设施，特别是东海岸的基础设施。印度有庞大的国内市场、产业纵深链、城市中心以及完善的金融服务，这些使得印度可以与20世纪90年代的中国相媲美"②。2010年，印度—东盟自贸区开始实施，这为两者之间增进经贸关系提供了条件。

随着冷战的结束，为了促进东南亚地区的服务业发展，东南亚各国都在找寻服务贸易自由化的途径与渠道，这为印度强大的服务业进入东南亚创造了条件。正如制成品贸易在过去几十年中带动了东南亚的经济增长，服务贸易也能推动东南亚未来的经济增长。服务业出口占印度贸易出口量的1/3以上，迅速推动了印度服务业的发展，也提升了印度服务业的水平。2015年，东盟与印度占世界商业服务贸易总额的10%，其中新加坡占3.2%，印度占3%，泰国占1.1%。③ 印度与东盟可以在金融服务、物流、教育、旅游以及医疗服务等领域展开合作。

同时，印度比较注重对东盟的投资。2013年，印度对东盟的直接投资额为21亿美元，但到了2016年却下降为16亿美元。印度对东盟的投资额

---

① Laxman B. Bahroo, "India Looks East", Bharat Rakshak Monitor-Volume 3（3）November-December 2000, http://www.bharat-rakshak.com/MONITOR/ISSUE3-3/bahroo.html, 2013-10-09.
② Vikram Nehru, "Six Reasons for India to Look East", February 26, 2013, http://carnegieendowment.org/2013/02/26/six-reasons-for-india-to-look-east/fktk, 2013-10-09.
③ Sanchita Basu Das, "ASEAN-India Economic Relations: Low Base, Large Potential", October 30, 2018, https://www.think-asia.org/bitstream/handle/11540/9402/ISEAS_Perspective_2018_68%4050.pdf?sequence=1, 2019-05-09.

仅占东盟外国直接投资流入总额的 1%。尽管印度对东盟的投资表现欠佳，但东盟仍然是印度海外投资的主要目的地之一。实际上，印度对东盟的投资年均增速远高于印度的全球投资增速。印度在东南亚地区的投资主要集中在新加坡、马来西亚、印度尼西亚、泰国与越南。

2014 年，莫迪政府提出"东向行动政策"的主要内容就包括促进印度与东盟之间经贸关系，以及通过增进与东盟的经贸关系推进印度东北部地区的经济社会发展。即使受到国际经济形势整体疲软的影响，印度与东盟双边贸易额在 2015~2016 财政年度仍然超过 650 亿美元。随着"东向行动政策"的深入实践，印度与东盟的经贸关系将不断深化。

（三）东南亚区域整合的能力不断增强

成立于 1967 年 8 月的东盟在很长时间里是东亚地区唯一追求经济一体化的官方区域组织。作为负责任的经济组织，东盟提出了几项经济一体化的倡议，包括东盟自由贸易区（AFTA）、东盟框架协议（AFAS）和东盟投资区（AIA）。作为东盟 2020 年远景计划的一部分，其目的是到 2020 年建成东盟安全共同体、东盟经济共同体和东盟社会文化共同体。通过商品、投资、服务的自由流通，减少贫困以及缩小整个地区的社会经济差距，东盟国家希望东盟到 2020 年能发展成为单一的市场。①

这些作为东盟向区域主义转变的政策是在 20 世纪 90 年代后期提出的。这种转变以双边与地区贸易协定的形式呈现。这些协定大多是在东盟成员国之间签订的，也包括南亚的孟加拉国、印度、尼泊尔、不丹和斯里兰卡等。东盟与其他东亚经济体也签订了具有重要意义的协定。② 区域主义可以有更大的市场准入以及能减少业务成本等显而易见的好处，从而备受世人青睐。东盟区域主义的发展还有三方面的原因。第一，亚洲金融危机的教训使得东盟认识到其成员国需要有效预防、管理和解决金融危机并防止危机的蔓延。东亚国家对国际货币基金组织（IMF）处理危机的方式日益不

---

① Masahiro Kawai and Ganeshan Wignaraja, "ASEAN + 3 or ASEAN + 6: Which Way Forward," Asian Development Bank Institute ADBI Discussion Paper No. 77, September 2007.
② Mukul G Asher and Rahul Sen, "India-East AsiaIntegration: A Win-Win for Asia." Research andInformation Systems for the Non-Aligned and OtherDeveloping Countries RIS Discussion Paper, No. 91, March 2005.

满,并感觉需要东亚国家共同建立一种自救的经济机制。该机制包括信息交流、政策对话、区域流动性支持安排、金融部门发展以及在诸如汇率政策协调等关键领域的联合政策制定。第二,由于该地区的贸易和外国直接投资的日益融合,为促进贸易和投资,促进规则、标准和程序的统一以及争端的解决,东盟越来越需要一个正式的制度框架。为深化金融和宏观经济的相互依存,通过从相互依存中产生的内生外部性和溢出效应的影响,东盟需要关注"集体行动"的问题。鉴于一国的动荡与危机很容易向区域内的其他经济体蔓延,东盟已经认知到有必要在该地区建立金融安全机制。第三,包括欧洲在内的西方集团一直将地区主义作为地区贸易协定扩散的防御性回应。对全球贸易自由化进程发展缓慢的日益不满也促成了西方国家采取防御性贸易政策。东亚国家都认识到除非东亚国家发展自己的区域框架,否则东亚国家将会在全球竞争和多边谈判中失势。东亚国家觉得有必要增强自身与欧盟和美国讨价还价的能力。①

目前,东盟不仅在贸易方面进行区域整合,而且从更广泛的意义上来讲也在对作为一个统一权力中心进行整合。东盟已经认识到双边层面的整合将阻碍东盟区域经济一体化潜力的发挥。因此,东盟越发认识到一个泛亚洲整合的重要性。东盟认识到世界其他地区的区域贸易集团的形成已经证明国家未来经济增长的动力来自区域内部。该地区国家之间存在着多样性的比较优势、多元化的战略与外交优势使得该地区互补性明显增强。②

1991年,由于宏观经济危机导致的经济意识转变,印度进入了新的经济增长阶段。印度已经认识到需要改变其独立以来实施的内向型经济增长模式。因为这种内向型经济增长模式已经不适应后冷战时期全球化时代的发展要求。因此,印度开始改革重组,解除管制,实行自由化经济政策。③

印度实施新经济政策以来,不断积极发展与其他国家的经济关系。当意

---

① Masahiro Kawai. "East Asian Economic Regionalism: Progress and Challenges," *Journal of Asian Economics*, Vol. 16 (1) . January 2005, pp. 29-55.
② Nagesh Kumar, "Towards a Broader Asian Community: Agenda for the East Asia Summit," Research and Information Systems for the Non-Aligned and Other Developing Countries RIS Discussion Paper, No. 100, November 2005, http://www.eaber.org/system/tdf/documents/RIS_Kumar_2005_02.pdf?file=1&type=node&id=22107&force=, 2013-05-24.
③ Mukul G Asher, "India's Rising Role in Asia", November 2006, http://services.iriskf.org/data/articles/Indias_Ri121220062.pdf, 2010-01-15.

识到东盟区域经济发展的潜力时，印度不断提升与东盟的合作水平。印度希冀通过与东盟的经济联系来分享区域经济合作的繁荣。印度与东盟不仅发展了商品贸易，也在积极发展服务贸易。随着印度信息技术产业的发展和与东亚其他经济体不断增长的业务流程外包服务业的发展，印度的服务业迅速壮大。技术改进和日益增长的全球化使得印度与东盟的地区贸易迅速发展。① 莫迪政府"东向行动政策"的践履更是彰显了印度以更为积极主动的行动融入东盟区域一体化进程。2015年11月，莫迪指出，"在过去的18个月，印度比世界其他任何国家都更多地保持了与东盟的接触"。② 随着对地区经济潜力认知的增强，印度不断融入东盟区域经济，不断提升印度与东盟的经济合作水平，期望能从地区经济合作中提升印度在区域经济发展中的地位。

（四）以东盟作为桥梁不断扩展亚太合作空间

冷战结束以来，印度与东盟达成了《区域贸易协定》，不仅使印度极大获利，也为印度进一步拓展东亚市场创造了条件。印度欲图与亚太国家建立一个包括服务业在内的亚太全面经济合作伙伴关系，并签署《自由贸易协定》。这种伙伴关系包括东盟成员国以及澳大利亚、中国、日本、新西兰、韩国等。该协定也将是世界上范围最广的《自由贸易协定》。印度在谈判中是一个热心的领导者。该协定将敦促印度落实贸易改革政策，并鼓励印度降低贸易成本。印度的服务业可以在一个更公平的环境中与澳大利亚、日本和新西兰竞争。③

印度希望以东盟作为跳板，进一步发展与亚太其他国家的关系。亚施旺特·辛哈外长于2003年在哈佛大学作题为"印度在亚洲的复兴"的演讲时指出，"在与东盟的合作取得初步成功后，印度的'东向政策'将进入第

---

① Rahul Sen, "New Regionalism in Asia: A Comparative Analysis of Emerging Regional and Bilateral Trading Agreements Involving ASEAN, China and India," *Journal of World Trade*, Vol. 40, No. 4, August 2006, p. 596.
② Sanghamitra Kalita, "India's act east policy and north-east: Prospects and challenges", *International Journal of Advanced Research and Developmen*, January 2018, Volume 3, Issue 1, p. 269.
③ Vikram Nehru, "Six Reasons for India to Look East", February 26, 2013, http://carnegieendowment.org/2013/02/26/six-reasons-for-india-to-look-east/fktk，2013-10-09.

二阶段,其政策将囊括从澳大利亚到东亚的更广阔区域"①。印度官方设想在这个"延伸"中不断提升自身的地位。与此同时,印度正在扩大与东亚国家从广泛的贸易到安全问题方面的合作,这代表着印度认知的战略转移。同时表明了印度认识到发展与东亚国家关系直接影响到印度的安全与发展。②

亚太地区被认为是世界经济发展最快的地区之一。由于亚太地区在经济与人口方面的巨大优势以及在政治和安全方面的重要性,印度通过东盟加强与亚太地区的联通。莫迪政府不断深化与亚太地区诸多国家的战略伙伴关系。近年来,"印太"地区作为新的地理概念被世人知晓。在外界力量的推动下,印度在"印太"地区被赋予了更大的期许。比如,日本一直希望与印度建立更为紧密的战略伙伴关系,希望在商品贸易、服务业、投资、技术开发以及人力资本流动等领域展开卓有成效的合作。美国更是对印度在"印太"地区的角色扮演给予了更多期许。早在 2010 年,美国就承认印度很可能在全球事务中扮演更有影响力的角色。美印关系的增进反过来会推动印度更为积极参与东南亚与东亚事务。奥巴马政府的亚太"再平衡"战略与特朗普政府的"印太战略"都强调了印度的作用。"特朗普政府的'印度战略'本质上是奥巴马政府亚太'再平衡'战略的延续,更加突出了印度的重要性,特别是美印防务合作"。③

(五)增进与东盟的关系可以实现印度的大国抱负

冷战结束后,为了树立负责任的大国形象,印度优先考虑的并不是扩大印度在东盟的影响力,而是在和平与稳定等重大利害关系方面说服东盟。东盟作为一个独立的有影响力的地区,其成员国都有实现经济成功的紧迫感。届时,作为地区组织的东盟将面临一个不确定的未来,并处于后冷战时期前所未有的政治创伤氛围中,定能回应印度的倡议。冷战结束后,印

---

① Yashwant Sinha, "Resurgent India in Asia", speech presented at Harvard University, September 29, 2003.
② K. Natwar Singh, "Inaugural Address," 7th Asian Security Conference, Institute for DefenseStudies and Analysis, NewDelhi, January27, 2005; E. Ahamed, "Reinforcing 'Look East' Policy," January 17, 2006, http://mea.gov.in/interview/2006/01/17in01.htm, 2008-04-08.
③ 仵胜奇、陶文钊:《特朗普政府印太战略前瞻》,《国际论坛》2018 年第 5 期。

度与东盟都有集中精力发展经济的现实需求,这为二者展开合作创造了条件。

印度与东盟国家发展关系在塑造亚洲未来与影响国际政治趋向方面具有重要作用。在印度新德里召开的印度—东盟第三次对话会议期间,印度国家安全顾问梅农(Shivshankar Menon)指出,"印度与东盟在马六甲海峡打击海盗的成功合作,为促进该地区的安全建立了合作框架。作为国际社会中发展最快的地区,亚洲有责任处理'国际体系中最不稳定和最不安全'地区的安全议题。权力转移是国际政治不变的本质。21世纪已经被称为亚洲世纪。印度和中国这两个亚洲大国的崛起肯定能在国际政治中发挥更大作用"。梅农进一步指出,"一国有了很大的权力就意味着要承担更大的责任。印度在历史上是一个伟大的国度,目前也是一个蒸蒸日上的大国"[①]。印度的战略目标是成为南亚、亚太地区乃至世界大国。印度认为东南亚地区具有重要的地缘政治作用,印度在东南亚地区不断增强的影响力有助于印度借助东盟框架来实现自身的大国抱负。

因为东南亚地区是连接亚太和南亚地区的关键枢纽,所以印度增进与东盟的关系可以改善印度在更广阔领域的安全环境。印度借助东盟这个平台不断深化与东亚国家及包括澳大利亚和新西兰在内的南太平洋国家的关系,旨在拓展印度的地区影响力。"印度的目的是通过广泛发展与东南亚、东北亚、南太平洋地区各国在政治、经济及安全领域的合作,拓展其外交空间,全面融入亚太区域合作进程,提高印度在国际舞台中的地位,从而实现其'世界大国'的战略目标"[②]。

(六)现实安全考量

东盟经过多年的发展已经取得了令世人瞩目的成就,也构建起了一个颇具影响力的地区安全框架。印度希望通过与东盟不断密切的合作,增进关系,扩大在该地区的战略影响。印度希望与穆斯林人口占多数的马来西亚、文莱和印度尼西亚培养并增进关系可以抵消巴基斯坦在克什米尔问题

[①] Asif Ahmed, "India-ASEAN Relations In 21st Century: Strategic Implications for India-Analysis", July 09, 2012, http://www.eurasiareview.com/09072012-india-asean-relations-in-21st-century-strategic-implications-for-india-analysis/, 2013-10-10.

[②] 张贵洪、邱昌情:《印度"东向"政策的新思考》,《国际问题研究》2012年第4期。

上利用伊斯兰组织对印度进行威慑。①

　　发展与东盟的关系除了有针对巴基斯坦的意图外，还有巩固印度在印度洋的地位的意图。潘尼迦曾说："除非印度洋能自由通航，除非印度的海岸线得到了充分的保护，印度的工业发展、商业增长以及政治结构的稳定都是不可能的。因此，印度洋必须真正成为印度的印度洋。"② 印度相信印度洋是印度崛起为世界大国的保障，印度洋以其富庶的资源、潜在的经济价值、地缘战略的重要性也日益引起印度决策层的高度重视。由于昔日殖民者从海上的侵入以及1971年印巴战争期间美国第七舰队驶入印度洋威胁印度，印度对来自海上的威胁心有余悸，从而促使它积极发展海上实力以防止外来挑战。印度的新外向型海上战略由四部分组成。第一，在印度洋上与大国接触。这改变了以前印度要求大国不得进入印度洋的立场。目前，印度与美国、法国、英国和俄罗斯的海军在印度洋有密切合作。第二，印度从"一个孤独的保护者"转变为与印度洋沿岸主要国家进行海军合作。从南部非洲海域到南中国海以及从亚丁湾到大洋洲，印度海军与印度洋沿岸的主要国家展开了交流与合作。第三，印度已经承诺帮助小国在印度洋建设自己的海运能力。第四，印度也已经意识到在印度洋和太平洋上提供公共产品的重要性。印度海军从传统的海上封锁和狭隘的集中于保护自身的安全利益转向开放的海军合作。这种演变使得印度拥有了一个更为开放与更为强大的海军交流机制，这就使得印度成为东盟在印度洋的一个有价值的合作伙伴。许多东盟国家已经与印度展开了双边海军合作。然而，在集体层面，印度与东盟在海上安全问题上一直没有紧密的接触，也没有经常交换意见。印度虽然已经加入了诸多东盟的区域多边组织来处理与东盟成员国重叠的安全问题，但其效果却是乏善可陈。目前，印度已经采取行动建立与东盟的印度洋海军论坛（IONS），这样使得印度在与东盟的磋商与合作中受益匪浅。③ 近年来，随着"印太"地区概念的扩大，印度希望在

---

① Laxman B. Bahroo, "India Looks East", Bharat Rakshak Monitor-Volume 3（3）November-December 2000, http：//www.bharat-rakshak.com/MONITOR/ISSUE3-3/bahroo.html, 2013-10-09.

② K. M. Panikkar, *India and the Indian Ocean*, London：Cambridge Publication, 1945, p.84.

③ C. Raja Mohan, "Contemporary Strategic Environment of the Indian Ocean Region：An Overview", RSIS policy paper, November 2011, p.23.

"印太"地区发挥更大的作用。莫迪政府强调了印度的"印太愿景"是积极的,主要包括包容性、东盟中心性、居于规则的秩序、平等地获得公共产品、贸易自由化与连通性。与此同时,莫迪总理和印度政府外交部以及国防部高级官员一再将东南亚称为印度"东向行动政策"的"心脏"与"支柱"。从地缘政治的角度来讲,将东南亚视为"印太"地区的中心是合适的。更重要的是强调东盟的中心地位就是允许印度追求自由、开放和包容的"印太愿景"。① 从本质上讲,印度此举是欲在"印太"地区追求灵活的战略目标,这是印度坚定坚持自主外交政策的结果,或者说这是印度为了增强印度的战略能力实施的"最大选择"的外交政策。这样的举措又为印度内部发展提供了便利。

二 东盟对印度的战略考量

冷战结束后,随着新经济政策的实施,印度巨大的经济潜力和广阔的消费市场引起了东盟的关注。东盟认为印度能在政治、安全和经济方面发挥重要作用,增强与印度关系可以促进东南亚地区的稳定、和平与繁荣。

(一) 增加东盟实施"大国平衡"政策的筹码

冷战结束后,东盟希望能增进与区外大国的合作来平衡各种力量在东南亚的影响。东盟希望能增进与美国的关系来抵冲这一地区的不平衡状态。但是,东盟对美国的东南亚政策的不确定性存在担心。新加坡认为随着冷战的结束,"新的世界秩序"并不必然导致一个更安全的世界,尤其是对于像新加坡这样的小国。因为大国会对与自身切身利益无关的冲突表示冷漠。② 马来西亚认为美国在东南亚地区的存在是该地区安全不可或缺的。③ 东盟为了避免被边缘化,建立了东亚峰会(EAS)这一区域磋商机制。"如

---

① Rohan Mukherjee, "Looking West, Acting East: India's Indo-Pacific Strategy", May 5, 2019, https://www.researchgate.net/publication/332862906, 2019-05-10.
② Bilveer Singh, *The Vulnerability of Small States Revisited*, Yogyakarta: Gadjah Mada University Press, 1999, pp. 281-282.
③ Greg Sheridan, *Tigers: Leaders of the New Asia-Pacific*, St. Leonards, New South Wales: Allen & Unwin, 1997, pp. 196-197.

果一个大国欲图加入由东盟发起的区域合作论坛——东亚峰会（该峰会是东盟为了避免在竞争中被边缘化而成立的区域论坛），就必须获得东盟的资格认证。比如，一国须签订与东盟的友好合作条约。因为美国不愿意与东盟签订友好合作条约，就不能参加东亚峰会。"① 东盟欲借助美国的力量来平衡影响，但是美国又出于本国的战略考量，在发展与东盟关系的问题上持谨慎态度。当奥巴马政府提出"重返亚太"政策时，东盟又担心自己为美国火中取栗，成为美国的战略棋子。而亚洲的经济增长被许多国家看成是旧秩序框架下的长期和平的不确定因素。对此有两种看法。第一，积极看法是经济的发展有助于世界的整体发展。特别是中国的经济发展、改革与繁荣对亚洲的稳定与安全是有益的。中国是建立亚洲和全球力量平衡，维护和平与安全必不可少的因素。第二，2018年1月，印度与东盟同意建立一个在海洋领域加强合作的机制。印度已经向东盟展示了"东向"方案。在东盟看来，印度被视为重要平衡因素。印度的"东向"政策与"东向行动"政策与东盟的"西向"政策相吻合。东盟高度关注该地区的力量平衡，因为东盟认为这是解决安全问题的唯一办法，也是发展与大国关系的基本前提。②

（二）经济利益是东盟发展与印度关系的基础

冷战结束后，国际交往的樊篱被打破，这为各国集中精力发展经济提供了更紧密相互依存的条件。作为区域性组织的东盟更是利用国际经济大好形势，积极探寻经济发展的渠道。与此同时，在1991年实施新经济政策后，印度的经济发展取得了巨大成就。2007年，东盟官方网站指出，"在过去十余年里，随着经济的稳步增长，印度已经成为亚洲乃至世界最大的经济体之一。庞大的国民生产总值（GDP）与年均7%~8%的经济增长率使得印度在接下来的岁月里将成为世界的一个巨大经济体。随着中产阶级的日益壮大和国家经济发展处于上升势头，印度巨大的经济潜力能为地区经济联系和经济复苏提供充足的机会。东盟确实注意到了这一事实，并意识到

---

① Zhai Kun, "The ASEAN Power", Chapter 3, July 2009, http：//epress.anu.edu.au/sdsc/architecture/pdf/ch03.pdf，2013-10-13.
② Liu Rui, "ASEAN-India bonhomie seeks to balance power of China", January 29, 2018, http：//www.globaltimes.cn/content/1087116.shtml，2019-05-10.

在区域框架内与印度合作并利用印度新兴的经济力量是东盟的最佳选择。东盟与印度签署《综合经济合作框架协定》（the Framework Agreement on Comprehensive Economic Cooperation）的目标之一就是促进东盟的新成员国实现有效的经济一体化来弥合各方的经济发展差距"。①

新加坡外长尚穆根（Kasiviswanathan Shanmugam）指出，"每年有近70万印度人访问新加坡和数量可观的新加坡人访问印度。印度和新加坡之间每周只有400个航班，这是不够的。印度和新加坡正在寻求增添更多航班的途径。印度与东盟关系的增进能进一步扩大印度与东盟的旅游和商业机会"。②泰国更期望增进与印度的关系。20世纪90年代可以被看成是加强印度与泰国关系的黄金时期。1996年，泰国发起了旨在开拓新市场、能源产地和投资的"西进政策"。鉴于泰国在东南亚的中心位置而作为区域枢纽，泰国的"西进政策"旨在增强与南亚地区的合作伙伴关系。泰国的"西进政策"与印度的"东向政策"存在互补关系，可以提升印度与泰国双边关系，以及加强印度与东南亚地区的整体关系。③

（三）安全保障是东盟增进与印度关系的重要因素

如前所述，随着冷战的结束，东盟在该地区实施"大国平衡"战略。在安全层面，东盟也在对大国进行防范。为防范大国扩大在该地区的影响力，东盟积极发展与印度的关系。克里斯托弗（Jaffrelot Christophe）指出，"在苏联解体后，随着美国从东南亚地区的撤军，东南亚国家认为他们有必要适当防范危险，通过在台湾海峡、马六甲海峡和巽他海峡等地区设置重要的海上航线。因此，东盟国家认识到作为印度洋最大国家和拥有核武器的印度可以作为一个战略合作伙伴来平衡日

---

① "Framework Agreement on Comprehensive Economic Cooperation between the Republic of india and the Association of Southeast Asian Nations," ASEAN Official Website, November 16, 2007, http：//www.aseansec.org/15278.htm, 2008-10-08.
② "Singapore Urges Deeper ASEAN-India Relations", August 2, 2013, http：//www.aseanbriefing.com/news/2013/08/02/singapore-urges-deeper-asean-india-relations.html, 2013-10-09.
③ Ruth Banomyong, Paitoon Varadejsatitwong, Nuannalin Phanjan, "ASEAN-India Connectivity：A Thailand Perspective", Chapter 5, ERIA Research Project Report 2010-7, Jakarta：ERIA, December 2011, p.229.

益动荡的南亚局势"。① 就东盟而言,主要是欲通过增强与印度的关系来提高自身在该地区的影响,而不是要印度在该区建立霸权。正如一位学者指出,"东盟既是为了满足印度的安全需要,更是着眼于印度拥有的地缘政治地位,而不是为了使该地区成为印度霸权构想的衍生品"。②

　　东南亚国家欲维护自身的安全利益就必须对印度洋上的事务给予更多关注。拉贾·莫汉认为,"坐落在印度洋和太平洋交汇之处的东南亚容易成为大国之间争夺的竞技场。到目前为止,东盟的安全关注集中于西太平洋。在不久的将来,东盟需要对来自印度洋的挑战给予越来越多的安全关注。简单地说,东盟现在需要一个'两洋战略',以确保自身的安全。当美国在太平洋和印度洋的地位遭受挑战时,必将促使东盟对'两洋战略'的思考"。③ 鉴于对地缘政治安全的考虑,东盟势必在安全保障上增进与印度的合作。与印度毗邻的缅甸就认为印度是东盟重要的对话伙伴国,以及认为印度对本地区的和平与稳定发挥着重要作用。印度与东盟于2003年签订了《东盟友好与和平协议》,并积极参与东盟区域讨论并支持讨论后的战略。作为印度的邻国,缅甸重视东盟与印度之间的安全合作。④ 东盟可以借助印度在印度洋的力量维护自身的利益。2018年,印度表示自己支持东盟的中心地位,并在区域发展框架下与东盟在区域和平、安全与繁荣方面加强合作,支持《东盟2025:携手前行》(ASEAN 2025: Forging Ahead Together)、《东盟互联互通总体规划2025》与《东盟共同体工作计划(三)的倡议》(ASEAN Integration Work Plan III)。印度与东盟重申两者将致力于在区域与国际安全议题上的密切合作,以及重申两者维持和促进本地区的海上安全与自由航行。印度与东盟还表示二者将在包括"东盟海事论坛"(ASEAN

---

① Jaffrelot Christophe, "India's Look East Policy: An Asianist Strategy in Perspective," *India Review*, Vol. 2 (2), April 2003, P. 35-68.
② Shankari Sundararaman, "India and ASEAN", November 19, 2002, http://www.mea.gov.in/opinion/2002/11/19o02.htm, 2007-11-18.
③ C. Raja. Monhan, "Contemporary Strategic Environment of the Indian Ocean Region: An Overview", From "ASEAN and the Indian ocean: The Key Maritime Links", *Rsis Policy Paper*, November 2011, P22.
④ "Myanmar reaffirms pledge in boosting ASEAN-India relations", December 24, 2012, http://www.globaltimes.cn/content/751886.shtml, 2013-10-09.

Maritime Forum）在内的合作机制上加强海上合作来应对共同的海事挑战。① 同时，东盟与印度强调二者将继续通过信息共享与联合执法来打击恐怖主义和暴力极端主义。

第三节 印度东盟双边合作的具体内容

冷战结束后，印度在认识到发展与东盟关系的重要性后，实施了"东向政策"。莫迪政府上台后，将"东向政策"升级为"东向行动政策"。同时，东盟出于自身利益的考量也在寻求并深化发展与印度关系的渠道。冷战结束后，印度与东盟经过20多年的发展，双边经济关系得到增进，政治关系得到加强，安全合作议题不断深化。

一 双边经济关系增进

印度"东向政策"的实施与升级对增进印度与东盟的经济关系产生了巨大的推动作用。为促进经济的交流与发展，两者无论在政府层面还是在私营部门层面都建立了一些务实合作的机制。印度与东盟建立了印度—东盟联合合作委员会和东盟—印度贸易与投资工作组，以及为促进贸易、旅游、科技合作的东盟—印度基金。20世纪90年代早期，东南亚国家很少或根本没有在印度进行投资。到了2002年，马来西亚和新加坡分别成为对印投资国的第十位和第十一位；泰国、印度尼西亚和菲律宾分别是对印投资的第18位、33位和35位。这五个国家几乎占对印投资总额的5%。之后，新加坡和马来西亚对印度展开了大型投资项目。印度与东盟的双边贸易同样令人印象深刻。在1991~1997年，相较于与其他地区的经贸发展，印度与东盟的经贸发展是增长最快的。在1997~1998年，受金融危机影响，东盟对印度的出口虽也保持了增速，但增速放缓。东盟对印度的出口额从1993年的14亿美元，增长到2000年的62亿美元；与此同时，东盟从印度

---

① "Delhi Declaration of the ASEAN-India Commemorative Summit to mark the 25th Anniversary of ASEAN-India Dialogue Relations", January 25, 2018, https://asean.org/delhi-declaration-of-the-asean-india-commemorative-summit-to-mark-the-25th-anniversary-of-asean-india-dialogue-relations/, 2019-05-10.

的进口额从 1993 年的 14 亿美元增长到 2000 年的 44 亿美元。①

2003 年 10 月 8 日，印度与东盟达成《全面经济合作框架协议》，旨在提供一个制度框架使双边经济合作更加务实。2005 年，印度与东盟签署了《全面经济合作框架协议》。2004 年，印度和东盟之间进行货物贸易谈判。经过 6 年的谈判，印度与东盟于 2009 年 8 月签署了《自由贸易协定》，标志着双边关系迈向了新的征程。2011~2012 财政年度，印度与东盟双边经贸额约为 790 亿美元。此后，双边经贸额在整体上有所下降。2015~2016 财政年度，双边贸易额为 650 亿美元。此后，印度与东盟的双边贸易额又呈现出积极势头。2016~2017 财政年度，双边经贸额约为 717 亿美元，其中印度出口总额为 310.7 亿美元，印度进口额为 406.3 亿美元，贸易逆差为 95.6 亿美元。双方拟定到 2022 年实现双边贸易额达到 2000 亿美元的目标。②

（一）不断推进的双边商品贸易合作

随着印度"东向政策"的实施与升级，印度与东盟的双边商品贸易关系如火如荼地展开。其中，印度向东盟商品贸易出口从 1991~1992 年度的 10 亿美元（占印度商品贸易总出口量的 5.7%）增长到 2001~2002 年度的 34 亿美元（占印度商品贸易总出口量的 7.7%），增长了两倍多。除了在亚洲金融危机期间，印度对东盟的商品贸易出口整体上呈上升趋势。需要强调的是即使在亚洲金融危机期间，印度与东盟的商品贸易也超过了危机前的最高水平。与此同时，印度从东盟的进口商品贸易从 1991~1992 年度的 13 亿美元增长到 2001~2002 年度的 40 亿美元，大约翻了两番。2001~2002 年度，印度从东盟的商品进口占其总进口的 8%。因此，东盟国家作为印度商品的进口来源地对印度有着重大意义。③

---

① G. V. C. Naidu, "Looking East: India and Southeast Asia", March, 2005, Taipei, P. 200.
② "India-ASEAN Summit: Building alliance for competitive SMEs", January 20, 2018, https://www.financialexpress.com/opinion/india-asean-summit-building-alliance-for-competitive-smes/1022602/, 2019-05-11.
③ Rahul Sen, Mukul G. Asher and Ramkishen S. Rajan," Asean-India Economic Relations Current Status and Future Prospects ", April 2004, http://www.researchgate.net/publication/229005649_ASEAN-India_economic_relations_current_status_and_future_prospects/file/3deec5149a9c21b1aa.pdf, 2013-10-14.

进入 21 世纪后，印度和东盟国家之间的商品贸易快速发展，从 2000~2001 年度微不足道的 70 亿美元增长到 2010~2011 年度的 570 亿美元，在短短的 10 年里双边商品贸易额增长了 8 倍。印度对东盟的出口总额的份额已从 1996~1997 年度的 7.49% 上升至 2010~2011 年度的 8.27%。同期东盟对印度商品贸易出口份额从 7.08% 增长到了 10.86%。这样一来，东盟成员国与印度的商品贸易大约占印度全部商品贸易的 10%，使得东盟成为继欧盟、中国、美国之后印度的第四大商品贸易伙伴。印度对东盟出口的主要项目包括农产品、化工及相关产品、机械产品、纺织和服装。印度从东盟进口食品、原料和半制成品、商业制成品。仅仅从经济层面而言，印度至今仍然不是东盟最重要的贸易伙伴。[①] 2010 年 1 月 1 日，印度与东盟货物贸易自由协定开始生效。2015 年，印度与东盟谈判委员会再次举行会议，主要就双边贸易中存在的问题进行磋商。双边贸易额在 2011~2012 财政年度达到顶峰后整体有下滑的趋势，但是到了 2017~2018 财政年度双边贸易又呈现出积极的发展势头。2017~2018 财政年度，印度与东盟双边经贸额达到 717 亿美元。2018~2019 财政年度，双边贸易额更是超过了 800 亿美元。目前，印度是东盟的第七大贸易伙伴，而东盟已经成为印度第四大贸易伙伴。

（二）服务贸易合作水平不断提升

经过多年的交流与发展，印度与东盟在服务业上的合作水平不断得到提升。印度对外服务业最引人瞩目的还是信息和通信技术行业。印度已经在信息和通信技术外包、终端支持和其他后续业务流程操作（BPOs）中取得领先地位：比如数据录入与处理、工资管理、会计及簿记、退货、保险索赔、票务、文件编码和组织主要诉讼案件和医疗及法律的转录等。相较于西方同行，东盟的公司在利用印度的服务外包、设计、研究和发展等项目来增强竞争力方面一直进展缓慢并显得比较胆怯。[②]

[①] Mohammad Samir Hussain & Dr. Janatun Begum, "India-ASEAN Economic and Trade Partnership", October 31, 2011, http://www.turkishweekly.net/news/125793/-analysis-india-asean-economic-and-trade-partnership.html，2011-11-04.

[②] Rahul Sen, Mukul G. Asher and Ramkishen. S. Rajan, "Asean-India Economic Relations Current Status and Future Prospects".

据印度工商联合会的研究显示，相较于东盟，印度在服务业上方面有更大的优势。印度在计算机、信息服务、电信、电子商务和工程服务行业有更大的优势。然而，在该地区的金融和保险服务方面，印度和东盟有着相似的优势，都将在平等的基础上竞争。相较于印度，东盟国家在建设服务、工程服务、航运和运输服务方面有着巨大优势。随着在印度市场投资流动的加大，东盟在印度的主要投资行业包括能源、交通和物流。尽管印度和东盟之间的服务贸易存在互补性，但是也面临着一些巨大挑战。东盟规定，在未能与东盟就关键服务部门达成《东盟服务框架协议》（AFAS）和《东盟区域一体化协定》前，非东盟贸易合作伙伴就必须得和东盟单一成员国协商服务贸易的市场准入问题。印度与东盟就敏感服务部门的谈判有望在2015年达成协议。另一个问题是东盟国家对其服务业尤其是专业服务仍给予高度保护。由于需求预期是来自生产者和消费者，印度需要在市场准入问题上与东盟磋商，确保服务业能享受平等的国民待遇。①

2014年11月，印度与东盟达成了服务贸易合作协定，旨在促进印度与东盟之间的劳动力流动。印度商业与工业部长乔杜里（C. R. Chaudhary）表示，服务业是印度经济增长的主要动力，其在全球出口中的份额从2014年的3.1%增长到2017年的3.47%，预计到2022年将达到4.2%。②

（三）双边投资不断攀升

随着商品贸易和服务业的发展，印度与东盟的投资关系也在不断增进。在2004年至2010年间，印度对东盟总投资金额达到218亿美元，占据印度在该时期对外投资总金额的25%。东盟成员国也纷纷在印度投资。从2000年4月至2009年4月，不包括文莱、柬埔寨、老挝在内的东盟成员国对印度的投资总金额达82.5323亿美元。东盟成员国中的新加坡、马来西亚和泰

---

① Geethanjali Nataraj and Rohit Sinha, "India-ASEAN FTA in services: good for the region, very good for India", July 30, 2013, http://www.eastasiaforum.org/2013/07/30/india-asean-fta-in-services-good-for-the-region-very-good-for-india-2/, 2013-08-01.

② "Removal of tariff crucial to achieve bilateral trade target of USD 200 billion by 2022", February 23, 2019, http://www.cxodaily.com/2019/02/23/removal-of-tariff-crucial-to-achieve-bilateral-trade-target-of-usd-200-billion-by-2022/, 2019-05-11.

国位列对印投资的前三位。然而,印度与东盟双方的投资并没有达到双边的实际潜力。印度和东盟之间应在投资领域有更大的目标。① 截至 2017 年年底,印度对东盟的直接投资超过 310 亿美元,占印度对外直接投资总额的 22%。与此同时,东盟对印度的直接投资额超过 250 亿美元。就东盟国家对印度直接投资而言,新加坡就占据 99% 的份额,包括马来西亚、印度尼西亚和泰国在内的其他主要东南亚国家只占不到 1% 的份额。②

东盟国家,尤其是新加坡、马来西亚和泰国,在印度的投资越来越多,主要在电信、燃料、酒店和旅游服务,重工业、化工、化肥、纺织品、纸张、纸浆以及食品加工等行业。为了吸引更多外国直接投资,印度在减少腐败和提高效率方面进行了诸多改革。

印度与东盟在教育、卫生、医疗、旅游以及人力资源开发与合作等方面也进行了诸多合作。在探讨印度与东盟未来的经济前景时,谢卡尔(Vibhanshu Shekhar)指出,"印度与东盟未来经济关系的范围还是有限的,面临诸多国内因素挑战。印度国内某些利益集团和游说集团反对印度在印度—东盟自贸区货物问题上给东盟让步。对印度农业协会和中小企业严重亏损的担心使得印度享受到了从东盟进口棕榈油的权利。印度从东盟进口大量的棕榈油。自 2003 年印度与东盟签署《全面经济合作协定》以来,双方已经进行了 21 个回合的贸易谈判,可是到目前为止仍未达成最终协议。尽管双边的贸易和投资总额不断攀升,但是相较于东盟与其他东亚国家(如中国和韩国)的贸易而言,印度与东盟的贸易额是微不足道的。印度和东盟都经历过大量的外国直接投资外流现象,进而使得双边投资规模非常有限"③。印度与东盟于 2014 年 11 月达成的投资贸易协定有助于两者深化投资贸易。近年来,双方在公路、铁路、机场与海港建设方面加大了投资力度。

---

① Mohammad Samir Hussain & Dr. Janatun Begum, "India-ASEAN Economic and Trade Partnership".

② "India-ASEAN Summit: Building alliance for competitive SMEs", January 20, 2018, https://www.financialexpress.com/opinion/india-asean-summit-building-alliance-for-competitive-smes/1022602/, 2019-05-11.

③ Vibhanshu Shekhar, "Trends in India-ASEAN Economic Relations", November 30, 2007, http://www.ipcs.org/article/india-the-world/trends-in-india-asean-economic-relations-2433.html, 2013-10-15.

二 双边政治关系不断提升

2002年9月,印度总理瓦杰帕伊在访问新加坡时强调,无论从地缘战略、经济利益和政治利益考虑,东盟地区都是印度对外政策的重点。[①] 印度政府高度重视发展与东盟的政治合作关系,并致力于不断提升双方的政治互信水平。2012年12月,在新德里举行的纪念印度与东盟建立"对话伙伴"关系20周年的活动上,双方关系升级为"战略伙伴关系"。2017年是印度与东盟建立"对话伙伴"关系25周年,双方借此举办了一系列庆祝活动。2018年1月25日,东盟成员国代表团与印方代表团在新德里举行了以"共同价值观,共同命运"为主题的东盟—印度纪念峰会。在此次纪念峰会上,印度与东盟国家领导人通过了《德里宣言》。

(一) 印度积极加入东盟地区论坛

印度早在1992年就成为东盟的"部分对话伙伴国",随后又于1996年加入东盟地区论坛(该论坛成立于1993年),在1997年正式成为东盟的对话伙伴国。大多数分析家认为东盟地区论坛在减少成员国之间的战略分歧方面发挥了至关重要的作用。通过东盟方式的东盟论坛有助于亚洲团结、树立信心,并增进成员国之间的信任。[②] 东盟地区论坛被认为是有益于促进大国稳定关系的机制,以及是印度和东盟之间对话的有益工具。东盟地区论坛有益于东盟成为本地区安全构架的中心。为展示印度与东盟共享利益的承诺,也为旨在确保东南亚地区的和平、安全、稳定与发展,印度于2003年10月8日在印度尼西亚的巴厘岛举行的第二届"东盟—印度峰会"上加入了《东南亚友好合作条约》。在此次峰会上,印度和东盟还达成了携手打击国际恐怖主义的联合声明,这有益于双方采取具体措施加强在反对恐怖主义斗争中的合作。由于增进接触符合东盟和印度的利益,东盟和印度于2004年11月30日在老挝首都万象举行的第三届"印度—东盟峰会"

---

① Bhagyashree Garakar, "Vajpayee signals closer ties with ASEAN", *The Straits Times*, April 15, 2002.
② Caballero-Anthony Mely, "Regionalisation of peace in Asia: Experience and Prospects of ASEAN", ARF and UN Partnership, Working Paper No. 42, Institute of Defence and Strategic Studies Singapore, 2003, p. 13.

上签署了为促进和平、进步和共同繁荣的《东盟—印度合作伙伴关系协定》。该协定不仅勾画出了东盟与印度长期接触的路线图，还标志着印度与东盟的关系迈入了新阶段。

在印度看来，东盟对印度具有相当重要的意义。2002 年，印度总理瓦杰帕伊在新加坡的演讲中指出，"东南亚是印度外交政策、战略问题和经济利益的重点之一。就地理位置而言，印度是东盟的近邻"。[1] 2012 年，印度参加了东盟地区论坛第四届海事安全会议。2013 年 7 月，在文莱举行的第 20 届东盟地区论坛峰会上，印度外长库尔希德指出，"'东盟地区论坛'提供了在诸多问题上进行对话的平台。印度对东盟地区论坛能提供建设性和富有成效的对话（对所有相关方的承诺与愿景付诸实施）充满信心"[2]。

2013 年，印度与东盟携手成立"东盟—印度中心"（ASEAN-India Centre），旨在加强东盟与印度战略伙伴关系以及促进印度与东盟在相关领域的对话与合作。2015 年 8 月，印度与东盟成员国外长通过了"2016~2020 年行动计划"和"2016~2018 年优先事项执行情况交换意见"。多年来，印度在东盟地区论坛上就联合国维和行动、海事安全培训、反海盗以及网络安全等议题与各国进行了磋商。目前，东盟地区论坛囊括了 27 个国家，是亚洲安全对话的重要论坛，为加强地区和平与安全发挥着重要作用。

（二）印度加入"10+1"机制

2002 年，印度继中国、日本、韩国之后第四个成为东盟"10+1"机制对话国家。同年，东盟与印度还形成了年度会晤机制。印度学者认为"东盟—印度峰会"年度会议使得印度和东盟彼此受益。对东盟而言，印度坚信鉴于印度作为崛起中的地区大国，东盟有必要深化与印度在更高层面的

---

[1] "Text of Singapore Lecture in 2002", from：S D Muni1, See Chak Mun, "Asean-India Relations：Future Directions", May 25, 2012, ISAS Special Reports, http：//mercury. ethz. ch/serviceengine/Files/ISN/143456/ipublicationdocument＿singledocument/01ae3bd1-31a1-47ce-8a10 – 8ab7d8ff27d0/en/ISAS＿Special＿Report＿05＿＿-Asean-India＿Relations＿-＿Future＿Directions＿New＿25052012172612. pdf, 2013-10-16.

[2] External Affairs Minister's Intervention on "Exchange of views on regional and international issues" at 20th ASEAN Regional Forum（ARF）meeting in Brunei Darussalam, July 02, 2013, http：//www. mea. gov. in/in-focus-article. htm？21891/External＋Affairs＋Ministers＋Intervention＋on＋Exchange＋of＋views＋on＋regional＋and＋international＋issues＋at＋20th＋ASEAN＋Regional＋Forum＋ARF＋meeting＋in＋Brunei＋Darussalam，2013-07-05.

合作。由于印度在人口、地理位置和经济发展方面的优势，东盟与印度的经济合作将毫无疑问会使双方受益。鉴于全球化和全球政治与安全的不确定性，东盟有必要与印度就地缘政治议题和彼此面临的战略挑战进行经常性的交流与对话。因此，"东盟—印度年度峰会"将为彼此领导人增进协商提供及时和重要的平台。与此同时，印度对东盟并不陌生。实际上，印度是该地区唯一主要大国，而东盟目前还未与印度建立最高水平的经常性磋商机制。鉴于这个缘由，"东盟—印度峰会"将会为彼此领导人就涉及共同利益的议题进行磋商提供机会。[①] 2003年10月印度与东盟完成《经济框架合作协议》。2007年，东盟印度绿色基金会（ASEAN India Green Fund）成立。同年，双方还成立了东盟—印度科学技术发展基金会。2009年，双方成立了印度—东盟合作基金会。这些基金会的成立，为增进印度与东盟的务实合作奠定了基础。

第八届"印度—东盟峰会"于2010年在越南河内召开。在此次峰会上，东盟代表赞扬了印度的"东向政策"。印度认为"印度—东盟峰会"是印度"东向政策"的重要支柱，也是亚洲合作与团结的重要基础之一。双方同意尽最大努力开展有效合作，尤其是在2010~2015年度期间侧重于经济、信息技术、生物、能源、医疗保健、医药、教育和人力资源开发等方面的合作。印度承诺积极支持东盟缩小发展差距的政策，提高东盟应对全球挑战的能力，并与东盟合作开发大湄公河区域。双方决心将"印度—东盟峰会"提升到一个新水平，并展开具体实践政策。双方还同意举行纪念"东盟—印度关系"20周年的庆祝活动。双方同意成立专家小组，研究并提出增进双方伙伴关系的详细建议。[②] 2012年是冷战后印度与东盟发展关系的20周年，也是双方建立"印度—东盟峰会"关系的10周年。同年2月，双方举行了"印度与东盟和平、进步和稳定的合作关系"会议。同年6月，双方的航空机构举行会议。同年7月，双方的环境部长举行会谈。同年11月，双方的可再生能源部长举行会谈。同年一月，双方旅游部长举行会晤。同年10月，双方农业部长举行会晤。此次峰会上，印度指出其支持东盟一

---

① Mahendra Gaur, "Foreign Policy Annual, 2003 Documents", published in India by Kalpaz Publications, 2008, pp.79-80.
② "Raising ASEAN-India relationship to new level", October 30, 2010, http://talkvietnam.com/2010/10/raising-asean-india-relationship-level/, 2011-01-05.

体化倡议,并支持在柬埔寨、老挝、缅甸和越南建立英语语言培训中心、创业发展中心和职业培训中心。① 2013 年 10 月,在文莱召开的第十一届"印度—东盟峰会"上,印度总理辛格指出印度将在 2013 年年底与东盟签署《服务与投资协定》,将于 2014 年与东盟就《自由贸易协定》达成共识。辛格总理告诉世人,印度已经就与东盟达成《自由贸易协定》做好了充分准备,试图将印度与东盟的贸易额从 2013 年的 760 亿美元提升到 2015 年时的 1000 亿美元。印度已准备好签署《印度与东盟的服务与投资自由贸易区协议》,这是对双方《货物协定》的补充,定能加强双方的经济伙伴关系。② 实际上,印度与东盟之间的贸易额在 2018 年仍然没有达到 1000 亿美元,但是两者都在探究深化经贸合作的渠道。截至 2017 年年底,印度与东盟有 30 个定期举行会议的磋商机制,包括首脑会议和外交、商业、旅游、农业、环境、新能源与电信部长级会议。2018 年 1 月,莫迪总理指出,"印度与东盟通过 30 个机制来推进两者更为广泛的伙伴关系发展。印度与东盟每个成员国都在外交、经济与安全等领域建立了伙伴关系。印度与东盟共同致力于海洋安全。印度在东南亚有 600 多万侨民,这有利于印度与东盟构建起充满活力的非凡的人文交流纽带。在印度看来,东盟作为印度的邻居与朋友将成为印度'东向行动'政策践履不可或缺的一部分"③。

(三) 印度参与东亚峰会

2005 年 12 月,首届东亚峰会在马来西亚的吉隆坡召开,这次峰会把会议的性质明确界定为"开放、包容、透明的外向型论坛",印度作为东亚峰会成员国也出席了会议。2011 年 11 月在第六届东亚峰会上,印度总理辛格提出深化与东盟的关系是印度"东向政策"的关键。④ 在这次峰会上,印度

---

① "10th ASEAN-India Summit", Institute for Administrative Service, November 20, 2012, http://www.etenias.com/images/Articles/10TH ASEAN-INDIA SUMMIT.pdf, 2013-02-05.
② "India All Set To Sign FTA With ASEAN", October 11, 2013, http://inserbia.info/news/2013/10/india-all-set-to-sign-fta-with-asean/, 2013-10-16.
③ "India, ASEAN Relations 'Free From Contests, Claims'", January 26, 2018, https://www.thestatesman.com/india/india-asean-relations-free-contests-claims-modi-1502573481.html, 2019-05-12.
④ 毛晓晓:《东亚系列峰会:印度总理说深化与东盟关系是印度'东向'政策的关键》,2011-11-17, http://www.xjklmy.com/news/news.asp?id=552712, 2015-12-15。

与东盟在传统安全及包括恐怖主义等在内的非传统安全领域达成了协议。2012年11月,第七届东亚峰会在柬埔寨举行。辛格总理在此次峰会上指出此次峰会见证了发生在亚太地区变迁的重要事件。部分国家聚集于此讨论各国的共同努力和集体行动,旨在加强相互了解和携手应对共同挑战。出于这样的考虑,与会各国又必须为建立合作机制与深化区域经济一体化机制制定出一套共同原则。因此,印度欢迎推出的区域全面经济伙伴关系谈判。印度也支持东亚峰会发展倡议的《金边宣言》(the Phnom Penh Declaration)。印度很高兴能实施东亚峰会的相关倡议。印度已经于2012年早些时候与东盟就能力建设议题达成了《伙伴关系协定》,并期待与其他东亚峰会成员国进行合作。2012年11月,在新德里就地震风险管理框架建设召开了"东亚峰会—印度"区域研讨会,这预示着印度与东盟将在应对自然灾害方面进行合作。虽然东亚峰会才成立不久,但是印度与东盟已经建立了一个令人印象深刻的经济合作议程来应对彼此的共同挑战。印度与东盟应该尝试以同样的精神来解决两者之间的分歧。①

2013年10月,第八届东亚峰会在文莱举行。此次峰会上与会国最关注的问题是安全问题。辛格指出,"与会各国聚集在文莱举行会议,需要各国就从未如此敏感的亚太地区合作采取集体行动。全球经济的不确定性和世界其他地区的政治动荡已经影响了本地区各国的平等权利。此外,这片广袤的地区所面临的挑战不仅来自本地区国家本身的多样性,也来自彼此的差异性。显然,各国人民应认识到该地区潜在的空前繁荣只有通过合作才能实现。在印度看来,东亚峰会是一个占尽地利、安全和繁荣的地区论坛,旨在推进合作框架构建,帮助各国实现共同的目标"②。2017年11月,莫迪总理参加了在菲律宾举办的第12届东亚峰会。莫迪总理指出印度期待东亚峰会在未来几年取得更大突破。印度将与东盟一道致力于解决该地区的政

---

① "PM's statement at Plenary Session of 7th East Asia Summit", November 20, 2012, http://pmindia.nic.in/speech-details.php?nodeid=1251, 2012-11-25.
② "Prime Minister's Statement at 8th East Asia Summit in Brunei Darussalam", October 15, 2013, https://www.aseanindia.com/speeches-and-statements/eas-ss/2013/10/15/prime-ministers-statement-at-8th-east-asia-summit-in-brunei-darussalam-10th-october-2013, 2013-10-16.

治、经济与安全问题。印度期待东亚峰会在地区事务中发挥更大作用。①
2018年8月，第八届东亚峰会外长会议在新加坡举行。各国部长重申东盟在东亚峰会中的核心作用。东盟承诺与所有参与东亚峰会的国家保持密切合作以确保东亚峰会成为东盟主导地区事务的重要组成部分。东亚峰会仍然是开放、包容与透明的外向型论坛。② 目前，东亚峰会已经在印度洋—太平洋地区的地缘政治与地域经济中发挥着重要作用。在近几届的东亚峰会上，与会各国领导人就地区与国际问题展开磋商，包括海上安全、恐怖主义、防扩散与非法移民等。印度作为东亚峰会的创始成员国，长期致力于加强东亚峰会的作用，并与东盟国家一道使东亚峰会能更有效地应对各种挑战。

三 印度与东盟的防务安全合作不断深入

印度通过战略参与、经济合作与政治互信等方式扩大其在东南亚地区的影响力。印度制定的"东向政策"中也包括了维护其东部海滨和保护其在印度洋地区战略利益等内容。作为连接印度洋和太平洋重要枢纽的东南亚国家自然引起了印度的高度关切。同时，世人应认识到东南亚国家出于对冷战后的国际局势的深入思考，也在寻求区外大国的战略平衡。当印度和东盟都认识到双方在防务领域的共同利益或对彼此利益的尊重时，双方之间的防务合作就不断提升。

20世纪80年代，东南亚国家似乎担心来自印度的潜在安全威胁。东南亚国家认为印度与斯里兰卡、马尔代夫关系的恶化以及与尼泊尔贸易僵持不下，昭示着印度是地区稳定的潜在威胁。20世纪80年代后期，印度计划在安达曼和尼科巴群岛建大型海军基地，这使得印度尼西亚和其他东南亚邻国对印度的行为大为不满。印度海军现代化也被视为印度国力在东南亚的能力投射。虽然印度海军在过去并没有任何不良行为，但是印度须阐明

---

① "PM Narendra Modi conveys India's commitment to work with East Asia Summit", November 14, 2017, https://economictimes.indiatimes.com/news/politics-and-nation/pm-narendra-modi-conveys-indias-commitment-to-work-with-east-asia-summit/articleshow/61642755.cms, 2019-05-11.

② "Chairman's Statement of the 8th East Asia Summit Foreign Ministers' Meeting", August 04, 2018, https://asean.org/wp-content/uploads/2018/08/8th-EAS-FMM-Chairmans-Statement-Final-Clean.pdf, 2019-05-12.

自己的海军现代化计划。印度应采取更合理与令人信服的方式阐明其在印度洋地区的目标。印度提出与东盟国家举行联合海军演习。例如,印度与新加坡、印度尼西亚和马来西亚实施的海军培训计划与互访计划就是旨在增强彼此之间的信任。① 为了打消东盟对其海军计划的疑虑,印度在 20 世纪 90 年代初期制定了透明的海军计划。这为印度增进与东盟的海军接触奠定了基础。海军之间的交流与合作就成为印度与东盟防务关系的重要组成部分。印度自 1996 年加入东南亚地区论坛后,先后于 2000 年和 2003 年加入了由东盟发起的两个安全协定:《无核区协定》(the Nuclear Weapons Free Zone Treaty)和《国防部长会议协定》。2012 年 12 月,辛格总理在"印度—东盟 20 周年纪念峰会"上指出,"印度和东盟不仅要为两者人民共享繁荣与建立更紧密关系而努力,也应为促进该地区的和平、安全与稳定而努力。印度很高兴看到印度与东盟在防务、海上安全与反恐等领域越来越多的合作"。② 在莫迪政府提出"东向行动政策"后,印度于 2015 年 9 月参加了在印度尼西亚举行的第四届东盟国防部长会议(ASEAN Defence Ministers' Meeting)。2019 年 3 月,在新德里举行"印度—日本—东盟:促进印度洋—太平洋地区稳定"的会议上,与会者表示需要维持基于规则的海洋秩序,确保印度洋—太平洋水域的航行自由。与会者还表示印太地区的国家需要合作,以改善该地区海上的连通性,强调合作开发技术来解决印太地区面临的非传统安全。③

(一) 深化领导人会晤机制和签署国防合作协定

为了增进彼此的交流与合作,双方军方高层展开了卓有成效的互访。2003 年,新加坡国防部长访问印度,并与印方一道签署了《国防合作协定》。2007 年,印度与新加坡签署了《关于两国联合军事训练和演习的双边协议》。2018 年 6 月,莫迪总理受邀参加在新加坡举行的"香格里拉对话"

---

① Sridharan, Kripa, The ASEAN Region in India's Foreign Policy, Singapore: Dartmouth, 1996, p. 177.
② Nitin A Gokhale, "India's growing military diplomacy", August 2013, http://www.pakistantoday.com.pk/2013/08/31/comment/columns/indias-growing-military-diplomacy/, 2013-09-05.
③ Nikhil Sahai, "India-Japan-ASEAN: Promoting Stability in the Indo-Pacific", March 13, 2019, https://carnegieindia.org/2019/03/13/india-japan-asean-promoting-stability-in-indo-pacific-event-7065, 2019-05-12.

(Shangri-La dialogue），并表达了印度对亚太地区和平与安全的看法。2003年，印度与越南举行了第一次安全对话。2009年，印度与越南签署了《防务合作谅解备忘录》。印度与越南于2016年将两国曾在2007年建立的战略伙伴关系提升为全面战略伙伴关系，这对深化印越防务安全合作关系提供了动力。2017年，印度与越南就海军合作达成协议。2003年，印度与菲律宾展开安全对话。2012年，印度与菲律宾成立了联合防务合作委员会。此外，印度海军频繁访问新加坡、泰国、越南、菲律宾、柬埔寨和印度尼西亚的主要港口。2017年，在马来西亚总统访问印度期间，印度与马来西亚经过磋商达成了在安全防务关键战略领域展开合作的协议。

2008年，印度发起了印度洋海军论坛，邀请东南亚国家参会。2010年东盟扩大了国防部长论坛的范围并邀请印度参会。自2011年起，印度已经展开了振兴环印度洋区域合作联盟，并将一些安全内容纳入该联盟的审议之中。[1] 2012年12月，印度与东盟制定了一份《印度—东盟2020愿景》的宣言。双方承诺在进一步应对包括跨国犯罪和国际恐怖主义在内的传统和非传统安全挑战方面增进更高层次合作。印度与东盟将利用现有的双边和多边机制，坚持以东盟为主导提升两者的防务军事交流与合作。[2] 2018年年初，印度与印度尼西亚举行了第一次安全对话，确定两国将加强在军事领域的合作。

（二）双方联合军演

自1991年以来，印度接受了包括新加坡在内的东南亚国家的海军舰艇对印度安达曼的布莱尔港以及维沙卡帕特南的主要海军基地的访问。从1995年起，印度与新加坡、越南、泰国、马来西亚、印度尼西亚、文莱和菲律宾每两年在孟加拉湾举行多国联合军演。冷战后时期，尤其是进入21世纪后，印度与东盟之间的联合军演频率不断加大。2004年，印度与东盟启动了双边空军演习项目。印度与东盟国家的海军合作是印度"东向政策"

---

[1] Ted Osius, C. Raja Mohan, "Enhancing India-ASEAN Connectivity", A Report of the CSIS Sumitro Chair for Southeast Asia Studies and the Wanhwani Chair for U. S-India Policy Studies, June 2013, p. 17.

[2] "ASEAN, India to boost military, maritime cooperation", December 19, 2012, http://english.sina.com/world/2012/1218/539352.html, 2013-01-05.

以及"东向行动政策"的重要组成部分。印度海军已经和东南亚国家开展了很长一段时间的联合军演。印度已经增强了与东盟国家的海军合作，并致力于与东盟国家加强进一步的海军合作。2004年年底，印度海军对发生在印尼的海啸迅速做出反应，与美国、日本和澳大利亚一道对东南亚提供救济援助。2005年，印度航空母舰"维拉特"号（INS VIraat）第一次访问东南亚国家。印度与东盟国家举行了一系列的联合军演。从2005年起，印度与新加坡在新加坡举行两年一度的海军联合演习。2019年5月，印度派出"加尔各答"号舰艇、"沙克提"号舰艇以及远程海上巡逻机等参加了与新加坡举行的联合军演。2005年9月起，印度与泰国沿泰国海岸线举行每年一度的协调巡逻演习。自2000年起，印度与印度尼西亚沿印度尼西亚的国际海上边界举行每年一度的协调巡逻演习。2018年11月，印度与印度尼西亚举行了首次联合军演，印度"拉那"号导弹驱逐舰参加了这次演习。2017年，印度与马来西亚、泰国举行联合军演。

印度需要与东盟加强接触。在瞬息万变的亚洲地缘政治态势中，印度加强与该地区国家的合作有利于印度留在该地区，也有利于印度保护其在东南亚的战略利益。印度必须继续与东盟国家加强合作，以实现两者战略伙伴关系的预期目标。同时，印度与东盟国家加强合作会深化印度与东盟国家以及区外大国的合作关系，以保卫航行自由的原则，维护该地区的和平与稳定。① 2014年11月，莫迪总理阐述了印度"东向行动政策"的内涵：首先，该政策涉及的地理范围更广阔，覆盖了整个亚洲地区；其次，该政策不仅注重经济一体化，还关注更深层次的政治安全和社会文化对话；再次，该政策注重行动，以结果为导向。印度外交部高级官员表示印度将继续与印度尼西亚、越南、新加坡与泰国等东盟国家不断加强海上合作。印度与东盟国家的海上合作将为印太地区的未来奠定基础。印度正在寻求加强与东盟各国展开双边海军合作，加强信息共享，并在水文和海洋制图等

---

① Darshana M. Baruah, "India-ASEAN naval cooperation: An important strategy", July 6, 2013, http://orfonline.org/cms/sites/orfonline/modules/analysis/AnalysisDetail.html? cmaid = 54290 &mmacmaid = 54291, 2013-07-15.

领域开展合作。① 随着"东向行动"政策深入践履，印度与东盟不断深化的防务合作与联合军演为增进双边的防务合作奠定了坚实基础，也为提升双边关系创造了客观条件。印度与东盟关系将在不断增进交流与合作的基础上向纵深发展。

---

① Abhishek Mishra, "ASEAN: India's Maritime and Strategic Partner in the Indo-Pacific", October 16, 2018, https://www.raksha-anirveda.com/asean-indias-maritime-and-strategic-partner-in-the-indo-pacific/, 2019-05-12.

第八章　印度与海合会关系

随着冷战的结束，全球相互依存的不断加深急剧改变着昔日的地缘政治格局。伴随两极格局的终结，多元化的权力中心脱颖而出。印度面对日益变迁的国际政治形势，也在重新定位其外交战略，实施务实的外交政策。冷战结束后，根据变迁的国际局势，为促进经济发展，印度提出了"东向政策"并在莫迪政府升级为"东向行动政策"。随着经济改革的深入，为给经济发展提供动力，印度因势而提出了"西向政策"。能源安全合作是印度"西向政策"的主要内容之一。有着丰富能源储备的海湾阿拉伯国家合作委员会（简称海合会①，GCC）成为印度实施能源外交战略的重点对象。② 为深化能源合作，双方不断夯实合作基础，拓宽合作渠道。印度与海合会密切能源安全合作议题，不仅能保障印度的能源供给促进经济发展，也为印度实现大国抱负奠定基础。1944 年，尼赫鲁就宣称，"印度将发展成为从印度洋、东南亚到中东地区的政治和经济中心"。③ 尼赫鲁认为，"在安全问题上，印度必将在亚洲、印度洋，尤其在中东和东南亚扮演重要角色。"尼赫鲁进而表示，"必须要认清印度在中东、东南亚和远东的作用。如果中东和东南亚不直接联系，那么两者都将和印度联系"。④

印度总理拉奥于 1991 年在印度人民院发表演说时指出，"在地区层面通过创造一个持久和平的环境确保印度的地缘政治安全；通过营造健康的

---

① 海合会成立于 1981 年，包括阿联酋、阿曼、巴林、卡塔尔、沙特阿拉伯和科威特，这六个国家都是君主立宪制国家。2011 年，海合会决定接纳约旦和摩洛哥加入。本章主要探讨是前六国与印度的能源关系。
② 本章探讨的能源合作，主要是指印度与海合会的石油和天然气合作。
③ Atish Sinha, *India's Foreign Policy: Challenges and Opportunity*, New Delhi: Academic Foundations, 2007, p.350.
④ 〔美〕史蒂芬·科亨：《大象和孔雀——解读印度大战略》，刘满贵译，新华出版社，2002，第 19 页。

外部环境促进印度的经济发展，造福民众；设法恢复并促进世界政治经济的发展"①。为给经济发展营造良好条件，印度不断拓展与海合会的经贸合作。2004 年，印度与海合会签订了《经济合作框架协议》，这为双方迈向自由贸易区创造了条件，具有里程碑的意义。2005 年，海合会与印度就加强双边经贸合作的方式等问题进行了探讨，双方还就重大的地区与国际问题、联合国改革等问题交换了意见。2005 年辛格总理在探讨制定"西向政策"时指出，"（波斯湾）海湾地区，像南亚地区一样是印度天然的经济腹地。印度要与所有的西亚国家发展紧密的经济关系。印度已经成功地在东南亚实施了'东向政策'。同样，印度必须发展与西亚（波斯湾）海湾邻国的紧密关系"②。能源合作是印度发展与海合会关系的重要议题之一。正如有学者指出的，"印度领导人在很久以前就意识到，印度需要中东地区的石油"③。在分析印度涉足海湾的意图时，有学者指出，"印度的中东政策就是确保印度从中东的原油进口得到不间断供应，消除巴基斯坦在中东伊斯兰国家对印度的宣传所带来的负面影响"④。

第一节 印度的能源现状与能源政策

随着新经济政策的不断推进，印度对能源的需求不断加大，而印度国内的能源储备难以满足日益增长的经济社会需求。在此情形下，为促进经济发展和满足人民日益增长的能源需求，印度需要更新能源政策。

一 印度国内对能源的需求不断加大

印度是一个拥有 13 亿多人口的发展中大国，在其经济迅速发展的同时，对能源的需求不断加大。自 1991 年实施经济改革以来，印度的能源结构发生了重大变化。随着经济社会的快速发展，印度对煤炭、石油和天然气的

---

① Bansidhar Pradhan, "Changing Dynamics of India's West Asia Policy", *International Studies*, Vol. 41, No. 1, 2004, P. 14-15.
② Sanjay Baru, "Look West Policy", Business Standard-Business Line, June 2007, http://www.thehindubusinessline.com, 2010-03-08.
③ Tanvi Madan, "Energy Security Series: India", Report of the Brooking Institution, November 2006, p. 4.
④ 付宁：《独立后的印度中东政策之管窥》，《国际关系学院学报》2005 年第 4 期。

依赖逐渐增强。2003年，就主要能源消费而言印度排名世界第五，约占世界商业能源需求总量的3.5%。尽管印度对能源的需求整体呈增长趋势，但是印度的人均能源消费量却非常低。就人均能源消费而言，印度为1590万英热①（相当于0.66吨标准煤的热值），泰国为5790万英热（相当于2.41吨标准煤的热值），中国为5690万英热（相当于2.36吨标准煤的热值）。② 2009年，印度主要的能源是煤炭，占总能源消耗比重的42%；生物质能占据第二位，其比重从1990年的42%下降到2009年的25%；2009年，石油和天然气的比重分别为24%和7%。核电、水电和其他可再生能源，只占很小的份额。③ 2015年，印度成为仅次于美国与中国的世界第三大石油消费国。

国际能源署于2013年出版的《新政策论坛》④（The New Policies Scenario）指出印度对能源的需求持续增长，到2035年将达到14.64亿吨原油当量。2009年~2025年，世界能源需求复合年均增长率为1.3%，而印度对能源需求的复合年均增长率为3.1%。印度是同期世界能源需求年均增长率的2倍。从2009年到2035年，印度在世界能源需求中的市场份额从5.5%增长到8.6%。印度的石油的需求量将表现出相当大的增长。以复合年均增长率3.1%来计算，印度对石油的依赖将从2009年的1.59亿吨原油当量增长到2035年的3.56亿吨原油当量；同期，印度对天然气的依赖将从4900万吨原油当量增长到1.54亿吨原油当量。⑤ 印度政府预计印度国内对液化天然气的需求将从2012年的1350万吨增长到2017年的4800万吨，增长2倍。⑥

---

① 1吨标准煤的热值=700万大卡=24.06百万英热单位（British thermal unit）。
② "International Energy Annual（IEA）-long-term historical international energy statistics"，June-December 2008，http：//www.universal-b.ru/，2009-05-04.
③ Sun-Joo Ahn and Dagmar Graczyk，"Understanding Energy Challenges in India"，International Energy Agency，OECD/IEA，2012，P. 26.
④ 由国际能源署每年出版的《新政策论坛》也被称为《世界能源展望》，旨在提供广泛的政策来减少世界各国的温室气体排放。而国际能源署是总部设在巴黎的政府间组织。国际能源署致力于预防石油的供给异动，也提供国际石油市场及其他能源领域的统计情报。
⑤ Sun-Joo Ahn and Dagmar Graczyk "Understanding Energy Challenges in India"，p. 25.
⑥ "India is fourth largest energy consumer"，March. 21，2013，http：//www.upi.com/Business_News/Energy-Resources/2013/03/21/India-is-fourth-largest-energy-consumer/UPI-92711363886365/，2013 - 08-26.

二 国内的石油天然气储量难以满足经济社会的发展

随着经济社会的迅速发展,印度国内的石油天然气储量难以满足人们日益增长的能源消耗需求。

在 2011 年初时有研究认为,印度到 2030 年对进口能源的依赖预计将超过全国能源消费总量的 53%。印度对原油的进口在 2010 年达到 1.5926 亿吨。印度 80% 的原油需求需要进口。沙特阿拉伯和伊朗是印度原油进口的最大供应商,从这两国的原油进口占据印度原油总进口量的 30%。[①] 2018 年,印度的原油进口量仅次于中国与美国位居世界第三,进口原油价值总额高达 1145 亿美元,约占世界原油进口总量的 9.7%。截至 2018 年末,印度原油消耗的 80% 与天然气消耗的 40% 的需要进口。

由于经济快速增长,印度成为世界上增长最快的能源市场,预计到 2035 年印度将成为世界第二大能源需求国。鉴于印度日益增长的能源需求和有限的国内石油天然气储备,为促进可再生能源与核电产业的发展,印度政府早在 2010 年就制定了雄心勃勃的计划。印度计划到 2022 年新增约两千万光伏(GW)的太阳能发电。印度还打算使得核能的发电量占总发电量的比重从 2010 年的 4.2% 增长到 25 年后 9%。[②]

三 相关能源政策的制定与实施

随着经济的快速发展,印度的能源需求不断攀升。目前,印度已经成为世界第三大原油消费国。然而,印度大部分的石油需要进口,这就导致印度严重依赖国际能源市场。国际形势的变化和原油价格的上涨不仅对印度国内的能源市场形成强烈冲击,更是对经济发展形成了强大压力。因此,印度政府为促使经济社会健康发展已经或正在制定相关的能源政策。

印度的能源政策和规划主要还是由中央政府掌控。虽然中央政府掌控化石燃料,如煤炭、天然气、石油等相关能源的规划和政策。印度的石油和天然气在很大程度上依赖于政府支持的公司。从 1979 年到 1995 年,印度

[①] Eric Yep,"India's Widening Energy Deficit",March 9,2011,http://blogs.wsj.com/indiarealtime/2011/03/09/indias-widening-energy-deficit/,2012-05-04.

[②] "India Raises Renewable Energy Target Fourfold",December 29,2010,http://online.wsj.com/news/articles/SB10001424052970203513204576048870791325278,2012-05-04.

共进行了九轮石油天然气勘探招标，但是都失败了。1997~1998年度，印度政府推出的新勘探许可政策（NELP）后，印度的石油工业结构发生了重大变化，可勘探的沉积盆地区域占整个可勘探地区的比重在1997~1998年度为11%，到2009~2010年已经超过了44%。新勘探许可证允许印度的石油和天然气行业向私营部门开放。私营部门可以通过国际竞争性招标与印度政府签订合同。印度国家石油公司（NOCS）仍然占据着印度原油和天然气产量的主要份额，但是私营部门的份额也在显著增加。[1]

目前，印度政府大力鼓励可再生能源的发展，促进风能和太阳能的发展，然而这些能源并不能满足印度对能源日益增长的需求。印度必须加大对石油天然气的进口。2006年，印度成立了石油天然气监管委员会（PNGRB），并制定了《监管委员会法案》（PNGRB Act）。监管委员会对石油天然气的精炼、加工、存储、运输、配送、营销进行调控，保护消费者的利益。同时，监管委员会保证将原油和天然气供应到全国各地，并引导市场竞争。世人必须认识到印度的能源主要受监管总局（DGH）的管理。监管总局又隶属于印度石油和天然气部（MOP&NG），并给石油和天然气部提供建议和政策咨询。隶属于石油和天然气部的石油规划和分析委员会（PPAC）有调解石油和天然气价格的功能。从长期能源政策的角度来看，印度于2006年制定了《综合能源报告》来指导印度能源部门的政策。印度需要重新思考在运输业、采矿业与制造业等领域来提高能源利用的效率。[2] 2006年，印度制定的《综合能源报告》中指出，"提高能源安全性主要有两种措施：一种是降低风险：减少能源需求，提高能源的生产和使用效率，开发国内燃料并降低进口依赖，推动燃料的选择与供应的多元化，扩大国内能源资源的储备；另一种是当风险发生后再处理：增强抗击能源短缺的承受能力，增强进口能源与应对市场风险的能力，增强应对技术风险的能力"。[3]

---

[1] Scott G. Schwieger, "2011 INDIA Energy Handbook", 2011, http://www.psimedia.info/handbook/India_Energy_Handbook.pdf, 2013-11-06.

[2] "India Energy Engineering", May 24, 2012, http://www.engineeringfromindia.com/india-energy-engineering/, 2012-08-02.

[3] Kirit S. Parikh, "Integrated Energy Policy Report of the Expert Committee", Government of India Planning Commission, New Delhi, August 2006, p.57.

印度采取了一系列措施来满足国内日益扩大的能源需求。但是，就目前的技术和国内能源储备现状而言，印度还需大量进口石油和天然气。海合会国家在地理上与印度隔阿拉伯海而相望，可视为印度的近邻，是印度展开周边外交须慎重对待的重要地区。海合会成员国蕴藏着丰富的油气资源，不仅能为促进印度经济发展提供能源支撑，更是印度能源安全的保障。同时，海合会是印度成为世界大国不可忽视的重要战略力量。

第二节　印度与海合会的能源合作

海合会的六个成员国在经济结构上相似，主要都依赖出口油气资源。油气行业对海合会成员国的国民生产总值的贡献超过了1/3。作为亚洲新兴大国，印度对能源的需求不断增大，能源安全成为印度政府必须慎重对待的重要议题。当印度与海合会成员国相互认识到彼此在能源安全议题上存在重大利益关切时，两者的能源合作力度不断加大，内容不断丰富。能源合作成为印度与海湾合作委员会国家关系的显著特征。这种不断发展的能源关系本身就部分地反映了全球能源市场的变化，整个亚太地区尤其是印度已开始成为海湾石油生产国的最重要市场之一。① 印度在能源和基础设施建设领域需要大量的投资才能使得印度经济活动的效率达到理想化水平。但是，如此大规模的能源投资只能来自海合会的成员国。因为只有海合会的成员国有足够的资源，同时它们也在向东寻求多样化的经济伙伴。与此同时，印度也应该寻求各种机会来推进海合会国家对印度的高价值项目进行投资。② 海合会国家正在朝着经济一体化方向不断迈进，对印度而言具有重大意义。海湾地区在地理上与印度隔阿拉伯海而相望，该地区的安全稳定与印度的能源安全紧密关联。同时，印度对海湾地区的稳定、安全与经济发展等领域有着相当重要的作用。

拉贾·莫汉在分析印度与海合会关系时指出，"海湾地区正在走向区域经济一体化和制定应对全球化的战略。2003年早些时候，包括沙特、阿曼、

---

① 项红梅：《石油：印度与海湾国家的纽带》，《国际能源》2002年第1期。
② Talmiz Ahmad, "The GCC-India Energy Equation: Changing Dynamics", February 3, 2013, http://www.ecssr.ac.ae/ECSSR/print/ft.jsp? lang=en&ftId=/FeatureTopic/Talmiz_Ahmad/FeatureTopic_1638.xml, 2013-11-07.

阿联酋、科威特、卡塔尔和巴林等国的海合会已经推出了关税同盟并正向建立一个单一货币的自由贸易区迈进。印度应确定自己在海湾地区的利益并在该地区发挥潜在作用，包括能源安全、经济合作与政治稳定"。① 2004年8月，印度与海合会成员国在新德里签署了《经济合作框架协议》。2006年3月，两者在展开第一轮谈判时，再次提到该协定。萨米尔·普拉丹（Samir Pradhan）指出，"该框架协议是一个具有广泛基础和前瞻性的文件。该协议对印度与海合会未来数年的双边贸易和经济关系设定了明确的议程。它涵盖了各种各样的活动，旨在增进两者的商业和政策联系，并在互利互惠的基础上改善他们整体的商业环境。作为框架协议的一部分，印度和海合会国家同意进行双边自由贸易谈判"。②

海合会国家已经占据印度石油需求进口总量的40%。在2009～2010年度，海合会国家提供了印度进口原油总量1.59亿吨中的6500万吨。印度从沙特阿拉伯进口2860万吨原油（占进口总量的18%），从科威特进口1330万吨原油（占进口总量的8.4%），从阿拉伯联合酋长国进口1160万吨原油（占进口总量的7.3%）。③ 近年来，海合会提供了印度60%的能源进口量。海合会除了作为印度最大的能源合作伙伴外，还是印度主要的贸易伙伴。根据国际贸易中心的数据，2014～2015财政年度印度与海合会国家的贸易总额为1377亿美元。④ 在印度与海合会的经贸关系中，油气资源贸易占据着相当大的比重。由此可见，印度高度依赖于海合会的油气供给。

一 印度与沙特的能源合作

随着相互认知的不断加深，印度与沙特的双边关系稳步发展。2006

---

① C. Raja Mohan, "Rethinking India's Gulf strategy", Feburary 12, 2003, http：//hindu.com/2003/02/12/stories/2003021202141200.htm, 2008-06-08.
② Samir Pradhan, "India's Economic and Political Presencein the Gulf: A Gulf Perspective", in "India's Growing Role in the Gulf Implications for the Region and the United States", First published Gulf Research Center Dubai, United Arab Emirates, 2009, p. 30.
③ 该信息来自印度石油和天然气部于2010年的报告。转引自 Talmiz Ahmad, "Investments and Joint Ventures in India-GCC Economic Ties: Opportunities and Challenges", Gulf Research Center, 2013, p. 33。
④ "India and the GCC: Bound by history", August 12, 2017, https：//gulfbusiness.com/india-gcc-bound-history/, 2019-05-15.

年达成的《能源战略合作伙伴关系协定》为促进两国能源合作夯实了基础。

(一) 印度与沙特的能源贸易与投资关系

印度和沙特之间的贸易和文化联系已有几千年历史。自1947年独立后，双方都同意在和平共处五项原则的基础上发展两国关系。① 冷战时期，印度与沙特的关系较为冷淡，双边关系乏善可陈。但是冷战结束后，印度与沙特双边关系不断增进，两国的能源合作水平不断提升。

鉴于印度日益增长的能源需求，为满足国内社会经济发展的需要，印度展开了与沙特的能源合作。作为世界第二人口大国，印度近年来的经济增长取得了举世瞩目的成就。但是，印度也面临着满足国内人民日益增长能源需求的压力。目前，印度已经成为世界重要的能源消费国，仅次于中国与美国。随着制造业部门与交通运输业的发展，国内停滞不前的原油产量难以满足产业发展的需要，这导致印度对石油的进口依赖不断加大。印度能源出现严重短缺就会严重阻碍基础设施建设，从而阻碍经济的健康发展。沙特拥有丰富的石油资源，可以为印度蓬勃发展的社会经济提供能源支撑。同时，沙特的地理位置也为印度展开与沙特的能源合作提供了便利。

2006年1月，沙特国王阿卜杜拉（Abdullah Bin Abdul Aziz）对印度进行国事访问，这是沙特50余年来第一位国王访问印度，具有深远意义。在访印期间，阿卜杜拉国王和辛格总理签署了《能源战略合作伙伴关系协定》，这个协定也被世人称为《新德里宣言》。宣言指出，"印度和沙特确定石油市场的稳定对世界经济的重要性。印度对沙特执行均衡的石油政策表示理解和赞赏。整体而言，印度认为沙特是一个值得信赖与可靠的国际石油市场供应来源地，对印度市场尤为特别。在这种情形下，沙特方面赞赏印度主动发起亚洲石油天然气生产国与消费国间的地区对话论坛。两国将在互补和相互依存的基础上达成能源战略合作伙伴关系。这种伙伴关系主要包括：（1）通过长期合同增加稳定可靠的原油供应；（2）无论是国营部门还是私营部门的合资企业，都能在印度、沙特及在第三国进行石油天然

---

① Prithvi Ram Mudiam, "India and the Middle East", British Academic Press, 1994, p. 94.

气的高端与低端环节进行合作;(3)允许沙特对印度的炼油、销售和储存进行投资;(4)在沙特建立以天然气燃料为原料的化肥厂"。① 2011 年 6 月 6 日,沙特同意将其出口到印度的原油翻番,这就意味着印度从沙特每天进口的原油超过 80 万桶,这也就使得印度和沙特阿拉伯自 2010 年年初以来在能源战略合作伙伴关系上迈出了坚实步伐。这种能源战略合作伙伴关系使得沙特和印度签订了为期 30 年的《石油合作协定》。这也标志着继 2006 年阿卜杜拉国王访问印度后,印度和沙特关系进一步升华。② 两国领导人强调在互补和相互依存的基础上加强战略能源伙伴关系的重要性。正如《新德里宣言》所述,包括满足印度提出的增加原油供给的要求,并确定与实施两国在新领域和可再生能源方面的合作。印度邀请沙特加入印度的原油储存设施建设行列。两国的联合能源工作组将继续采取一切适当的措施来促进两国能源合作。③

沙特已经成为印度的第四大贸易伙伴国,双边贸易在 2010~2011 年度达到 256 亿美元,主要是印度进口沙特的原油。合资企业和投资成为双边商贸关系的重要组成部分。在沙特石油行业的印度劳工已经成为双边关系的重要组成部分。④ 作为发展中国家,印度和沙特在能源基础设施投资方面进行了合作。

2012 年 2 月,沙特王子兼助理石油部长阿卜杜拉·阿齐兹·本·萨勒曼·本·阿卜杜勒·阿齐兹(Abdul Aziz Bin Salman Bin Abdul Aziz)与印度石油与天然气部长谢瑞·辛格(R. P. N. Singh)就石油和天然气领域的双边合作事宜举行会谈。双方在会谈期间讨论了世界石油的未来走向,重点讨论了亚洲和印度对石油天然气不断增长的需求。谢瑞·辛格部长表达了印度在未来几年里将不断加大从沙特的石油进口以及考虑扩大印度的炼油厂产能。鉴于液化天然气(LPG)在印度农村的加速扩张,印度希冀沙特能扩

---

① "Text of the Delhi Declaration", January 27, 2006, http://www.saudiembassy.net/archive/2006/transcript/Page26.aspx, 2012-10-18.
② Rajeev Sharma, "India Gets Close to Saudi Arabia", June 27, 2011, http://thediplomat.com/indian-decade/2011/06/27/india-gets-closer-to-saudi-arabia/, 2013-11-08.
③ "Riyadh Declaretion: A New Era of Strategic Partnership", March 1, 2010, http://pib.nic.in/newsite/erelease.aspx?relid=58617, 2012-10-18.
④ Prasanta Kumar Pradhan, "India-Saudi Arabia Relations", January 6, 2012, http://www.idsa.in/event/IndiaSaudiArabiaRelations, 2013-11-07.

大液化天然气供给。目前,印度每年从沙特进口约 200 万吨液化气。印度邀请沙特对印度高低端石油行业进行投资,包括即将在印度芒格洛尔(Mangalore)启动的石化项目。沙特认识到印度作为世界上增长最快的市场之一的重要性,表示愿意与印度保持接触,满足印度的能源需求。沙特表示鉴于印度的能源需求,将保证向印度提供大量的原油和液化天然气。同时,沙特同意印度提出的展开两国之间的石油天然气贸易与投资。这次会谈是在沙特作为世界一个主要的原油生产国与印度作为世界第四大原油进口国的背景下展开的。2010~2011 年度,沙特向印度供给了 2700 万吨原油,成为印度最大的原油供应国。[①] 2017~2018 财政年度,伊拉克超越沙特成为印度最大的原油供应国。2017~2018 财政年度,沙特向印度出口 3616 万吨原油。2018~2019 财政年度,沙特向印度出口了 4033 万吨原油。[②]

(二)印度与沙特增进能源合作关系的动因

印度与沙特增进能源合作,不仅符合双方的利益,更能为海湾地区的和平与繁荣带来稳定与和平。以能源合作带动印度与沙特双边关系的发展具有重大的战略意义。

从战略上讲,印度和沙特之间的关系不仅对两国而言意义非凡,而且对作为整体的海湾地区而言也非常重要。目前,双方都视对方为促进和平、稳定与经济发展的战略合作伙伴。印度和沙特相互之间有许多互补性。印度拥有稳定的政体和民主框架,有发达的法律体系和独立的司法机构来保障法治和新闻自由。与此同时,印度已成为一个快速发展的经济体且拥有巨大的市场和悠久的传统产业。因此,沙特可以向印度提供石油化工、电力、水、铁路、公路、电信、信息技术、银行和金融服务。[③] 虽然印度已经发生了重大变革,但是它目前正在考虑作为亚洲和世界稳定与安全的资源。

---

① "India and Saudi Arabia Discuss Enhancing Cooperation in Oil Sector", February 23, 2012, http://pib.nic.in/newsite/erelease.aspx?relid=80479, 2012-10-08.
② "Iraq continues to be India's top oil supplier, imports from US rises 4-folds", May 1, 2019, https://economictimes.indiatimes.com/industry/energy/oil-gas/iraq-continues-to-be-indias-top-oil-supplier-imports-from-us-rises-4-folds/articleshow/69129071.cms, 2019-05-16.
③ Gulshan Dietl, "Introduction", in Gulshan Dietl, Girijesh Pant and others (eds.), "Contemporary Saudi Arabia and the Emerging Indo-Saudi Relations", New Delhi: Shipra Publications, 2007, p. xii.

传统上，印度是南亚的领导者。但是，印度须超越这个角色，应在全球层面扮演角色。① 因此，印度以能源安全为契机，不断夯实与沙特的能源合作关系，从而推进双边整体关系的发展。这样既能保障印度的能源安全，又能拓展印度的区域合作能力。

双方都希望维持海湾地区的和平与稳定。印度和沙特都希冀能维持海湾地区的和平、安全与繁荣。印度和沙特关系的增进，为该地区的和平与安全创造了有利条件。海湾地区的安全环境持续受到周边不稳定因素的影响。海湾地区的不稳定与动荡将影响到印度的和平与安宁。在共同安全的概念影响下，海湾地区的安全，尤其是能源供给的安全保障，对印度走出南亚、迈向亚太至关重要。因此，印度不能忽视海湾国家面临的安全挑战。确保海湾地区国家的和平与稳定，不仅能保障印度的能源供给，更能树立印度在海湾地区的形象——促进海湾地区的稳定、安全和经济繁荣。对于印度而言，确保该地区的和平、安全与稳定有两个目的：一是，维护在该地区大量侨民的利益；二是，该地区有着丰富的能源储备。来自该地区的能源供应不稳定、政治动乱、军事冲突以及整体的不确定性都会影响到印度的上述两个目的。② 为此，印度海军已经开始向海湾地区投射实力。

双方政治关系的提升为两国能源合作开辟了道路。印度和沙特之间的政治关系是一个重点。2006 年 1 月，沙特国王阿卜杜拉应邀作为首席嘉宾出席印度的国庆日活动为印度和沙特的关系开启了新篇章。在阿卜杜拉国王访印期间，双方签署了包括《能源合作协定》在内的诸多协定。2010 年 2~3 月，印度总理辛格对沙特进行国事访问。这标志着两国战略合作伙伴关系进入了新时代。双方签署的《利雅得宣言》，概述了两国在安全、国防、政治和经济领域的合作路线图。③ 2014 年，在沙特王储萨尔曼（Salman bin Abdul Aziz）访问印度时，两国就能源、商业与防务领域进行磋商并达成合作协议。萨尔曼王储对印度的访问对两国关系的逐步发展具有里程碑

---

① Mohammad Samir Hussain, "India-Saudi Arabia Partnership Getting Stronger", December 2011, http://www.transnationalstudies.org/Article/46, 2013-11-08.
② Abdulaziz Sager, "Strategic Roadmap for Robust Saudi-India Ties", Gulf Research Center, January 2006, http://grc.kcorp.net/index.php?frm_module=contents&frm_action=detail_boo, 2013-11-08.
③ "Indo-Saudi Relations", November 8, 2013, http://embassies.mofa.gov.sa/sites/india/EN/AboutHostingCountry/SaudiRelations/Pages/default.aspx, 2013-11-08.

意义。2016年4月,在莫迪总理访问沙特期间,两国达成的联合声明对进一步加强双边关系与扩大两国合作范围奠定基础。两国表示将加强在国防与安全、能源、贸易与投资、教育、科学研究、技术转让、侨民关系、文化关系以及民间交往等领域的合作。双方还同意在和平利用外太空、网络安全、海上安全、打击恐怖主义、反对极端主义和应对激进主义等方面开展合作。① 2019年2月,沙特王储本·萨尔曼(Mohammed bin Salman)对印度进行国事访问,希望增进与印度在政治领域的互信以及加强与印度在经贸领域的合作。政治关系的提升为两国能源合作创造了和谐气氛,从而推动了两国能源合作不断向纵深发展。

经贸合作为两国能源合作奠定基础。印度是沙特重要的贸易和经济合作伙伴。印度需要大量进口沙特的能源资源。在过去的10余年里,双边贸易和投资显著增加。双边贸易在过去几年里增加了许多倍。两国之间双向贸易价值总额从2004~2005年度的27.13亿美元到2009~2010年度的逾210亿美元。印度从沙特进口的商品超过80%是矿物、燃料和原油。2013~2014年度,双边贸易额达到486亿美元。此后,双边贸易额有所下降。2015~2016年度,双边贸易额仅为266亿美元。双边贸易急剧下降的主要原因是全球需求低迷导致石油和其他商品的价格下跌。然而,就印度与沙特的贸易关系而言,非石油贸易下降的速度以及印度对沙特的出口下滑速度远高于沙特对印度的石油出口下滑的速度。②(见表8-1、表8-2)

表8-1 21世纪第一个10年印度和沙特之间的商品贸易

单位:百万美元

年度	印度出口	增长率(%)	印度进口	增长率(%)	贸易成交额
2000~2001	822.94	10.83	621.12	-74.33	1444.05
2001~2002	826.43	0.42	463.99	-25.30	1290.42

---

① Ministry of External Affairs, Government of India, "India-Saudi Arabia Joint Statement during the visit of Prime Minister to Saudi Arabia," April 02, 2016, http://www.mea.gov.in/bilateral-documents.htm? dtl/26595/IndiaSaudi+Arab, 2019-05-16.
② Zakir Hussain, "India-Saudi Arabia Relations: New Bilateral Dynamics", April 25, 2017, https://www.mei.edu/publications/india-saudi-arabia-relations-new-bilateral-dynamics, 2019-05-16.

续表

年度	印度出口	增长率（%）	印度进口	增长率（%）	贸易成交额
2002~2003	940.74	13.83	504.72	8.87	1445.46
2003~2004	1123.31	19.41	737.77	46.17	1861.08
2004~2005	1412.06	25.71	1301.15	76.36	2713.21
2005~2006	1809.77	28.17	1632.34	25.45	3442.11
2006~2007	2590.77	43.15	13355.33	718.17	15946.1
2007~2008	3711.16	43.25	19470.30	45.79	23181.46
2008~2009	5110.38	37.70	19972.74	2.58	25083.12
2009~2010	3907.00	-23.55	17097.57	-14.40	21004.57

资料来源：Department of Commerce, Ministry of Commerce and Industry, Government of India, 2009, http://commerce.nic.in/eidb/default.asp, 2013-11-08。

表8-2 从2010~2011年度到2014~2015年度的印度与沙特贸易

（单位：百万美元）

年份	印度出口	增长率（%）	印度进口	增长率（%）	贸易成交额
2010~2011	4684.40	19.90	20385.28	19.23	25069.68
2011~2012	5683.29	21.32	31817.70	56.08	37500.99
2012~2013	9785.84	72.18	33998.11	6.85	43783.95
2013~2014	12218.95	24.86	36403.65	7.08	48622.60
2014~2015	11167.18	-8.61	28242.01	-22.42	39409.20

资料来源：印度商务部，Department of Commerce, Government of India, 转引自"India-Saudi Relations", June 2015, http://www.mea.gov.in/Portal/ForeignRelation/Saudi_2015_07_09.pdf, 2019-05-16。

从表8-2中我们可以清晰地看到，印度在与沙特发展贸易时处于严重的逆差状态。这主要是由于印度从沙特进口大量的石油，而沙特却对从印度的进口有严格的政策限制。沙特是印度最主要的原油供应国之一。印度国有石油企业每年从沙特进口约1000万吨原油。此外，印度民营石油公司每年从沙特进口700万~900万吨原油。2002~2003年度，印度从沙特进口原油和石油产品共1861.6万吨，价值总额达36亿美元，比上年同期进口增长23%。随着了解的深入，印度在沙特不仅从事能源贸易，也一直在增进与沙特的贸易与投资关系。① 到了 2018~2019 财年，沙特向印度出口的原油约为 4033 万吨。随着印度与沙特贸易关系的增进，两国不断深化能源合作议题。两国将在《能源合作伙伴关系协定》的框架下密切双边能源合作关系。

二　印度与科威特的能源合作

随着印度与科威特彼此之间的认知不断深入，两国展开了以能源贸易和投资为主的双边经贸关系。两国在能源合作议题上的内容不断扩大。目前，科威特已经成为印度重要的能源进口国。两国都希冀通过努力构建能源战略合作伙伴关系。

（一）印度和科威特的能源贸易与投资关系

1962 年 6 月，印度与科威特建立大使级外交关系。印度是最早承认科威特独立的国家。② 两国关系虽然在伊拉克入侵科威特时遭受挫折，但是两国都在找寻恢复并增进双边关系的渠道。2009 年 4 月，印度副总统安萨里（Hamid Ansari）访问科威特，这为增进两国关系创造了条件。安萨里对科威特的访问有助于科威特人原谅并忘却印度曾对伊拉克萨达姆·侯赛因政权的支持。印度和科威特可以努力发展合作，在互利互惠的基础上构建建设性伙伴关系。③ 政治关系的推进为两国展开能源合作奠定了基础。2011~2012 年度，双边贸易额高达 175.6 亿美元，同比增长了 44.3%。石油贸易占据双边贸易的主要部分，非石油贸易仅为 19 亿美元。印度和科威特之间的贸易在很大程度上有利于科威特。2011~2012 年度，印度出口到科威特的商贸价值额仅为 11 亿美元，从科威特进口石油的价值总额为 156.7 亿美元。

---

① Mohammad Samir Hussain, "India-Saudi Arabia Partnership Getting Stronger", December 2011, http://www.transnationalstudies.org/Article/46, 2013-11-08.
② Heptullah, Najma, *Indo-West Asian Relations: The Nehru Era*. New Delhi: Allied Publishers, 1991, P. 307.
③ Zakir Hussain, "India and Kuwait: New Hopes and Aspirations", April 22, 2009, http://www.idsa.in/idsastrategiccomments/IndiaandKuwait_ZHussain_220409, 2013-11-10.

科威特是海合会中仅次于沙特的对印第二大石油供应国。[①]

2012年9月，科威特石油合作公司与印度斯坦石油公司和巴拉特石油公司签署了一项为期五年囊括四种油品的价值高达100亿美元的合作协定。[②] 2013年3月，印度和科威特同意加快讨论双边的投资项目，增进在石油天然气高低端领域的合作。印度石油部长莫尼（M Veerappa Moily）强调需要给印度和科威特间的长期友好关系注入新的动力，并邀请科威特公司在印度对石油和天然气行业进行投资勘探和建设石化项目。科威特石油合作公司首席执行官法鲁克·赞基（Farook Al-Zanki）出席了这次讨论会。目前，科威特国家投资管理局（KIA）和个人投资者在印度的投资约为30亿美元。阿拉伯经济发展科威特基金（KFAED）的统计数据表明，自1961年12月底到2012年3月印度共收到八项整体价值达9.13亿美元的贷款。印度和科威特在其它领域也在增进合作，两国于2004年8月签署了《安全协议》和《司法合作协议》。[③]

2013年11月8日，印度总理辛格与科威特首相谢赫·贾比尔·穆巴拉克·哈马德·萨巴赫（Sheikh Jaber Al-Mubarak Al-Hamad Al-Sabah）展开了广泛的讨论，包括两国在能源和投资方面的合作。辛格指出，"目前，科威特是印度最有价值的合作伙伴。科威特处于世界的一个重要地区。科威特是印度能源安全至关重要的亲密朋友，是印度最大的出口目的地，超过70万印度人在科威特谋生计。印度已经注意到科威特是印度的第四大原油供应国。印度与科威特将在互利互惠的基础上讨论通过在石油天然气方面展开合作，并建立在能源领域的战略合作伙伴关系。印度已经提出了一些由科威特公司投资的具体项目。印度希望与科威特尽快将这些建议转化为具体的合作项目。印科两国将就具体的建议和科威特在印度的适当投资方

[①] "High-level delegation from Kuwait to visit India this month", March 4, 2013, http：//www.business-standard.com/article/international/high-level-delegation-from-kuwait-to-visit-india-this-month-113030400199_1.html，2013-11-10.

[②] "India, Kuwait agree to speed up oil and gas joint ventures", March 11, 2013, http：//www.hindustantimes.com/business-news/india-kuwait-agree-to-speed-up-oil-and-gas-joint-ventures/article1-1024681.aspx，2013-11-10.

[③] "Ambassador underlines importance of Kuwait PM's India visit", March 11, 2013, http：//www.ufm4u.com/News.aspx？ID=5731，2013-11-10.

式进行讨论"。① 科威特在 2014~2015 财政年度向印度出口原油为 1790 万吨，在 2016~2017 财政年度却降至 980 万吨。然而，在 2017~2018 财政年度又回升到 1285 万吨。②

（二）印度与科威特增进能源安全合作的动因

科威特虽然是小国，但却拥有独特的地缘战略位置和丰富的油气资源。科威特丰富的油气资源契合了印度不断增长的能源需求。两国政治关系的提升与经贸关系的发展为印度与和科威特的能源安全合作奠定了基础。同时，在科威特的大量印度侨民就成为两国深化能源安全合作的桥梁。

不断升华的政治关系是两国展开能源安全合作的条件。冷战结束后的一段时间里，印度积极发展与伊拉克的关系而忽视了科威特的感受。在萨达姆政权被推翻后，印度从战略高度审视与科威特的关系。当科威特也认识到发展与印关系的重要意义时，双边关系不断得到改善与发展。2006 年 7 月，科威特埃米尔谢赫·萨巴赫·艾哈迈德·贾比尔·萨巴赫（Sheikh Sabah Al-Ahmad Al-Jaber Al-Sabah）率领庞大的经贸代表团访问印度。2009 年 4 月，印度安萨里副总统展开对科威特的国事访问。在安萨里访问期间，两国经济上的合作特别是石油领域的合作已经提上日程。科威特已经占印度原油进口总量比重的 12%。③ 2013 年 11 月，科威特首相谢赫（Sheikh Jaber Al-Mubarak Al-Hamad Al-Sabah）对印度进行国事访问。双方讨论了包括西亚、中东和南亚在内的地区和国际安全形势，并交换了彼此的看法。双方借助友好的政治氛围，进一步探讨了在能源议题上的合作事宜。2017 年 6 月 25 日至 7 月 2 日，科威特埃米尔谢赫·萨巴赫以医学检查的名义对印度展开了为期一周的私访。随着两国政治关系的不断深化，两国之间的

---

① "Kuwait, India discuss energy, investments and labour laws", November 8, 2013, http://ibnlive.in.com/news/kuwait-india-discuss-energy-investments-and-labour-laws/433009-3.html, 2013-11-10.
② "Iraq continues to be India's top oil supplier, imports from US rises 4-folds", May 1, 2019, https://economictimes.indiatimes.com/industry/energy/oil-gas/iraq-continues-to-be-indias-top-oil-supplier-imports-from-us-rises-4-folds/articleshow/69129071.cms, 2019-05-16.
③ Shubhajit Roy, "28 years after Indira's tour, Ansari visits Kuwait", April 7, 2009, http://www.indianexpress.com/news/28-years-after-indira-s-tour-ansari-visits-kuwait/444040/, 2010-10-08.

能源安全合作也迈向了战略合作伙伴关系。

科威特是一个国土面积狭小、油气资源丰富的国家,也是一个比较开放的严重依赖外国劳工的国家。在印度与科威特的双边贸易中,油气贸易占据着主要部分。同时,在科威特大约有 70 万的印度劳工。印度国民是科威特最庞大的外籍人群。目前,在科威特的印度侨民被认为是有纪律、能吃苦耐劳、有才华和守法的。印度侨民每年从科威特向印度寄回约 40 亿美元的汇款。在科威特大约有 300 个不同区域、不同专业技术和不同文化背景的印度侨民社区,其中的 107 个已经在印度驻科威特大使馆登记注册。[①] 截至 2017 年 7 月 19 日,在科威特的印度国民人数为 917970 人。他们中大多数人在私营部门就业,只有 29317 人在政府部门工作。[②] 印度侨民的大量存在不仅能为印度国内赚得大量侨汇,也能在促进印度与科威特发展友好关系方面发挥巨大的推动作用。印度侨民不仅构成了科威特最大的外籍人士群,而且他们在各行各业尤其是私营部门做出了显著贡献。[③] 可见,印度侨民在两国发展友好关系中扮演了重要角色,这为推动两国能源安全合作创造了条件。

文化交流有益于两国增进了解。近年来,科威特民众对印度文化表现出了浓厚兴趣。2009 年,科威特举办了"科威特印度节"。2013 年,印度与科威特签署了《文化和信息交流执行计划(2013~2016)》。2016 年 6 月,科威特派出代表参加在新德里举办的有关瑜伽的国际会议。2017 年 6 月,在印度驻科威特大使馆举办了国际瑜伽庆祝活动,吸引了不少科威特民众参与。文化交流的日益频繁为两国人民增进了解提供了条件,进而为深化两国能源合作奠定了人文基础。

三 印度与阿联酋的能源合作

冷战结束以来,特别是进入 21 世纪以来,印度与阿联酋孕育出了比较

[①] "India-Kuwait Relations", July 2013, http://www.mea.gov.in/Portal/ForeignRelation/India-Kuwait_Relations.pdf, 2013-11-11.

[②] 资料来源于印度外交部网站, "India-Kuwait Relations", August 2017, https://mea.gov.in/Portal/ForeignRelation/Kuwait_India_Aug_2017.pdf, 2019-05-17。

[③] "Indian community's role in Kuwait lauded", November 9, 2013, http://www.sarkaritel.com/indian-communitys-role-in-kuwait-lauded/, 2013-11-11.

特殊的关系，不仅是因为阿联酋已经成为印度重要的贸易伙伴，也因为阿联酋是一个具有重要战略意义的国家。近年来，双边贸易稳步增长，人文交流不断增加。

（一）两国间的能源贸易与投资

后冷战时期，尤其是进入新世纪以来，随着印度和阿联酋的双边贸易不断增长，两国在能源领域的合作也不断增强。印度是阿联酋主要的贸易伙伴，是阿联酋主要的产品进口国。印度从阿联酋主要进口石油产品、贵金属、宝石和珠宝、木材、矿物等。同时，阿联酋是印度产品的重要出口目的地，主要出口石油产品、贵金属、宝石与珠宝、食品、水果与蔬菜、纺织品、化学品与机械产品。2018年12月，两国签署了货币互换协议。

能源贸易在印度与阿联酋的双边关系中占有重要地位。2012年4月，在印度外长克里希纳访问阿联酋期间，印度和阿联酋围绕能源安全和投资的未来路线图进行磋商，这将有助于引导双边关系向新的更高层次发展。据官方消息称，印度一直在渴望来自阿联酋的更大的原油出口量以满足其日益增长的能源需求。通常情况下，这些交易是以年度合同形式来完成。阿联酋已经同意在下一年度合同到期时，增加对印度的石油供应。分析人士指出，"阿联酋将按照市场价格波动来增加对印度的石油出口。印度试图超越买方和卖方的关系，寻找一条能使印度的石油勘探部门在阿联酋进行石油开采的渠道。克里希纳外长认为为了促进经济每年以7%-8%的速度增长，印度需要扩大像阿联酋这样与印度有着密切关系国家的石油和天然气进口；现在是推进阿联酋与印度关系向更高层次发展的时候了"。① 克里希纳指出，"增加从阿联酋进口石油与其他能源对印度而言意义重大。印度急需要一个可靠的石油供应地"。阿联酋外长谢赫指出，"阿联酋希望向印度出口更多的能源，特别是涉及原油的供应。通过两国官员之间的会谈促成两国能源合作。阿联酋希望能对印度进行包括石油化工等项目在内的投

---

① "Foreign Trade Performance of India", April 2012, http：//www.dgciskol.nic.in/annualreport/book_3e.pdf, 最后访问时间：2012年11月16日。

资"。① 2013年2月18日,在印度与阿联酋召开第一届高级别工作组会议期间,两国同意改善他们的贸易和投资关系。阿联酋决定对印度的基础设施建设投资20亿美元,并决定支持印度的国家石油战略储备。② 截至2014年年底,阿联酋是印度第六大原油进口国。2017年年初,印度与阿联酋达成了战略石油协议,两国建立新的能源战略伙伴关系。2018年,印度与阿联酋的石油公司签署了一项框架协议,两国能源公司在印度的马哈拉施特拉邦建立一座价值440亿美元的炼油厂。目前,两国已经建立了能源安全的战略伙伴关系,都在对方开展能源投资。印度的联邦核监管局与阿联酋核能公司已经建立制度化的合作框架,努力推进核能合作。同时,两国就可再生能源展开密切合作。

(二) 两国能源合作的动因

不断提升的经济合作为两国能源合作奠定基础。作为世界上重要的贸易走廊,阿联酋甚至超过中国和美国成为印度最大的贸易伙伴。③ 两国之间的双边贸易额从20世纪70年代的年均1.7亿美元跃升到2010~2011年度的680亿美元,占印度对外贸易总额的12%~14%。印度和阿联酋之间的贸易有两个特点值得关注:两国之间的进出口贸易额几乎相等;非石油贸易是双边经贸关系的重要组成部分。④ 2012年,印度成为阿联酋最大的出口目的地,占阿联酋出口总额的20%,达到320亿迪拉姆⑤;印度也是阿联酋最大的出口中转地,占阿联酋出口中转的15%,达到510亿迪拉姆;印度是阿联酋第三大进口国。印度对阿联酋的出口额占阿联酋总进口额的9.3%,达到

---

① "Energy-deficient India turns to UAE for increased oil supply", May 18, 2012, http://www.indianexpress.com/news/energydeficient-india-turns-to-uae-for-increased-oil-supply/951029/, 2013-11-16.
② "India and the UAE agreed to take their Trade Relations to another Level", February 19, 2013, http://www.jagranjosh.com/current-affairs/india-and-the-uae-agreed-to-take-their-trade-relations-to-another-level-1361259533-1, 2013-11-16.
③ Sheikh Lubna bint Khalid al Qasimi, "India-Middle East corridor to grow by 34% by 2013: UAE", The Economic Times, May 23, 2012, http://economictimes.indiatimes.com/news/economy/foreign-trade/india-middle-east-corridor-to-grow-by-34-by-2013-uae/articleshow/13406631.cms, 2013-11-12.
④ Zakir Hussain, "India and the United Arab Emirates: Growing Engagements", June 24, 2012, http://www.academia.edu/3295277/India-UAE_Relations_in_21st_century, 2013-11-12.
⑤ 阿联酋货币,100迪拉姆相当于27.23美元。

680亿迪拉姆。2004年8月25日，印度与海合会签署了《经济合作框架协定》。该协定指出将扩大印度与海合会国家各成员国间的贸易自由化关系，并就建立自贸区的可行性进行磋商。印度和阿联酋于1992年签署了《避免双重征税的协议》。为了促进双边投资，两国成立了高级别工作组。2013年2月，双方举行了第一次高级别工作组专项会议。双方也在为达成双边《投资保护协定》进行磋商。① 双边高层的重视以及双边贸易投资协定的达成为促进两国在能源领域的合作奠定了基础。受国际经济整体形势的影响，印度与阿联酋的双边经贸额有一定下滑。2016~2017年度，两国之间的贸易额约为530亿美元。2017~2018年度，两国双边贸易总额为500亿美元，其中印度出口额为280亿美元，进口额为220亿美元。②

印度与阿联酋双边高层的互访为两国能源合作提供动力。2015年8月，莫迪对阿联酋进行友好访问，这就继英迪拉·甘地于1981年之后首位访问阿联酋的印度总理。在莫迪总理访问阿联酋期间，两国领导人表示不仅要巩固现有合作领域的成就，还要开拓新的合作领域。莫迪此访也标志着印度与阿联酋新的全面战略伙伴关系的开始，有助于深化印度政府的"西向政策"。2018年2月，莫迪利用出席在迪拜举行的第六届世界政府首脑大会的契机访问了阿联酋。在与阿联酋领导人磋商后，两国同意进一步加强经贸关系，加强在贸易、能源与民航等领域的合作。2016年2月，阿联酋王储兼武装部队副最高指挥官阿勒·纳哈扬（H. H. Sheikh Mohamed bin Zayed Al Nahyan）对印度进行了国事访问。在纳哈扬王储访印期间，两国就双边、区域与多边问题进行了磋商，并签署了多项谅解备忘录。

在阿联酋的印度侨民为双边能源合作提供动力。阿联酋深受印度商人和企业家的青睐。印度人无论在人口以及商业规模方面都是阿联酋最大的外国人群体。反而言之，印度人对阿联酋的经济发展做出了显著贡献。印度驻阿大使馆估计，在阿联酋的印度人大约为175万，占阿联酋总人口的30%。粗略估计这些印度人中大约50%是熟练和半熟练工人，另一半是企业家、专业人士和服务业人员。这些年的情况是在阿联酋的印度人群体比较活跃，是阿联

---

① Ryan Harrison, "India-UAE's Growing Trade Ties", September 7, 2013, http：//gulfbusiness.com/2013/09/india-uaes-growing-trade-ties/，2013-11-16.

② "The golden era of UAE-India relations", January 26, 2019, https：//gulfnews.com/uae/the-golden-era-of-uae-india-relations-1.1548240539461，2019-05-18.

酋发展蓝图的创建者。① 2015 年，莫迪访问阿联酋时表示在阿联酋的 260 万印度侨民将为阿联酋的发展发挥重要作用。印度人在阿联酋国家建设中扮演如此重要的作用。这将为两国在能源领域的合作提供强劲动力。

四 印度与海合会其他三国的能源合作

海合会六国都是能源出口国家，这对需要进口能源资源的印度而言是必须慎重对待的地区。虽然印度主要是与海合会的沙特、科威特和阿联酋发展能源安全合作，但是与卡塔尔、阿曼和巴林也在展开不同程度的能源安全合作。

（一）印度与卡塔尔、阿曼及巴林的能源合作内容

卡塔尔的天然气储量超过 900 万亿立方英尺（25 万亿立方米），占全球储量的 14%。卡塔尔是全球最大的液化天然气出口国。② 2007 年，印度和卡塔尔的双边贸易额为 33 亿美元。在两国双边贸易中卡塔尔占据有利地位，因为卡塔尔向印度的能源出口占据双边贸易总额的 80%。印度从卡塔尔的进口额为 26 亿美元，出口额仅为 7 亿美元。③ 2010～2011 年度，印度从卡塔尔进口 560 万吨原油。印度根据与卡塔尔签订的长期协定将每年从卡塔尔购买 750 万吨液化天然气（LNG）。2012 年 4 月，印度与卡塔尔在能源领域签署了一项《谅解备忘录》。该备忘录指出印度为满足国内能源需求可以从卡塔尔进口更多的原油和天然气。该谅解备忘录旨在建立两国在能源领域的合作框架，以促进和加强两国在能源领域的合作。④ 面对印度的液化天然气需求问题，卡塔尔于 2010～2011 财政年度向印度提供了 90% 的液化天然气，在 2012 年保持了等量，在 2013 年可能会下降到 60%，到 2014 年下降

---

① Ryan Harrison, "India-UAE's Growing Trade Ties", September 7, 2013, http://gulfbusiness.com/2013/09/india-uaes-growing-trade-ties/, 2013-11-16.

② "India, Qatar likely to boost hydrocarbons cooperation", June 5, 2016, https://www.sarkaritel.com/india-qatar-likely-to-boost-hydrocarbons-cooperation/, 2019-05-18.

③ Zakir Hussain, "Indian PM's Visit to Oman and Qatar", December 2, 2008, http://www.idsa.in/idsastrategiccomments/IndianPMsVisittoOmanandQatar_ZHussain_021208, 2013-11-17.

④ Richa Mishra, "India, Qatar sign pact on co-operation in energy", April 9, 2012, http://www.thehindubusinessline.com/industry-and-economy/india-qatar-sign-pact-on-cooperation-in-energy/article3296391.ece, 2013-11-17.

到 50%。正如埃尼石油天然气公司 2011 年的报告指出，印度于 2009 年从卡塔尔进口 1029 万吨液化天然气，于 2010 年从卡塔尔进口 1053 万吨液化天然气，剩余 10% 的液化天然气从阿尔及利亚、澳大利亚、埃及、尼日利亚、阿曼、俄罗斯和阿联酋进口。印度规划委员会预测印度在未来四年内的液化天然气进口将占天然气需求总量的 28.8%（天然气消费占印度能源消耗的 10%，而世界的平均水平是 24%，因此天然气在印度还有很大的市场）。2015 年 12 月 31 日，印度与卡塔尔达成了为期 12 年的协议，规定印度 Petronet 公司以现行市场价格每年额外从卡塔尔拉斯拉凡公司（RasGas）进口 100 万吨液化天然气。2016 年，在莫迪总理访问卡塔尔期间，两国签署了能源合作谅解备忘录。两国重新协商了液化天然气协议，将 12 美元每单位的液化天然气降至不足 5 美元。①

2010 年，印度和阿曼之间的双边贸易额达到 45 亿美元。印度是阿曼第二大非石油贸易出口国和第四大非石油贸易进口国。印度和阿曼的公司已经在包括化肥、医药、能源及工程等广泛领域建立了合资公司。双边经贸关系的增长使得两国关系更为紧密。据估计，两国大约有 1537 家印度-阿曼合资企业，总投资约 75 亿美元。② 印度一直在考虑由南亚天然气公司（SAGE）建设一条从阿曼到印度的长约 1100 公里的水下天然气管道，这将替代伊朗-巴基斯坦-印度管道。印度国家石油公司（LOC）认为通过对基础设施的重大投资可以增加包括天然气进口终端、天然气管道和城市燃气分配项目。印度国家石油公司表示所有这些项目都需要天然气作为原料。印度国家石油公司需要通过大量的天然气市场占有来弥补亏损的液体燃料业务，同时能解决燃料的供给问题，并保持印度国家石油公司在石油和天然气市场中的领导地位。印度国家石油公司同南亚天然气公司签署了《合作原则协定》，并与其他国际公司组成财团，共同建设从阿曼到印度的深海天然气管道项目。南亚天然气公司的管道预计每天将运送 3000 万立方米的

---

① "India, Qatar likely to boost hydrocarbons cooperation", June 5, 2016, https://www.sarkaritel.com/india-qatar-likely-to-boost-hydrocarbons-cooperation/, 2019-05-18.
② "Big jump in India-Oman bilateral trade", Business Line, December 22, 2010, http://www.thehindubusinessline.com/economy/big-jump-in-indiaoman-bilateral-trade/article969758.ece, 2012-10-08.

天然气，这将与伊朗同意向伊朗-巴基斯坦-印度天然气管道运送的天然气等量。① 2018年2月，在莫迪总理访问阿曼期间，两国同意进一步深化能源合作。阿曼决定加入由印度启动的"国际太阳能联盟"倡议，支持印度提出的建立战略石油储备议题。印度也表示愿意与阿曼分享其在可再生能源方面的技术和经验。

印度和巴林的双边经济处于上升阶段。随着巴林经济朝着私有化和多元化的方向发展，印度公司在巴林将有机会开拓更广阔市场。印度和巴林双边贸易额稳步增长，于2012~2013年度达到13亿美元。② 与此同时，印度从巴林进口少量的石油。2008年印度从巴林进口的石油价值仅为165万美元，到2010年跌到51.7万美元，到2011年回升至165.5万美元。③ 2009年，印度最大的海上钻井服务公司Aban集团宣布该公司将在巴林建立一个基地，并计划在巴林展开合资钻井服务的可行性研究。印度与巴林之间的石油贸易额在双边整体贸易中的比重是相当小的。与其他海湾国家不同，巴林出口精制石油产品而不是原油。鉴于国土的狭小且是岛国，巴林国内的石油管道网络是相当有限的。巴林把阿瓦利油田的原油输送到希特拉（Sitra）的炼油厂。2018年7月，印度外长斯瓦拉吉与巴林外长阿勒哈利法（Shaikh Khalid Bin Ahmed Bin Mohamed Al Khalifa）在麦纳麦（Manama）签署了关于可再生能源合作的谅解备忘录。

（二）印度展开与卡塔尔、阿曼及巴林能源合作的动因

卡塔尔、阿曼及巴林与印度的能源贸易额有限，但是上述三国与印度也在不同程度上展开了能源合作。这既是上述三国与印度发展经贸关系奠定的基础，也深受三国的印度侨民的影响。

1. 经贸关系的提升为能源合作奠定基础

卡塔尔是世界第三大天然气储存国。与卡塔尔保持密切的关系对印

---

① "IOC seeks nod to join deep sea gas pipeline project of SAGE", the Hindu, June 19, 2012.
② "Manama to host major Bahrain India business meet during October 22-24", September 3, 2013, http://www.bahind.com/manama-host-major-bahrain-india-business-meet-october-22-24/, 2013-11-17.
③ 数据来源于印度驻巴林大使馆，NOGA, Kingdom of Bahrain. March 2013, Embassy if India, 2013, http://www.indianembassybahrain.com/india_bahrain_bilateral_relations.html, 2013-11-17.

度相当重要。印度与卡塔尔的双边贸易额只是两国经济合作潜力的一部分。印度向卡塔尔出口的商品是多元化的，包括消费品、食品和工业设备，成衣服装、珠宝首饰、轻工机械产品、钢管和消费类电子产品、大理石、黄金及贵金属、公共汽车轮胎、美容产品、纺织品和陶瓷。同时，印度主要从卡塔尔大量进口碳氢化合物，包括乙烯、丙烯、氨、尿素和聚乙烯。2002年，印度从卡塔尔进口的主要产品是硫黄、矿物燃料、石油产品、无机化学产品、尿素和化肥。此外，印度还从卡塔尔进口大量的液化天然气。两国经贸关系不断增进，却未能平衡印度向卡塔尔出口产品的贸易逆差。卡塔尔加大了对印度的能源资源出口。为了进一步加强在天然气、石油等部门的合作，两国于1998年1月签署了一项《谅解备忘录》。备忘录指出在未来25年里卡塔尔每年应向印度出口750万吨液化天然气。目前，卡塔尔是印度最大的液化天然气供应国。辛格总理于2008年在访问卡塔尔期间表示希望卡塔尔每年能额外向印度出口250万吨液化天然气。① 2016年，在莫迪总理访问卡塔尔期间，两国就增进能能源合作与经贸关系展开了卓有成效的磋商。在印度与卡塔尔的双边贸易中，能源贸易占据主要地位，这也就表明在双边经贸关系越深入之时两国能源合作就越密切。

　　印度与阿曼的双边关系迅速发展，并在战略合作伙伴关系的基础上相互合作，使得印度与阿曼已经获得了在经贸关系领域足够的动力。在过去一段时间里，印度和阿曼双边贸易增长率高达66%，从2006年的9亿美元，上升到2007年的15亿美元。印度热衷于加强与阿曼的战略伙伴关系，以提升两国在多元领域的贸易关系，包括石油和天然气。同时，两国还注重在重工、化工、医药、信息技术、基础设施以及石化产品等领域的投资。2003年，印度和阿曼在位于阿曼苏尔附近的卡拉特联合成立一家化肥公司，总价值高达9.69亿美元。② 双边贸易额在2010年约为42亿美元，到2013年约为57亿美元。两国表示将继续深化在金融、保险、工程与电信等诸多领域的合作。目前，印度是阿曼的第二大商品进口国。2015年2月，在印度

---

① Ginu Zacharia Oommen & Khurshid Imam，"India's 'Look West' Policy and Its Impact on India - GCC Relations"，*International Politics*，Vol. 3，No. Ⅵ，Summer & Autumn 2010，pp. 95-96.
② Ginu Zacharia Oommen & Khurshid Imam，"India's 'Look West' Policy and Its Impact on India - GCC Relations"，*International Politics*，Vol. 3，No. Ⅵ，Summer & Autumn 2010，pp. 93-94.

外长斯瓦拉吉访问阿曼时,两国表示将继续深化双边经贸关系。2018年2月,莫迪总理在访问阿曼期间与阿曼政府就深化经贸合作与加强能源合作达成诸多共识。随着印度与阿曼经贸关系的不断提升,两国至间的能源贸易也在不断攀升。两国联合建立化肥公司也需要阿曼大量的天然气和石油资源,从而使得两国能源安全关系更为紧密。

印度与巴林于1981年4月签署了第一个《经济和技术合作协定》。1994年,两国成立了联合商业理事会(JBC)。2004年,两国签署了《促进与保护投资协定》。2012年5月,两国成立了"巴林-印度商务委员会"。同年5月,两国签署了《税收信息交换协议》。各种委员会的成立为促进两国经贸关系发展提供了动力。2011~2012年度,印度成为巴林第五大出口国,占巴林出口总额的5.7%。2012年4月至12月,印度向巴林出口商品价值为4.69亿美元,从巴林进口商品价值约为6.20亿美元。① 双边贸易额从2011~2012年度的13亿美元,下降到2014~2015年度的9.19亿美元。两国贸易量的近期复苏是基于非石油部门,包括金融服务、房地产、塑料和汽车零部件等。在2000年4月至2016年12月期间,巴林对印度的外商直接投资达1.4073亿美元。② 2003年1月至2018年3月,印度对巴林的总投资约为16.9亿美元。③ 在两国经贸关系迅速发展的同时,作为两国经贸关系重要组成部分的能源安全合作也在不断深化。2017年2月,为进一步巩固双边经贸关系,巴林举办了第一届"印度商业伙伴关系"峰会。被邀请参加此次峰会的企业主要涉及能源、房地产、金融服务、农村电子商务、风险投资基金、物流、海运以及铝业等。目前,印度从巴林主要进口原油、矿石、铝与化肥,向巴林主要出口无机化学品、贵金属、船舶、机械与加工食品等。

---

① 资料来源于印度商务部,"India-Bahrain:Economic Relations",2013,Source:Department of Commerce, GOI, http://www.ficci.com/international/75181/Project_docs/India-Bahrain-Economic-Relations.pdf,2013-11-17。
② "India and Bahrain need to expand their trade exponentially",May 9, 2017, https://www.sarkaritel.com/india-and-bahrain-need-to-expand-their-trade-exponentially/,2019-05-19。
③ "India, Bahrain make pharma a key area of cooperation",July 16, 2018, https://indianewengland.com/2018/07/india-bahrain-make-pharma-a-key-area-of-cooperation/,2019-05-19。

2. 海外印度人对促进印度与三国合作有着重大影响

在卡塔尔的海外印度人占卡塔尔国家总人口的比例超过20%。在卡塔尔的海外印度人大约为50万人，而专业人士占重要组成部分。海外印度人为卡塔尔的经济发展做出了巨大贡献，在加强印度与卡塔尔关系中发挥着重要作用。据估计，海外印度人每年从卡塔尔向印度国内汇款超过10亿美元。① 印度与卡塔尔于1985年签署了《保护海外印度人权益的协定》，并于2012年签署了附加条款。到2016年，在卡塔尔的外籍印度人约有63万，这使得外籍印度人成为卡塔尔最大的外籍人群。海外印度人既为卡塔尔的经济发展做出了巨大贡献，同时能在促进卡塔尔与印度的能源合作方面发挥重大作用。

2008年，印度与阿曼签署了《人力资源开发协议》（《谅解备忘录》），将进一步打开印度人在阿曼的就业市场。该备忘录规定雇员和雇主之间的合同条款，并由阿曼的人力部认证。该备忘录规定两国就非法招聘和非法贩运等产生的纠纷交换信息，这就要求在两国轮替举行会议并每年至少举行一次。该协定旨在保护海外印度人的利益，尤其是女佣和家庭雇员。② 海外印度人是阿曼最大的外籍群体，并分布在阿曼的各个行业。据阿曼人力部统计，截至2012年1月，印度侨民在阿曼的人口总数为718252，在阿曼的印度工人总数为581832。③ 截至2018年，超过80万印度人在阿曼工作。有许多印度专业人士担任阿曼政府和私人部门关键职位。大量印度人的存在不仅为阿曼基础设施建设做出了重大贡献，也为两国能源安全合作提供了充足动力。

虽然巴林在地理幅员和人口规模上是个小国④，但是印度国民在海外最喜爱工作的国家。印度国民在巴林的人数逐年增加。目前，在巴林的海外印度人大约有35万，大约有22万人来自印度的喀拉拉邦，来自安得拉邦的

---

① "India-Qatar: Economic Relations", 2013, - http://www.ficci.com/international/75184/Project_docs/India-Qatar-Economic-Relations.pdf, 2013-10-08.
② Richa Mishra, "India, Qatar sign pact on co-operation in energy", April 9, 2012, http://www.thehindubusinessline.com/industry-and-economy/india-qatar-sign-pact-on-cooperation-in-energy/article3296391.ece, 2013-11-17.
③ "India and Oman Relations", February 2013, http://www.mea.gov.in/Portal/ForeignRelation/Bilateral_Brief_-_for_Oman__February_2013.pdf, 2013-11-17.
④ 巴林领土面积约为712平方公里，约有150万人口。

大约有 4 万人，来自泰米尔纳德邦的大约有 4 万人。无论是巴林政府当局还是雇主都对海外印度人有着强烈喜好。来自印度次大陆的印度人优于其他外籍人士，这已经不是什么秘密，主要原因是印度人值得信任、有着强烈的工作道德及"非政治化"倾向。① 印度与巴林的能源贸易量虽然较小，但是大量海外印度人的存在对促进两国能源安全合作有着潜移默化的影响。

印度的马卡兰·帕郎嘉指出，印度作为一个现代主权独立的国家，其存在并不仅仅局限于印度目前的领土范围之内，而是超越了其现有的国界，是一个能够将所有海外印度人囊括在内的"大印度"（Great India）。② 海外印度人在海合会国家的大量存在对印度石油天然气方面的能源公司进军海合会提供了有利条件。正是这种人文联系能够帮助印度与海合会国家构建起能源联系纽带。

第三节 印度与海合会开展能源合作面临的挑战

冷战结束以来，随着综合国力的提升以及经济社会的快速发展，印度急需扩大能源市场来满足国内日益增长的能源需求。海合会丰富的石油天然气储量引起了印度的高度重视。印度不断拓展与海合会的经贸合作范畴，扩大合作规模。同时，印度在不断深化与海合会的政治关系。印度与海合会国家保持着定期的部长级互访，就双边、地区以及国际问题交换意见。双方在相互交往的过程中逐步在各个领域建立战略伙伴关系。双方欲维持这种伙伴关系，最可靠的途径就是加强彼此之间的经贸关系。印度也希冀通过增进双方经贸关系来巩固印度的能源进口渠道，从而保障自身的能源安全。然而，印度在与海合会开展能源合作时必须得应对诸多挑战。

---

① 资料来源于印度商务部，"India-Bahrain: Economic Relations", 2013, Source: Department of Commerce, GOI, http://www.ficci.com/international/75181/Project_docs/India-Bahrain-Economic-Relations.pdf, 2013-11-17。
② 贾海涛、石沧金：《海外印度人与海外华人国际影响力比较研究》，山东人民出版社，2007，第 125 页。

一 海合会的法律法规以及官方程序对能源项目的资格审查甚严

海合会成员国对能源安全、不断上涨的补贴法案以及日益严重的污染都表示担忧。为解决上述担忧,海合会成员国致力于制定共同政策。海合会成员国于2011年年底开始讨论能源强度项目,旨在提高各成员国的能源效率并就制定共同的政策框架进行磋商。目前,海合会成员国在共同能源政策上仍面临诸多挑战。因此,印度在该地区施展能源外交时仍需要对每个海合会成员国的能源政策表现出重大关切。

作为海合会的领军国家,沙特的能源政策可以作为其他海合会成员国的参考。沙特关于能源尤其是石油和天然气的法律法规是相当严格的。沙特是世界上最大的石油生产国,其能源法律法规对世界能源的整体供应有着很大的影响力。沙特的《基本法》规定所有的石油和天然气财富属于政府,"所有真主赐予的财富,无论是在地面以下、地表以上、在国家领海中的,还是在国家控制的陆地或海洋区域内的资源都是国家法律所界定的财产。为了国家的经济和安全利益,法律规定了开采、保护和发展这些财富的措施和手段"。[①] 沙特的出口商需要提交一份商业注册表以表明他们被允许出口。出口商还需要提交一个由沙特商务部签发的产品原产地证书。某些项目,如古董、阿拉伯马、家畜或资助项目需要沙特政府特别批准后才能出口。同时,沙特要求对原油、石油产品、天然气和小麦的出口都需要许可证。任何出口到沙特的产品都强制性地需要贴有标签和标识。沙特标准组织(SASO)是该国负责指导制定标签和其他标识的立法机构。归属于标准组织的商务部是执法机构,负责检查进入沙特的产品。[②]

阿联酋的所有石油和天然气勘探和生产都必须得到联邦环境与水资源部的批准,旨在保护与发展环境(1999年的第24号《联邦法》:《环境

---

① "Basic Law of Saudi Arabia", Chapter 4 Economic Principles, Article 14, http://en.wikisource.org/wiki/Basic_Law_of_Saudi_Arabia#Chapter_4_Economic_Principles, 2013-11-19.
② 来源于美国商务部的资料,"Saudi Trade Regulations and Standards", author of U.S. Department of Commerce, 2013, http://www.the-saudi.net/saudi-arabia/trade_regulations_and_standards.htm, 2013-11-19.

法》)。在实践中,阿联酋的地方环境部门需要做到:得到酋长国的认同;执行《联邦环境法》的要求;符合地方的环境法律法规。同时,阿联酋规定所有外国投资者在阿联酋注册成立的公司必须是阿联酋国民或独资的阿联酋企业(1984年第8号《阿联酋联邦法》:《商业公司法》)持有多数股权,不允许外国企业或投资者在从事石油或天然气开发活动中持有多数股权。事实上,无论是联邦政府还是地方政府都以合同的形式规范了外国公司在石油和天然气部门的所有权和收购权。①

2012年3月11日,作为中东增长最快的独立石油和天然气勘探与生产公司,科威特能源公司宣布其质量管理体系成功实现了ISO9001:2008认证标准。科威特能源运营首席官员指出,"作为在中东八个国家中处于领先地位的独立能源公司,科威特能源公司实施ISO质量认证体系是该公司成长的自然选择,强调了该公司在各个领域运行中的承诺。科威特能源公司是在中东独立进行石油和天然气勘探和生产的为数不多的公司之一"。② 科威特能源公司承诺其员工、承包商和公众的健康是最重要的。科威特能源公司明确承诺:在健康方面:促进健康的目标是公司管理职责的一个组成部分;遵守适用的法律和法规。如果没有适当的法律存在,公司应采取适用标准来反映科威特能源公司致力于健康的目标;提供人员的培训和指导,使员工能够掌握他们工作的方法,最大限度地减少健康风险;适当地审查上述活动的进展和成效。在安全方面:作为促进安全的目标是管理层工作的重要组成部分,并给予安全措施最高的优先级;提供人员培训与指导使得他们能够掌握必要的知识和技能水平,以便执行与他们工作相符的风险管理和管控;适当采取应急措施。在可持续发展面:主动参与、支持并推动环境和社会问题解决;提供更健康、更富有成效的工作;对环境和社会责任的衡量报告进行测评。在环境保护方面:促进环境目标和责任管理是公司责任的重要组成部分;包括安全新设施在内的任何重大项目上马前必须进

---

① "Oil and gas regulation in the United Arab Emirates: overview", May 1, 2013, http://uk.practicallaw.com/2-528-1046? source=relatedcontent, 2013-11-19.

② "Kuwait Energy achieves ISO9001:2008 certification", April 11, 2012, http://www.kec.com.kw/Default.aspx? nid=4753&pageId=139, 2013-11-20.

行环境影响评估。适时审查上述活动的进展与成效。①

卡塔尔政府规定所有的国营或私营发展项目计划必须提交环境部批准（2002年《环境保护法》第30款以及2005年《环境部决定》第4款的执行细则）。2002年的《环境法》规定凡是与石油、石化和天然气储存与运输以及与水和其他废物处置相关的勘探、引渡、生产、钻探、原油加工及提炼，都必须遵循国际标准规范，以确保所有相关事宜的安全运行。卡塔尔政府通过最高法院环境理事会实施了多项国家环境保护法律。《环境法》指出对发展项目进行环境影响评估是必不可少的。法律规定对具有潜在污染影响的活动或产业必须在新项目上马前获得资格认证。②

阿曼于2011年制定了《石油与天然气法》，该法第四条规定禁止任何自然人或法人在没有得到能源部许可或在没有与财经事务委员会磋商并缴付规定的费用的情况下从事石油物质的进出口、储存、分发、制造和进入市场运营以及其他任何操作；第七条明确禁止任何自然人、法人在没有特许经营权协议的情况下开展任何石油物质方面的调查、勘探及开采等事宜；第36条规定用工方不得损害劳动法规定的所有者应当遵守特许权规定的雇用阿曼本国的合格劳动力；用工方须与教育部相关部门协调，编制一份针对阿曼员工的专业技术职位以及高级行政职位相关的培训课程；第40条规定所有者使用的物质和设备均要符合国际标准和规范，并应使用最佳方法满足环境安全的需求。③

巴林宪法规定所有地下或位于巴林领土内的矿产财富归国家所有并受国家的密切控制，这一原则具体反映在国家石油和天然气管理局（NOGA）的生产共享许可证中。例如，根据《开发和生产共享协议》（DPSA），承建商必须提供原油和非伴生天然气许可证。巴林的健康和安全法规广泛适用于所有工业部门。国家石油和天然气管理局负责监管、组织和开发巴林的石油和天然气；控制勘探和生产；拥有批准第三方在巴林从事石油和天然

---

① "Health, Safety, Sustainability and Environment", 2013, http://www.kec.com.kw/Default.aspx? pageId=230, 2013-11-20.
② "1 and gas regulation in Qatar: overview", April 1, 2013, http://uk.practicallaw.com/5-525-5499? q=*&qp=&qo=&qe=#a513934, 2013-11-20.
③ "Oil & Gas Law（8/2011）", Sultanate of Oman Ministry of Oil & Gas, August 2011, http://www.mog.gov.om/Portals/1/pdf/Oil-Gas-Law.pdf, 2013-11-20.

气行业许可证的权力。最高环境理事会负责监管与环境有关事宜,旨在在包括石油和天然气在内的所有行业中培养健全的环境政策。最高环境理事会与国家石油与天然气管理局紧密合作,以确保利益攸关方在油气行业的作业符合空气和水质量的标准。1999 年第 10 号法规规定了空气和水的标准,对碳氢物管理部门有着重大影响。因为该法规严格限制污染物排放到空气或水中的工业活动。例如,法规规定对可能来自石油作业的挥发性有机化合物(以及其他类似的排放物)要适当控制。[1]

印度政府及其公司须认识到海合会有着严格的法律法规以及官方审查程序。海合会的能源机构有着和西方国家一样严格的认证标准,这对印度企业形成了严峻挑战。因此,印度要进一步发展与海合会的能源关系,就需要深入研究与分析海合会国家有关能源方面的法律法规。

二 宗教文化与传统部落对能源合作的影响

对海合会成员国而言,宗教与社会国家是不可分割的。无论各国发展水平如何,宗教在海合会成员国中发挥着重要作用,影响着经济贸易运行模式、消费者的偏好与消费行为等。换句话说,宗教可以直接或间接影响着海合会成员国的商品进出口以及贸易政策的制定。这种影响可能包括了从贸易保护主义到更加自由的政策(关税、贸易配额等)、政府补贴、税收、价格控制与反倾销等。印度必须认识到海合会成员国的宗教文化对双边贸易的影响。

伊斯兰贸易是基于根深蒂固的伊斯兰价值模式。贸易活动也受到伊斯兰准则的限制,即宗教会对某些形式的贸易和信贷进行限制,这将大大影响贸易政策和消费者的消费行为。迈哈纳(Rock-Antoine Mehanna)等人的研究指出,"平均而言,穆斯林国家的贸易比基督教和佛教国家的贸易要少得多。更重要的是调查结果显示逊尼派的穆斯林国家比什叶派的穆斯林国家贸易额要高。虽然研究表明逊尼派掌权的国家比什叶派掌权的国家更倾向于发展对外贸易,但他们都是穆斯林国家。穆斯林国家的贸易活动远远落后于世界其他地区。因此,包括什叶派在内的所有穆斯林国家可能在政

---

[1] "Oil and gas regulation in Bahrain: overview", April 1, 2013, http://uk.practicallaw.com/0-525-3563? q = * &qp = &qo = &qe = , 2013 - 11 - 20.

治和经济方面进行共同合作，进而能使他们在国际舞台上可以进行讨价还价"。① 因此，海合会国家的宗教文化是印度在发展与海合会国家贸易时必须慎重对待的一个因素。

除沙特外，海合会的其余五个国家都被家族统治着：科威特的萨巴赫；巴林的阿勒哈法利；卡塔尔的阿勒萨尼；阿联酋的阿布扎比；阿曼的阿萨德。这些家族都是部落的领导。石油收入主要还是落入了这些部落家族的手中。但是，石油收入并没有改变传统部落的领导观念。然而，新的资金注入增加了地区领导人的影响，给他们更多的分配资源的权力。由于石油勘探部落的界限变得更加清晰，并且被精确划分。部落之间的区别也变得更加明显。② 因此，印度在发展与海合会国家能源关系时就须和这些传统部落交往，遵循传统部落的规则，否则会遭受重大的经济损失。

三 海湾地区动荡的局势

海湾地区的政治动荡和政府轮换频现于媒体报道，但是这些对普通老百姓和企业而言可能影响不大。然而，持续不断的北非动荡和中东不安局势可能对全球所有经济体有着明显影响，尤其是那些急切需要保障能源安全的国家。全球经济衰退和中东的动荡局势曾推动国际油价大幅走高。

海合会国家中除了阿联酋和卡塔尔政局比较稳定外，其余成员国都存在政局动荡的隐患。作为海合会最大的成员国，沙特存在着潜在动荡的因素：少数人手中掌握着相当大比重的财富，大量的年轻人赤贫，失业率居高不下，不同的宗教派别等。反对现任政府的势力，恐怖势力的存在以及被压抑的什叶派穆斯林在中东产油区的活动。因此，沙特未来的和平现状是不能令人放心的。受中东动荡局势的影响，科威特于2011年2月爆发了民众的抗议事件。抗议者要求政府给予他们正当的公民权利。同年2月，阿曼也爆发了声势浩大的民众抗议活动。许多阿曼人对阿曼政治变革的步伐和政府的经济表现不满。

巴林的什叶派起义对沙特、科威特和阿联酋的逊尼派统治敲响了警钟。

---

① Rock-Antoine Mehanna、Leila Sarieddine, "Bilateral Trade and Islamic Sects", *International Business & Economics Research Journal*, Vol. 5, No. 3, P. 51.
② "Independence: Persian Gulf States Table of Contents", U.S. Library of Congress, 1993, http://countrystudies.us/persian-gulf-states/15.htm, 2013-11-21.

所有海湾国家都有着数量可观的什叶派少数群体。其他国家担心巴林的骚乱会蔓延到本国境内。艾姆斯·多尔西（Ames M. Dorsey）指出,"沙特阿拉伯、巴林、科威特以及阿曼等国经济发展的日益自由化推动了民众呼吁国家制度从专制体制转向更开放民主的政治体制。而统治者不惜一切代价来维护现有的政治体制使得民众的呼吁遭受阻碍从而导致该地区国家的内部动荡,这就会对该地区国家的石油和天然气生产形成潜在威胁"。[①] 从上可以看出,海湾地区的骚乱主要还是来自人民呼吁改革,而非来自外在势力的推动。但是,中东地区的动荡与不安影响着海合会与印度的能源合作。

---

① Ames M. Dorsey, "A Region in Turmoil: Threats to Gulf Energy and Shipping", November 5, 2012http://mei.nus.edu.sg/publications/mei-insights/a-region-in-turmoil-threats-to-gulf-energy-and-shipping, 2013-11-21.

第九章　印度与中亚国家关系

伴随着苏联解体，中亚五国诞生，这个被麦金德视为"心脏"地带的地缘政治区域引起了国际社会尤其是大国的高度关注。中亚不仅拥有丰富的石油天然气等自然资源，而且具有特殊的战略地位。随着美国以反恐之名向中亚渗透，这片区域的重要性越发突出。从地理位置来讲，印度与中亚不接壤，但印度视中亚为"延伸的邻居"。在经济改革的引领下，随着综合国力的不断提升，印度认为中亚的安全与自身安全有着密切关联而把中亚作为印度外交战略的重点区域之一。印度通过积极发展与中亚国家在各个领域的合作关系，不断扩大自身在中亚的战略影响。

第一节　印度与中亚国家关系现状

印度与中亚国家间的联系历史久远，两者之间在经济和文化上的联系已逾千年。印度独立后是在印度与苏联双边关系框架下发展与中亚的关系。在中亚五国作为政治实体出现后，印度从维护自身国家利益考量，积极发展与中亚国家关系，不断提升与中亚国家的合作水平。1995年9月拉奥总理访问土库曼斯坦时指出，"对印度而言，中亚是其战略考虑的优先区域。印度将与中亚保持持久接触。印度将怀揣大公无私的情怀与中亚国家建立平等的伙伴关系。印度与中亚国家只想要诚实和开放的友谊来促进稳定与合作，而不会对第三国造成损害"。[1] 2008年，印度国防部的报告指出，"由于与南亚和中东毗邻，中亚已成为一个独特的地缘政治实体，刺激着国际社会的关注和兴趣。该地区蕴藏着尚未开发的丰富的石油和天然气等战

---

[1] K. B. Usha, *A Wounded Afghanistan*: *Fundamentalism*, *Communism and Democracy*, New Delhi: Shubhi Publications, 2004, p. 4.

略资源。保持与中亚的接触是印度安全的重要组成部分"。① 印度为了扩大自身在中亚的影响力,加快发展与中亚国家关系的步伐,包括吉尔吉斯斯坦、塔吉克斯坦、土库曼斯坦、乌兹别克斯坦和哈萨克斯坦。"连接中亚政策"要求印度在中亚国家建立高校、医院、信息技术中心、远程医疗中心、联合商业投资公司,改善双边的贸易和旅游环境,增进在科研领域的合作,加强在国防和安全事务中的合作。② 在探讨印度涉足中亚的战略意图时,斯蒂芬·布兰克(Stephen Blank)认为"印度希望通过增进与中亚各国的合作,旨在使印度不仅成为南亚的主导者,而且要成为世界事务的有力塑造者。"③ "印度规定自身在中亚地区的主要利益包括:恢复双方历史上的文化、政治、经济与外交联系,与中亚五国建立友好关系,开展经贸等各方面的合作;维护中亚地区的稳定,共同打击宗教极端势力和恐怖主义;排除巴基斯坦在中亚的影响。"④

一 领导人互访推动政治关系不断深化

自中亚国家独立以来,印度就在寻求增进与中亚国家政治关系的途径。为了推进政治关系的迅速发展,印度与中亚国家不断加强高层互访。

印度与哈萨克斯坦自 1992 年 2 月建立外交关系以来,两国之间的政治关系就在不断增进。随着双方的政治理解不断深入,两国开始珍视彼此的战略重要性,这可以从两国高级别官员的频繁访问中得到体现。双方高级别官员的交流特别是领导人的互访对推动两国政府展开深入的交流与实现政治互信大有裨益,从而促进两国在更广泛领域的合作。1992 年,在哈萨克斯坦总统纳扎尔巴耶夫(Nursultan Abishevich Nazarbayev)访问新德里时,双方签署了《相互关系原则》,明确指出两国的外交关系是基于相互尊重主

---

① Vladimir Paramonov and Aleksey Strokov, "The Evolution of Russia's Central Asia Policy", Advanced Research and Assessment Group, Central Asian Series 08/21 (E), Defence Academy of the United Kingdom, June 2008, www. da. mod. uk/colleges/arag/document. . . /08(21)Vp% 20English. pdf. , 2009 - 11 - 17.

② Jyoti Prasad Das, "India's 'Connect Central Asia' Policy", October 29, 2012, http://www. foreignpolicyjournal. com/2012/10/29/indias-connect-central-asia-policy/, 2012 - 11 - 09.

③ Stephen Blank, "India's Rising Profile in Central Asia", *Comparative Strategy*, Vol. 22, No. 2, 2003, p. 139.

④ 周明:《试析冷战后印度中亚政策的演变》,载《南亚研究》2012 年第 1 期。

权、领土完整、不干涉内政的原则。① 之后，纳扎尔巴耶夫总统分别于 1996 年和 2002 年两次造访印度。2009 年 1 月，在纳扎尔巴耶夫总统受邀访问新德里期间，双方通过了《关于建立战略伙伴关系的联合声明》。在这个声明中双方表示愿意在政治、经济、防务、安全、科技、反恐机制、教育与人力资源开发等领域进行全面合作。② 继拉奥总理于 1993 年访问哈萨克斯坦后，2011 年 4 月辛格总理造访哈萨克斯坦。在辛格总理访问期间，双方同意把现有的全面战略伙伴关系提升到一个新的水平并签署了联合声明。双方愿意采取联合行动来推进印度和哈萨克斯坦两国战略伙伴关系的深化。此外，双方还决定重振两国国防部长定期会晤机制。③ 2015 年 7 月，在莫迪访问哈萨克斯坦期间，两国表示将进一步扩大双边防务合作范围，包括军方的定期互访、磋商、军事人员培训、军事技术合作以及联合演习等。两国也表示将继续就打击恐怖主义和极端主义展开合作。莫迪总理此访有助于深化印度与哈萨克斯坦的战略伙伴关系。2017 年 6 月，莫迪总理利用出席上合组织会议的契机访问哈萨克斯坦。

印度与乌兹别克斯坦有着共同的价值观，如世俗主义、宽容以及强烈反对原教旨主义与恐怖主义势力。乌兹别克斯坦和印度都表示两国共同致力于维护中亚地区的和平与稳定，提升本地区人民的福祉。印度与乌兹别克斯坦之间的合作包括了很多领域，如经济、商业、文化、教育、不同学科的技术培训、信息技术、科技、农业和民航等。④ 继拉奥总理于 1993 年访问乌兹别克斯坦后，辛格总理于 2006 年造访乌兹别克斯坦。印度与乌兹别克斯坦之间的互利政治对话从未间断。高层交往为两国之间的合作范围和方向确定了蓝图，也为增进了解彼此的利益和核心关切奠定了基础。两

---

① Mohammad Samir Hussain, "India-Kazakhstan Strategic Partnership in the 21st Century", From: "Focus: India and Central Asia", New Delhi: Foreign Policy Research Centre, 2012 (2), ISSN 2277-2464, pp. 250-251.

② "Joint Declaration on Strategic Partnership between Republic of Kazakhstan and Republic of India", New Delhi, January 24, 2009, http://www.akorda.kz/en/official_documents/internatoinal_documents/sovmestnaya_deklaraci_o_strategiceskom_partnerstve, 2012-10-29.

③ "Joint Statement: Consolidating the Strategic Partnership between the Republic of India and the Republic of Kazakhstan", Astana, Kazakhstan, April 16, 2011, http://pmindia.nic.in/visits/content.asp?id=378, 2012-10-29.

④ "Uzbekistan and India establish close ties", March 22, 2004, http://english.pravda.ru/world/asia/22-03-2004/5124-india-0/, 2013-12-15.

国制定了国家间的行为准则，即和平解决争端，反对一切形式的极端主义，不干涉他国内部事务等原则。① 莫迪总理分别于 2015 年 7 月和 2016 年 6 月造访乌兹别克斯坦。乌兹别克斯坦总统卡里莫夫分别于 1994 年、2000 年、2005 年和 2011 年访问印度。2011 年，在卡里莫夫总统访印期间，两国签署了包括能源、信息技术和医药等领域的 34 个合作条约。卡里莫夫总统与辛格总理就乌兹别克斯坦与印度在包括如联合国和上海合作组织等国际机构中的合作签署了条约。乌兹别克斯坦支持印度成为联合国常任理事国的愿望。② 与此同时，两国强调在平等和相互理解的基础上建立长期的战略合作伙伴关系。2017 年 8 月，乌兹别克斯坦外交部部长卡米洛夫（Abdulaziz Kamilov）率领高级代表团访问印度。

吉尔吉斯斯坦总统阿卡耶夫分别于 1992 年、1999 年、2002 年和 2003 年造访印度。1995 年，印度总理拉奥访问吉尔吉斯斯坦。2002 年，在阿卡耶夫总统与瓦杰帕伊总理会谈后，两国签署了联合声明，提出了两国应当深化政治互信，加强经贸合作，协作打击恐怖主义；声明也指出了印度应当向吉尔吉斯斯坦提供技术援助。声明明确指出，为了增强联合国的代表性和提高联合国的效率，联合国应当扩大安理会常任理事国的席位。吉尔吉斯斯坦支持印度成为联合国安理会常任理事国以便其在国际事务中更好地发挥作用。③ 2015 年 7 月，莫迪总理访问吉尔吉斯斯坦。2016 年 12 月，在阿坦巴耶夫（Almazbek Atambayev）总统访问印度期间，两国都表示将继续深化双边关系。两国达成的联合声明强调加强两国在国际舞台上的合作，呼吁国际社会采取举措应对恐怖主义和极端主义。2019 年 5 月 30 日，印度邀请吉尔吉斯斯坦总统阿坦巴耶夫出席莫迪的就职典礼。同年 6 月，莫迪总理利用出席上合组织峰会的契机访问吉尔吉斯斯坦。

---

① Ramakant Dwivedi, "Indian Prime Minister's Visit to Uzbekistan", April 25, 2006, http://www.idsa.in/idsastrategiccomments/IndianPrimeMinistersVisittoUzbekistan_RDwivedi_250406, 2013-12-15.

② "Strategic Partnership Built On Mutual Understanding", Press Service of the President of the Republic of Uzbekistan, May 19, 2011, http://www.press.service.uz/en/#en/news/show/main/dolgosrochnoe_strategicheskoe_partnerstv/, 2012-10-18.

③ "Visit of His Excellency Mr. Askar Akaev, President of Kyrgyz Republic: 7 August 2002 Kyrgyz-India Joint Press Statement", August 07, 2002, http://www.mea.gov.in/press-releases.htm?dtl/12988/Visit+of+His+Excellency+Mr+Askar+Akaev+President+of+Kyrgyz+Republic++7+August+2002+KYRGYZINDIA+Joint+Press+Statement, 2012-10-18.

印度与塔吉克斯坦的关系历来比较密切。拉赫蒙（Emomali Rahmon）总统分别于 1995 年、1999 年、2001 年、2006 年、2012 年和 2016 年访问印度。2012 年 9 月，在拉赫蒙访问印度期间，双方签署了六项协议，包括体育、卫生、文化、教育、劳动、纺织品和能源。双方决定印度将在科技和生态培训计划方面为塔吉克斯坦增加 100~150 个名额。① 两国的联合公报显示印度与塔吉克斯坦已经决定将两国的关系提升到长期战略合作伙伴关系水平。此战略合作伙伴关系将推动两国在包括政治、经济、卫生、人力资源开发、国防、反恐、科技、文化和旅游等广泛的范围内展开合作。② 拉赫蒙此访使得印度与塔吉克斯坦的战略合作伙伴关系有了具体内涵，推动两国关系不断向前发展。2003 年，瓦杰帕伊总理对塔吉克斯坦进行了正式访问。2009 年，在印度总统帕蒂尔访问塔吉克斯坦时，两国就增进双边关系等议题交换意见。2013 年 4 月，印度副总统安萨里访问塔吉克斯坦。双方就来自巴基斯坦和阿富汗的恐怖主义问题进行了讨论，还就印度如何增进与塔吉克斯坦的贸易关系交换了意见。安萨里副总统指出，"印度和塔吉克斯坦优先关注的议题是来自巴基斯坦和阿富汗的恐怖主义问题。阿富汗的问题与塔吉克斯坦的稳定有着紧密相关性。印度与塔吉克斯坦两国有着共同的利益和相同的担忧，这也是两国继续交流与合作的基础"。③ 2015 年 7 月，在莫迪总理访问塔吉克斯坦期间，双方经磋商后签署了扩大双边伙伴关系的联合声明，两国就双边经济、政治、文化与安全等诸多领域进行了交流。

土库曼斯坦总统尼亚佐夫（Saparmurat Niyazov）分别于 1992 年和 1997 年访问印度。拉奥总理和安萨里副总统分别于 1995 年和 2008 年访问了土库曼斯坦。2010 年，别尔德穆哈梅多夫（Gurbanguly Berdimuhamedov）总统访

---

① "The President of Tajikistan Emomali Rahmon visited India", September 15, 2012, http://www.jagranjosh.com/current-affairs/the-president-of-tajikistan-emomali-rahmon-visited-india-1347704510-1, 2012-10-18.

② Meena Singh Roy , "India and Tajikistan: Building a long-term Strategic Partnership", September 18, 2012, http://www.idsa.in/idsacomments/IndiaandTajikistanBuildingalongtermStrategicPartnership_MeenaSRoy_180912, 2012-10-18.

③ "Hamid Ansari arrives in Tajikistan on four-day 'goodwill' visit", April 14, 2013, http://zeenews.india.com/news/nation/hamid-ansari-arrives-in-tajikistan-on-four-day-goodwill-visit_842070.html, 2013-12-15.

问印度。这次访问再次表明了两国最高政治领导层希冀增进交流的决心，并为两国就共同关心的地区和全球问题交换意见提供了磋商机会；两国对彼此间的良好合作状态表示满意，并就进一步加强双边关系和在多元领域中的合作给予了承诺；两国领导人宣布恐怖主义、跨国犯罪和非法贩卖毒品是世界安全和可持续发展的主要威胁。双方领导人就双边运行机制进行审查，并就加强在新领域的合作进行了讨论。① 2015 年 7 月，在莫迪总理访问土库曼斯坦期间，两国就双边与地区形势交换了意见，并签署了联合声明，达成了旅游合作方面的谅解备忘录。

二 渐进发展的经贸关系

在冷战期间，印度在发展与包括中亚各加盟共和国的经贸关系时须得到苏联中央政府的认可。在苏联解体后，印度可以直接和中亚五国发展经贸关系。2010 年，据官方统计，印度与中亚国家之间的贸易额已超 10 亿美元。双边贸易仅仅限于传统贸易项目。印度向中亚国家出口的商品主要是医药、茶叶、成品制衣、皮革制品、黄麻制品、化妆品、棉纱、机床、大米、塑料制品、机械和仪表、电子产品、化学产品等。印度从中亚进口的商品是水果和坚果、初级棉、铁钢，乌兹别克斯坦和哈萨克斯坦也向印度出口锌。② 2016 年，印度与哈萨克斯坦之间的贸易额为 6.18 亿美元，这个贸易额相当于印度与其他四个中亚国家的贸易总额。从 2005 年至 2017 年，印度在哈萨克斯坦的直接投资总额为 2.45 亿美元，而同期哈萨克斯坦在印度的投资额为 8300 万美元。③ 为促进两国企业建立联系，两国于 2016 年在哈萨克斯坦外贸商会的支持下成立了"哈萨克斯坦—印度商业理事会。"同时，两国已经就最终签署自由贸易协定展开磋商。

---

① "Joint Statement on the occasion of the State Visit to India of His Excellency Mr. Gurbanguly Berdimuhamedov, President of Turkmenistan", May 25, 2010, http://mea.gov.in/bilateral-documents.htm?dtl/4045/Joint+Statement+on+the+occasion+of+the+State+Visit+to+India+of+His+Excellency+Mr+Gurbanguly+Berdimuhamedov+President+of+Turkmenistan, 2012-10-18.

② G. Sachdeva, "Regional economic Linkages", Washington D.C.: The Central Asia-Caucasus Institute, 2010, p.115.

③ 数据来源于哈萨克斯坦国民经济部统计委员会，"Trade and Economic Cooperation between Kazakhstan and India", January 01, 2017, http://mfa.gov.kz/en/delhi/content-view/torgovo-ekonomiceskoe-sotrudnicestvo-mezdu-kazakhstanom-i-indiej 2019-05-19。

印度向乌兹别克斯坦主要出口医药产品、机械设备、汽车零部件与光学仪器等，从乌兹别克斯坦主要进口水果、蔬菜、肥料与果汁产品等。印度有上百家企业在乌兹别克斯坦开展业务。2017年8月22日，在印度举行的"乌兹别克斯坦-印度商业论坛"上，两国签署了22份价值超过8000万美元的合作协议和20份价值超过7000万美元的投资协议。[1]

就印度与吉尔吉斯斯坦的双边经贸关系而言，印度主要出口橡胶产品、服装和服装配件、电气机械设备与零件以及药品等，印度主要进口乳制品、蔬菜、天然蜂蜜、鸟蛋、水果、坚果、食用油、谷物与饲料等。双边贸易额从2015年的约2690万美元增长至2017年的约5953万美元。

在印度与塔吉克斯坦的双边经贸关系中，印度主要出口药品、服装与肉类等，印度主要进口矿石、铝、有机化学品、干果与棉花。然而，两国之间的贸易额相当有限，在2017年约为7400万美元。

就印度与土库曼斯坦的双边经贸关系而言，印度主要进口生皮和无机化学品，印度主要出口电子与电气产品、机械、服装、药品与轮胎等。根据印度的统计数据，两国贸易额在2014年突破1亿美元。近年来，两国虽采取举措助推双边经贸关系，但是经贸总额仍然相当有限。

印度已经成为中亚国家的主要消费来源国。由于印度的制药在全球市场上具有高质量和低成本优势，使得药物、制药和医疗已经成为印度与中亚国家之间合作的关键领域。同时，经过在政策层面的磋商后，印度与中亚国家决定把发展旅游业作为双边经济发展的重要组成部分。2001年，印度的出国人次达到407万。生态旅游近来已经成为一种趋势，而中亚就是生态旅游的最佳目的地之一。目前，印度与三个中亚国家有航空业务。中亚国家中的吉尔吉斯斯坦和乌兹别克斯坦两国在吸引印度游客方面已经走在了前列。[2]

尽管印度与中亚国家间的贸易看似微不足道，但是发展与中亚国家贸易的重要性不容低估。中亚国家为印度商业部门提供了投资机会。最明显

---

[1] 资料来源于印度驻乌兹别克斯坦大使馆，"India-Uzbekistan Relations"，January 2018，https：//eoi.gov.in/tashkent/？2615？000，2019-05-19。

[2] The Research and Information System for the Non-Aligned and Other Developing Countries, RIS Discussion Papers, "India-Central Asia Economic Relations：A Report of RIS/CII Seminar", RIS-DP # 94/2005, p. 15.

的例子就是拉克希米·米塔尔集团在中亚的投资。米塔尔集团在哈萨克斯坦建立了年产能为 550 万吨、雇用工人超过 5 万人数的钢铁厂，这些钢铁向中国市场出口。为了促进与中亚国家的贸易与投资，印度的政策制定者在过去十余年里制定了制度框架。印度政府已经设立了为促进印度与中亚国家在贸易、经济、科学技术合作方面的政府间的合作委员会，并建立了定期会晤机制。印度与中亚国家的经贸关系通过联合工作组在各个领域的合作会进一步制度化，包括信息技术合作机制、自然技术合作机制、能源合作机制、军事技术合作机制等。同时，印度政府对向中亚地区出口商品的印度出口商提供没有偿还风险的小额信贷。①

为了给边境贸易以新的动力，印度联邦内阁于 2008 年 7 月批准了《陆路口岸管理条例草案》，该法案于 2008 年 12 月在印度议会正式通过。新成立的陆地港务局将负责建设、管理和维护陆地边境综合检查站，规范各机构的职能，协调相关部门的工作。新的边境检查站将为专门的客运和货运提供干净区域和相关配套设施，包括等候室、餐厅、集装箱堆场和仓库区。② 这些举措将增进印度与中亚国家的边境贸易关系。印度对改善地区连通性有着浓厚兴趣。印度一直以来都在致力于自身的"欧亚议程"建设。对印度而言，实现欧亚大陆的联通意义重大。印度外交部也邀请了相关国家商讨"欧亚大陆桥"的建设举措。印度决心加入"国际海关公约"（the international customs convention），于 2017 年 12 月加入了国际运输协会，并于 2018 年 2 月加入阿什哈巴德协定（the Ashgabat Agreement），这些都为推进"国际南北运输走廊"（the International North-South Transport Corridor）的建设提供了新动力。印度拟定并实施的"欧亚议程"有助于深化印度与中亚国家的经贸关系。

三 不断推进的防务安全合作

对印度而言，增进与中亚国家的防务合作既能在阿富汗和巴基斯坦发生暴力危机时在一定程度上改善印度的安全环境，也能使印度更有利获取

---

① Marlene Laruelle, *Mapping Central Asia: Indian Perceptions and Strategies*, George Washington University, USA, 2011, pp.132-133.
② "Bill for Land Ports Authority Introduced in Lok Sabha", December 18, 2008, http://www.livemint.com/2008/12/18184310/Bill-for-Land-Port-Authority-o.html, 2012-11-08.

中亚国家的能源和保障印度的战略利益。在此情形下，印度不断增进与中亚国家的防务安全合作。

印度与塔吉克斯坦的防务合作涵盖了诸多领域，包括信息共享、物质支持和联合演习。印度也拓展了对塔吉克斯坦的军事援助，帮助塔吉克斯坦建立并提高有效的空中力量。印度在塔吉克斯坦建立艾尼空军基地。此外，印度还给塔吉克斯坦的两个旅提供军事装备，包括航空器、计算机、语言培训教材、军用吉普车、卡车和两架米格-8直升机。作为军事人员培训的组成部分，塔吉克斯坦自1998年以来分批派送青年军事学员定期到印度国防学院接受培训。① 2012年7月30日-8月1日，双方举行了第一届"国防合作联合工作组"会议。2013年，在印度副总统艾萨里访问塔吉克斯坦期间，两国商讨将印度空军新购买的C-130J"超级大力神"运输机用于执行空运任务，其中两架用于运送医疗物品、设备和55名人员到塔吉克斯坦南部的"印度-塔吉克斯坦友谊"医院。② 2015年7月，在莫迪总理访问塔吉克斯坦期间，两国决定加强防务合作并签署了防务合作协定，旨在分享金融情报和打击洗钱与资助恐怖主义的行为。

在国防部长安东尼于2011年7月访问吉尔吉斯斯坦后，印度决定训练吉尔吉斯斯坦的武装力量，包括联合国维和行动之外的其他技能。安东尼表示印度将扩大印度与吉尔吉斯斯坦的国防合作范围。因此，印度和吉尔吉斯斯坦将提升合作层次和扩大合作范围，尤其是加强军事训练以及对军事装备的研发及生产。随着印度军事和研究机构网络的扩大，印度承诺给予吉尔吉斯斯坦与印度在军事和非军事部门开展联合研究与生产的机会。印度还赞赏吉尔吉斯斯坦在国际反恐中的努力。印度表示为避免威胁的不断上升，与吉尔吉斯斯坦有必要建立联合反恐工作组。③ 为增进双边的防务合作，与吉尔吉斯斯坦已经加强在军事演习、训练、丛林战、信息技术和反恐等领域的合作。2015年，两国签署了防务合作协议。

---

① "India-Tajikistan bilateral relationship", September 3, 2011, http://defence.pk/threads/india-tajikistan-bilateral-relationship.127694/, 2012-11-08.
② "Deepening strategic ties India-Tajikistan", May 2013, http://www.indiastrategic.in/topstories2015_deepening_strategic_ties_India_Tajikistan.htm, 2013-07-08.
③ "India to Train Kyrgyz Armed Forces, Establish Military Ties in Central Asia", December 1, 2013, http://www.defencenow.com/news/246/india-to-train-kyrgyz-armed-forces-establish-military-ties-in-central-asia.html, 2013-12-01.

哈萨克斯坦作为中亚首屈一指的大国，自然引起了印度的高度重视。两国在塔利班倒台后就反恐议题不断加强磋商与增进合作。2002年，纳扎尔巴耶夫在访问新德里时与印度总理瓦杰帕伊会谈后签署的联合宣言中明确指出，"恐怖主义不能以任何形式、任何原因及任何借口来表明其正当性。印度与哈萨克斯坦重申打击恐怖主义的斗争是全球性的、全面性的，彻底消除恐怖主义是持久性的"。① 两国领导人同意密切两国在反恐怖主义领域与军事领域的合作。2011年11月，印度陆军参谋长辛格（V. K. Singh）在访问哈萨克斯坦时指出，"这次访问是继罗伊·乔杜里（Shankur Roy Chaudhury）将军访问哈萨克斯坦16年后的首位印度陆军参谋长访哈萨克斯坦"。② 辛格参谋长此访有助于密切印度与哈萨克斯坦双边军事关系。2012年11月26~28日，第三届"印度-哈萨克斯坦军事技术联合工作组"会议在阿斯塔纳举行。同年12月，两国在印度举行了"联合特别军事演习"。2013年9月，在哈萨克斯坦国防部长贾克瑟别科夫（Maj. Gen. Taalaibek Omuraliev）访问印度期间，两国国防部长就共同关心的双边防务合作和安全问题进行了深入交流。在新闻发布会上，双方重申希望就感兴趣的国防领域加强合作，包括培训、联合国维和行动和防务合作。2018年8月，斯瓦拉吉外长与哈方外长阿卜杜拉赫马诺夫（Kairat Abdrakhmanov）会谈时强调两国应该更进一步加强在国防领域的合作。同年10月，在西塔拉曼防长访问哈萨克斯坦期间，两国评估了自2017年1月恢复国防合作谅解备忘录以来的双边关系，并就国防和军事技术合作等议题展开磋商。印度与哈萨克斯坦之间的防务合作主要包括军事技术合作、军事教育与培训、联合军事演习、双边防务人员互访以及青年军事人员交流。近年来，哈萨克斯坦武装部队在印度接受维和行动的培训。

2011年11月19日，印度陆军参谋长V. K. 辛格对乌兹别克斯坦进行了为期三天的访问。辛格参谋长与乌兹别克斯坦的军方领导人就加强双边防务关系和推动双边军事交流举行会谈。这是乌兹别克斯坦独立以

---

① "Kazakhstan shares India's concerns on terrorism", February 13, 2002, http://articles.timesofindia.indiatimes.com/2002-02-13/india/27123282_1_india-and-kazakhstan-role-for-indian-oil-terrorism, 2012-11-08.
② "Indian Army Chief Visiting Kazakhstan, Uzbekistan", November 17, 2011, http://www.eurasianet.org/node/64532, 2012-11-08.

来接见的首位印度陆军参谋长。2015年7月，莫迪总理在访问乌兹别克斯坦时希冀增进与乌方的防务合作。2018年8月，印度外长斯瓦拉吉访问乌兹别克斯坦时再次提及两国的防务合作。近年来，两国就密切防务合作达成了联合声明。为增进两国的反对恐怖主义联合军事训练和加强军事教育合作，乌兹别克斯坦宣布在印度新德里的大使馆设立一个防务部门。

印度与土库曼斯坦的安全合作主要还是在非传统领域。2010年5月，土库曼斯坦总统别尔德穆哈梅多夫对印度进行国事访问。在别尔德穆哈梅多夫总统与辛格总理会谈后，双方宣布恐怖主义、跨国犯罪和非法贩运毒品是世界各国可持续发展与安全的主要威胁。两国领导人在磋商后同意在应对全球恐怖主义方面进行合作，并呼吁国际社会在联合国框架原则内早日缔结《国际框架综合公约》。[①] 在印度防长帕里卡尔（Manohar Parrikar）与土库曼斯坦防长伯尔蒂耶夫（Yaylym Berdiev）会谈期间，两国就双边防务关系进行磋商，两国希冀通过中高层军官互访和加强两国军事人员联合训练的方式来加强两国的防务合作。

四 双方在能源领域的合作不断提升

印度与中亚国家合作的另一个重要议题是能源合作。随着经济社会的不断发展，印度对能源的需求与日俱增。为了保障能源安全，印度不断增进与中亚国家之间的能源合作。同时，中亚地区丰富的石油和天然气储量不断显现于媒体。据报道土库曼斯坦、乌兹别克斯坦和哈萨克斯坦拥有近300万亿立方米天然气储量和900~2000亿桶原油储量。[②] 吉尔吉斯斯坦本国的石油资源比较匮乏。因此，能源合作难以成为印度和吉尔吉斯斯坦合作的重要议题。

2009年，在哈萨克斯坦总统纳扎尔巴耶夫访印期间两国就核能合作签

---

① "India, Turkmenistan agree to cooperate in fight against terrorism", May 25, 2010, http://netindian.in/news/2010/05/25/0006623/india-turkmenistan-agree-cooperate-fight-against-terrorism, 2012-11-08.

② H. SUD, "India Looks to Central Asia for Energy", UPI Asia, June 17, 2008, http://www.upiasia.com/Economics/2008/06/17/india_looks_to_central_asia_for_energy/5733, 2011-09-16.

署了谅解备忘录，规定哈萨克斯坦向印度提供铀原料，并表示哈萨克斯坦将可能根据印度设计的重水反应堆来发展核电项目。长期以来，印度与哈萨克斯坦一直在讨论核能合作的议题。2011年，在辛格总理访问哈萨克斯坦期间，两国达成了和平利用核能的协定。根据该协定，2014年哈萨克斯坦将向印度出售2000余吨铀原料。哈萨克斯坦总统认为，"到2014年印度的核电站的发电量将在目前的基础上增长5倍，届时哈萨克斯坦将向印度提供2000多吨铀"。① 在辛格总理访哈萨克斯坦期间，两国就原油合作签署了协定。两国公司之间签署的三项协议将使得印度能获得里海北部已发现的原油。里海北部区域包含了两个潜在的区域——萨特帕耶夫和萨特帕耶沃思图奇尼（Satpayev, Satpayev Vostochni）——估计有2.56亿吨原油储备。②2018年4月，在第16届国际能源论坛期间，两国能源部门就能源合作状况进行了评估与讨论。

2007年，土库曼斯坦油气资源部长穆拉多夫（Baimurat Muradov）在与印度石油部长穆利·迪欧拉（Murli Deora）会谈时提出了印度与土库曼斯坦继续能源合作的三个方案：在里海离岸大陆架的石油和天然气区域的产量分成协议（PSA）；印度公司签署的陆上油气设施的服务协定（土库曼斯坦政府不允许签订陆上产量分成协议）；土库曼斯坦—阿富汗—巴基斯坦—印度天然气管道项目。土库曼斯坦为印度的石油公司提供了优惠待遇。印度米塔尔能源公司收购了土库曼斯坦在里海第11区和12区30%的股权。③2008年4月，印度外交部高级官员S.E.艾哈迈德（Shri E. Ahamed）与土库曼斯坦副总理塔吉耶夫（Tachberdy Tagiev）签署了能源合作的谅解备忘录，旨在推动印度企业与那些油气资源丰富国家之间开展合作。印度副总统安萨里也指出，"印度将土库曼斯坦视为满足印度能源需求的'天然伙伴'。土库曼斯坦拥有重要的地缘战略位置和巨大的油气资源，在世界能源安全方面发挥了重要作用。印度感谢土库曼斯坦领导对土库曼斯坦-阿富

---

① "Kazakhstan, India sign energy deals", April 16, 2011, http：//en.ria.ru/business/20110416/163555805.html, 2012-11-08.

② "Foothold for India in oil-rich Kazakhstan", April 17, 2011, http：//www.thehindu.com/news/national/foothold-for-india-in-oilrich-kazakhstan/article1701576.ece, 2012-11-08.

③ "India may get preference in Turkmenistan oil blocks", November 27, 2007, http：//articles.economictimes.indiatimes.com/2007-11-27/news/27679845_1_turkmenistan-ashgabat-indo-turkmen, 2012-11-08.

汗-巴基斯坦-印度天然气管道项目的支持"。① 2012 年是印度与土库曼斯坦建交 20 周年。印度总统帕蒂尔在给土库曼斯坦总统别尔德穆哈梅多夫的贺词中指出,"印度与土库曼斯坦能源合作项目的实施将使得双方的合作进入一个更高水平。鉴于两国的责任和努力,印度和土库曼斯坦需要从两国的实际利益出发来确保能源安全。印度确信两国在能源领域合作项目的实施将使双方的合作水平提升到一个更高的层次"。② 土库曼斯坦蕴藏着丰富的天然气资源,这对能源相当缺乏的印度具有很大吸引力。莫迪总理与斯瓦拉吉外长分别于 2015 年和 2018 年访问土库曼斯坦时都阐述了能源合作是印度与土库曼斯坦双边合作的重要组成部分。

2006 年 4 月,在辛格总理与乌兹别克斯坦总统举行的联合新闻发布会上,在被问及是否允许印度在乌兹别克斯坦进行石油和天然气勘探时,乌总统卡里莫夫指出,"乌兹别克斯坦已经给予印度同中国、俄罗斯、韩国和欧盟相同的待遇。乌印两国将在平等的基础上进行天然气和石油的开采"。③ 为促进两国在天然气领域的合作,印度石油天然气部与乌兹别克斯坦国家控股公司签订了谅解备忘录。另一个备忘录是印度天然气管理有限公司（GAIL）和乌兹别克斯坦国家石油天然气公司（Uzbekneftegaz）之间签订的。2007 年 4 月,印度商务部长拉梅什（Jairam Ramesh）率领印度的多个部门负责人访问乌兹别克斯坦。拉梅什部长与乌兹别克斯坦官员磋商印度的石油公司在乌兹别克斯坦投资石油化工、液化天然气和城市燃气等事宜。同时,两国还在新能源领域展开合作。2019 年 1 月,乌兹别克斯坦总统米尔济约耶夫（Shavkat Mirziyoyev）在出席印度举办的活力古吉拉特邦全球峰会时与印度总理莫迪经磋商后达成铀采购协议。

2013 年 4 月,在印度副总统安萨里对塔吉克斯坦进行访问期间,能源安全成为双方讨论的焦点。印度表示他们对能源合作很有兴趣。印度政府官员指出,印度被告知塔吉克斯坦有着丰富的石油和天然气储量。这首先

---

① "India, Turkmenistan ink MoU on oil, gas cooperation", April 6, 2008, http：//www.business-standard.com/article/economy-policy/india-turkmenistan-ink-mou-on-oil-gas-cooperation-108040601050_1.html, 2012-11-08.

② "Energy cooperation intended to deepen relations between Turkmenistan and India", May 01, 2012, http：//en.trend.az/regions/casia/turkmenistan/2020681.html, 2012-11-08.

③ Satish Misra, "Uzbekistan offers oil exploration to India", April 26, 2006, http：//www.tribuneindia.com/2006/20060427/world.htm#1, 2012-11-08.

需要勘探，然后需要人们去开采。现在，印度被告知双方可以就这一领域进行合作。印度外交部东亚事务秘书桑吉·辛格（Sanjay Singh）表示因为印度在世界各地寻找石油和天然气，印度应该和塔吉克斯坦在能源领域进行合作。① 2018年10月，两国签署了关于在可再生能源领域合作的谅解备忘录，鼓励与促进双方在互利、平等与互惠的基础上就可再生能源技术开发进行合作。如果事情进展顺利，塔吉克斯坦将可能成为印度最重要的原油和成品油供应商之一。

第二节　印度对中亚的地缘战略认知

长期以来，印度一直把中亚视为与其地缘安全密切相关的"地理延伸邻居"。2003年印度外长贾斯旺特·辛格在访问中亚时指出，"印度在中亚的存在并不是要替代谁。印度视中亚为印度延伸的邻居。印度在中亚的存在是为促进相互之间的包容关系"。② 2006年印度外务秘书希亚姆·夏朗（Shyam Sharan）在参加上海合作组织峰会时指出，"地理位置赋予了印度在亚洲地缘政治中独特的地位。印度的足迹超越了南亚。印度的利益跨越了不同区域，包括东亚、西亚、中亚、南亚及东南亚"。③ 在探讨中亚在印度外交战略中的重要性时，印度的梅纳·辛格·罗伊（Meena Singh Roy）认为，"对于印度来讲，中亚具有巨大的战略重要性。两者之间有着广阔的领域来展开务实互利的交往。中亚各国与印度关系的重要性可以通过中亚对南亚地区安全与稳定的重要影响得到充分的体现。尽管印度现在才与中亚各国开展合作，但是中亚已经给印度提供了诸多机遇。如果可能的话，这些机遇将有利于印度在中亚实现中长期的外交战略与政策目标"。④ 同时，乔希（Niemala Joshi）认为，"尽管印度与各中亚国家没有地理上的共同边

---

① Ashwini Shrivastava, "India eyes oil, gas reserves in Tajikistan", April 16, 2013, https://www.moneycontrol.com/news/business/economy/-1071791.html, 2013-12-02.
② Marlene Laruelle, *Mapping Central Asia: Indian Perceptions and Strategies*, George Washington University, USA, 2011, p.98.
③ "Shyam Sharan's speech in SCO", June 24, 2006, Http://www.mea.gov.in/mystart.php?id=530111969, 2009-05-09.
④ Meena Singh Roy, "India's Interest in Central Asia", *Strategic Analysis*, *Monthly Journal of IDSA*, March 2001.

界，但是由于地理位置的毗邻使得印度把中亚视为其延伸的邻居。由于与中东和南亚的战略接近，具有其独特特征的中亚吸引了国际社会的关注和兴趣。因此，与中亚各国保持密切接触是印度外交的重要组成部分"。①

弗拉德（L. Bogdan Vlad）认为，"中亚的卓越地位主要表现在以下两方面：中亚地区的发展进程严重受到区外大国的存在及其政策的影响；中亚传统的均势仍然是中亚国家外交战略的核心"。② 鉴于地缘政治的考量，中亚地区又成为各大国竞争的目标地区。对印度而言，鉴于本国政治稳定和经济发展，开始勾画其在中亚的蓝图，并在中亚扮演重要角色以保证印度的战略利益。印度外长穆克吉于2006年11月指出，"不能以狭隘的或短视的眼光来关注紧邻。环视印度的外交环境，印度当今的外交政策是在不断扩大与国际社会的接触，从南亚延伸到西亚、中亚、东南亚和印度洋地区。冷战后时期在实施经济开放政策的过程中，印度不断增进与上述地区的政治、经济与防务接触。基于观念和物质考虑，印度增进与这些地区的接触既是开启友好历史的开端，也是印度发挥地区稳定角色的需要"。③

一 中亚与印度的地缘战略安全密切相关

中亚各国间的差异性导致了各种矛盾与冲突。宗教冲突、费尔干纳峡谷的边界争端、水资源争端等问题导致了中亚国家关系的紧张。特别是在苏联解体后，激进伊斯兰在该地区的崛起，对中亚地区的安全形成极大挑战。与此同时，印度对中亚地区的问题有着自己的认知。印度认为如果中亚地区的伊斯兰激进组织没有被扼杀在摇篮中，那么最终将会对印度的安全构成严重威胁，特别是会加剧克什米尔地区激烈的争夺态势。④

中亚国家自独立以来就受到宗教极端主义的威胁。中亚国家的人民

---

① Niemala Joshi, "India's Policy towards Central Asia", From *India's Foreign Policy: Continuity and Change*, Published by Rajkumar for Academic Excellence, 2008, p. 201.
② L. Bogdan Vlad, A. Josan, and G. Vlasceanu, *Active Geo-Strategic Players, Geopolitical Pivots and the Changing Balance of Power in Eurasia*, Revista Romana de Geogrfie Politica, Vol. XII, No. 1, 2010, p. 116.
③ P. Mukherjee, "Indian Foreign Policy: A Road Map for the Decade Ahead", speech given at the 46th National Defense College Course, November 15, 2006, http://www.mea.gov.in/mystart.php? id=530111969, 2009-05-09.
④ Stephen. Blank, "India's Rising Profile in Central Asia", *Comparative Strategy*, April 2003, Vol. 22, No. 2, p. 141.

大多数是伊斯兰教逊尼派,只有塔吉克斯坦的少部分穆斯林属于什叶派。世人熟悉的跨越乌兹别克斯坦、吉尔吉斯斯坦和塔吉克斯坦的费尔干纳峡谷是该地区的宗教据点,即使在苏联时期也是如此。在苏联时期,国家尽管对该地区的宗教实施高压政策,但也没能对该地区的宗教组织形成致命打击。在中亚国家乘苏联即将解体之机获得独立后,该地区的宗教也得以复兴。清真寺和宗教学校如雨后春笋般涌现。该地区的人民以极大的热情参与宗教活动。不过世人必须认识到该地区大多数人仅仅是对宗教抱以热情而没有采取极端行动。正如印度的乔希指出的,"中亚地区的人民是以世俗和现代世界观而非以宗教狂热的态度来看待宗教。另一个显著的特点就是费尔干纳峡谷的宗教极端组织在受到外部支持的情况下诞生了"。①

1992年,塔吉克斯坦内战的发生标志着宗教极端主义进入了新阶段。该内战持续了5年,对塔吉克斯坦的经济社会的破坏极为严重,并使得宗教极端分子向阿富汗渗透以寻求庇护。同时,在乌兹别克斯坦的宗教极端组织"乌兹别克斯坦伊斯兰运动"不仅对乌兹别克斯坦安全形成了威胁,而且对整个中亚地区的安全与稳定都是一种潜在的挑战。该地区有两个组织受到塔利班支持:"伊斯兰解放组织"和"乌兹别克斯坦伊斯兰运动"。乔希指出阿富汗已经成为国际恐怖主义的中心,对整个人类形成了严重的安全威胁。"乌兹别克斯坦伊斯兰运动"在内战中被消灭;"伊斯兰解放组织"在吉尔吉斯斯坦境内的费尔干纳峡谷地区进行秘密地下活动。②

2001年"9·11"事件后,美国领导的国际联军成功地推翻阿富汗塔利班政权。中亚国家也欢迎西方军队在该地区的存在,并给西方军队提供军事基地和军事设施。有分析认为,"中亚国家把美国军队在中亚的存在视为安拉赐予的礼物。这种观念存在的理由十分简单:俄罗斯没有资金来保护中亚。俄罗斯也不会再像过去那样像保护俄罗斯自己一样来保护中亚"。③该地区的人民抱有一种希望,那就是在塔利班被推翻后该地区的非法武器贸易、毒品交易以及有组织的犯罪将得到有效控制,但是事实却不尽然。

---

① Niemala Joshi, "India's Policy towards Central Asia", From *India's Foreign Policy: Continuity and Change*, Published by Rajkumar for Academic Excellence, 2008, P. 202.

② Niemala Joshi, "India's Policy towards Central Asia", p. 202.

③ "Current Digest of Post Soviet Press", 期 Vol. 53, No. 42, 2001, p. 17.

在塔利班政权被推翻后，该地区的恐怖主义据点却并没有被摧毁。即使本·拉登于2011年被美国击毙，但是该地区的恐怖主义活动仍然猖獗。极端军事组织和恐怖主义组织的存在使得中亚地区并不安宁。西方国家的军事存在尽管能维持中亚的安全与稳定，但是与极端势力有关联的组织为获得资金来源不断发展毒品贸易使得该地区的毒品贸易不断蔓延。在这种情势下，在阿富汗就成为毒品供应的主要来源地之时，中亚就成为向其他市场推销毒品的中转地。此时，在中亚的毒品大亨不断涌现，其中一些毒品大亨还竭力支持极端势力。这些非法武器交易、毒品走私和有组织的犯罪严重地影响着中亚的和平与稳定。而中亚地区的安全与稳定对印度的国家安全有着直接或间接的联系。因此，印度出于对国家战略和安全的考虑须与中亚国家进行安全对话，提升防务合作水平。

二 抑制巴基斯坦的影响

印度对中亚地区最主要的战略关切是抑制巴基斯坦在中亚不断扩大的影响。自20世纪90年代以来，巴基斯坦就不断探寻增进与阿富汗以及与中亚国家的关系。巴基斯坦为获得战略纵深，不断增进与上海合作组织的合作关系。在印度看来，印度对中亚实施的"北向政策"（Look North Policy）之所以难以取得成效是由于遭受巴基斯坦的干扰。然而，印度的这种认知在印度的地理及地缘政治投射中普遍存在。正是印度的这种认知有时候会使得印度的外交政策难合时宜：比如印度认为建立在伊斯兰理论基础上的巴基斯坦与中亚国家关系是对印度国家利益的一种威胁，而实际上巴基斯坦和中亚增进关系是为了寻求经济合作。印度认为巴基斯坦出于经济和地缘政治考虑增进与中亚国家关系。但是，巴基斯坦发展与中亚国家的最主要原因是为了与印度竞争。巴基斯坦做出了各种积极努力来平衡印度在中亚的影响。[①] 一直以来，巴基斯坦都希望能在阿富汗以及其他地区施加并扩大影响力。但是，巴基斯坦却认为中亚是其自然扩张的区域。[②] 巴基斯坦为了增进与中亚国家的关系提出了要使巴基斯坦成为其他地区或国家与中亚

---

① M. Singh Roy, "Pakistan's Strategies in Central Asia", *Strategic Analysis*, Vol. 30, No. 4, 2006, p. 798.
② H. Haqqani, *Pakistan:Between Mosque and Military*, Lahore: Vanguarf Books, 2005, p. 159.

发展的关系的贸易与交通走廊以及提供港口设施的中转站。① 巴基斯坦之所以不断增进与中亚国家的关系是出于以下三个考虑：第一，寻求战略纵深；第二，通过"穆斯林团结"的倡议来获取中亚穆斯林的支持；第三，不断增进与中亚国家的经济合作。②

为了平衡巴基斯坦的影响和抑制极端主义与恐怖主义，印度已经增进了与中亚国家的军事合作。实际上，印度在塔吉克斯塔的艾尼空军基地对巴基斯坦就是一种威慑。自2002年巴基斯坦关闭了印度飞往欧洲的商务航线后，印度就与塔吉克斯坦商定艾尼空军基地之事以确保印度的航空安全，并希冀借此抑制巴基斯坦在中亚的影响。③ 印度除了与塔吉克斯坦加强军事合作外，还不断增进与其他中亚国家的军事合作，旨在抑制巴基斯坦在中亚的影响力。为了实现在中亚的战略目标，印度不断增进与上海合作组织的关系，并于2017年成为上海合作组织的正式成员国。印度的政策制定者已经认识到上海合作组织首先是个重要的安全组织。2009年在俄罗斯叶卡捷琳堡召开上海合作组织安全峰会时，上海合作组织就呼吁巴基斯坦采取果断措施来打击其境内的恐怖势力。④ 印度不断增进与上海合作组织的关系可以在反恐议题上对巴基斯坦施加影响。

三 能源安全战略保障的需要

能源安全不仅具有地缘政治意义，更具有国际层面的意义。定义能源安全是相当困难的。因为它是一个宽泛的概念并涵盖了许多方面，包括燃料获取（按可接受的价格），燃料的安全运输与处理以及环境与资源。能源安全对印度而言意义重大。印度总理曼莫汉·辛格曾说，"对

---

① "Musharraf for Taking Advantage from Pak Geo-Strategic Importance", POT Pakistan, Vol. 34, No. 188, August 12, 2006, p. 25-26.
② Marlene Laruelle, "Mapping Central Asia: Indian Perceptions and Strategies", George Washington University, USA, 2011, p. 119-120.
③ Marlene Laruelle, "Mapping Central Asia: Indian Perceptions and Strategies", George Washington University, USA, 2011, p. 112.
④ R. Devraj, "India takes security concerns to Shanghai Summit", Global Geopolitics News, June 18, 2009, http://global geopolitics.net/wordpress/2009/06/18/politics-india-takes-security-concerns-to-shanghai-summit/, 2014-04-11.

印度来讲，能源安全仅次于粮食安全"。① 2006年石油消费占印度初次能源消费的36%，这可以看出石油对印度的重要性。② 目前，印度已经是世界第三大能源消费国。印度为了打破严重依赖于从海湾国家进口石油和天然气的局面，希冀与中亚国家展开能源合作。尽管印度已就能源合作议题与中亚国家签订了诸多协定和谅解备忘录，但仍不是中亚国家主要的能源合作伙伴。

印度也希望能有多元化的能源渠道。中亚丰富的石油和天然气资源吸引了印度的注意。随着印度经济社会的发展，能源成为了发展的动力。中亚地区的能源对印度具有不可言喻的地缘政治重要性。为促进印度与中亚国家的能源合作，印度加大了对该地区的资金投入。

哈萨克斯坦能在印度多元化的石油进口战略中发挥重要作用。由于相对较好的经济环境，哈萨克斯坦可以被印度视为潜在的能源合作伙伴国。2015年7月，在莫迪总理与马西莫夫总理（Karim Massimov）会谈时，两国领导人就印度石油天然气公司旗下的维德希石油有限公司（ONGC Videsh Ltd）与印度石油天然气公司旗下的国际勘探部门联合对哈萨克斯坦的沙帕耶夫油区进行勘探钻井达成共识。维德希石油有限公司早在2011年就购买了沙帕耶夫油区25%的股权。2018年4月，两国能源代表利用出席第16届国际能源论坛的契机就两国能源合作举行磋商。哈萨克斯坦在石油天然气资源方面的潜力符合印度国家能源战略的需求，这为印度开拓哈萨克斯坦的能源市场提供动力。

土库曼斯坦和乌兹别克斯坦蕴藏着丰富的天然气资源，这对能源稀缺的印度而言也相当重要。在过去的年岁里，土库曼斯坦和乌兹别克斯坦都在找寻天然气出口的多元化路线。2007年，尽管乌兹别克斯坦将天然气的开采量增加到了2.3万亿立方英尺/每年，但是也主要限于在国内消费。之后，印度天然气安全监督委员会与乌兹别克斯坦斯坦签署了一项谅解备忘

---

① Stephen Blank "Central Asia's Energy Game Intensifies", Eurasia Net, September 2, 2005, http://www.eurasianet.org/departments/insight/articles/eav090105.shtml, 2009-07-14.

② 资料来源于印度财政部和印度工商部，Gulshan Sachdeva, "Regional Economic Linkages", the Ministry of Finance and Ministry of Commerce & Industry, Government of India, 2010, http://www.silkroadstudies.org/new/docs/publications/1004Joshi-VII-Linkages.pdf, 2012 - 11-08。

录，允许印度公司在乌兹别克斯坦实施石油和天然气开采。印度天然气安全监督委员会还在乌兹别克斯坦的西部设立了液化石油天然气厂址，其产出主要还是为满足乌兹别克斯坦国内消费。① 截至 2019 年初，乌兹别克斯坦是世界第 15 大天然气生产国。石油与天然气在乌兹别克斯坦的国内生产总值的贡献接近 16%，带动了 12 万人就业。乌兹别克斯坦石油天然气行业的发展以及印度巨大的能源需求对促进两国能源合作提供了契机。

印度也加大了进军中亚能源开发的力度。印度在亚洲开发银行的支持下，构建了土库曼斯坦—阿富汗—巴基斯坦—印度管道项目。该项目受到些许不确定因素的影响，包括土库曼斯坦的天然气储量，阿富汗不确定的安全形势以及印度和巴基斯坦之间的紧张关系。尽管如此，相关各方都非常重视该项目建设。这 1680 公里长的管道将从土库曼斯坦的道勒塔巴德气田到阿富汗，然后沿着赫拉特至坎大哈的公路，再通过巴基斯坦境内的奎达到木尔坦。管道的终端到达印度旁遮普邦的法则卡市。印度于 2006 年 2 月 15 日被邀请成为该项目的正式成员。② 2006 年 5 月，印度政府正式批准参与该项目并授权印度石油与天然气部拟定正式参与该项目的议定书。③ 印度、巴基斯坦与阿富汗于 2008 年 4 月签订了从土库曼斯坦购买天然气的《框架协议》。2015 年 7 月，莫迪总理在与别尔德穆哈梅多夫总统会谈时，都认为土库曼斯坦—阿富汗—巴基斯坦—印度管道项目具有重要意义，并将该管道项目建设确定为两国能源合作的重要支柱。

四 中亚国家是印度发展对外经贸关系的重要环节

印度的拉杰·琪海卡拉（Raj Chhikara）就中亚的战略和经济前景做了如下分析：印度在该地区的地缘战略内容应包括促进地区安全和实现商业利益；印度应加强双边和地区经济合作；印度要力争成为上海合作组织的正式成员国；印度需要专注于对该地区的贸易和投资机会（尤其是有很大

---

① Richa Mishra, "Gail to Set up LPG Plants in Uzbekistan", May 2, 2006, http://www.thehindubusinessline.com/2006/05/02/stories/2006050 201860300.htm, 2009-09-17.
② "India Invited to Join TAPI Project", The Hindu, 17 March 2006.
③ "Union Cabinet decision press release", May 18, 2006, http://pib.nic.in/release/release.asp?relid=17859&kwd=, 2009-09-17.

潜力的服务业），比如教育与培训、酒店服务、信息技术、医疗保健等。①

自建交以来，印度与中亚国家的贸易和经济关系就以稳健的步伐向前发展。为了推动经贸关系发展，印度与中亚国家已经成立了政府之间的联合委员会，并不断展开高层互访。冷战结束以来，仅哈萨克斯坦总统纳扎尔巴耶夫就多次访问印度。印度与中亚国家之间的经贸额虽然微不足道，但是其重要性不应仅仅限制在经贸方面。中亚国家有大约7000万人口，是一个拥有巨大经济潜力的市场。中亚为印度的消费品提供了一个巨大的尚未开发的市场。该地区的消费者难以从西方进口廉价商品，因为该地区难以承受西方商品昂贵的价格。印度的茶叶和药品行业已经在中亚市场中获得了立足。此外，中亚市场对印度的信息技术、银行、建筑以及食品加工行业等领域的专业知识有着巨大需求。

中亚还有诸多领域可以吸引印度的商业投资。因为中亚地区有着丰富的矿产资源，所以采矿业对印度有着巨大吸引力，如铜、铀、黄金和白银，这对急需大量矿产的印度而言具有相当的吸引力。此外，鉴于印度在电力供需方面的巨大赤字，中亚地区未开发的水利水电可能成为吸引印度电力公司和建筑公司进行投资的另一个重要领域。该地区的棉花生产和纺织业也成为吸引印度投资的领域，尤其是作为世界最大棉花生产国之一的乌兹别克斯坦。

第三节 印度在中亚面临的地缘战略挑战及前景

中亚地处欧亚大陆的中心腹地，且蕴藏着丰富的油气资源和矿产资源，这引起了印度的战略关注。印度虽然采取了诸多举措来增进与中亚国家的关系，但是其中亚战略仍面临诸多挑战。

第一，最显而易见的挑战是印度难以逾越的地理障碍。印度一直在寻求克服通向中亚国家地理缺陷的途径：（1）印度政府已经投资20亿美元建设"能源高速公路"，即把能源从俄罗斯经乌兹别克斯坦、土库曼斯坦，再经中国到达印控克什米尔地区。虽然要通过有争议的敏感地区——克什米

---

① "India-Central Asia Economic Relations: A Report of RIS/CII Seminar", India Habitat Centre Lodhi Road, New Delhi, May 2005, RIS-DP # 94/2005, p. 2.

尔地区，但是以能源倡议实现相关国家的利益也是可能的。比如，印度和巴基斯坦已经开放的跨境贸易；尽管中印边界争端还没有得到最后解决，但是两国已经展开了一系列能源合作。（2）更可行的办法就是以伊朗贸易走廊为替代选择。2000 年 9 月 12 日，在圣彼得堡，印度、伊朗和俄罗斯签署了有关建立"国际南北运输走廊"的协定。这条走廊使得印度的商品发表从印度港口转运到伊朗的阿巴斯港，然后通过铁路或公路连接中亚和里海，从而绕过巴基斯坦。（3）另一个可选择的方案是复兴与中亚的古代贸易路线即列城—莎车和列城—杰姆丘克。这样做有两个优点：不仅能使得边境地区的人们获得经济收益，也能使得印度在这条路线中扮演重要角色。①

第二，该地区激进伊斯兰主义的不断崛起影响着印度的安全利益。为了追求自己的国家利益，印度要在激进伊斯兰组织和中亚国家政府间取得平衡而不要触动本地区的政治敏感性，这是一个相当具有挑战的政策。此外，阿富汗的不稳定势必将蔓延到中亚国家，并使本就脆弱与不安的中亚国家遭受威胁，如塔吉克斯坦、土库曼斯坦和乌兹别克斯坦。

印度应当制定相关政策并和其他国家一道帮助中亚国家逐步实现政治民主和经济自由化。如果中亚国家的政治和经济模式仍维持目前现状，该地区将继续成为极端主义和民族分离主义的温床。塔利班在阿富汗的复活将会向中亚蔓延，这将使得印度不仅要尽力维持阿富汗局势的稳定，同时印度也要增进与俄罗斯、中国及美国的合作来防止塔利班势力的外溢。为了解决这些个安全挑战，印度已经与哈萨克斯坦和塔吉克斯坦建立了联合工作组。印度还加入了该地区最有影响之一的上海合作组织。此外，印度还增进了与中亚国家之间的国防合作：印度政府已经与中亚国家签署并实施了人员培训和军事人员交流的协议、情报共享协议、购买"伊柳辛-78"（Illyushin-78）协议（印度从乌兹别克斯坦购买）、军备整修协议。对印度本土的国防工业而言，中亚仍是一个相对未开发的市场。印度可以向中亚国家出口简便的武器。②

---

① Raghav Sharma, "India in Central Asia: The Road Ahead", IPCS Special Report, New Delhi: Safdarjung Enclave, January 2009, p. 12.
② Stephen. Blank, "India's Rising Profile in Central Asia," April 2003, *Comparative Strategy*, Vol. 22, No. 2, pp. 143-151.

第三，尽管印度已经制定了针对中亚地区的能源政策，但是对中亚地区能源安全的复杂性仍认识不足。印度政府虽然已经对哈萨克斯坦的油气田进行了投资，但是并没有就如何输送石油到印度市场或者油气资源的期货贸易制定出具体而明确的政策。诸多限制因素使得土库曼斯坦-阿富汗-巴基斯坦-印度管道也遭到搁置。（1）印度政府缺乏独立评估体系来评估道勒塔巴德气田的天然气储量；（2）土库曼斯坦政权的不稳定性使得该政府不能维护合同的神圣性；（3）该线路潜在的安全问题开始涌现，因为要穿越阿富汗南部和巴基斯坦的俾路支省地区；（4）印度日益增长的能源需求与中国的能源需求有相悖之处，两国在对哈萨克斯坦的油气田具有竞争。[1]

第四，印度难以处理可能危及印度国家安全利益的贩毒和潜在的武器扩散问题。欲图阻止激进伊斯兰势力，不可避免地需要解决该地区日益猖獗的贩毒活动。因为贩毒是激进伊斯兰势力的主要资金来源。现实是印度对这个领域很少关注。长远看，印度可以通过支持欧盟倡议的计划，即培训边防部队和提供必需的技术支持来维护自身的安全利益。此外，印度可以推动该地区国家通过引进高价值的农作物来促使当地民众能自给自足，而不是通过种植罂粟。[2]

第五，中亚虽然蕴藏着巨大的商业潜力，但印度要拓展与中亚的经贸关系仍有障碍。由于中亚国家在政治上存在着不稳定性，印度企业不敢冒着不稳定风险对中亚国家进行投资。中亚国家糟糕的银行服务导致印度企业望而却步。两者之间缺乏直接的地理联系也是阻碍两者增进经贸关系的重要因素。

在商业领域，印度可以通过信息技术、银行和中小规模的企业投资来增强自己拓展中亚市场的能力。印度应该鼓励本国的企业在面对政局动荡的中亚市场时有勇气去开发该地区的经济潜能。根据独联体方案，印度已经关闭了协助印度企业家和商会组织的交易会。印度与哈萨克斯坦建立了联合商业理事会。与中亚国家的持续贸易接触会加强印度在该地区的影响力。

---

[1] Raghav Sharma, "India in Central Asia: the Road Ahead", IPCS Special Report, New Delhi: Safdarjung Enclave, January 2009, pp. 10-11.

[2] Raghav Sharma, "India in Central Asia: a Road Ahead", IPCS Special Report, New Delhi: Safdarjung Enclave, January 2009, p. 14.

结　语

后冷战时期，世界形势风云变化。在众多因素的影响下，地区形势云谲波诡。然而，在相互依存不断加深的时代，印度却发生了引人注目的变化。不管国际风云如何变幻，地区形势如何变迁，印度一直朝着既定的战略目标稳步迈进。这主要归功于印度历届政府根据具体形势而制定的符合时宜且高瞻远瞩的外交政策。印度不断增进与周边国家和地区的联系为印度的外交运作及战略能力发挥提供了实践场所。

印度给予了周边外交新的诠释。冷战时期，印度关注的重点是南亚地区，尤其对巴基斯坦给予了相当重视。冷战结束后，伴随综合国力的提升，印度在开展对外关系时，不断丰富周边外交的范畴。正是在这样的政策指引下，印度不仅发展了与包括巴基斯坦在内的南亚国家关系，更是增进了与区域、跨区域国家与地区的外交关系。印度在稳步推进与巴基斯坦和南盟关系之时，也在不断推进与中国、伊朗及阿富汗的关系，并积极谋划与东盟、海合会及中亚地区的外交关系。

印度保持了外交政策的延续性和稳定性。冷战时期，印度外交政策中最引人关注的是"不结盟"政策。印度希冀通过"不结盟"外交既能树立印度独立自主外交的形象，也能确保印度在美苏两大阵营间获取最大化的国家利益。冷战结束后，印度在展开周边外交之时也十分注重独立自主外交形象。2012年，印度在"不结盟2.0"中明确提出要确保印度外交决策的自主性。不管国际风云如何变幻，印度始终坚持"不结盟"的外交政策。面对美国在伊朗核问题上的压力，印度没有选择完全遵从美国，而是选择了继续深化与伊朗的战略伙伴关系。但是，由于伊朗没能配合国际原子能机构的核查，印度在国际原子能机构中对伊朗屡投反对票。与此同时，印度向伊朗阐明自己的立场。印度认为伊朗有权和平利用核能，但是不能进行核武器研发。随着美伊关系在近期的逐渐恶化，莫迪政府在美伊间实施的"平衡外交"让印度受益良多。然而,美国对伊朗强硬的外交政策能否让印度继续获益于"平衡外交"仍有待观察。

印度注重开展经贸外交。冷战结束后,各国都把发展经济关系作为对外关系的重点。与此同时,印度认识到经济利益是各国开展外交的核心之所在。随着印度经济开放政策的实施,印度加快了与国际社会的经济联系,把加强与他国的经贸关系作为其外交的重点之一。就印度而言,不断增进与他国或地区的经贸关系有着深远的战略意义。首先,增进与他国的经贸关系可以加速印度的商贸出口,能为更便捷地占据对象国的经贸市场创造条件。其次,增进与发达国家或地区的经贸关系可以使印度更便利地获取他国的资金和技术。例如,印度增进与东盟的经贸关系就使得印度更为便捷地获得东盟国家对印度的投资和技术支持。再次,经贸关系的增进可以推动印度与对象国提升政治互信。"中印战略经济对话"就是两国希冀把经贸联系作为桥梁来提升两国间的战略互信。同时,印巴两国虽然历经波澜,但是也都希冀通过不断密切的经贸关系推动双边政治互信。

印度认识到睦邻外交政策的重要性。经过数十年的外交实践,印度日益认识到对周边国家和地区实施睦邻外交的深刻意义。实施睦邻外交有利于为印度的经济社会发展创造良好的周边环境,这是印度对其周边外交的反思与经验总结。例如,冷战时期,印度对南亚国家实施强硬的外交政策非但没有完全实现印度的战略意图,反而增添了印度与南亚其他国家的芥蒂。冷战结束后,印度为给经济社会发展创造良好的周边环境,不断寻找增进与南亚邻国关系的途径。睦邻外交的政策实践不仅有利于印度塑造负责任的地区大国的形象,也有利于印度在国际舞台上发挥更大作用。印度不断增进与南盟的关系,就是希冀通过在南盟的政策实践树立在南亚作为一个负责任的大国的形象,从而提升自己在国际社会中的地位。

印度坚持维护国家利益的务实外交。冷战结束后,印度根据变迁的国际形势对外交政策进行了调整,使得印度的外交政策更为务实。印度在开展对外关系时,不再标榜自己的理想主义情结,而是从维护印度的国家利益出发来考虑国际与地区问题。例如,印度增进与中亚国家关系的目标在于拓展印度的地缘战略影响力。然而印度虽不断推进自己与中亚国家的战略合作,但也注重与大国主导的机制合作。与此同时,印度在伊朗核问题上施展了务实外交。美国虽然为促进印度配合对伊制裁而实施了多管齐下的措施，但印度也会出于战略考虑维持并增进了与伊朗的战略合作伙伴关系。

印度不断加强与地区机制的互动。冷战时期，印度外交关注的重点是美苏两大阵营和南亚的巴基斯坦，对地区机制的重视不足。在东盟与南盟成立之初，印度不仅没能给予东盟与南盟足够的战略重视，甚而还相当漠视这些地区机制。然而，后冷战时期，伴随经济社会的快速发展，印度对国际与地区机制的认知不断深入，并采取积极措施发展与地区和国际机制的合作关系。就印度与东盟的关系而言，印度借助东盟平台不断丰富"东向政策"的内容，并顺势提出了"东向行动政策"，积极推动印度与日本、韩国、澳大利亚和新西兰的关系发展。印度利用东盟这个地区机制不断拓展其亚太战略空间，这对提升印度在国际舞台上的地位是大有裨益的。与此同时，印度不断增进与南盟在政治互信、经贸合作以及反对与打击恐怖主义机制中的互动关系，这不仅有益于深化印度与南盟的关系，也有益于提升印度在南盟国家中的形象。

能源合作的重要性日益凸显。在经济开放政策实施后，随着经济社会迅速发展，印度对能源的需求与日俱增。为满足国内日益增长的能源需求，印度在开展对外关系时十分重视能源合作。为保障能源的进口，印度不断加强与能源资源丰富的国家和地区的合作，深化能源合作的领域；为保障能源进口的安全，印度不断加强与能源资源丰富的国家和地区的防务安全合作。与此同时，印度在不断推进能源进口来源地的多元化。印度不断探寻新能源的开发途径，同时，不断探寻与他国携手共同开发能源市场的渠道。

印度对"软实力"外交给予相当重视。作为综合国力的重要组成部分，"软实力"外交可以弥补"硬实力"外交的不足。随着冷战的结束，国际社会交往的樊篱被打破，作为"软实力"重要组成部分的文化就成为各国尤其是大国制定外交战略与实施对外政策的重要组成部分。印度对文化"软实力"给以了相当重视。印度通过教育合作、签订文化合作备忘录、设立文化论坛、举办"文化周"与"文化年"以及成立文化交流中心等方式不断深化与他国的文化交流与合作。同时，印度注重开展对他国尤其是发展中国家的人道主义援助。

与此同时，印度的周边外交开展也存在不足。印度虽一再标榜自己的独立自主外交，但是有限的国力使其在开展周边外交时存在徘徊和犹豫不前的情况。比如，当美国要求印度在伊朗核问题上配合对伊朗制裁时，印度在一定程度上是在规避自己的责任。与之同时，印度"硬实力"的局限性也相当明显。后冷战时期，印度虽不断增进与周边国家和地区的防务合作，但是防务合作的实质性内涵却难以体现出来。此外，印度外交注重灵活性，从而使得印度外交的原则性就显得相形见绌。

从客观效果而言，"强军政策"也是印度周边外交的重要组成部分。后冷战时期，尤其是进入21世纪后，印度不断加大力度协调与周边国家和地区的外交关系。比如20世纪90年代，印度提出的"古杰拉尔主义"就是希望通过睦邻的外交政策来提升印度与南亚周边国家的外交关系。印度睦邻外交的出发点是服务于本国的外交实践，客观上却面临着巨大的压力。印度作为区域大国应当积极主动增进与巴基斯坦的关系，但是现实情况却不尽如人意。印度的睦邻外交并没有达到预期的效果。

后冷战时期，印度为了提升综合国力、实现大国诉求，在区域整合方面取得了相当成效。后冷战时期印度的周边外交虽存在一些不足，但是与周边国家和地区改善并增进关系使得印度在纷繁复杂的国际局势中赢得了国际认可。印度积极拓展国际空间、实施务实外交、争取国际认同以及促进与多边机制的合作，为其经济社会发展和人民福祉提高创造了有利的国际环境。

参考文献

中文著作

1. 陈继东、晏世经：《印巴关系研究》，四川出版集团巴蜀书社，2010。
2. 陈宗海：《冷战后中印外交关系研究（1991~2007）》，世界知识出版社，2008。
3. 胡志勇：《文明的力量崛起》，新华出版社，2006。
4. 贾海涛、石沧金：《海外印度人与海外华人国际影响力比较研究》，山东人民出版社，2007。
5. 雷启淮主编《当代印度》，四川人民出版社，2000。
6. 林承节：《殖民统治时期的印度史》，北京大学出版社，2004。
7. 林承节：《印度史》，人民出版社，2006。
8. 龙兴春：《印度大国外交》，中国社会科学出版社，2016。
9. 马加力：《关注印度——崛起中的大国》，天津人民出版社，2002。
10. 马孆：《当代印度外交》，上海世纪出版集团，2007。
11. 钱其琛主编《世界外交大辞典（上）》，世界知识出版社，2005。
12. 孙士海主编《二战后南亚国家对外关系研究》，方志出版社，2007。
13. 王树英：《宗教与印度社会》，人民出版社，2009。
14. 吴永年：《21世纪印度外交新论》，上海译文出版社，2004。
15. 袁明：《国际关系史》，北京大学出版社，2005。
16. 袁南生：《感受印度》，中国社会科学出版社，2006。
17. 张敏秋：《跨越喜马拉雅障碍：中国寻求了解印度》，重庆出版社，2006。
18. 朱明忠：《尼赫鲁》，台湾：东大图书公司，1999。
19. 孙士海、葛维钧主编《印度》，社会科学文献出版社，2010。
20. 赵干城：《印度：大国地位与大国外交》，上海人民出版社，2009。

21. 郑瑞祥：《印度的崛起与中印关系》，当代世界出版社，2006。

22. 赵蔚文：《印美关系爱恨录》，时事出版社，2003。

外文译著

1. 〔英〕巴里·布赞、〔丹〕奥利·维夫著：《地区安全复合体与国际安全结构》（潘忠岐、孙霞、胡郑力翻译），上海世纪出版集团，2010。

2. 多维尔：《剑桥印度史》，第6卷，剑桥，1937。

3. 〔印〕贾瓦哈拉尔·尼赫鲁：《印度的发现》（中译本/齐文译），世界知识出版社，1956。

4. 〔美〕加布里埃尔·A.阿尔蒙德、〔美〕小·G.宾厄姆·鲍威尔：《比较政治学：体系、过程和决策》（曹沛霖译），上海译文出版社，1987。

5. 〔印〕莫罕达斯·甘地：《甘地自传》（杜危、吴宗耀译），商务印书馆，1985。

6. 尼赫鲁：《印度的发现》，世界知识出版社，1956。

7. 〔美〕史蒂芬·科亨：《大象和孔雀——解读印度大战略》（刘满贵译），新华出版社，2002。

8. 〔美〕斯塔夫里阿诺斯：《全球通史——1500年以前的世界》，上海社会科学院出版社，1988。

9. 约翰·卡迪：《东南亚历史发展》，上海译文出版社，1988。

10. 〔印〕辛哈·班纳吉：《印度通史》（张若达、冯金辛等译），商务印书馆，1964。

中文期刊论文

1. 陈利君、刘紫娟：《印度-东盟贸易合作潜力分析》，载《南亚研究》2016年第4期。

2. 付宁：《独立后的印度中东政策之管窥》，载《国际关系学院学报》2005年第4期。

3. 李吉军：《印度对阿富汗援助的政策考量、主要内容及制约因素》，载《南亚研究季刊》2018年第2期。

4. 蓝建学：《新时期印度外交与中印关系》，载《国际问题研究》2015年第3期。

5. 李莉：《美国反恐战略重心的东移及其影响》，载《现代国际关系》2009年，第6期。

6. 李莉：《印度东进战略与印太外交》，载《现代国际关系》2018 年第 1 期。

7. 林民旺：《中印关系的新趋势与新挑战》，载《国际问题研究》2017 年第 4 期。

8. 刘红良：《冷战后印度"摇摆国家"的身份建构》，载《南亚研究》2015 年第 4 期。

9. 刘红良：《试析莫迪执政以来的印巴关系与"单边解耦"》，载《南亚研究》2018 年第 2 期。

10. 马加力：《中俄印三角关系的新发展》，载《现代国际关系》2005 年第 7 期。

11. 马嬿：《冷战后印度南亚政策的变化》，载《当代亚太》2004 年第 5 期。

12. 马嬿：《印度与南亚区域合作联盟关系的演变》，载《南亚研究》2006 年第 1 期。

13. 孙现朴：《印度崛起视角下的"东向"政策：意图与实践》，载《南亚研究》2012 年第 2 期。

14. 孙现朴：《印度莫迪政府外交战略调整及对中国的影响》，载《当代世界与社会主义》2018 年第 4 期。

15. 孙士海：《印度外交战略的新调整》，载《当代世界》2007 年第 7 期。

16. 宋德星：《现实主义取向与道德尺度——论印度战略文化的二元特征》，载《南亚研究》2008 年第 1 期。

17. 宋德星：《大国权势：印度外交战略的不改初心》，载《人民论坛·学术前沿》2018 年第 1 期。

18. 王志：《印度"连接中亚政策"的战略评析》，载《国际关系研究》2017 年第 1 期。

19. 项红梅：《石油：印度与海湾国家的纽带》，载《国际能源》2002 年 1 月。

20. 肖军：《论政治文化传统与印度外交思想的二元性》，载《南亚研究》2012 年第 3 期。

21. 张贵洪、邱昌情：《印度"东向"政策的新思考》，载《国际问题研究》2012 年第 4 期。

22. 张家栋：《中印关系中的问题与挑战》，载《中国周边外交学刊》2016 年第 1 期。

23. 张杰、石泽：《透视莫迪政府的中亚政策》，载《国际论坛》2019 年第 2 期。

24. 张力：《能源外交：印度的地缘战略认知与实践》，载《世界经济与政治》2005 年第 1 期。

25. 张力：《中印战略对话：探索中印战略互动机制及其制约》，载《南亚研究季刊》2009 年第 3 期。

26. 赵干城：《印度"东向"政策的发展及意义》，载《当代亚太》2007 年第 8 期。

27. 赵国军：《印度对阿富汗的软实力战略》，载《现代国际关系》2011 年第 1 期。

28. 赵建国：《印度中期神话与超自然神的崇拜》，载《中山大学学报》（社会科学版）2000 年第 4 期。

29. 赵兴刚：《回顾与前瞻：1947 年以来的印度伊朗关系》，载《西北大学学报》（哲学社会科学版）2004 年第 3 期。

30. 周明：《试析冷战后印度中亚政策的演变》，载《南亚研究》2012 年第 1 期。

31. 朱翠萍：《印度莫迪政府对华政策的困境与战略选择》，载《南亚研究》2015 年第 3 期。

32. 朱明忠：《印度教民族主义的兴起与印度政治》，载《当代亚太》1998 年第 8 期。

中文报纸

1. 《迟浩田抵达印度访问》，《参考消息》1994 年 9 月 8 日。

2. "迟浩田会见印度客人"，《人民日报》1997 年 5 月 28 日。

3. "丰富活跃成效显著——中联部部长王家瑞谈中国共产党对外交往工作"，《人民日报》2006 年 6 月 29 日。

4. 《国际观察：印巴关系迎来"转暖"时刻》，《新华日报》2010 年 4 月 30 日。

5. "拉吉夫·甘地在新德里接见姚依林副总理"，新华社新闻稿，1984

年 11 月 5 日。

6. "李鹏会见印度代表团双方希望中印在各个领域发展广泛合作"，《人民日报》1993 年 1 月 14 日。

7. "江泽民主席同夏尔马总统会见"，《人民日报》1996 年 11 月 29 日。

8. "金砖国家银行或改变西方游戏规则"，《参考消息》2012 年 3 月 26 日。

9. "外交部：中方将继续支持印巴通过对话与合作妥善解决分歧"，《国际在线》2012 年 9 月 10 日。

10. "印巴关系缘何升温"，《环球时报》2012 年 10 月 1 日。

11. "印巴关系改善"，《环球时报》2003 年 5 月 9 日。

12. "印巴关系改善提升南亚合作"，《光明日报》2010 年 6 月 30 日。

13. "印巴拟增强能源合作印公司或会开发巴油气田"，《环球时报》2012 年 10 月 17 日。

14. "印巴设立反恐热线分享关于恐怖威胁的即时信息"，《中国日报》2011 年 3 月 3 日。

15 "印巴宣布合作反恐"，《羊城晚报》2010 年 6 月 27 日。

16. "印度国大党召开第八十届全会"，《人民日报》1997 年 8 月 9 日。

17. "印度空军参谋长访华强调与中国发展两军关系"，《新华日报》2001 年 5 月 21 日。

18. 《支持中国的正义声音是国际社会主旋律》，《人民日报》2016 年 7 月 18 日。

19. "中印边贸仅有一条通道还不够"，《新京报》2006 年 7 月 14 日。

20. "中印签署文化交流协定执行计划"，《新华日报》2007 年 6 月 20 日。

21. "中印过去 5 年首次联合军演"，《联合早报》2013 年 8 月 24 日。

22. "中印将相互提供更优惠的关税待遇"，《人民日报》2003 年 2 月 23 日。

23. "中印乃堆拉边贸通道恢复 6 年贸易额升至近亿元"，中国新闻网，2013 年 1 月 10 日。

24. "中国是印度外交重要优先事项"，《参考消息》2012 年 3 月 25 日。

外文著作

1. Bajwa, Jiti. S., "Modernisation of the PLA: Gauging its Latent Future Potential", New Delhi: Published in India by Lancer Publishers & Distributors, 2002.

2. Berlin, Donald L., "India-Iran Relations: A Deepening Entente," Asia-Pacific Center for Security Studies Special Assessment, Honolulu, October 2004.

3. Bhasin, A. S., "India-Bangladesh Relations 1971–1994", Vol. I, New Delhi: SIBA Exim Pvt Limited, 1996.

4. Bhattacharjea, Mira Sinha, "India-China Confrontation: A Reinterpretation", in Grover ed. "China, Japan and India's Foreign Policy", New Delhi, 1996.

5. Bilveer Singh, "The Vulnerability of Small States Revisited", Yogyakarta: Gadjah Mada University Press, 1999.

6. Blank, Stephen, "India's Rising Profile in Central Asia," Comparative Strategy, vol. 22, no. 2, 2003.

7. Brown, Judith M., "Modern India: the Origins of an Asian Democracy", Oxford University Press, Delhi, 1985.

8. Buzan, Barry and Gowher Rizvi, "South Asian Insecurity and the Great Powers", Macmillan Press, 1986

9. Chandra, Vishal, "Indo-Afghan Relations: Trends and Challenges", Published by Rsjkumar for Academic Excellence: New Delhi, 2008

10. Chengappa, B., "India China Relations: from the Post Conflict Phase to Post Cold War Phase", New Delhi, 2004.

11. Clausewitz, Karl von, "On War", translated by Michael Howard and Peter Paret, New York: Alfred A. Knopf, 1993.

12. Cohen, Saul Bernard, "Geopolitics of the World System", Rowman & Littlefield Publishers, INC. 2003.

13. Cohen Stephen P., "India: Emerging Power", Brookings Institution Press, 2001.

14. Copland, Ian, "India 1885–1947: the Unmaking of an Empire", London, Pearson Education Limited, 2001.

15. David, M. D. and T. R. Ghoble (eds.), "India, China and South-East

Asia", Dynamics of Development, New Delhi: Deep & Deep Publications Pvt. LTD., 2000.

16. Davis, Lynn E., Jeffrey Martini, "Iran's Nuclear Future: Critical U. S. Policy Choices", Published by the RAND Corporation, 2011.

17. Dhruba, Kumar, "Current State if Sino-Indian Relations in China Japan and India's Foreign Policy", New Dhlhi, 1995.

18. Dietl, Gulshan, "Introduction", in Gulshan Dietl, Girijesh Pant and others (eds.), "Contemporary Saudi Arabia and the Emerging Indo-Saudi Relations", New Delhi: Shipra Publications, 2007.

19. Dixit, J. N., "Across Borders, Fifty years of India's Foreign Policy", New Delhi: Picus Books, 1998.

20. Dupree, Nancy Hatch, "An Historical Guide to Afghanistan," Kabul, Afghanistan LINK, 1977.

21. Dutt, V. P., "India's Foreign Policy in a Changing World", New Delhi: Vikas Publishing House Pvt. Ltd, 1999.

22. Ganguly, Sumit & Rahul Mukherji, "India since 1980", New York: Cambridge University Press, 2011.

23. Gaur, Mahendra, "Foreign Policy Annual, 2003 Documents", published in India by Kalpaz Publications, 2008.

24. Gordon, Sandy, "India's Rise to Power", New York: St. Martin's Press, 1995.

25. Gujral, I. K., "Continuity and Change: India' Foreign Policy", New Delhi: Macmillan India Ltd., 2003.

26. Haqqani, H., "Pakistan: Between Mosque and Military", Lahore: Vanguarf Books, 2005.

27. Haque, Inam ul, "Keynote Address to the Seminar on Major Powers and South Asia", in the Institute of Regional Studies (ed.), Major Powers and South Asia, Islamabad: PanGraphics (Pvt) ltd, 2004.

28. Hudson, Valerie M., ed. "Culture and Foreign Policy", Boulder: Lynne Rienner, 1997.

29. Hymans, Jacques E. C., "The Psychology of Nuclear Proliferation",

Cambridge: Cambridge University Press, 2006.

30. Jabeen, Mussarat、Muhammad Saleem Mazhar、Naheed S. Goraya: "SAARC and Indo-Pak Relationship", Journal of Political Studies, Vol. 1, Issue 2, 2010.

31. Jain, R. K., "China-South Asian Relations: 1947 – 1980", Vol. 1, New Delhi, India, 1981.

32. Jetly, Naney, "India-China Reations: 1949 – 1977", Radiant Publishers, New Delhi, 1979.

33. Jha, Nalini Kant, "Domestic Imperatives in India's Foreign Policy", New Delhi: South Asian Publishers, 2002.

34. Jim, Masselos, "Indian Nationalism: a History", New Delhi: Sterling Publishers Private Ltd, 1985.

35. Johnston, Alastair Iain, "Cultural Realism: Strategic Culture and Grand Strategyin Chinese History", Princeton: Princeton University Press, 1995.

36. Joshi, Nirmala, "Reconnecting India and Central Asia: Emerging Security and Economic Dimensions", Johns Hopkins University-SAIS, 2010.

37. Kapur, Harish, "India's Foreign Policy 1947 – 1992: Shadows and Substance", Sage Publications, 1993.

38. Krishna, Anirudh, "Escaping Poverty and Becoming Poor: Who Gains, and Who Loses, and Why?", New Delhi, World Development 32. NO. 1, 2004.

39. Laruelle, Marlene, "Mapping Central Asia: Indian Perceptions and Strategies", George Washington University, USA, 2011.

40. Maass, Citha D., "South Asia: Drawn between Cooperation and Conflict", in Eric Gonsalves and Nancy Jetiy, "the dynamics of South Asia, regional cooperation and SARRC", New Delhi: Sage Publications India PVT LTD, 1999.

41. Madan, Tanvi "Energy Security Series: India", Report of the Brooking Institution, Nov. 2006.

42. Malik, J. Mohan, "India-China Relations in the 21st Century: the Continuing Rivalry, Securing India's Future in the New Millennium", Brahma

Chellaney, 1999.

43. Malik, Hafeez, "Dilemmas of National Security and Cooperation in India and Pakistan", New York: St. Martin's Press, 1993.

44. Mansigh, Surjit, "India's Search for Power: Indira Gandhi's Foreign Poliey: 1966-1982", New Delhi, 1983.

45. Mohan, C. Raja, "Indian Foreign Policy", Published by Rajkumar for Academic Excellence, Delhi Laser Typeset at Sahib Computer Service, 2008.

46. Mudiam, Prithvi Ram, "India and the Middle East", British Academic Press, 1994.

47. Murthy, Padmaja, "The Gujral Doctrine and beyond", Publisher: Routledge, Strategic Analysis, 2008.

48. Najma, Heptullah, "Indo-West Asian Relations: The Nehru Era". New Delhi: Allied Publishers, 1991.

49. Nehru, Jawaharlal, *Jawaharlal Nehru Speeches*, Vol. Ⅲ (March 1953-August 1957), New Delhi: Publications Division, 1958.

50. "India's Foreign Policy: Selected Speeches", September 1946-April 1961, New Delhi, 1961.

51. Panikkar, K. M., "India and the Indian Ocean", London: Cambridge Publication, 1945.

52. Pardesi, Manjeet Singh, "Deducing India's Grand Strategy of Regional Hegemony from Historical and Conceptual Perspectives", working paper, Institute of Defence and Strategic Studies, Singapore, 2005.

53. Parikh, Kirit S., "Integrated Energy Policy Report of the Expert Committee", Government of India Planning Commission, New Delhi, 2006.

54. Paul, T. V., J. J. Wirtz and M. Fortmann (eds.) Balance of Power: Theory and Practice in the 21st Century, Stanford: Stanford University Press, 2004.

55. Pokhama, Bhawna, "India-China Relations: Dimensions and Perspectives", New Delhi: New Century Publications, 2009.

56. Praful, Bidwai, and Vanaik, Achin, "New Nukes: India, Pakistan and Global Nuclear Disarmament", Olive Branch Press, 2000.

57. Pradhan, Samir, "India's Economic and Political Presencein the Gulf: A Gulf Perspective", in "India's Growing Role in the Gulf Implications for the Region and the United States", published Gulf Research Center Dubai, United Arab Emirates, 2009.

58. Rajendra M. Abhyankar, "Indian Diplomacy: Beyond Strategic Autonomy", New Delhi: Oxford University Press, 2018.

59. Ramesh C. Dhussa, "India and South Asia", McGraw Hill Higher Education, 2012.

60. Rana, A. P., "The Imperatives of Nonalignmet", Delhi: Macmillan, 1976.

61. Rana, Kishan S., "Inside Diplomacy", New Delhi: Manas Publication, 2000.

62. Scharfe, Hartmut, "The State in Indian Tradition", Leiden: E. J. Brill, 1959.

63. Scott C. Levi, "India and Central Asia", Oxford University Press, 2007.

64. Sen, Kaushik, "India, China and the United States", in kanti Bajpai, Amitabh Mattoo (eds.), 2005.

65. Shab, Mehtab Ali, "New Thaw in Indo-Par Relations", South Asia Politics, August, 2003.

66. Sharma, Shri Ram "India Foreign Policy: India and her Neighbors", New Delhi, Deep & Deep Publications, 1992.

67. Sheridan, Greg, "Tigers: Leaders of the New Asia-Pacific", St. Leonards, New South Wales: Allen & Unwin, 1997.

68. Shreekantaradhya, B. S., "Globalisation of Indian Economy: Strategies and Constraints," S. Murty, The Changing Indian Economic Order, New Delhi: Indus Publications, 1993.

69. Sinha, Atish, "India's Foreign Policy: Challenges and Opportunity", Academic Foundations, New Delhi, 2007.

70. Sircar, D. C., "Inscriptions of Ashoka", New Delhi, 1957.

71. Sisakht, Abdolmajid Yazdanpanah & Armin Mahmoudi, "The Role of Energy in Iran and India Relations", Textroad Publication, 2012.

72. Sundararaman, Shankari, "India-ASEAN Relations: Searching for

Opportunities in a Shifting Regional Scenario", "India's Foreign Policy: Continuity and Change", New Delhi: published by Rajkumar for Academic Excellence, 2008.

73. Swaran, Singh, "China-South Asia, Issue, Equations Politics", Lancers Publishers, New Delhi, 2003.

74. Talbot, Ian, India and Pakistan, London: Arnold Publishers, 2000.

75. Tanham, George, "India's Strategic Culture", Washington Quarterly, winter, 1992.

76. Thuan, Cao-Huy, "The Role and Essence of Indian Non-Alignment", London: Frances Pinter (Publishers), 1986.

77. Tilak, B. G., "Address Given By B. G. Tilak during The Shivaji Festival", Poona, 1897.

78. Pye and Verba, (eds.), "Political Culture and Political Development", New Jersey: Princeton University, 1991.

79. Pye, Lucien W., "Aspects of Political Development", Boston: Little Brown, 1986.

80. Usha, K. B., "A Wounded Afghanistan: Fundamentalism, Communism and Democracy", Delhi: Shubhi Publications, 2004.

81. Ved, Mahendra, "India's Afghanistan Policy", New Delhi: Published by Rsjkumar for Academic Excellence, 2008.

82. Weisglas, Frans W. and Gonnie de Boer, "Parliamentary Diplomacy", leiden: Koninklijke Brill NV, 2007.

其他外文资料

1. "Afghanistan Drawdown to Begin in 2011, Officials Say", New York Times, December 01, 2009.

2. "Afghan peace process to shun Taliban with links to Al-Qaida", July 20, 2010, < http://www.ndtv.com/article/world/afghan-peace-process-to-shun-taliban-with-links-to-al-qaida-38543>.

3. "Afghanistan's next conflict: India vs. Pakistan", July 31, 2013, <http://www.globalpost.com/dispatch/news/regions/asia-pacific/130730/afghanistan-s-next-conflict-india-vs-pakistan>.

4. "A larger freedom", December 07, 2018, <https://indianexpress.com/article/opinion/columns/a-larger-freedom-m-k-gandhi-non-violence-david-hardiman-freedom-struggle-5482216/>.

5. "Are India-Pakistan Relations Doomed?", April 06, 2017, <https://thediplomat.com/2017/04/are-india-pakistan-relations-doomed/>.

6. "ASEAN-India bonhomie seeks to balance power of China", January 29, 2018, <http://www.globaltimes.cn/content/1087116.shtml>.

7. "ASEAN-India economic relations: current status and future prospects", April 2004, <http://www.researchgate.net/publication/229005649_ASEAN-India_economic_relations_current_status_and_future_prospects/file/3deec5149a9c21b1aa.pdf>.

8. "ASEAN-India Relations: Future Directions", May 25, 2012, ISAS Special Reports, <http://mercury.ethz.ch/serviceengine/Files/ISN/143456/ipublicationdocument_singledocument/01ae3bd1-31a1-47ce-8a10-8ab7d8ff27d0/en/ISAS_Special_Report_05__-Asean-India_Relations_-_Future_Directions_New_25052012172612.pdf>.

9. "A Story of Four Revolutions: Mechanisms of Change in India", Asia Policy, July14, 2012, <http://www.nbr.org/publications/element.aspx?id=604,>.

10. "Beyond US withdrawal: India's Afghan options", Observer Research Foundation, May 24, 2012, <http://www.orfonline.com/cms/sites/orfonline/modules/analysis/AnalysisDetail.html?cmaid=37399&mmacmaid=37400>.

11. "Central Asia's Energy Game Intensifies", EurasiaNet, September 02, 2005, <http://www.eurasianet.org/departments/insight/articles/eav090105.shtml>.

12. "Centre Says India Supports 'Inclusive' Peace Process in Afghanistan", January 11, 2019, <https://www.ndtv.com/india-news/centre-says-india-supports-inclusive-peace-process-in-afghanistan-1976450>.

13. "Charter of the South Asian Association for Regional Cooperation", December 08, 1985, <http://saarc-sdmc.nic.in/pdf/charter.pdf>.

14. "China, India agree on political settlement of border issue", April 12, 2005, <http://news.xinhuanet.com/english/2005-04/12/content_

2819294. htm>.

15. "China, India Establish Principles of Settling Border issue: Premier Li", May 23, 2013, < http://in. china-embassy. org/eng/zt/likeqiang2013/t1043068. htm>.

16. "Clinton Decries Indian Nuclear Tests," United Press International, Washington News, May 12, 1998.

17. "Close Afghan-Indian relations should not cause concerns to Pakistan", February 17, 2013, < http://ariananews. af/regional/40558/>.

18. "Connectivity and Regional Integration: Prospects for Sino-Indian Cooperation", November 08, 2017, <https://www. sogou. com/link? url = hedJjaC291N9MwZiB4k _ oh6SOXg3kk2925JYU0URsVlEmtRECG1l2750w Vf7w5wUh0zDEZLsmmhL_0K0GJvimw. >.

19. "Cultural Relations between India and China: The Tradition ofContinuity", Ministry of External Affairs Government of India, 2013, < http://www. indianembassy. org. cn/DynamicContent. aspx? MenuId = 4& SubMenuId = 0>.

20. "Dealing With the Bomb in South Asia", Foreign Affairs, March/April 1999.

21. "Don't Blame the CIA", The Economist, U. S. Edition, May 23, 1998.

22. "Declaration Partnership for Growth for Our People", Fifteenth SAARC Summit, Colombo, August 2 - 3, 2008, < http://www. saarc-sec. org/userfiles/Summit Declarations/15 - Colombo, 15th Summit 2 - 3 August 2008 - for printing. pdf>.

23. "Economic links between India and Afghanistan", November, 2011, <http://www. dsafghan. in/pdf/India-Afghanistan. pdf>.

24. "Energy-deficient India turns to UAE for increased oil supply", May 18 2012, < http://www. indianexpress. com/news/energydeficient-india-turns-to-uae-for-increased-oil-supply/951029/>.

25. "Energy Security Vs Nuclear Cooperation: India in Diplomatic Bind Over Choosing US, Iran and Israel for National Interests-Analysis", August 10,

2012, < http://www.eurasiareview.com/10082012-energy-security-vs-nuclear-cooperation-india-in-diplomatic-bind-over-choosing-us-iran-and-israel-for-national-interests-analysis/. >.

26. "Evidence of Pak blackmail, how ISI paid Taliban to hit Indians in Kabul," Indian Express, July 27, 2010.

27. "Explosion of Self-Esteem," Newsweek, U. S. Edition, May 25, 1998.

28. "Focus on Afghan-India Commerce Relations Expansion", April 09, 2013, < http://www.bakhtarnews.com.af/eng/business/item/6978-focus-on-afghan-india-commerce-relations-expansion.html>.

29. "Framework Agreement on Comprehensive Economic Cooperation between the Republic of India and the Association of Southeast Asian Nations", ASEAN Official Website, 16 November 2007, < http://www.aseansec.org/15278.htm>.

30. "Global Trends 2025: A Transformed World", <http://www.Dni.gov/nic/PDF_2025/2025_Global_Trends_Final_Report.Pdf>.

31. "Ground Zero," Newsweek, U. S. Edition, May 25, 1998.

32. "Hamid Ansari arrives in Tajikistan on four-day 'goodwill' visit", April 14, 2013, < http://zeenews.india.com/news/nation/hamid-ansari-arrives-in-tajikistan-on-four-day-goodwill-visit_842070.html>.

33. "Hardly any Indo-Pakistan Trade; Nation with PM Modi: Assocham", November 24, 2016, < http://indianexpress.com/article/india/india-news-india/hardly-anyindo-pakistan-trade-nation-with-pm-modi-assocham-3049129/>.

34. "Hotline between Prime Ministers of India China", April 07, 2010, < http://www.defence.pk/forums/world-affairs/53419-hotline-between-prime-ministers-india-china.html, >.

35. "Hotline between PMs of India, China becomes operational", December 16, 2010, < http://www.dnaindia.com/india/1481978/report-hotline-between-pms-of-india-china-becomes-operational>.

36. "Hyde Act will Haunt Nuclear Deal at NSG too", The Economic Times (New Delhi), February 15, 2008.

37. "Implementation of the NPT Safeguards Agreement in the Islamic Republic of Iran", IAEA. GOV/2003/75, November 10, 2003. <http://www.iaea.org/Publications/Documents/Board/2003/gov2003-75.pdf>.

38. "Import of Afghan President's Visit to India", April 26, 2006, <http://www.idsa.in/idsastrategiccomments/ImportofAfghanPresidentsVisittoIndia_VChandra_260406, >.

39. "Increased trade to spur growth", May 14, 2012, <http://dawn.com/2012/05/14/increased-trade-to-spur-growth/>.

40. "India-Afghanistan Joint Statement during State Visit of President Hamid Karzai to India", August 04, 2008, <http://reliefweb.int/report/afghanistan/india-afghanistan-joint-statement-during-state-visit-president-hamid-karzai-india>.

41. "India, Afghanistan pledge to fight terrorism", Khaleej Times, April 10, 2006.

42. "Indian-Afghan strategic partnership: perceptions from the ground", October 26, 2011, <http://afpak.foreignpolicy.com/posts/2011/10/26/ind.ian_afghan_strategic_partnership_perceptions_from_the_ground>.

43. "India and Afghanistan: a Development Partnership", External Publicity Division, Ministry of External Affairs, 2012, Government of India, <http://www.mea.gov.in/Uploads/PublicationDocs/176_india-and-afghanistan-a-development-partnership.pdf>.

44. "Indian analyst suggests India, China expand border trade", April 19, 2013, <http://english.peopledaily.com.cn/90778/8214950.html>.

45. "India and ASEAN," The Hindu, November 19, 2002, <http://www.mea.gov.in/opinion/2002/11/19o02.htm>.

46. "India and ASEAN: A Framework for Comprehensive Engagement", <http://www.idsa-india.org/an-jun-1.html>.

47. "India-ASEAN Relations in 21st Century: Strategic Implications for India-Analysis", July 9, 2012, <http://www.eurasiareview.com/09072012-india-asean-relations-in-21st-century-strategic-implications-for-india-analysis/>.

48. "India and East Asia Relations: India's Latest Asian Incarnation", 3rd quarter 2000, <http://www.csis.org/pacfor/cc/003Qoa.heml>.

49. "India and Economic Cooperation in South Asia", New Delhi: Indian Council for Research on International Economic Relations, 2001, <http://www.vedamsbooks.com/no21870/india-economic-cooperation-south-asia-edited-by-parthasarathi-shome>.

50. "India and Kuwait: New Hopes and Aspirations", April 22, 2009, <http://www.idsa.in/idsastrategiccomments/IndiaandKuwait_ZHussain_220409>.

51. "India, Iran Have Common Stance on Terrorism: Hassan Rouhani", February 17, 2018, <https://www.ndtv.com/india-news/hassan-rouhani-iran-president-india-iran-have-common-stance-on-terrorism-1813965>.

52. "India and Iran Relations: Sustaining the Momentum", May 20, 2013, <http://www.idsa.in/system/files/IB_Ind-IranRelations_MSRoy.pdf>.

53. "India and Pakistan: Practical Steps, Transformational Benefits", April 13, 2012, <http://csis.org/files/publication/120413_gf_inderfurth_latif.pdf>.

54. "India and Pakistan Missile Flexing: Cruising towards Regional Instability", 22 October 2012, <http://www.ipcs.org/article/india/india-and-pakistan-missile-flexing-cruising-towards-regional-instability-3731.html>.

55. "India and the UAE agreed to take their Trade Relations to another Level", February 19, 2013, <http://www.jagranjosh.com/current-affairs/india-and-the-uae-agreed-to-take-their-trade-relations-to-another-level-1361259533-1>.

56. "India boosts ties to Afghanistan with $500m more in aid", May 13, 2011, <http://www.thenational.ae/news/world/south-asia/india-boosts-ties-to-afghanistan-with-500m-more-in-aid>.

57. "India, China sign Cultural Exchange Programme", June 20, 2007, <http://news.oneindia.in/2007/06/20/india-china-sign-cultural-exchange-programme-1182341847.html>.

58. "Indian Defence Minister Confident on Forging Friendly ties with China", PTI news agency, New Delhi, April 27, 2003, <http://www.accessmylibrary.com/coms2/summary_0286-23717211_ITM>.

59. "Indian Economist asks Delhi to Shun Big Brotherly Attitude towards Saarc Members", "AAJ News Archive", 28th December 2009, <http://www.aaj.tv/2009/12/indian-economist-asks-delhi-to-shun-big-brotherly-attitude-

towards-saarc-members/>.

60. "India Dumps Old Friend Iran for US Nuclear Carrot", September 26, 2005, URL：<http：//www.expressindia.com/news/fullstory.php? newsid=55386>.

61. "India's foreign minister kicks off first official visit", China Daily, April 6, 2010.

62. "India hands over strategic highway to Afghanistan", The Hindu, January 23, 2009, <http：//www.hindu.com/2009/01/23/stories/2009012355311200.htm>.

64. "India for more intra-SAARC trade to beat slowdown", October 28, 2009, <http：//business.rediff.com/report/2009/oct/28/bcrisis-india-for-more-intra-saarc-trade-to-beat-slowdown.htm>.

65. "India, Kuwait agree to speed up oil and gas joint ventures", March 11, 2013, <http：//www.hindustantimes.com/business-news/india-kuwait-agree-to-speed-up-oil-and-gas-joint-ventures/article1-1024681.aspx>.

66. "India-Iran Cultural Fest in Tehran from June 7-12", May 27, 2012, <http：//www.eftimes.com/2012/05/india-iran-cultural-fest-in-tehran-from.html#! /2012/05/india-iran-cultural-fest-in-tehran-from.html>.

67. "India-Iran Relations", January 2013. <http：//www.mea.gov.in/Portal/ForeignRelation/Iran_Bilateral_Relations_-_January_2013.pdf.

68. "India-Iran relations：challenges ahead", Journal Vol.7 No.2, Summer 2012, <http：//www.mea.gov.in/Portal/ForeignRelation/Iran-January-2012.pdf>.

69. "Indian-Iranian Relations in Transition"; "India-Iran Military Ties Growing", Strategic Affairs, June 16, 2001. <https：//www.hsdl.org/? view&did=465840>.

70. "Indo-Iranian Relations：Prospects for Bilateral Cooperation Post-9-11", May 16, 2006, <http：//www.wilsoncenter.org/sites/default/files/asia_rpt_120rev_0.pdf>.

71. "India, Iran turn to cultural diplomacy", April 30, 2008, <http：//www.defence.pk/forums/social-issues-current-events/11213-india-iran-turn-cultural-diplomacy.html>.

72. "India makes a soft landing in Tajikistan, Asia Times Online, March

03, 2007, <www. atimes. com/atimes/South_Asia/IC03Df0I. html>.

73. "India's National Food Security Act: Entitlement of Hunger", March 2010, < http://www. humanrights. asia/resources/journals-magazines/eia/eiav4n2/asPlainPDF? converter = pdf-pisa&resource = ahrc&template = ahrc_pdf_template>.

74. "Indian Official Points to Pakistan," Washington Post, December 06, 2008.

75. "India-Pakistan Peace Process since April 2003", March 04, 2010, < http://www. iiss. org/EasysiteWeb/getresource. axd? AssetID = 809&type = Full&servicetype = Attachment>.

76. "India-Pakistan Tensions Find Deadly Echo in Afghanistan", August 06, 2013, < http://world. time. com/2013/08/06/afghanistan-becoming-new-theater-of-india-pakistan-conflict/.

77. "Indian PM's Visit to Oman and Qatar", December 02, 2008, < http://www. idsa. in/idsastrategiccomments/IndianPMsVisittoOmanandQatar _ ZHussain_021208>.

78. "India Police 'Name Mumbai Gunmen' ", BBC News, December 09, 2008.

79. "India's Policy towards Afghanistan", Asia ASP 2013/04, Gareth Price, Chatham House, August 2013, < http://www. chathamhouse. org/sites/default/files/public/Research/Asia/0813pp_indiaafghanistan. pdf>.

80. "Indian Power for Pakistan: A Step in the Right Direction", April 9, 2012, < http://www. ipcs. org/article/india/indian-power-for-pakistan-a-step-in-the-right-direction-3602. html>.

81. "India-Qatar: Economic Relations", 2013, < \ http://www. ficci. com/international/75184/Project_docs/India-Qatar-Economic-Relations. pdf>.

82. "India's Relations with Iran: Much Ado about Nothing", The Washington Quarterly 34: 1, 2011.

83. "India recognizes Taliban role in Afghan peace process: Salman Khurshid", Jul 02 2013, < http://www. livemint. com/Politics/xnWpS0JPtnRu84a7JA6k5K/Khurshid-India-recognizes-Talibans-role-in-Afghan-peace-pr. html>.

84. "India, Russia agree on Afghan peace, but differ on drawdown", The

Hindu, April 29, 2013.

85. "India Sees New Reason to Distrust Pakistan", May 12, 2011, < http://www.nytimes com/2011/05/04/world asia/>.

86. "India's 'Connect Central Asia' Policy", October 29, 2012, < http://www.foreignpolicyjournal.com/2012/10/29/indias-connect-central-asia-policy/>.

87. "India signs fresh accords for 26 Afghanistan projects", January 16, 2019, < https://www.thestatesman.com/india/india-signs-fresh-accords-afghanistan-26-projects-1502725108.html>.

88. "India's Strategic Culture", October 31, 2006, <http://www.fas.org/irp/agency/dod/dtra/india.pdf>.

89. "Indian Strategic Culture", chapter 11 <http://kms1.isn.ethz.ch/serviceengine/Files/ISN/101069/ichaptersection _ singledocument/01e74d56 - d2f2-43b3-8a13-7f0e6fec4099/en/11.pdf>.

90. "India's Strategic Choices: China and the Balance of Power in Asia", September 14, 2017, <https://carnegieindia.org/2017/09/14/india-s-strategic-choices-china-and-balance-of-power-in-asia-pub-73108>.

91. "India-Saudi Arabia Partnership Getting Stronger", December 2011, < http://www.transnationalstudies.org/Article/46, >.

92. "India's 9/11: Who was Behind the Mumbai Attacks?", November 19, 2012, < http://www.globalresearch.ca/india-s-9-11-who-was-behind-the-mumbai-attacks/11217>.

93. "Indo-Iranian Ties: Thicker than Oil", Middle East Review of International Affairs, vol.11, no.1, March 2007, <http://meria.idc.ac.il/journal/2007/issue1/Fair.pdf.>.

94. "India Visit has helped Expand Strategic Trust: Li Keqiang", May 21 2013, <http://www.livemint.com/Politics/lKWqn8t4uHlJvRutlvMPzN/Chinese-premier-Li-Keqiang-vows-to-open-up-markets-to-India.html>.

95. "Look West Polic", Business Standard. -Business Line, June 2007, < http://www.thehindubusinessline.com>.

96. "Iran and the Great Sanctions Debate", Washington Quarterly,

Vol. 33, No. 4, October 2010.

97. "Iran could Reach Key Point for Nuclear Bomb by mid – 2014: U. S. experts", January 14, 2013, < http: //www. reuters. com/article/2013/01/14/us-nuclear-iran-report-idUSBRE90D0NV20130114>.

98. "Iran for Bigger Indian Role in Syria", May 04, 2013, <http: //www. thehindu. com/todays-paper/tp-international/iran-for-bigger-indian-role-in-syria/article4690795>.

99. "Iran for More Trade with India in Non-oil Sector", May 12, 2013, < http: //zeenews. india. com/business/news/international/iran-for-more-trade-with-india-in-non-oil-sectors_75977. htm>.

100. "Iran-India Oil Trade in Jeopardy," January 25, 2011, URL: < http: //www. pbs. org/wgbh/pages/frontline/tehranbureau/2011/01/iran-india-oil-trade-in-jeopardy. htmlutm_campaign = homepage&utm_medium = feeds&utm_source = feeds>.

101. "Iran, India Sign Four MOUs, Seek Closer Ties", May 05, 2013, <http: //www. payvand. com/news/13/may/1040. html>.

102. "Iran: Sanctions' Effectiveness Widely Questioned," Inter Press Service, June 9, 2010, <http: //ipsnorthamerica. net/news. php? idnews = 3115>.

103. "Iran sought Sensitive Nuclear Supplies from Argentina, China", Nucleonics Week, September 24, 1992.

104. "Iran Says Nuclear Fuel Production goes 'very well'", Feberury11, 2010 < http: //www. reuters. com/article/2010/02/11/us-iran-nuclear-salehi-idUSTRE61A4AS20100211>.

105. "Iran's Nuclear Program", March 10, 2010.

106. "Iran Seeks Closer Ties with India, Discusses Afghanistan", Indo Asian News Service, January4, 2013, <http: //en-maktoob. news. yahoo. com/iran-seeks-closer-ties-india-discusses-afghanistan-150221398. html>.

107. "Iran, world Powers Reach Historic Nuclear Deal", November 24, 2013, < http: //www. washingtonpost. com/world/national-security/kerry-in-geneva-raising-hopes-for-historic-nuclear-deal-with-iran/2013/11/23/53e7bfe6-5430-11e3-9fe0-fd2ca728e67c_story. html>.

108. "Islamabad, Kabul Sign Pact", Wall Street Journal, July 18, 2010.

109. "Joint Declaration on Strategic Partnership between Republic of Kazakhstan and Republic of India", New Delhi, January 14, 2009, <http://www.akorda.kz/en/official_documents/internatoinal_documents/sovmestnaya_deklaraci_o_strategiceskom_partnerstve>.

110. "Joint Sino-Indian military exercise underway in Belgaum", December 12, 2008, <http://www.indianexpress.com/news/joint-sinoindian-military-exercise-underway-in-belgaum/397524/>.

111. "Joint Statement by the Republic of India and the Islamic Republic of Iran", from "The New Delhi Declaration," January 25, 2003, Ministry of External Affairs, New Delhi, <http://www.satp.org/satporgtp/countries/india/document/papers/iran_delhidecl.htm>.

112. "Joint Statement on the Occasion of the State Visit to India of His Excellency Mr. Gurbanguly Berdimuhamedov, President of Turkmenistan", May 25, 2010, <http://mea.gov.in/bilateral-documents.htm?dtl/4045/Joint+Statement+on+the+occasion+of+the+State+Visit+to+India+of+His+Excellency+Mr+Gurbanguly+Berdimuhamedov+President+of+Turkmenistan>.

113. "List of Countries from Where India Imports Crude Oil", April 28, 2019, <https://www.indiaeinfo.com/list-of-countries-from-where-india-imports-crude-oil/>.

114. "List of Documents Signed the State Visit of President of Afghanistan", Ministry of External Affairs, Government of India, 12 November 2012, <http://mea.gov.in/bilateral-documents.htm?dtl/20802/List+of+documents+signed+during+the+State+Visit+of+President+of+Afghanistan>.

115. "Making SAFTA a Success: The Role of India", 2008, <http://commonwealth.live.rss-hosting.co.uk/files/178426/FileName/SAFTA and India-Final doc1.pdf>.

116. "Manama to host Major Bahrain India Business Meet During October 22-24", September 03, 2013, <http://www.bahind.com/manama-host-major-bahrain-india-business-meet-october-22-24/, >.

117. "Moving closer", Frontline, Volume 22-Issue 09, April 23-May

06, 2005.

118. "Mumbai Attack Was Run from Pakistan, India says", Dawn, 30th June, 2012.

119. "New Delhi's Approach to a New Equation", The Indian Express, 2004/8/3.

120. "New warmth in Indo-Iran ties", The Hindu, January 29, 2003.

121. "New China, India Foreign Ministers Meet for the First time", July 24, 2009, < http://www.2point6billion.com/news/2009/07/24/new-china-india-foreign-ministers-meet-for-the-first-time-1591.html>.

122. "Nonalignment 2.0: A Foreign and Strategic Policy for India in the Twenty First Century", Center for Policy Research Working Paper, January 2012, < http://www.cprindia.org/sites/default/files/NonAlignment% 202.0_1.pdf.>.

123. "Pakistan Aids Insurgency in Afghanistan, Reports Assert", New York Times, July 25, 2010.

124. "Pakistan, India, Turkmenistan sign key gas pipeline project", May 23, 2012, < http://news.xinhuanet.com/english/world/2012-05/23/c_131606931.htm>.

125. "Pakistan intelligence services 'aided Mumbai terror attacks", October 18, 2010, < http://www.guardian.co.uk/world/2010/oct/18/pakistan-isi-mumbai-terror-attacks.>.

126. "Pak nod to Afghan Transit", June 26, 2012, < http://www.telegraphindia.com/1120626/jsp/nation/story_15627657.jsp>.

127. "Pakistan Puppet Masters Guide the Taliban killers", The Sunday Times (London), June 13, 2010.

128. "Pakistan's Spies Aided Group tied to Mumbai Siege", New York Times, December 08, 2008.

129. "Pakistan Secretary talks to Prepare Ground for Ministers", July 26, 2011, <http://www.iiss.org/whats-new/iiss-in-the-press/press-coverage-2011/july-2011/india-pakistan-secretary-talks-to-prepare-ground-for-ministers/? locale=en>.

130. "Pakistan to Grant MFN Status to India", THE NEWS, October 12,

2011，< http：//www. thenews. com. pk/NewsDetail. aspx？ ID = 24451&title = Pakistan-to-declare-India-Most-Favoured-Nation：-Khar>.

131. "Pakistan Wants India Tension Defused after Attack"，Reuters，November 28，2008，< http：//www. mofa. gov. pk/Press _ Releases/2008/Nov/PR_367_08. htm. >.

132. "President Karzai's Visit to India：Leveraging Strategic Partnership"，May 23，2013，<http：//www. idsa. in/idsacomments/PresidentKarzaisvisittoIndia_agupta _230513>.

133. "Prospects and Constraints for Trade Cooperation between India and Central Asia Republics：Some Issue"，November 19，2010，< http：//www. ris. org. in/ramupendrada_cii. pdf>.

134. "Prospects for the India-Pakistan Dialogue on Kashmir"，October 20，2011，< http：//www. iiss. org/events-calendar/2011-events-archive/october-2011/prospects-for-the-india-pakistan-dialogue-on-kashmir/？locale = en>.

135. "Qatar and India：A Gas Relationship Due to Continue"，March 23，2012，< http：//www. daoonline. info/public/foto/BACCI-IKA-Qatar And IndiaMar 2012. pdf>.

136. "Rediscovering the Kabul route：Prime Minister Manmohan Singh's Trip to Afghanistan marks New Chapter in Indo-Afghan Ties"，September 12，2005，< http：//indiatoday. intoday. in/story/manmohan-singh-trip-to-afghanistan-marks-new-chapter-in-indo-afghan-ties/1/192989. html，>.

137. "Rethinking India's Gulf strategy"，Feburary 12，2003，<http：//hindu. com/2003/02/12/stories/2003021202141200. htm>.

138. "Rise of China and India：Global Game Changer？"，February7，2013，<http：//www. rsis. edu. sg/publications/Perspective/RSIS0242013. pdf>.

139. "Saint-Malo plus Five：An Interim Assessment of ESDP"，Policy Papers，No. 7，November 2003，< http：//www. notre-europe. asso. fr/Policy7-en. pdf. >.

140. "6-month Spadework done to Resume Talks with Pakistan"，The Hindu，February 11，2011.

141. "SAARC Agreement for Preferential Trading Arrangement（SAPTA）"，August 07，2011，< http：//www. shareyouressays. com/95110/saarc-agreement-for-

preferential-trading-arrangement-sapta>.

142. "SARRC Changing Realities: Opportunities and Challenges", 19-20 December, 2007, < http://www.die-gdi.de/CMS-Homepage/openwebcms3.nsf/(ynDK_FileContainerByKey)/ADMR-7BEHDV/$FILE/SAARC_changingrealities.pdf?>.

143. "SAARC: Towards Meaningful Cooperation", June 2012, < http://www.isn.ethz.ch/Digital-Library/Articles/Special-Feature/Detail/?lng=en&id=166549&contextid774=166549&contextid775=166550&tabid=1454359871>.

144. "Some Afghan Military Officers to get Training in Pakistan", Washington Post, July 1, 2010.

145. "Statement by Ministry of External Affairs on recent Hijacking of Indian Airlines flight IC-814", New Delhi, January 15, 2000, < http://www.indianembassy.org/prdetail1272/-statement-by-ministry-of-external-affairs-on-recent-hijacking-of-indian-airlines-flight-ic-814>.

146. "Statement on Areas of Cooperation between India and Afghanistan on Reconstruction and Rehabilitation in Post Conflict Afghanistan", February 27, 2002, <http://meaindia.nic.in/>.

147. "Strategic Partnership with Afghanistan: India Showcases its Soft Power", October 10, 2011, < http://www.idsa.in/idsacomments/StrategicPartnershipwithAfghanistanIndiaShowcasesits Soft Power_agupta_101011>.

148. "Strategic Roadmap for Robust Saudi-India Ties", Gulf Research Center, January 2006, < http://grc.kcorp.net/index.php?frm_module=contents&frm_action=detail_boo>.

149. "10th ASEAN-INDIA SUMMIT", 2012, Institute for Administrative Service, November 20, < http://www.etenias.com/images/Articles/10TH ASEAN-INDIA SUMMIT.pdf>.

150. "The Big Brother Syndrome", India Today, April 30, 1984.

151. "The GCC-India Energy Equation: Changing Dynamics", February 03, 2013, <http://www.ecssr.ac.ae/ECSSR/print/ft.jsp?lang=en&ftId=/

FeatureTopic/Talmiz_Ahmad/FeatureTopic_1638. xml, >.

152. "The Limits of Political Culture: An Introduction to G. W. F. Hegel's Notion of Bildung", IWM Junior Visiting Fellows Conferences, Vol. XII/6 2002, <http://www.iwm.at/publ-jvc/jc-12-06.pdf.>.

153. "The International Afghanistan Conference in Bonn", 05 December, 2011, <http://eeas.europa.eu/afghanistan/docs/2011_11_conclusions_bonn_en.pdf>.

154. "The Overdue 'Strategic' Partnership between Iran and India", APRIL 2004, <http://www.wilsoncenter.org/sites/default/files/asia_rpt_120rev_0.pdf>.

155. "The Political Economy of Regional Cooperation in South Asia," Pacific Affairs, Vol. 69, No. 2, Summer 1996.

156. "The Second Deception", Indian Express (New Delhi), March 3, 2010.

157. "Towards New Regionalism: Challenges and Stimulus for SAAR", 2012, <http://mercury.ethz.ch/serviceengine/Files/ISN/164219/ichaptersection_singledocument/f1946518-2fcc-4550-83ef-8358b21e7d1b/en/07+SAARC-7.pdf>.

158. "Trade and Economic Cooperation between Kazakhstan and India", January 01, 2017, <http://mfa.gov.kz/en/delhi/content-view/torgovo-ekonomiceskoe-sotrudnicestvo-mezdu-kazahstanom-i-indiej>.

159. "Transcript of on Board Media Interaction of Prime Minister en-route from Tehran to New Delhi", Government of India, Ministry of External Affairs, August 31, 2012, <http://www.mea.gov.in/in-focus-article.htm?20442/Transcript+of+on+board+media+interaction+of+Prime+Minister+en+route+from+Tehran+to+New+Delh>.

160. "Treaty of Friendship between the Government of India and the Royal Government of Afghanistan", January 04, 1950, <http://www.commonlii.org/in/other/treaties/INTSer/1950/3.html>.

161. "Trump Announces US withdrawal from Iran Nuclear Deal, evoking concern", May 09, 2018, <http://www.chinadaily.com.cn/a/201805/09/

WS5af22d74a3105cdcf651cbd0. html>.

162. "Turning Point for India's Foreign Policy", Asia Times Online, December 12, 2008, <http://www/atimes/com/atimes/South_Asia/JL12Df011 html>.

163. "US at crossroads in Afghanistan", The Tribune (Chandigarh), August 19, 2010.

164. "US looking at India to play a key role in Afghan stability", Apr 15, 2013, <http://articles.economictimes.indiatimes.com/2013-04-15/news/38555866_1_new-silk-road-vision-turkmenistan-afghanistan-pakistan-india-robert-blake>.

165. "US-India Bilateral Nuclear Cooperation Agreement (the so-called 123 Agreement)," October 05, 2007, <http://chellaney.net/2007/10/05/u-s-india-bilateralnuclear-cooperation-agreement-the-so-called-123-agreement/>.

166. "U.S. Nuclear Cooperation with India: Issues for Congress", November 5, 2009, <http://fpc.state.gov/documents/organization/132243.pdf>.

167. "Vajpayee signals closer ties with ASEAN", The Straits Times, April 15, 2002.

168. "Vajpayee's Visit to Iran: Indo-Iranian Relations and Prospects of Bilateral Cooperation", September 04, 2001, <http://www.idsa-india.org/an-sept-4.01.htm,>.

169. "Yang Jiechi Holds Talks with Indian Foreign Minister Krishna", April 07, 2010, <http://www.fmprc.gov.cn/eng//wjb/zzjg/yzs/xwlb/t678376.shtml>.

170. "Zardari hopes to improve India-Pak relations", Aug 13, 2012, <http://www.firstpost.com/world/zardari-hopes-to-improve-india-pak-relations-415655.html>.

后 记

该著作是我在博士毕业论文的基础上进行修改而成的。读博期间，我从图书馆到教室再到寝室的"三点式"生活，几乎每天都这样按部就班，这样的求学经历虽然每日忙碌但是却很充实。博士期间的学习真可谓是心无旁骛，这与工作后的状况有着较大差异。就整个人生而言，本书在很大程度上也是在纪念自己即将逝去的青春。

做人不忘本，饮水应思源。终生难忘的是恩师的提携与指点。在恩师张力教授的精心指导下，我从一个懵懂的青年成长为一位在博士毕业后就一直从事着教育的人民教师。张老师无私的胸怀和光明磊落的品格使我受益匪浅。同时，张老师淡泊名利的人生态度、严谨的治学风格以及一丝不苟的工作精神都是我永恒的记忆，也将使我终身受益。在此，我对恩师无微不至的关怀表达我最真挚的敬意和谢意。

学术精进离不开学界前辈的鼓励与支持。本书在撰写与修改过程中还得到了学界前辈的鼎力支持。西北大学黄民兴教授、华南师范大学尚劝余教授、中国社会科学院孙士海研究员、云南大学赵伯乐教授与中国现代国际关系研究院胡仕胜研究员都提出过宝贵的意见。四川大学何平教授、杨翠柏教授、徐波教授、陈继东教授以及四川师范大学的许晓光教授对本书的撰写也给予了诸多建议。在此，我对以上教授的指导和关怀表示衷心感谢。

学无止境，唯有心诚。我利用参加各种会议的契机，聆听了学界诸多同仁的思想和观念，这给予了我相当大的启发。同时，经过查阅与解读有关南亚研究领域的相关文献，我也借鉴了相关文献的研究方法并吸收相关学术思想，在此对这些文献的撰写者也由衷表示感谢。经过多年的积累，我越发觉得在学术研究方面需要秉持锲而不舍的精神与坦诚以待的胸襟。

科学研究不是闭门造车，而是要在交流互动中不断深化。在学习与研究方面，我的同门也给予了诸多帮助。刘红良博士对我行文给予了诸多指教，安高乐博士在学术观点上给予点拨，刘思伟博士在框架上给予建议，刘向阳博士在查阅文献上给予支持。同时，其他同门在不同方面给予了诸多关怀和支持。我们曾多次就诸多学术问题进行了探讨，这些都启迪了我的写作灵感，仅在此对你们的支持与厚爱表示感谢。

常言道"板凳要坐十年冷，文章不写半句空"。在当下的学术研究环境中，研究者要有"坐冷板凳"的定力与胸怀。学术研究既需要有各抒己见的热闹氛围，更需要研究者能够长期坚持寂寞平静与清苦的生活。学术研究不是搞名利场，也不是搞"个人秀"，而是要求研究者以饱满的精神和积极的态度踏踏实实把工作做好。坐"冷板凳"不仅需要放下追名逐利之心，还需要有沉稳的定力来面对纷繁复杂的喧嚣社会。学术研究既不能应景，也不能浮躁。应景只会导致马虎应付，浮躁只会导致空洞肤浅。

人生如此，不禁感叹：风华翰墨，后庭尘埃。便天光云影，不予徘徊。纵三千里河山，亦四十年蓬莱。青丝染霜，镜鸾沉彩！虚无之渊，朦胧隐现。唯心以诚，太行得移。惆怅天涯，海波万顷。九州震荡，岿然怡德。太平世界，寰球同此凉热！

图书在版编目(CIP)数据

大象曼舞：后冷战时期的印度周边外交/肖军著 . -- 北京：社会科学文献出版社，2022.7
ISBN 978-7-5228-0458-3

Ⅰ.①大… Ⅱ.①肖… Ⅲ.①对外政策-研究-印度 Ⅳ.①D835.10

中国版本图书馆CIP数据核字(2022)第135673号

大象曼舞：后冷战时期的印度周边外交

著　　者 / 肖　军

出 版 人 / 王利民
责任编辑 / 吴　超　刘　丹
责任印制 / 王京美

出　　版 / 社会科学文献出版社·人文分社 (010) 59367215
　　　　　　地址：北京市北三环中路甲29号院华龙大厦　邮编：100029
　　　　　　网址：www.ssap.com.cn
发　　行 / 社会科学文献出版社 (010) 59367028
印　　装 / 三河市尚艺印装有限公司

规　　格 / 开　本：787mm×1092mm　1/16
　　　　　　印　张：21.5　字　数：350千字
版　　次 / 2022年7月第1版　2022年7月第1次印刷
书　　号 / ISBN 978-7-5228-0458-3
定　　价 / 148.00元

读者服务电话：4008918866

版权所有 翻印必究